もう一つの 金融システム

近代日本とマイクロクレジット

田中 光［著］ *Hikaru Tanaka*

名古屋大学出版会

もう一つの金融システム

目　次

序　章

個人少額貯蓄と日本の経済発展

1　近代化を支えた大衆資金ネットワークとは

　金融システムが経済にとって必要不可欠なものであることは疑いを容れない。「経済の血液」たる資金の流通は日々の円滑な経済の営みに欠くべからざるものであり，一国の経済成長のためにも，一企業の日々の経営のためにも，一個人の日常のためにも，決定的な役割を果たしている。したがって，現在に至るまでに先進国，工業国として発展してきた国々は，銀行システムにせよ株式市場にせよ，何らかの形で発達した金融システムを有する。日本も例外ではない。

　金融にかかわる日本の特徴として，しばしば日本人はよく貯蓄する人々であると内外から評される[1]。実際，預金口座を持っていない日本人は現在，ほとんどいないだろう。銀行だけでなく郵便貯金口座なども含めれば，年少者であっても口座を持っていることは珍しくない。個人が複数の金融機関に口座を開くことも，現代日本社会においては一般的なことである。

　これは，日本において個人が日常的に預貯金を形成すること，またそれが銀行や郵便貯金をはじめとする様々な近代的金融機関に預けられることが，社会的常識となっていることを示している。金融機関の中に預貯金が集積されているということは，それが金融システムの中で，投資資金として運用されていることを示す。日本では，貯蓄を投資とみなすマクロ経済における基礎モデルが，国内金融機関を通じて実現されているのである。

　しかし，こうしたよく言われる貯蓄の伝統とは，いつ頃から日本社会の中で常識化・習慣化したものであったのだろうか。また，人々が貯蓄したその資金は日本経済の中でどのような位置を占め，いかなる役割を果たしてきたのだろうか。とりわけ本書で着目する一般大衆，すなわちそれほど富裕ではない中低所得者，また家計の主な稼得者ではない女性や子供による個人少額貯蓄は，日本経済にいかなる影響を及ぼしてきたのだろうか。

　一般に金融システムというとき，あるいは経済学者たちの間でも，想定されるものは都市銀行をはじめとした民間銀行による銀行システムであるか，あるいは株式市場などの有価証券市場であることが多い。その際に注目されるものは主に金融機関，それもメガバンクの行動であり，彼らの資本市場での行動や他産業への資金供給がどのようなものであったかが主な興味関心の的となってきた。

　しかし，それらの金融機関の投資・運用行動のための原資となる預貯金がどのように収集されたか，どのような意図の下に家計から金融機関の中にやってきたかが考慮されることはあまりなく，それらの資金が元々の資金供給者であった家計にどのような貢献をしたかも，考慮の外である。大衆による日常的な貯蓄の，一国経済に対する経済的影響というものは，これまで直接的な学問的研究の対象にはほとんどなってこなかった。

　振り返って日本経済の成長を，とりわけ近現代における工業化の歴史をたどったときに見えるものは，昨今の発展途上国に見られた経済成長と比べて，地方経済や中小企業の発達を含んだ，大企業や首都のみといった一極集中ではない全国的成長であった。たとえば明治期の日本は，石井寛治が指摘したように，「地域間格差の少ない国民的国内市場がまさに形成されつつある」世界であり，「『地方の時代』と称することがふさわしい，かぎられた時代の一つ」であった[2]。中村尚史もまた，19世紀後半から20世紀初頭にかけての時期を「工業の地方分散によって地域間格差の少ない経済構造が出現した，日本史上でも稀有な『地方の時代』」と評価し，「当時の地方は産業革命の基盤となる基礎的なインフラストラクチャー整備を担い，地方における諸経済主体は企業勃興の原動力として産業革命の過程で大きな役割を果たした」と，地方経済の成

長の役割の大きさを指摘している[3]。

　統計的な数値は，当時の全国的な経済の発達が工業部門だけではなく，その労働力および原材料の供給元である農村部の農業部門の発達とともに達成されたことを伝える[4]。つまり，工業国としての日本の成功は，都市部の一部の大企業の成功だけでなく，農村部の農業を含めた広範な産業の成功を基盤として成し遂げられたものであった。

　それでは，近代日本における経済成長が，全国の農業を含めた中小自営業者・中小企業の成長を含めた発展によって支えられた背景には，どのような条件があったのだろうか。政府や大企業だけでなく，全国津々浦々の大衆によっても担われてきた日本の経済成長は，いかなるシステムによって支えられてきたのだろうか。

　本書はこうした問題意識から，あらためて近代日本における金融システムの役割に注目するものである。ただし，それはいわゆる大銀行による金融，すなわち石井寛治が述べたような，日本銀行を頂点とし大銀行をその下に組み込む，日本の「重層的金融構造」[5]ではない。

　本書が取り上げ注目する金融システムとは，前述したように日本国内の一般大衆が自ら蓄積し，その集積により作り上げられた多額の資金を元に運営される諸金融機関の働きである。近代以降，人々の少額貯蓄によって形成された，大衆資金とも呼ぶべき資金の多くは，民間銀行だけでなく郵便貯金や協同組合系金融機関（戦前期には産業組合）の中にも集積された。民間企業とは異なる経営体，公営および協同組合営によるこれらの金融機関は，近代日本の地域経済に対して重要な役割を担った。そのうちの一つであり，本書が最も注目する機能は，地域経済の現場における少額金融，すなわちマイクロクレジットの供給である。

　少額金融，またはマイクロクレジットやマイクロファイナンスとも呼ばれる，中低所得者を中心とした大衆のための地域現場での融資の経済効果は，2006年にムハマド・ユヌスによるグラミン銀行の試みがノーベル平和賞を受賞したことによって，昨今大きな注目を集めている。グラミン銀行の事業は，世界でも有数の貧困国であるバングラデシュの農村部の低所得者層に，少額とはいえ

金融機会を供給した。一般に現地で私営の金融機関が供給するよりは低利で供給されるこのような少額金融により，彼らは貧しい農民に貧困から脱する道を拓いたと評価される。彼らの功績を踏まえ，昨今ではグラミン銀行だけでなく数多くの NGO が，世界各地で似たような取り組みを行うにいたっている[6]。

　もっとも，そのような低利による中低所得者層への少額金融の取り組みがグラミン銀行以前には存在しなかったのかといえば，そうではない。それこそ，協同組合運動はすでに 19 世紀中から複数の国と地域において，少額金融の機会を地域経済の現場に提供してきた[7]。

　経済成長，とりわけ GDP の成長のような指標だけで測っては，その国の地域ごと・階層ごとの豊かさとその差は把握できない。よく知られるようにアマルティア・センは，こうした基準の問題を「人間的発展」，すなわち個人の衛生や教育水準の向上，政治的自由，それに加えて金融機会の有無などの指標をもって測る capability の概念によって把握しようとした[8]。

　つまり，マイクロクレジットによる地域経済・中低所得者層の経済的支援の有無はそれ自体が，一国経済の平等的発展の指標ともなりつつある。地域経済での少額金融の機会供給は地域経済振興の手段であると同時に，それ自体が金融的方法による資金の再分配であり，格差是正の手段としても意識されているのである。

　もっとも，こうした金融が担う再分配の機能は，財政資金に基づく社会保障政策，福祉国家概念による資金の再分配の概念の中では，これまであまり意識されてこなかったとも考えられる。たとえばエスピン＝アンデルセンは福祉国家の類型を，自由主義的レジーム，コーポラティズム的レジーム，社会民主主義的レジームの三種類に分類している。そして，アメリカのような自由主義的国家の中では，所得・資産の再分配は最低限のものとなっていること，そのため市場の中で労働者階級と上層階級との間に格差が生じ，「階級政治的な二重構造」ができあがることが指摘される。一方，スカンジナビアの社会民主主義的福祉国家においては，国家財政による強力な再分配の機能によって，そのような階級分化は押しとどめられ，平等性の高い社会が実現するという。

　この分類の中では戦後日本社会は，政府と企業双方によって福祉が担われる

コーポラティズム的福祉国家，大陸ヨーロッパモデルに近いとされている。また，コーポラティズム的とは評価されながらも，ドイツなどの大陸欧州諸国と比較すると国家による保障は相対的に弱く，市場に任せた自由主義的な面が強いと評される[9]。

　エスピン゠アンデルセンによる福祉国家モデルは，階級格差をもたらす要因として労働市場を重視し，完全雇用および年金・社会保険政策による再分配をもって格差の解消が行われることを主に想定している。この中では金融的な方法による資金の再分配は，年金や各種給付などの租税・企業内積立を原資として行われる所得・資産の直接の再分配ではないために，格差是正のための方法として積極的には意識されてきていない。

　しかし，前述のような，金融機会の有無自体を自由と公正な分配の指標とみなすセンの考えからも示唆されるように，少額金融は財政による社会福祉・社会政策という方法とはまた異なる再分配の方法を示している。

　一般に，工業化の深化が一国の社会に経済成長だけでなく貧富の格差をもたらすことはよく知られている[10]。しかし本書が取り扱う大衆資金とそれが担う少額金融は，社会の不平等化を金融面から是正しうるものであったと考えられる。地域経済振興のための手段であると同時に，格差拡大緩和のための手段でもある少額金融の供給を近代日本において担った，大衆資金による金融システムについて具体的に明らかにすることが，本書の課題である。

2　分析対象と研究史上の位置づけ

　本書が対象とするのは，大衆による貯蓄がどのように形成されたかという貯蓄の収集過程であると同時に，その貯蓄を集積した金融機関，それも主に個人少額貯蓄を取り扱う組織ということになる。ゆえに，本書は主に郵便貯金と産業組合の中に集められた資金とその運用について扱う[11]。これらの組織は金融機関ではあるが，郵便貯金は国営であり，また貸出業務をそれ自体が行う組織ではない。また，産業組合は民間組織ではあるが，銀行ではなく協同組合であ

るため，非営利団体として運営され，株式会社制度とは異なる組合員一人一票の原則により運営される民主的経営形態をもっていることが特徴となる。

　本書が取り扱う対象が，まさしく日本の金融システムの中の大きな一角であることは間違いない。寺西重郎が主に銀行システムを指して評した，「貯蓄余剰主体と貯蓄不足主体が，銀行などの金融仲介組織を介して，相対取引により資金調達と資産運用を行う仲介型サブ・システム」[12] の一種であるともいえる。

　しかしながら郵便貯金および産業組合は，民間銀行同様に預貯金を収集しその資金を運用する機関であるにもかかわらず，これまでの日本における金融史研究の中でほとんど分析の主な対象とされてこなかった。その資金規模は，戦後を待つまでもなく近代の時点で民間銀行のそれに匹敵していたにもかかわらずである。

　日本における金融史研究は，石井寛治らによる「重層的金融構造」の分析に代表されるような，民間大銀行を中心とした，企業に対する融資の流れを分析するものとして研究蓄積がなされてきた[13]。なぜなら，銀行システムの整備とそれによる企業に対するスムーズな資金供給こそが，いわゆる産業金融として，日本の近代化を成功させた大きな要因であったと考えられてきたからである。したがって金融史研究は，ほとんど銀行史の蓄積とも呼べる形で進められてきた[14]。これに対し岡崎哲二らは，戦前における日本の金融システムは，銀行を中心とした金融システムがメインではなく，より英米型に近い資本市場・短期金融市場を利用した市場型システムにも重要性があったことを主張した[15]。

　戦前期における日本の金融システムが銀行中心か資本市場中心か，あるいは双方の貢献がスムーズな工業化に寄与したのか，その議論はなお決着していない。しかし，少なくともこれらの議論や銀行システムと金融市場の関係性を俯瞰する新たな研究により[16]，それまで事実上別途に行われてきた資本市場史[17]と銀行史研究の流れは，金融史という一つの領域に合流し，日本における金融システムの研究は昨今，新たな段階へと進んだように思える。

　だがその上で本書は，日銀を頂点とした民間大銀行の働きと資本市場の働き，この二つのシステムを合わせたことで戦前期日本における金融システムのすべてを俯瞰したとする見方では，なおも日本経済の中のもう一つの大きな資金の

流れを見落とすことになると主張するものである。

　もちろん，郵便貯金の巨額性，産業組合の普及と地域の中でのその金融業務の重要性は，それぞれすでに戦前から認識されており[18]，これらの活動と密接に関わる日本勧業銀行・各県農工銀行などの特殊銀行に関する研究を通して金融史において存在は意識されてきた[19]。

　しかしそれらはあくまで特殊銀行史や農業金融史というカテゴリーに分類され，金融史というよりは農業史や政策史の分野として認識されてきた。また，郵便貯金の資金としての運用は制度上，大蔵省によって担われたために，財政史の面から扱われることも多かった。このため，郵便貯金はそれ自体が巨額の金融的資金でありながら，一般の金融システムと同列に扱われることは少なかったのである[20]。産業組合による少額金融もまた，無尽や質屋など旧来の金融と同列に扱われるか，貧民を救済する政策の一環として捉えられることが多く，その金融的地位の重要性が問われることは研究史上少なかった[21]。

　このように，原資が一般大衆の少額貯蓄であるためか，一見したところ近代化や経済成長とは無縁の対象に融資される「庶民金融」であると考えられていたためか，それともその経営主体が非営利組織であったためか，いずれにせよ郵便貯金ならびに産業組合の金融的役割は，これまでの金融史研究の中では重要なものとして注目を受けてこなかった。地域現場における少額金融機会の重要性についても，経済発展との関連性という面からは，これまでの研究史上着目されてこなかった。本書はしかし，これこそ日本における金融システム上，銀行による重層的ネットワークに対してその補完的な対をなす，「大衆資金ネットワーク」であると主張するものである。

　このもう一つの金融システムは，近代になってその制度を整えて現れた。そして日本経済と共に成長し，21世紀に入ってなお，郵便貯金の金額の大きさや農協の組織率と資金力に象徴されるように，長らく戦後日本経済を支えるものとなっていった。

　本書はこのシステムの形成を示し，その役割を確認するために，明治期から昭和戦前期に至る，個人少額貯蓄の近代的金融機関への集積過程と，その集積した大衆資金の運用過程をそれぞれ確認していく。すなわち，郵便貯金および

その運用機関である大蔵省預金部資金の動きと，地域経済における産業組合の活動をそれぞれ分析し，またその金融的連携を確認していくものである。

3　構成と手法

　以上のような課題と分析対象をふまえ，本書は2部構成を取り，全8章と補論により構成する。

　まず第I部は「集める・回す」と題し，大衆による少額貯蓄の集積過程をたどった上で，その集積により形成された大衆資金がいかに地域の中で運用されるにいたったか，そのシステムの形成過程を確認していく。近代に入って個人少額貯蓄は，どのように近代的金融機関の中で多額の集積がなされはじめたのか。そしてそれが初期には個人にとって，そして地域経済にとってどのような意味をもったのかを，主に社会経済史的な側面から見ていく。

　まず第1章では，明治期から昭和戦前期にかけての統計から，当時の日本経済の中での個人少額貯蓄の存在感を確かめる。日本の近代化が都市部や工業部門だけでなく，地方部や農業部門をも含めた成長によって支えられていたことを確認し，そのための投資資金がどこから調達されていたのかを統計的に確認する。

　第2章では，前章でその存在がマクロ的に確認された大衆的な少額貯蓄が，いかに全国的に形成され収集されるにいたったか，その制度的な状況と社会的な実態を分析する。近代的金融機関への貯蓄行動全般の普及がどのように達成されたか，その具体的な実証にあたっては，郵便貯金の普及過程を分析対象とする。詳細は同章であらためて述べるが，郵便貯金は他の民間の金融機関に先駆けて貯蓄機関として設立され全国に支店を持っていただけでなく，貯蓄性向の変化が見られた20世紀初頭において，ちょうどその大衆的な普及を達成した。したがって，近代日本における全国的な貯蓄行動の普及過程そのものを知る上で，郵便貯金は象徴的にして代表的な事例といえる。

　第3章では，地域社会の中で大衆資金がどのように運用され地域経済の発展

に資することができたのかを，地域の中で形成された大衆資金集積機関である産業組合の初期の展開を見ることによって分析していく。産業組合は預金の集積機関として第二次世界大戦以前の段階でかなりの機能を果たしていたが，その集積した資金を用いて彼らが地域住民に対する少額金融を行っていたことを，長野県和村の事例を元に明らかにする。この事例をもとに，戦前期の段階ですでに全国的に展開していた産業組合の経済的・社会的役割を確認し，同章以降で金融ネットワークの現場における末端組織としての産業組合を把握する上での前提とする。

　第4章では，郵便貯金の運用面に関する制度形成過程と，その資金の地方還元制度の初期の運用の実態について扱う。郵便貯金は大蔵省預金部資金と呼ばれる制度の中で扱われた。この章では，1909年に制定されたその地方還元制度が，戦間期以前の段階でどのような実態をもち，地域経済の現場まで資金を供給するためにいかなる経路を築いていったのか，1914年の救済融資の事例を元に確認していく。

　第I部の最後には補論として，明治期から第一次世界大戦期までに形成された大蔵省預金部制度が戦間期になって政府から制度的にいかに認識され，どのように改革を加えられようとしたのかにふれる。1925年の大蔵省預金部改革は，それまで法的根拠が曖昧で運用の恣意性と不透明性を排除しきれなかった大蔵省預金部資金の運用制度を改革しようとするものであった。この改革を受けた法制度の整備により，大蔵省預金部資金運用委員会と呼ばれる諮問委員会が，大蔵省外部および政府外部からも委員を招集するものとして組織される。本補論では初回委員会の議事録を元に，1925年以降，すなわち戦間期の預金部資金の運用に影響を及ぼしえたこの諮問委員会の性質と役割とを確認する。そして，この補論をもって，第I部を通じて少額貯蓄を「集め，回す」システムが戦間期までに一通りの完成を見ていたことを明らかにしたものとし，主に戦間期を取り上げる第II部へと進む。

　第II部は「分かち合う」と題し，大衆資金による金融システムが困窮時に人々の生活を，その資金を地域経済に再分配することによっていかに支えたかを見ていく。第I部を通してその形成過程を見てきた大衆資金による金融シス

テムが，戦間期という日本経済の長く冷えきった不景気の中で，経済危機に直面した地域社会をどのように支えたのか，そのためにどうネットワークを強化したか，そして現地における産業組合などの組織がその機能を拡張したのかを明らかにしていくものである。

第5章では，第I部でその制度的成立の経緯と地域経済への貢献を確認してきた大蔵省預金部資金の地方還元制度が，戦間期の不況期においてどのように地域経済の困難を緩和しえたかを見る。

補論でもふれた1925年の預金部改革を踏まえ，預金部資金はその運用の透明性と，地方還元という資金運用理念をいっそう重視するにいたった。また，1923年には産業組合中央金庫が設立された。戦間期に入り大衆資金による金融のネットワークは，度重なる恐慌と災害の双方に対処するために，より迅速な機能と，産業組合と預金部という二系統の異なる金融ネットワーク間の連携を求められるようになっていた。本章では，その連携の具体的な端緒となった，1927年の昭和金融恐慌の最中に発生した長野県を中心とした天災被害への救済融資の事例を取り上げる。この事例を通じて，制度の違いゆえに動きの異なるこの二つの大衆資金が，地域経済にとってどのような意味をもったのかを，個別にも総合的にも検討する。

第6章では，第3章に引き続き長野県和村の事例を用い，経営が優良で産業組合の全国組織とも密接な連携をもつ産業組合が地元にあることが，どのような社会経済的影響を地域にもたらすかを検証する。

和村の事例は第5章で扱った，大蔵省預金部資金と産業組合系統金融という二系統の大衆資金の連携が，地域経済の現場にある現地の産業組合にどのような影響をもたらしたかについても明らかにしてくれる。優秀な産業組合とはつまり，自前で地域社会の中から貯蓄を集積するとともに，外部の資金ネットワークとの繋がりも有している組織であったからである。

このように第6章では，産業組合を有する地域のケースを検討するが，ひるがえって第7章では，産業組合をもたなかった地域が戦間期の経済的苦境に対してどのような対処を行ったか，別の事例を用いて比較していく。

長野県清内路村では，長野県内の中では珍しく，1930年代後半に至るまで

産業組合が設立されなかった。本章では，長野県という産業組合組織の強い地域で産業組合を設立しなかったこの村が，近代的制度である協同組合制度を利用しない代わりに，どのような仕組みで危機に対処したかを確認する。そして，大蔵省預金部資金はこうした産業組合をもたない共同体にも資金を供給することができたが，清内路村は窓口としての自前の産業組合をもたなかったために，産業組合系統金融の大衆資金ネットワークには接続できなかったということが本章では示される。

　第8章では，戦後日本における預金部制度と産業組合制度が，それぞれ資金運用部および農業協同組合への制度的再編を経つつも，どのように現代日本にまでその組織と機能を継続させたかを概観する。本書の主な課題は，近代日本におけるこのような大衆資金による金融システムの形成過程をたどるとともに，そのネットワークが供給するマイクロクレジットがどのように地域社会を支えたかを明らかにすることにあった。しかし，本書が分析の対象とする大衆資金による金融システムは，近代が終わり戦後を迎えた日本経済においても，その大部分が継続して機能していったのである。

　終章では，本書のまとめを行うとともに，近代に形成されたこのもう一つの金融システムである大衆資金の金融ネットワークが，現代日本および国際社会の中でどのような位置づけにあると言えるのかを示す。

　本書は基本的に，統計による俯瞰的な把握をベースとしつつ，主に歴史学の手法を用いて制度と実態を具体的かつ実証的に分析していく手法を取る。数量的な分析は，概観を把握し，変化などの課題を発見することに長けている。しかしながら数値からだけでは，現実に起こった人々の意識における変化や，統計数値上は把握しえない問題点を見落とすことになる。そこで本書は数量的な概略を摑んだ上で，史的分析を行い，制度的・慣習的なものに規定されつつ展開した「もう一つの金融システム」の実態の把握を試みる。

　あらためて整理すると，本書の課題である日本の貯蓄，それも一般市民による貯蓄がどのような機能を果たしてきたかを理解するという試みは，日本の近代化，19世紀末から始まった日本の長い持続的経済成長が，どのような要因によって支えられてきたかを分析しようとするものでもある。

　貯蓄およびその資金を適切に回す金融システムの存在は，経済理論の立場からも，経済発展において必要不可欠な要素であるとすでに理解されている。その一方で，社会的資本の蓄積と再分配という，経済発展に伴う格差の解消のために必要不可欠な要素について，金融面からの分析はいまだ乏しい。

　個人が個人のために，あるいは家族や共同体のために，何気ない日々の中で蓄えていく少額貯蓄——それが社会基盤ともいえる大規模な金融システムとなり，あらためて地域経済の中に還元され，地域の経済発展と人々の生活に資していく。そうした，大衆資金による金融システムの構築を，工業化の傍らで近代日本は成し遂げ，それをその後の高度経済成長を経ていく社会にまで引き継いでいった。そのダイナミズムの一端を，本書は明らかにしようとするものである。

　なお，史料の引用に際して本書では，旧字体から常用漢字への変更，原文カタカナのひらがなへの変更，濁点や句読点の追加などを適宜行った。人物への敬称は基本的に省略した。また，図表等に用いた数値についても適宜四捨五入や切り捨てを行っており，個別数値と合計値などの間には細かな差異が生じている場合がある。

第Ⅰ部

集める・回す

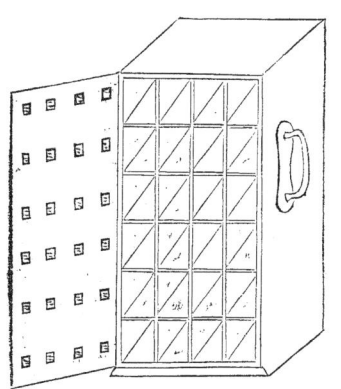

埼玉県北足立郡石戸村信用組合が用いた貯金箱

第1章

農村在来経済の発展を支えたもの
——忘れられた金融インフラ——

1　はじめに

　本章では，本書で扱う個人少額貯蓄の蓄積による資金がマクロ経済的に見て
どのような位置づけにあるのかを明らかにし，それが経済成長に関する経済理
論とどのような関係性を有するのか，研究史の中でどのような分野に位置づけ
られるものであるかを確認する。個別具体的な事例を用いた史的分析を行う前
に，一国経済全体の統計数値から状況を確認することで，本書が取り扱う大衆
資金とはどのようなものであったか，その全体をまず概観する。

　そこではじめに，開発経済学などの理論の中でも言及されてきた日本の近代
化と経済発展が，実際にどのようなものであったのかを統計的に確認する。た
とえば，よく言われるような軽工業の発達や農業を含めた地域経済の成長はマ
クロ的にどのようなものであり，日本経済に対してどれほどの貢献を果たして
きたのか。また，それらの産業の近代化および持続的発展を支えるものとして
の貯蓄と金融システムは，これまでどのようなものとして認識されてきたのか。
これらを確認しながら，その中で見過ごされてきた個人による貯蓄の集積，お
よびそれによる巨額の資金形成に注目していく。

2　日本の近代化とその基盤

　近代化の成功とそれに続く経済成長，その持続に必要な条件とは何か。それは経済学における主要な論点であり，様々な議論が積み重ねられてきた課題である。

　しかし序章でも指摘したように，一国経済の成長とその国民の生活水準の向上との間に，正の相関があるとは限らない。一国経済の発展とともに富裕層が豊かになれば低所得者層にもその富が均滴されるとしたトリクルダウン仮説は，ノーベル経済学賞を受賞したスティグリッツのような経済学者からも，理論的にも歴史的・経験的にも適合しないと指摘されている[1]。

　それでは近代日本における経済成長と近代化は，一般の生活を向上させ保障する形で達成されたのだろうか。本章はこの課題の検討を，近代日本の人口の大半が居住していた地方部の成長はどのようなものであったのかを確認するところから始める。そして近代化の中で，富裕層ではない一般大衆の生活水準にはどのような変化が起きたのかを，主に消費・貯蓄性向の傾向および個人がアクセスしえた金融機会の面から探っていこうとするものである。

　日本の近代化といえば，古典的な研究では，軍事関連工業と巨大財閥に象徴される，重工業を中心とした近代的産業部門の成長が重要視されてきた[2]。しかしながら，戦前期の日本には今日の自動車や精密機器などのような強力な重工業は存在せず，生糸や紡績，雑貨のような軽工業の方が発達し，かつ国際競争力をもっていたことはすでに中村隆英らの研究によって示されてきた。また統計的な事実の見直しは同時に，中小企業による雑多な製造業や，農業における発展も近代日本の経済成長を支えていたことを示した[3]。

　実際，図 1-1 に見えるように，明治期から戦間期に至る日本経済はほぼ常に成長を続けており，その中で農業就業者は徐々に数を減らしてはいるものの，ほぼ 140 万人規模を保つ形で推移している。なお，同時期に農業戸数は 549 万戸（1885 年）から 556 万戸（1920 年）と微増すら示しており，それはすなわち農業において自立した自営業者が増えたことを意味する。戦間期まで農業は，

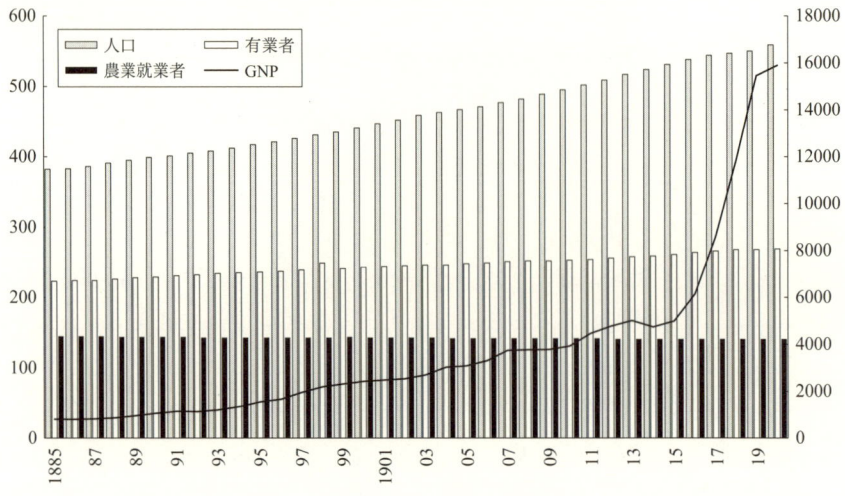

図 1-1　近代前期における日本の経済成長と人口成長

注）左軸＝人口（単位：十万人），右軸＝国民総生産（単位：百万円）
資料）大川一司他『長期経済統計 1　国民所得』東洋経済新報社，1974 年，第 8 表，第 8-A 表，梅村又次他『長
　　　期経済統計 2　労働力』東洋経済新報社，1988 年，第 1・2・10・11 表

新規開業に値するだけの経済的可能性をもつ産業であった。

　当時の日本経済の成長が何によって支えられていたのかといえば，その大き
な要素として輸出の伸長がある。表 1-1 から見えるように，近代期の日本経済
の成長にとっては，戦後の高度経済成長期初期のような国内工業に対する固定
投資の増大よりも，輸出の伸長の方が重要な要素であった。

　つまりそれは，大規模な固定投資の必要な産業より，固定資本をあまり必要
としない中小規模産業が発達したことを示している。主要な輸出品の項目を確
認すると，絹関係と綿関係の存在感や，生産に巨額の設備投資を要しないと考
えられる雑貨といった，軽工業関連商品の重要性が窺える（表 1-2）。

　たとえば麦稈真田は，1900 年には全輸出品目のうち単独で 2 ％，1910 年に
も 1.3 ％を占め，輸出雑貨の中でも存在感を示した。麦稈真田は国際的には麦
藁帽子などの原料になるとして 17 世紀イギリスで産業として確立し，日本で
は 1870 年にイギリス人によって買いつけが始まった。主要生産地となったの

表 1-1　近代日本における投資と輸出の経済成長への貢献度

	GNE	民間固定資本形成		政府固定資本形成		輸出	
1890〜94	1276	72	5.6 %	39	3.1 %	86	6.7 %
1895〜99	2056	62	3.0 %	102	5.0 %	163	7.9 %
1900〜04	2844	97	3.4 %	130	4.6 %	322	11.3 %
1905〜09	3668	157	4.3 %	244	6.7 %	534	14.6 %
1910〜14	4785	262	5.5 %	290	6.1 %	692	14.5 %
1915〜19	9047	529	5.8 %	452	5.0 %	2172	24.0 %
1920〜24	15577	1148	7.4 %	1139	7.3 %	2247	14.4 %
1925〜29	16485	1016	6.2 %	1248	7.6 %	2716	16.5 %
1930〜34	15236	858	5.6 %	1161	7.6 %	2273	14.9 %
1935〜39	25651	2496	9.7 %	3054	11.9 %	4129	16.1 %

注）金額単位：百万円，名目5ヶ年平均
資料）中村隆英『戦前期日本経済成長の分析』岩波書店，1971年，第0・3表

表 1-2　主要輸出品項目別割合

年度	1880	1890	1900	1910	1920
生糸	30.8	24.8	22.3	28.6	18.5
綿糸		0.0	10.2	10.0	7.4
石炭	3.9	8.6	10.0	3.6	2.2
茶	26.2	10.9	4.0	2.9	0.8
銅	1.5	9.6	6.4	4.6	0.2
絹製品	0.1	6.6	11.5	8.3	8.1
綿製品	0.1	0.3	3.1	4.9	16.4
雑貨	6.5	10.2	12.5	9.8	7.9

注）単位：%，輸出総額に占める割合
　　絹製品＝絹織物，絹ハンカチ
　　綿製品＝綿織物，綿タオル
　　雑貨＝マッチ，麦稈真田，電球，花筵，ガラス製品，
　　陶磁器，漆器，洋傘，ブラシ，ボタン類
資料）中村隆英『戦前期日本経済成長の分析』岩波書店，
　　1971年，第0・15表

は都市部ではなく岡山県などの郡部であり，農業者の兼業事業として隆盛した[5]。

　戦前日本の輸出の大宗として名高い生糸に限らず，輸出雑貨の中に見受けられるこうした麦稈真田や花筵といった藁製品も，それ自体は工業製品であるが，その原料の調達は国内の農業部門に負っていた。つまり，中村隆英の指摘したように，第一次世界大戦までの日本経済は農村部を含めた均衡発展を達成したが[4]，それは従来意識されてきたような農業部門の食料供給上の発達だけでなく，近代になって生じた新たな各種工業製品の原料供給源としての生産拡大にもよっていたことが確認される。

　これらの軽工業製品の多くは，原料だけでなく工場の立地も生産のための労働そのものも，農村部にその供給を負っていた。政府や財閥などの大資本による大規模産業の発展だけでなく，原料および労働力供給部門・産業集積地としての地方経済の成長，農業までを含めた中小事業者による様々な産業の発展が，日本の近代化を支えたといえる。またそれは，近代日本が，現代の途上国の近代化によく見られるようなごく一部の都市部に一極集中した形でない，地域経済を含めた相対的に均等な発展を遂げたことを同時に意味している。

　こうした地域経済と中小産業の発展は，どのような金融的基盤を有していたのか。たとえ必ずしも重工業ほどの大規模な固定設備投資は必要ないとしても，滞りのない回転資金と追加投資はあらゆる産業の発達に不可欠である。

　序章でも確認したように，日本における金融史研究はすでに，財閥内部の資金の蓄積とその投資といった金融的流れや，日本銀行を頂点とし普通銀行などを傘下とするいわゆる重層的金融構造による資金供与，または株式市場による資金調達の流れなどを明らかにしてきた[6]。しかしながら，従来確認されてきたこれらの資金ルートは，基本的に財閥内部や重工業，軽工業にしても相対的に大規模な設備投資を必要とする紡績業などのためのルートとなったものであり，本書が注目する農業を含む中小規模の産業に向けて資金を供給することが想定されたものではない。となると，近代日本にはそれ以外の経路をもつ資金が存在した，と考えられる。

3　個人貯蓄による資金形成

　少なくともマクロ的に確認すると，当時の日本経済において投資資金となるべき国内貯蓄は，家計による貯蓄率から見ると 20 世紀初頭以降，近代を通じてほぼ常に対 GNP 比 10 ％ 前後という高い水準を記録していたことが判明する（図 1-2）。このグラフからは GNP 成長率と貯蓄率のある程度の連動性も見て取れる。近代日本は，国外から投資資金を呼び込むのではなく，国内でその資金を調達し，回転させていたことが窺える。

　高投資は近代化の必要条件の一つとみなされている。そして一国経済の中において投資とは，最も単純化した場合，国外からの資金流入がないのであれば，国民貯蓄そのものであると理解される。ゆえに，高貯蓄こそ近代化の必要条件とみなされてきたのである。国民経済の工業化と同時に貯蓄率が跳ね上がるというロストウのテイクオフ仮説に代表されるこの考え方は，昨今の海外資本の誘致による開発には適合しないため，現在その一般的な有効性自体は疑問視されている。しかしながら，先行研究によって指摘されてきたように近代日本の経験にはよく当てはまっており，むしろ日本の事例が同仮説を支持する例として取り上げられることも多い[7]。

　近代日本における高貯蓄には見るべき特徴がある。すなわち表 1-3 を見ると，近代日本における国内貯蓄の多くが，政府ではなく民間部門，民間部門の中でも企業ではなく家計によって形成されてきたことがわかる。近代日本の持続的な経済成長を支えた投資資金源は，政府や企業ではなく，国内家計部門の貯蓄だったのである。つまり，家計貯蓄の多さこそ，日本の高貯蓄を支えた源泉であった。それでは近代において，日本人一般における貯蓄性向はどのようなものであったのか。

　日本人の貯蓄に対する意識の高さは，むしろ第二次世界大戦後，高度経済成長の後になってよく取り沙汰されるようになった。日本の目覚ましい経済成長を踏まえ，日本人は「倹約の伝統にしたがって貯蓄にはげむ」としばしば自他から評されてきた[8]。

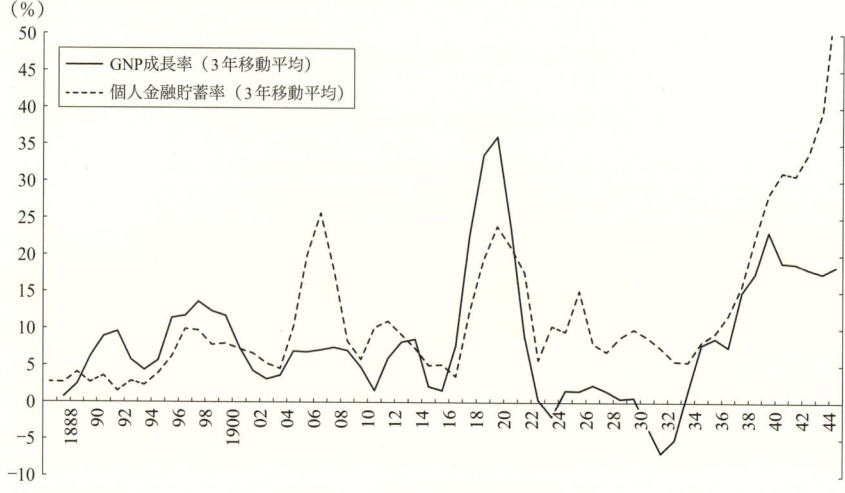

図 1-2 GNP 成長率と貯蓄率

注) 個人金融貯蓄率＝〔民間金融貯蓄（預金＋保険＋通貨および預金通貨＋有価証券）－社内留保〕/ GNP
資料) 江見康一他『長期経済統計 5 貯蓄と通貨』東洋経済新報社, 1988 年, 第 2 表, 大川一司他『長期経済統計 1 国民所得』東洋経済新報社, 1974 年, 第 1 表

表 1-3 国内貯蓄の政府・民間構成比

年度	国内貯蓄			国内貯蓄中構成比		民間貯蓄中構成比	
	民間貯蓄	政府貯蓄	計	民間	政府	個人	法人
1883〜87	15.8	26.8	42.6	37 %	63 %		
1888〜92	29.2	26.9	56.1	52 %	48 %		
1893〜97	123.9	−23.2	100.7	123 %	−23 %		
1898〜1902	155	20	175	89 %	11 %		
1903〜07	501	170	671	75 %	25 %	*95 %	*5 %
1908〜12	416	150	566	73 %	27 %	96 %	4 %
1913〜17	777	258	1035	75 %	25 %	86 %	14 %
1918〜22	1910	411	2321	82 %	18 %	101 %	−1 %
1923〜27	1951	784	2735	71 %	29 %	102 %	−1 %

注) 金額単位：百万円, 数値は 5 年平均
　　民間貯蓄＝預金＋保険＋通貨および預金通貨＋有価証券＋社内留保
　　＊ 1906〜07 年度の数値
資料) 江見康一他『長期経済統計 5』表 3-1a, 表 3-2

　しかしながら，果たしてそれが近世以前から存在した日本人の「伝統」であったのか，近代初期にはすでに根付いていた習慣・慣習であったかどうかについては，検証すべき疑問が残る。たとえば，少なくとも明治初期から中期にかけて，すなわち19世紀中の段階では，近代的金融機関が設立されたにもかかわらず，統計的に預貯金の額は大きいとはいえず，貯蓄率も決して高いとはいえなかったことは，図1-2，表1-3からも確認できる。

　近代日本において貯蓄率は，前述のようにロストウの仮説の証左であるかの如く，20世紀の世紀転換点前後にこそ，近世来と思われる5％程度の水準から，10％程度の水準へ上昇した。そしてその貯蓄の主な構成主体は，先にも述べたように，政府ではなく主に民間，民間の中でも企業ではなく個人であった。後にしばしばジャーナリストによって，時には学者によっても指摘されることになる日本人一般の「倹約の伝統」なるものは，近代になって形成された新しい習慣だったと考えられるのである。

　実際にそのような意識変化，あるいは社会変化ともいうべき変化が起きたのかどうかを，貯蓄率と国民総生産の成長との連動の中で検証しよう。家計の貯蓄性向がこの時期に変化したものとしてダミー変数（D）を置き，貯蓄率が国民総生産の成長と連動して変動するものと前提した上で，回帰分析を行った。

　　家計貯蓄率 $S = \beta_0 + \beta_1 y + \beta_2 D$, $y = $ GNP成長率

　すると，1900年を境として統計的に1％水準で有意な変化が生じたといえることが判明する[9]（表1-4）。すなわち20世紀突入後の貯蓄率の相対的安定性と高位性は，家計における貯蓄性向そのものの変化によってもたらされたといえるのである。日本における家計貯蓄は，20世紀に入って初めて国民経済の成長を支える資金源となったが，それは家計部門，すなわち個人の貯蓄性向に全国民的な変化が生じたために，その後恒常的に巨額なものとして形成されるようになったといえる。

　もっとも，20世紀初頭までに日本の産業革命は軌道に乗っている。したがって，貯蓄を形成したのはその中で財を成した高所得者であって，貯蓄性向の変化はそうした一部の階層に起きた現象であり，中低所得者も含む国民全体

表1-4　貯蓄性向の変化の有無に関する家計貯蓄率（3年移動平均）の回帰分析の結果（1％水準有意）

重相関 R	0.772824		
重決定 R2	0.597257		
補正 R2	0.582612		
	係数	t	P-値
切片	−3.30598	−1.8482	0.069952783
GNP 成長率（3年移動平均）	0.799256	8.502575	0.00000000001
ダミー変数（貯蓄性向変化の有無）	5.223	2.800091	0.007034714

資料）江見康一他『長期経済統計5』，大川一司他『長期経済統計1』

表1-5　個人金融資産保有形態の内訳

	有価証券 個人投資額	国内預貯金 残高総額	預貯金中 郵便貯金	預貯金中郵貯＋ 産業組合預金
1891	305	80	27 %	27 %
1896	585	250	11 %	11 %
1901	1057	590	5 %	5 %
1906	2858	1454	6 %	6 %
1911	3821	1937	10 %	11 %
1916	3637	3638	9 %	10 %
1921	9706	10159	9 %	16 %
1926	13392	13481	9 %	16 %
1931	16061	16284	17 %	25 %
1936	17673	21527	16 %	25 %
1941	28636	61731	16 %	30 %

注）金額単位：百万円
資料）郵政省『郵政百年史資料30巻　郵政統計資料；駅連局統計書 郵政百年史資料総目次』吉川弘文館，1971年，貯第5表，『長期経済統計5』第4表，第14表，第18表，第22表

を巻き込んだものではなかった可能性もある。

　しかしながら表1-5を確認すると，当時のこの個人の貯蓄性向の変化と貯蓄の保有は，相対的に単位が高額で高所得者層しか手を出せなかったであろう有価証券保有によるというより，むしろ各種預貯金の形で進んだことがわかる。また，預貯金の中でも，相対的に高所得者が多く利用者となった銀行に対する

表 1-6　個人金融貯蓄中に占める要素別の比重（単位：%）

年度	1885	1890	1895	1900	1905	1910	1915	1920	1925	1930	1935	1940	1945
預貯金	−9	20	49	40	31	49	52	202	39	47	52	69	80
有価証券	71	90	40	64	67	60	70	−124	56	45	25	12	71

注）個人金融貯蓄＝民間金融貯蓄（預金＋保険＋通貨および預金通貨＋有価証券）−社内留保
　　預貯金＝定期性預金＋当座性預金（郵便貯金を含む）の対前年度増加分
　　預貯金と有価証券の構成比合計が 100 % を超えるのは，個人金融貯蓄を構成する他の要素が負であること
　　による。5 年移動平均を用いた。
資料）江見康一他『長期経済統計 5』第 2 表，第 18 表

　預金だけでなく，郵便貯金や産業組合預金といった，どちらかといえば中低所得者を含めた万人向けの少額貯蓄機関に預け入れられた預貯金が，かなりの存在感をもっていることも注目される。

　金融資産のうち有価証券による貯蓄形成への指向は近代の初期ほど強く，逆に世紀転換点前後にはさほどの変化を経験していない。これに対して預貯金による貯蓄の形成は，20 世紀突入前後でその比重を高めた（表 1-6）。20 世紀に入ってからの貯蓄性向の変化は，やはり有価証券のような高額貯蓄ではなく，郵便貯金などへの預貯金のような少額貯蓄を含んだ貯蓄の新規形成と密接に結びついていたといえよう。

　本書ではこうした個人少額貯蓄を基盤とした資金を，一般の金融システム，すなわち銀行や金融市場に流通する資金源とは一線を画する存在として，大衆資金と呼ぶ。次節ではこれらの資金が一般的な産業資金，一般の金融システムの中の政府・企業が運用可能であった資金と比べ，どれほどの規模をもつものであったのかを検討する。

4　日本経済における大衆資金の規模

　中低所得者層を含む全国民的な個人少額貯蓄による資金，すなわち大衆資金は，近代日本経済の中でどれほどの地位を占めるものであったのか。

　郵便貯金には貸付やそもそも事業のための資本金というものがなく，また産

表 1-7　銀行・産業組合・郵便貯金の資金規模

年度	銀行			産業組合(報告のあった組合のみ, 全数でない)				郵便貯金
	資本金	預金	貸付	資本金	貯金	貸付	報告率	
1903	334	758	923	1		1	46 %	22
1906	359	1395	1419	2	1	3	39 %	113
1909	438	1506	1527	4	4	8	46 %	105
1912	534	1941	2304	—	18	29	73 %	162
1915	622	2569	2872	28	30	52	79 %	207
1918	888	7236	6819	30	122	84	46 %	589
1921	1747	9494	10239	61	285	247	39 %	783
1924	1953	10232	11568	112	525	467	46 %	935
1927	1886	11247	11801	—	886	756	73 %	1566
1930	2489	11332	10030	184	921	840	79 %	1809
1933	2312	11651	9138	204	982	845	—	1968
1936	2142	14093	9509	221	1262	879	—	2493
1939	2112	26307	15363	249	2524	855	—	4922
1942	1938	50041	26710	306	5750	935	—	9004

注）金額単位：百万円
資料）総務庁統計局『日本長期統計総覧　第 3 巻』, 1988 年, 表 11-9-a, 表 11-12, 表 11-15, 農商務省『産業組合要覧』各年度版

業組合についても残念ながら資本金や預貯金, 貸付といった基礎的なデータに関してさえ制度発足から長らくその全体が把握できない時期があるものの, 判明する限りのデータから, 銀行・産業組合・郵便貯金それぞれの資金規模の簡単な比較を試みる（表 1-7）。ここからは, 20 世紀転換期にはあくまで小規模なものであった大衆資金が, 第一次世界大戦後には企業による預金も含まれる民間銀行預金の 10 分の 1 の規模になり, 戦間期に至ると 5 分の 1 以上の規模にまで成長しており, 絶対的な規模拡大だけでなく国内での相対的なシェア拡大をも見せていたことがわかる。

　国営であった郵便貯金については, 国家財政の規模と比較することも重要だろう。詳細は第 4 章で述べるが, 郵便貯金に集積された個々人の貯蓄については, 政府内で大蔵省がそれを管理運営する機関として指定されていた。この資

表 1-8　郵便貯金と中央政府一般財政規模

年度	郵便貯金	大蔵省預金部資金	郵便貯金/預金部資金	中央政府一般会計	預金部資金/一般会計
1885	9	17	53 %	62	27 %
1890	20	21	95 %	106	20 %
1895	29	51	57 %	187	27 %
1900	25	60	42 %	274	22 %
1905	56	76	74 %	530	14 %
1910	170	270	63 %	657	41 %
1915	241	307	79 %	813	38 %
1920	885	1005	88 %	2001	50 %
1925	1167	1683	69 %	2071	81 %
1930	2497	3122	80 %	1597	195 %
1935	3233	4471	72 %	2259	198 %
1940	7915	11545	69 %	6445	179 %
1945	47152	65757	72 %	23487	280 %

注）単位：百万円
資料）総務庁統計局『日本長期統計総覧　第 3 巻』, 表 11-5, 表 11-13-abc, 表 12-1-a

金は大蔵省預金部資金と呼ばれ, その大半が郵便貯金であった。大蔵省預金部資金は 1925 年以降は特別会計の一種として扱われるようになったが, 租税収入とは採算上関わりのない独立した資金であり, 大蔵省預金部はこれをもって, 資金運用機能のみを有する, 一種の国営金融機関として機能した。表 1-8 を見ると, 日露戦争以前までは一般財政歳入と比してあまり大きくなかった預金部資金は, その後第一次世界大戦以前の段階ですでにかなりの大きさに達し, その後も順調に拡大していったことがわかる。これは, 郵便貯金の増加が主な要因であった。1930 年代の不況期にはさらなる郵便貯金の拡大に伴い, ついに税収からなる一般財政の規模の倍額の資金を, 預金部は運用するにいたった。郵便貯金に限っても日本国内の大衆資金は, 国家財政に匹敵する規模を有していたことがわかる。

　20 世紀突入以降, 日本経済の金融的資金には, 企業や高所得者による一般的金融市場の中の資金だけでなく, 中低所得者によって蓄積された巨額の資金

も含まれるようになっていった。それらの資金は一般の銀行や資本市場の中ではなく，郵便貯金や，産業組合をはじめとする協同組合組織といった非営利組織の中に，相対的に多く集積されていた。

5　小　　括

　日本の近代化と経済成長とは都市部特化型のものではなく，むしろ地方経済の発展まで織り込みつつ，工業と農業とが密接な関係性をもつ中で達成されたものだった。

　テイクオフ仮説の証左としてしばしば取り上げられる日本の高貯蓄は，先行研究でも長らく日本の近代化と持続的経済発展とを支える投資資金の源泉と目されてきた。そのような国内貯蓄の形成は 20 世紀冒頭に，個人貯蓄の性向が変化して以降開始されたものであり，近代に入って初めて安定した高水準を示すようになったことが，本章の検証によりあらためて確認された。そして，高水準の貯蓄率を支えたのは有価証券などの企業や高所得者による貯蓄ではなくむしろ一般家計による預貯金であり，また，その中でもさらに高所得者層向けではない郵便貯金や産業組合預金といった非営利組織による預貯金の増加が一大要因であった。こういった非営利組織への少額貯蓄による巨額資金，すなわち本書でいう大衆資金の集積は，存在こそ統計上知られていても，金融システムの中でのその働きはこれまで注目されてこなかった。

　しかし，本章で行った統計的概観からは，近代日本にはこれまでの金融史が扱ってきた，大企業の資金調達のための銀行や金融市場による金融システムとはまた別の，それに匹敵する巨額の金融システムが存在していたことが推測される。そして本章冒頭で見たように，近代日本の経済成長はそれこそ，大企業以外による経済成長，農業部門を含めた中小生産者による経済成長にも支えられていたことがわかっている。大衆資金による金融は，これら地域の中小生産者やその生活の安定のための資金調達ルートとなっていたのではないか。近代日本には中低所得者を含む全国民的な個人少額貯蓄を通じて資金が集積される

仕組みが形成されるとともに，その資金が中低所得者の多い地方経済に還元される金融システムもまた構築されたのではないだろうか。この推測と仮説の実証のため，本書はこれ以降，個人少額貯蓄の集積とそれによる大衆資金の形成，およびその運用の実態を明らかにするとともに，その資金の機能を具体的に検証していく。

　大衆資金はいかに収集され，いかに運用され，いかに地方経済と社会へ投資・還元されたのか。どのような制度がそれらの金融ネットワークを作り，支えたのか。地域社会はそうした資金の流れによってどのような経済的影響を受けたのか。こうした，大衆資金を資金源とする金融ネットワークの形成，つまり大衆資金による「もう一つの金融システム」の形成過程と機能を明らかにしていくことが，本書のこれ以降の具体的な課題となる。

第 2 章

郵便貯金の誕生
──個人少額貯蓄収集システムの形成──

1 はじめに

　第 1 章で確認したように，20 世紀初頭，日本では工業化と軌を一にするように貯蓄率が対 GNP 比 10 ％ 程度に上昇し安定した。これは日本における近代化の成功，テイクオフを示す指標の一つとされる[1]。この上昇は主に家計部門の貯蓄性向の変化によって生じ，高所得層や企業の有価証券保有等を通じた貯蓄よりも，相対的に少額で多数の個人によって担われる預貯金の安定的な増加に支えられていた[2]。

　この大衆資金の形成をもたらした大衆的な貯蓄行動は一体，どのような性質をもつものだったのか。また，20 世紀への転換期になぜそうした変化が生じたのか，それを誘引したものはどういった制度や社会であったのか。それを具体的に検証することが本章の主な課題である。

　そのために，本章はこの時期の個人向け貯蓄機関の展開，なかでも日本初の近代的個人向け貯蓄機関である郵便貯金に焦点を当てる。他の金融機関でなく郵便貯金から大衆的貯蓄行動の分析を試みるのは，以下のような理由による。

　近代日本において，幅広い大衆の経済行動の中に近代的金融機関への貯蓄という選択肢が加わったのは，他でもない郵便貯金の発足に端を発していた。近代的銀行制度が日本国内に普及する以前に設立された郵便貯金は，日本経済の中で他の金融機関に先駆けて，事実上初の，個人貯蓄のための近代的預金機関

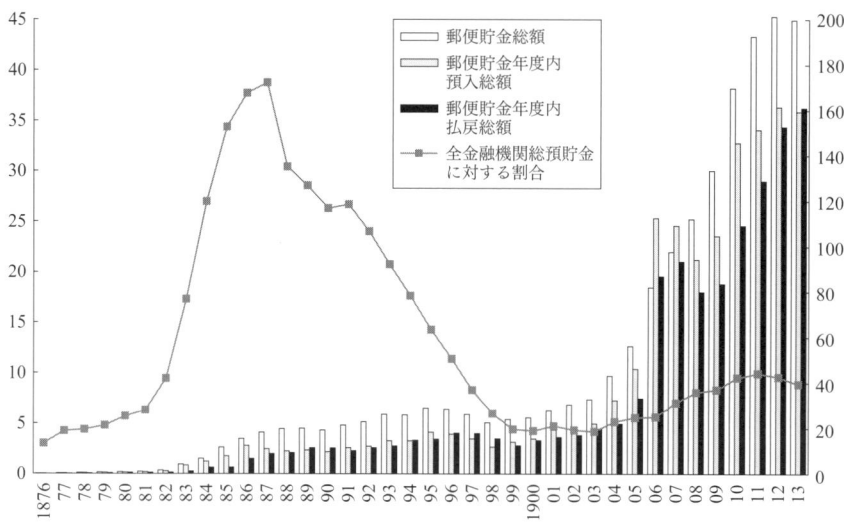

図 2-1　郵便貯金規模の推移

注）左軸＝単位：％，右軸＝単位：百万円
　　総預貯金＝定期性預金＋当座性預金（郵便貯金を含む）の残高
資料）郵政省『郵政百年史資料 30 巻』吉川弘文館，1971 年，貯第 5 表，江見康一他『長期経済統計 5』東洋経済
　　新報社，1988 年，第 4 表

として登場したのである。

　図 2-1 に示されるように，郵便貯金が預貯金総額に占めるシェアは民間金融
機関が整備された 19 世紀末に低下したものの，20 世紀に入った後は単体の金
融機関として 10 ％前後のシェアを維持した。そしてその後もその貯金総額は
全国的な預貯金総額の動向と歩を揃えて増加傾向を辿った。

　郵便貯金は大衆的貯蓄機関としての重要な位置を戦前期を通じて維持し，戦
後，21 世紀に至ってもなお巨額の貯金を収集する機関でありつづけた。つま
り，郵便貯金の成長動向は，日本における全国的な大衆的貯蓄行動がどのよう
なものであったかを理解するのに，最も相応しい事例を提供してくれていると
いえるのである。

　それでは先行研究の中では郵便貯金はどのように取り扱われてきたのか。郵
便貯金の個人向け金融機関としての性質とその量的成長は，第二次世界大戦以

前から研究者によって注目されてきた。郵便貯金に関する先駆的な研究である
大内兵衛「郵便貯金における小市民性とその社会性の矛盾」(1931)[3] は，郵便
貯金が「中小市民，中小農民の生活費の一時的余裕金」であるとし，それは彼
らの「立身出世のための学資，独立自営の生活のための資金，所謂生業上に必
要な器具，機械の購入等」であると指摘した。もっとも大内論文は，基本的に
は同時代である戦間期の郵便貯金を分析対象としており，郵便貯金の零細性や
大衆性といった性質がいつごろ成立したのかは確認されていない。

　1970 年代に寺西重郎が，1927 年の金融恐慌時に「かなりの高額貯金が銀行
から郵便貯金にシフトした」ことを指摘し，郵便貯金の主体が一貫して零細資
金であったというそれまでの通説的な見方に疑問を提起した[4]。しかし寺西も
郵便貯金が 1905 年以降に「徐々に零細化が進行した」ことは認めている。

　一方，迎由理男は，郵便貯金の零細性が設立初期以来の性質であったかどう
かを検討し，制度設立初期から 20 世紀直前まで，郵便貯金利用者には官吏，
商業者が多く，富裕者層からの高額な貯蓄を扱っていたことを示した。しかし
同時に 20 世紀以後の郵便貯金については，「中小農や小商業，換言すれば小商
品経済に基礎を置く人々の零細な貯蓄」という評価を与えている。寺西と迎の
研究は，常に大衆零細貯蓄の集積とみなされてきた郵便貯金が，その設立初期
および 1920 年代の金融恐慌時には富裕者にも利用されていたことを示した[5]。

　他方，杉浦勢之の一連の研究[6] は，郵便貯金制度設立初期から 20 世紀初め
の全国民的な拡大期における，政府の政策目標と現実の乖離に焦点を当てた。
杉浦は三等郵便局長ネットワークと大口貯金者の利用との関係に着目するとと
もに，政府の貯蓄奨励の政策体系における位置づけを論じ，郵便貯金の大衆化
が日露戦争前後に決定的になったことを示した。また，当該時期の郵便貯金の
成長は，フローで見ると決して単調なものではなく，戦時恩賞の振込といった
政策的な支援に依拠していたことを指摘した。

　つまり郵便貯金は，戦前から大内ら研究者によって大衆的貯蓄機関として認
識されていたものが，1970 年代以降，寺西や杉浦らによる見直しによって，
創設期や昭和恐慌期などの際には一時的に富裕層主体の貯蓄集積機関となって
いたことが示された。もっともこうした指摘は，郵便貯金が 20 世紀転換期以

降，ほとんど常に個人少額貯蓄の収集機関であったことを否定するものではない。むしろこれら先行研究[7]は，本章が分析の主な対象とする 20 世紀初頭が，郵便貯金の大衆化が進展しそれが名実共に個人少額貯蓄収集機関となるにあたっての，画期の時期であったことを示している。そしてこの成果は，すでに述べたように，日本経済全体での貯蓄率の上昇および家計における貯蓄性向の変化と機を一にしていた。

　郵便貯金の全国的・全国民的普及は，日本全体での家計の貯蓄性向の変化と同時に起こった現象であった。このような大衆の貯蓄行動の変化はどのように生じ，人々のどのような行動に基づいていたのか。この論点について先行研究の論及は，杉浦による戦時恩賞の振込に関する指摘のような一時的な出来事にまつわるものにとどまっている。郵便貯金の制度史に関する研究蓄積に比して，一般の人々の貯蓄行動に関する具体的な実証研究は数少ないのである。

　郵便貯金制度を設けただけで，人々の貯蓄行動が変化するわけではない。20 世紀初頭に入って広汎な人々がそれぞれの零細な資金を郵便局に貯金として預けるようになるためには，様々な媒介的な政策や仕組み，そして社会的なものが機能した。本章では，中央の政策と制度設計がどのようなものであったかを確認するとともに，全国の様々な事例の観察と静岡県三島町の事例に関する詳細な検討を通じて，当時の貯蓄行動が地域社会の中でどのようなものであったかを具体的に明らかにする。

2　個人向け貯蓄機関の登場——郵便貯金制度の成立

1）郵便貯金設立の目的と初期の状況

　1874 年，後の郵便貯金制度にあたる「貯金預り規則」が制定された[8]。郵便貯金は「細民」，すなわち中下層民向けの少額貯蓄機関を目指して設立された。1872 年の国立銀行条例の制定からわずか 2 年，まだ民間銀行も少なく[9]，金融制度が整備されているとはいいがたい時点での国営の個人向け貯蓄機関の導入は，イギリスから帰国した駅逓頭前島密の尽力の結果だった。

　郵便貯金制度は 1861 年にイギリスで，世界初の試みとして，長年の議論の末設立された。労働者階級が少額の貯蓄を保有することは，それ自体が彼らの生活の安定に資するものであり，ひいては救貧法の，つまり政府による社会政策の施行の代替となると考えられ，そのために民間の不安定な金融機関に代わる安定的な国営の貯蓄機関が必要であると結論づけられたのである[10]。

　それは「経済風俗の二点を善良ならしむるのみならず，正に真理公道により て施行する済貧賑窮の良法恩典」と考えられ[11]，国営事業としての収益や財源としての役割は期待されていなかった。むしろイギリスでは，この事業により預金が余資として政府内に入ることはかえって不便という意見が優勢を占めた。

　したがってそれを模倣した日本でも，郵便貯金は当初から，社会保障機能の一部を担うものとして認識されて登場した。新聞等に掲載された公告からは，当時政府が零細貯蓄の形成を「窮苞陋衢に住する小民」にとって「健康にして予め疾病の患を防ぎ，壮時に方て老後を慮り能く其生計を経営し，吾独立の権を保存する」ものだと意識していたことがわかる[12]。

　もっとも，設立当初の郵便貯金の普及は捗々しくなかった[13]。1875 年に制度を施行した段階では，貯金を取り扱う郵便局は東京・横浜圏内の 19 局のみで，加えて金利は市中金利より不利[14]であったことがその基本的な理由となっていた。

2）大口金融機関としての郵便貯金の拡大

　1870 年代後半以降，このような郵便貯金普及の阻害要因を取り除くための施策が採られた。特定三等局制度と呼ばれる，比較的富裕な民間人[15]に郵便局を運営させる制度の導入によって，表 2-1 に見えるように郵便局総数は全国的に拡大した。郵便局の母数の増加とともに，郵便貯金の取扱局も増加した。当時同様に新設され全国的に普及しつつあった国立銀行・私立銀行の増加と比べても，貯金取扱局の増加はとりわけ著しい。

　郵便貯金利もほぼ毎年改定され，1881 年には年 7.2 % まで上昇した[16]。しかしその結果，政府の意図とは異なる事態が発生した。すなわち，上記の諸施策と 1881 年以降の松方デフレによる不景気の結果，「細民に貯金を奨励して之

表 2-1　個人貯蓄取扱金融機関の拡大

	郵便局総数	三等郵便局数	貯金取扱局	国立銀行	私立銀行
1875	3815	3612	22	4	0
1880	5036	4733	810	151	38
1885	4795	n.a.	4338	139	217
1890	4134	3540	2804	134	272
1895	4240	3626	3030	133	908
1900	4798	3782	4930	—	2289

資料）迎由理男『郵便貯金の発展とその諸要因』国際連合大学，1981 年，第 17 表，寺西重郎
『日本の経済発展と金融』岩波書店，1982 年，36 頁

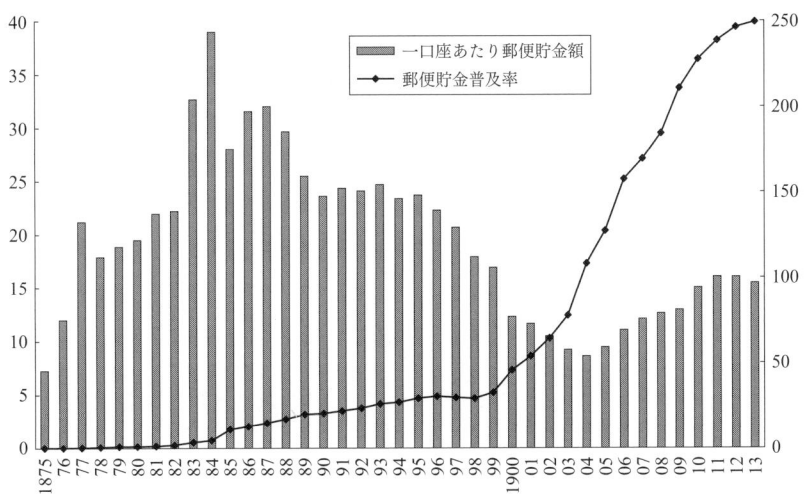

図 2-2　郵便貯金普及の趨勢

注）左軸＝単位：円，右軸＝単位：‰
　　郵便貯金普及率＝人口千人あたり郵便貯金口座数
資料）郵政省『郵政百年史資料 30 巻』貯第 5 表，大川一司他『長期経済統計 1』第 1 表

を保護する目的」で設置された郵便貯金は，1880 年代には「往々富民の利用
する処となり，甚しきは一時金融の都合に依り巨額の商業資本」を抱えるよう
になったのである[17]。それは，1880 年代における一口座あたりの貯金額の上
昇として，郵便貯金全体の統計にも反映された（図 2-2）。これは政府には「返

還期の定まらざる多額の金を国庫に預るは理財上得策にあらざる」として，制度目的に沿わないだけでなく財政全体にとっても不利益なものと意識された[18]。

つまり発足当初の 19 世紀中の郵便貯金は，実態としては，政策目標であった中低所得者向け貯蓄機関ではなかった。1890 年代の銀行叢生の中で郵便貯金の預金や三等郵便局の人材が民間銀行に流れたことに示されるように[19]，主な利用者は「地方名望家」[20] を含む相対的富裕層だった。

中低所得者，つまり一般民衆は「下等一般の民人朝に在て夕を謀らず，得れば即ち之を費し甚しきは節倹貯積を以て恥と為すの風ある」[21] と政府から認識されており，民間知識人からも「中等以下」の人々は「勤倹の風に乏しく所謂る宵越の銭は使はずとの原則を固守し貯蓄心の如きは極めて薄弱」，「中等以上の人種」でさえ往々「一攫千金主義の捷径を求め投機の為めに其心身を労し，着実穏当なる事業に至りては毫も之れを顧みざる」と考えられていた[22]。19 世紀中，日本人の多くには，少なくとも近代的金融機関を用いた貯蓄への指向性は生まれていなかったのである。

3) 政策意図の広がりと制度的基盤の整備

近代的な貯蓄の習慣がいまだ人々に根付かない中，政府は先行して，個人貯蓄のもつ経済的機能をより広い視点から捉えるようになった。日清戦後経営による財政資金需要の拡大と金本位制維持という課題に直面して，政府は先の 1890 年郵便貯金条例制定時の認識とは異なり，郵便貯金を事実上政府財源として使用することを意図するようになったのである[23]。また，企業勃興に伴う民間資金需要の拡大は金融市場の逼迫を産み，1898 年の日清戦後恐慌に帰結したが，それは政府による産業救済資金の捻出や通貨制度の安定維持の必要性と相まって，政府に国内貯蓄の集積による投資資金の形成の必要性を，ひいては貯蓄奨励の必要性を，強く認識させた。

こうした中，1898 年に大蔵大臣井上馨が地方官に発した「貯蓄奨励に関する諭達」は，その後の貯蓄奨励政策の中でもしばしば起点として言及されるようになるが[24]，これは貯蓄に対する画期的な施策方針を打ち出した。「不必要なる消費を省き且他日に備へしむることは，国家経済上に於ては勿論，彼ら自

身に於ても大に利益あること」と明言されたのである。これ以降，個人貯蓄は個人にとってだけでなく，一国経済上の意義があることが，政府内で強く意識されるようになった[25]。

1900 年大蔵大臣松方正義が地方官会議上で行った「貯蓄奨励論」演説からは，政府が個人貯蓄を社会保障の手段としてだけでなく，「国民の不生産上の消費を止めて生産上の資本を作る途」[26]として，産業の資金源とみなしていたことに加え，さらには奢侈消費を抑えることで輸入抑制，外貨保有高の維持が可能であるといった貨幣政策の面からも注目していたことが窺える。

こうした，貯蓄奨励を通じて消費を抑制するという政策意図は，金融史研究において戦前から注目され，戦後には大島清などによって消費制限説の文脈で取り上げられてきた[27]。この政策意図は杉浦勢之によっても指摘され[28]，その消費抑制的な側面が強調されたが，実際に当時の政府が主張した範囲はあくまで「不必要な消費」の抑制であり，食費を削るような極端な消費抑制はむしろ非難の対象となっていたことは意識されるべきであろう[29]。政府による民間消費の抑制方針が打ち出されたといっても，当時のそれは具体的には輸入品の時計などの奢侈品購入を差し控えるべきといった，輸入増加を警戒した方針であり，国産品の多い食費などに関する生活水準を落とすことを目的としていたわけではない点には留意したい。

さて，これらの諭達や演説速記録が民間雑誌にも掲載されたことから，少額貯蓄を財政および産業の資金源とする発想は，民間実業家や知識人層にまで普及したと考えられる[30]。19 世紀末，金融制度や貨幣制度の整備や企業勃興を経験し工業化の入口に立った日本経済においては，拡大した資金需要に対する供給不足から，個人貯蓄が資金源として意識されるようになったのである。

従来金融機関に集められていなかった個人少額貯蓄を資金源として視野に入れることによって，政府の郵便貯金に関する政策は新規資金源の開拓の様相を帯びた。「戦後経営と民間経済成長の両立」[31]を図った政府にとっては，民間資金の増加も重要な課題であったため，貯蓄奨励において預入先を限定することはなかったが，郵便貯金が事実上の政府資金源と認識された以上は「各々の郵便貯金の増加は乃ち国の資本の増加」[32]と意識され，郵便貯金の減少にはと

りわけ敏感だった。

　「爰に貨幣財政体系の危機に直面として官府の側からは勤倹貯蓄の鼓吹が著しく台頭」[33]したのは，こうした政府と財界の個人貯蓄への期待感を表していた。「勤倹貯蓄」のスローガンは単なる精神主義的なものではなく，「国家経済上の必要」「社会政策上の必要」という，多様で即物的な重要性を有していた[34]。そしてそれを支援するために，金融制度や諸機関の整備が進められた。

　銀行については，銀行条例改正による資金運用条件の緩和や企業勃興の結果，先の表2-1にもその数的増加が見られるように，1890年代後半には全国的に地方銀行（貯蓄銀行を含む）が設立された[35]。この時期には郵便貯金の取扱所もまた増設されており，1900年には産業組合法も制定・施行された。19世紀末期から20世紀初頭以降，日本において個人が近代的金融機関に貯蓄を形成することは，制度と機関のインフラの面では，一般の人々にもついに不可能ではなくなったのである。

4) 個人貯蓄の大衆化

　政策意図の拡大と全体的な金融システムの制度基盤の整備のもと，20世紀初頭以降，すでに確認したように日本経済の貯蓄率は10％前後で高位安定した。これ以降，銀行・産業組合・郵便貯金など担い手の異なる様々な金融機関で，預貯金総額は増加傾向となり，各分野の資金源が形成されていった。

　その中でも郵便貯金は1910年頃には政府財政の1割以上の規模に成長した。その内訳を見ると，19世紀末までは口座数全体の5割強に過ぎなかった5円未満の口座が1904年時点では8割以上を占めるようになっており（表2-2），この時期までには郵便貯金は高額貯蓄ではなく主に少額貯蓄を収集するものになっていたことがわかる。1909年には5円未満口座の割合は若干低下するが，口座総数が2倍に増加する中で，依然として郵便貯金に占める少額貯蓄の割合は高い数値を維持した。

　量的には後の時点と比較すればまだ巨額とは言い難いが，20世紀に入ってからの郵便貯金における少額貯蓄の着実な蓄積は，この後の預貯金全般の順調な増加を支えるものとなったといえる。少額貯蓄形成のための郵便貯金の全国

表 2-2　郵便貯金の利用規模（単位：千口座，千円）

一口座貯金額	1893		1904			1909		
	口座数		口座数		金額	口座数		金額
5 円未満総計	595	56.1 %	4034	80.6 %	4462　10.3 %	7909	76.7 %	10939　8.2 %
5 円以上 100 円未満	398	37.6 %	881	17.6 %	18715　43.4 %	2147	20.8 %	48104　36.1 %
100 円以上	67	6.4 %	91	1.8 %	19975　46.3 %	251	2.4 %	74358　55.7 %

資料）下村宏（逓信省貯金局長）『貯蓄機関論』

　的な普及を発端とした，全国民的な大衆的貯蓄行動の習慣化こそ，個人の少額資金を近代的な金融システムの中に動員する構造の基盤となっていったものと考えられる。

　問題はこのような貯蓄行動が，どのようにして日本社会の中で発生し定着したかという点にある。中央政府は新たな資金源の開拓のために様々な制度を整えたが，それらを利用して貯蓄を形成するかどうかは個々人の行動に依存する。事実，20 世紀転換期以前にも，様々な単位によって貯蓄奨励自体は行われていた。たとえばすでに 1880 年代後半の松方デフレ期にも，主に飢饉対策として勤倹貯蓄に関する論達が全国各地の地方自治体により発せられている[36]。しかしそのような動きは，金融機関の預貯金額の趨勢を動かすにも，一国経済全体の貯蓄性向に変化をもたらすにもいたらなかった。

　19 世紀末から開始された中央政府の貯蓄奨励政策は，日露戦後の地方改良運動に連続し，政策的な一貫性をもっていた[37]。すなわちこれら一連の政策は，中央政府が各地域社会・生活共同体内の諸団体の再編や新規結成を促したものといえる。しかし，こうした運動は国家による政策であると同時に，民間側からの参加があって初めて成り立つものでもあった[38]。各地域に存在する共同体が動くことによって，中央政府が鼓吹するスローガンはより具体的になり，人々の生活に直接影響を及ぼしえたものと考えられる。

　1908 年，地方改良運動開始後に内務大臣平田東助は「産業の便宜を得せしむるが為に相協同せしむるは最も必要……産業組合，貯蓄組合又は共済組合の如きは……最も適切の方法」と語った。中央政府は殖産興業政策の中で，地方

経済の活性化のためには少額貯蓄の集積を通じた資金源の形成が重要であることを意識し，そのような貯蓄形成を促すには地域社会内に適切な諸団体が必要と認識していた[39]。個人貯蓄は個人のものであると同時に国家と産業の資金源とみなされ，さらには地域社会の構造やその活動と密接な関係性を有すると考えられたのである。

　19世紀末から始まっていた政府による貯蓄奨励政策は，なぜ20世紀初頭になってその効果を現実に発揮することができるようになったのか。地域社会の現場からはどのような反応と対応が見られたのか。ここからは，個人少額貯蓄の形成に政策と諸団体が及ぼした影響の具体的な内実を明らかにし，その背景にあった人々の状況を考察していく。

3　貯蓄習慣の広がり——郵便貯金の普及過程

1）郵便貯金大衆化のための諸制度

　20世紀初頭に小口化・大衆化した郵便貯金について，郵便貯金利用者の職業内訳から見ると（表2-3），農業者と学生の著しい増加が注目される。杉浦が指摘したように日露戦争の戦時恩賞支給方法の関係で軍人利用者の伸びも一時的に著しいが[40]，その比率は，とりわけ利用者人員比率において，前者二種の分類に比べそれほど高いものではない。

　そこで本章では，郵便貯金の全国的・全国民的普及過程において，農業者と学生という2つの社会集団の動きに注目する。この時点での金額こそ巨額ではなかったとしても，これら社会集団の郵便貯金への参加は，当時の日本の有業者の過半を占め全国に分布する集団[41]と，次世代を担う若年層という，国民全体の貯蓄性向に枢要な影響をもつ社会層に貯蓄行動が浸透したことを意味するからである。

　郵便貯金はどのように，この主要かつ重要な社会階層の貯蓄行動を引き出したのか。それを把握するにはまず，19世紀中の郵便貯金の相対的な不振と，それへの政府の対応を見なければならない。とりわけ日清戦後恐慌下で郵便貯

表 2-3 　郵便貯金利用者職業内訳（単位：千人，万円）

	1893	1897		1902		1906		1909	
	人員	人員	金額	人員	金額	人員	金額	人員	金額
農業	87 27％	485 38％	842 32％	799 27％	772 25％	2145 29％	2060 26％	3036 29％	3453 31％
商業	71 22％	206 16％	537 21％	331 11％	547 18％	746 10％	1278 16％	1157 11％	2574 23％
工業	34 11％	92 7％	220 8％	143 5％	205 7％	362 5％	500 6％	620 6％	1103 10％
雑業	29 9％	74 6％	185 7％	140 5％	236 8％	337 5％	581 7％	526 5％	944 8％
諸業者の被雇職工 および一般使役人	32 10％	59 5％	120 5％	141 5％	151 5％	400 5％	438 5％	782 8％	894 8％
官吏軍人	33 10％	80 6％	203 8％	186 6％	288 9％	726 10％	1159 14％	790 8％	1508 13％
学校生徒	18 6％	68 5％	36 1％	577 20％	153 5％	1843 25％	691 9％	2501 24％	1091 10％
漁猟業および船夫	4 1％	15 1％	30 1％	41 1％	50 2％	109 1％	139 2％	198 2％	265 2％
無職業	3 1％	17 1％	39 1％	64 2％	90 3％	184 2％	309 4％	269 3％	483 4％
社寺その他団体	7 2％	24 2％	83 3％	13 0％	37 1％	29 0％	111 1％	57 1％	412 4％
職業未詳	n.a.	144 11％	320 12％	473 16％	515 17％	536 7％	731 9％	371 4％	582 5％
計	319	1265	2616	2907	3046	7414	7996	10307	11211

資料）逓信省郵便貯金局『郵便貯金局郵便貯金事務史　第一編』1910 年，238 頁付表，逓信省『郵便
　　　為替貯金事業概要 第 19 回明治 42 年度』

　金の金額と口座数が共に大きく減少した事実は，「実に郵便貯金の歴史に一大
汚点」として政府全体に強い衝撃を与えた。貯金縮小の経験は省庁の壁を超え，
政府全体として貯蓄を奨励する気運を高めた[42]。
　政府内の一致した意見と協力に基づいて，郵便貯金に関する様々な制度改正
と新しい制度の導入が行われた。まず 1898 年に，先に引用した大蔵大臣諭達
でも喧伝されたように，金利が 4.2％ から 4.8％ に引き上げられた。さらに，

この利上げも大銀行資本家の有志団体から「安きに過ぐる」という批判的評価を受け，1904年には5.04％に引き上げられた。

　当時民間銀行は，大衆少額貯蓄の取扱はコストに見合わないとして積極的ではなかった。また，これだけ利率を上げたところで郵便貯金の利率はなお，当時の市中金利より低かった。したがって，郵便貯金を預金獲得の競争相手とみなしていなかった民間銀行側は，こうした郵便貯金の動きをあくまで中低所得者向けの支援政策とみなし，大勢としては応援する立場を取っていた[43]。

　もっとも，利子収入が少額にとどまる小口預金の形成を刺激するには，利子率による直接的な金銭的インセンティブの改善より，利用機会や利便性に関する制度整備の方が重要であったと考えられる。そして，その面での制度改正はより目ざましかった[44]。1905年に逓信省が発行した『郵便貯金案内』は，全国に配布された宣伝パンフレットで，それ自体積極的な貯蓄奨励政策の一環であるだけでなく，そこから各種の制度導入が郵便貯金の普及にどのように貢献したか，逓信省がどのように個人貯蓄を奨励したかを窺うことができる[45]。

　同冊子は冒頭で「今は国民全般の勤勉貯蓄の時代」と説き，「貯金すべき金を得るの秘訣」として節約・収入からの天引き・副業の手段を提示した。そして，これらの手段によって家計に生じた貯蓄を，人々が「只自分で握つて居」ると前提し，それでは「盗賊にとられたり，火事で焼けたり，洪水に流されたりする虞」があり，「死んだまま寝かす」ことになると指摘する。そして，郵便貯金を利用すれば消失の危険がなく，かつ「鼠算にて利に利を生み」「国の為めに役立つ」と説くのである。さらに，同冊子は「政府の掌るところにして最も安全」「全国都鄙を通じ六千二百有余の郵便局にて之が取扱をなすが故に最も利便」ともアピールした。

　取扱機会の豊富さに関しては，1899年から開始された郵便局員出張取扱の制度導入が見落とせない[46]。「官衙，兵営，工場其他多人数同時に貯金を為す場所に」「日を定め郵便局員が出張して取扱」うこの制度導入の結果，1905年には郵便貯金は約6000箇所の郵便局に加え，出張取扱所を2966箇所，取集場所にいたっては10151箇所と，当時の他の金融機関が到底揃えられない大量の利用機会を提供した。「郵便局の設けなき村落には，予て定めたる役場，学校，

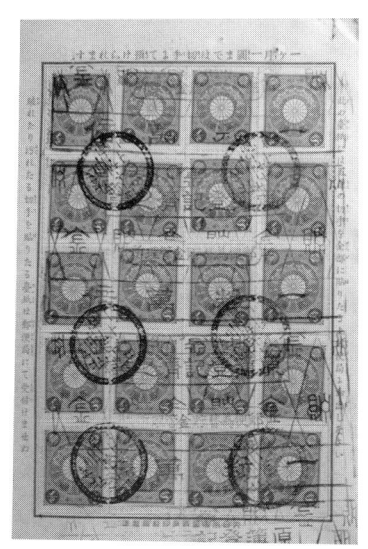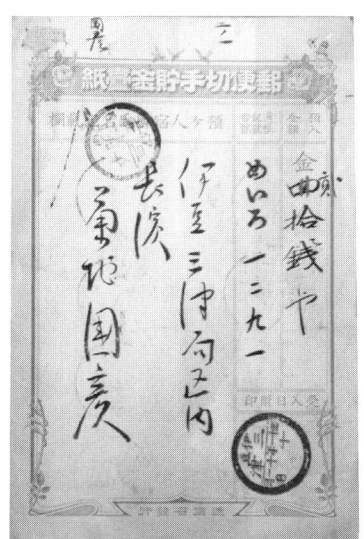

図 2-3 切手貯金台紙

資料）逓信省「郵便切手貯金台紙」1908 年（沼津市立明治史料館所蔵）

神社，仏閣にて，郵便集配人が貯金の取集を為す方法が設けられ」，「態々忙し
い中を郵便局まで出かける世話」は不要になった。

　同冊子は郵便貯金の他の特徴も解説する。この時期郵便貯金の預入金高は
10 銭以上 1000 円までだが，公共団体・社寺・学校・非営利法人や団体・共同
貯金・産業組合の預入金には最高金額の制限はなかった。また 10 銭未満の端
数も，郵便切手を用いれば貯金可能で，「学童婦女等が，五厘，一銭宛を貯金
する為めには，至極便利」と評した。この制度は切手貯金[47]と呼ばれ，学生
など若年層に貯蓄を奨励するにあたって，開始前から多くの期待を集めた。切
手貯金制度については，1890 年に政府内でマイエットがその利点を指摘し
た[48]ほか，民間からも積極的な意見が出されていた[49]。結果，1898 年には調
査が行われ[50]，1900 年 3 月に施行された。この郵便切手貯金規則の利用方法
は簡便で，「切手預入をするには……『郵便切手貯金台紙』なるものを買ひ受
け……郵便切手を，内面相当欄の全部に貼り……貯金通帳に添へて郵便局に差
出せば」よかった（図 2-3）。

　台紙が初期には無料であったこともあり，制度開設当初は「学校生徒の如き
は好奇心に駆られ多数の切手台紙を請求するも，実際之を使用して預入を為す
者は台紙交付数の五割に達せす」と，台紙濫費が問題となった[51]。しかしそれ
は裏を返せば，制度開始直後から全体の台紙交付枚数の5割近くは貯金として
口座に編入されたことを示している。

　表2-3からもわかるように，1900年を境として郵便貯金の学生の利用者は
激増した。この事実はすでに杉浦によっても指摘されており，杉浦はこの切手
貯金の導入が，学生による少額口座の増加に繋がり，20世紀初頭の郵便貯金
の小口化の主因になったと指摘した[52]。こうした制度の導入の結果，1910年
には逓信官僚である貯金局長下村宏は以下のように謳うにいたった。

　　　勤倹節約の気風は壮年に於て之を馴致するの難き……克己抑制の鍛練は須
　　　らく少年時代の訓練に俟たざるべからず，殊に我邦の如き貨殖を賤しむの
　　　弊を存する処に於ては一層其緊切……学生貯金は切手貯金制度開始以来
　　　駸々として増進……本邦社会人心に及ぼす感化実に鮮少ならざる……今後
　　　十数年ならずして本邦人の思想上に一大革新を加ふるに至るべし[53]

　このように，切手貯金制度導入は郵便貯金大衆化の大きな要因の一つであっ
た。とりわけこれは若年層向けの貯蓄教育，つまり次世代の貯蓄性向の変化の
準備に大きな役割を果たしたと考えられる。

　そして郵便貯金はこれに加えこの時期に，他の金融機関には当時まだ見られ
なかったさらなる特有の制度を導入している。それは，若年層以外の社会層の
新規貯蓄行動の誘発に功を成した。それがいわゆる規約貯金——規約貯金・据
置貯金・共同貯金を含む「特別貯金」制度だった[54]。

　「規約貯金」は「多人数申合せ，漫りに払戻を為さぬことを約束して貯金の
預入を為す」ものと規定され，「大勢申合せ貯金を励行するには，此の方法が
一番適切」な制度だと称揚された。規約貯金として郵便局に申請されたものは
「郵便局に於て特別の取扱を為し，預け人より払戻請求あるも，規約に定めた
る約束に従ひ払戻の承認を得たものでなければ，払戻を許さない」ことになっ
ていた。「据置貯金」は「最初定めた据置年限が経たねば，郵便局が払戻すこ

表 2-4　郵便貯金中に占める特別貯金（1908 年度）

	人員（口座数）	残高（円）
据置貯金	177319	934177
規約貯金	417653	2852943
共同貯金	1141	84948
郵便貯金（総計，単位：千円）	8557077	105330
全体に占める特別貯金の割合	7.0 %	3.7 %

注）据置貯金の数値は据置年限にかかわらず総計を用いた
資料）通信省『為替貯金局統計年報　明治 41 年度第 18 回』1908 年

とを許しませぬから，仕方なく貯金が続」くという制度であり，その据置期間は 3 年から 10 年の間で利用者の任意により定めることができた。「共同貯金」は「一人の総代人を設け，其名義を以て銘々が貯金の預入を為す方法」だった。

つまり特別貯金（規約貯金）制度は，私的な貯金規約を定めた任意集団が貯蓄を行うための制度であった。1903 年の導入以来，表 2-4 で確認できるように，特別貯金利用者は 1908 年時点で郵便貯金利用者全体の 1 割近くを占めるにいたった[55]。これは集団的に実行される個人貯蓄が，学校に動員される学生以外の社会層でも実行されたことを示している。

以下本章では，当時の利用事情に鑑み，この「特別貯金」制度による郵便貯金全般を規約貯金と呼び，一括して説明することにする。

2）段階的な普及の過程──中央から地方へ

郵便貯金の大衆化に代表される個人少額貯蓄の形成は，中央政府側から見れば，政策の重層的な実現過程だったといえる。直接に人々の生活現場と接触をもたない中央政府は，郵便貯金の制度改良や，演説・諭達を媒介として，人々の生活行動に影響を及ぼすことを意図した。前節までに見てきたような形で，20 世紀初頭までに中央政府によって整備されてきた各種の郵便貯金利用に関する制度は，現場ではどのように用いられたのか。本節以降ではそれを，個別事例を通じて明らかにする。

中央政府が直接に人々の生活と接触可能な場合には，より直接的な貯蓄奨励

策が実施された。横須賀海軍工廠では，1901 年 4 月 30 日に「職工郵便貯金取扱手続」が制定され，「職工貯金は自今各自申出の金員を其月支給する給料の内より引去り会計課員をして預入の取扱を為さしむ」「貯金を為すへき職工は賃銭受取日に通帳を貯金取扱所に持参し同所へ出張の会計課員へ差出す」といった規定が作成されている[56]。

　中央政府直轄下にあったのは国営企業の従業員だけではなかった。郡長のような中央が任命する地方行政官は，自ら貯蓄奨励と実践を行った。たとえば兵庫県揖保郡では，新郡長赴任以来「郡書記，郡視学，郡技手，事務員にいたるまで毎月俸給の一割以上を積む」こととなり，1909 年時点で勧業債券を含む 2750 円の貯金を形成したほか，「事務の敏活を図るために」「自転車貯金なるものを設け」職場で貯蓄を行っている。

　同郡では他にも「洋服購入の為」「一円掛の頼母子講を実行」しており，「庁内貯金は微々たるものでありますが，之が奨励の動機となり模範となり」，貯蓄の形成は「学校に及」んだ。地方自治体内で行っていた集団貯蓄の習慣化の影響は，近隣の他の近代的組織にも及んだのである。揖保郡の事例では学童貯金が 4 万円近く，その他にも「青年会貯金も一万七千余円協同貯金が四万四千八百余円，郵便貯金が五万六千六百余円，銀行預金二百万円に達したといふ盛況」となった。官庁内部での個人貯蓄の実地的な奨励は，周辺の様々な地域団体に影響を及ぼし，郵便貯金に限らず幅広い金融機関への貯蓄形成を促した[57]。

　こうしたケースからも知られるように，政府の方針に教育界も呼応した。たとえば，先述した 1900 年の蔵相松方による地方官会議上の貯蓄奨励の演説に対して，『教育時論』はすぐさま「勤倹貯金の美徳にして放逸奢侈の悪風たること，三尺の童子もまた之れを知る……その悪風が滔々我が上下の社会に浸潤せることも明らか……遅しといへども，社会が漸次覚醒の運に向かへるは賀すべし」と好意的な反応を掲載した[58]。

　同号のメイン記事の一つである「小学校に於ける訓練的生活の系統」には教育上の訓練として，「一，公共心，時間，虚言，奢侈，剛毅心，狼狽等の欠点は必ず矯正すべし」「一，倹約心を養成し学用品の消費は自記せしむべし」という目標が挙げられた[59]。全国各地の小学生と実地に接する教師や校長は，こ

うした意識の上で行動し，結果，切手貯金のような学童向け貯金制度は，小学校の全面協力を得て学校内で実施された。たとえば愛知県渥美郡福岡村の実施状況は以下のようなものであった。

　　▲勤倹貯蓄と慈善喜捨箱……農業養蚕を主とし，果樹蔬菜栽培に，最有望なる土地にも拘はらず，其改良進歩を計らずして，却て実業を卑しみ，金銭を濫費するが如きは，青年又小学生徒に，其弊を及ぼすこと尠からざる……之が矯正策として先づ第一に，小学校生徒に，勤倹貯蓄を奨励せり。即ち学校に於ける生徒の貯金は凡て切手を以てし，学校は予め切手を購入して，必要の都度，之を生徒に譲渡せり。而して切手を購入する，金銭の出所に付ても，（一）父母より特に給与せられたる者，（二）賞として受けたる者，（三）自己の労働より得たる者，（四）学用品の節約に依りて得たるものの四種とし，其他は弊害の生ぜんことを恐れて之を制限せり。［下線部は原文傍点部][60]

　日本の初等教育就学率は，1900 年小学校令改正に伴う小学校教育の基本的無料化に伴い，1898 年の 6 割台から 1900 年に 8 割を超え，1907 年 97 ％と急速に上昇した[61]。20 世紀初頭のこの時期，小学校教育のもつ地域社会への影響力も強まっていたと考えられる。

　先の記事も「如此励行せる結果は，延ひて家庭に及」んだと続き，1903 年の制度実施以来 1905 年時点で貯金者 200 人，貯金額は 600 円を超えたことを謳った。それは「現在生徒の父兄母姉の，養蚕養鶏等の如き副業に依る収益，若くは月々の余裕を，貯蓄」した結果であり，「学校取扱の分」だけで 50 人以上，「尚此外直接郵便貯金を為すに至りし者百余戸，殆ど全村の過半に達」するにいたった。小学校での教育は，生徒本人だけでなくその家族にまで影響を及ぼしたのである。

　こうした学校の活動はさらにしばしば自治体との連携を伴い，地域産業にも貢献した。滋賀県甲賀郡では「教員が尋常三年生以上の児童を引率し」「小学児童をして螟虫採卵」を行った。この場合，「百卵に付二銭五厘の割合で農会から賞与」が与えられ，「この賞金を受け足る児童は郵便貯金として貯蓄する

やうに」企画されている。

　千葉県源村でも同様に，貯蓄奨励における小学校と役場の協力体制が見られ，耕地整理事業と並んで同村では貯金事業が全村的に，「貯金の方は助役を主任」として実施された。「集めますことは他地方で実行して居られるのと殆んど同様」と称されたその内実は，「小学校生徒の組み分をして月の十五日になると，其自分の組内の貯金者の所へ袋を持つて行つて集め」るというものだった。1908 年からはこの貯金用に切手が用いられ，切手購入分の手数料収入を交渉の結果得た村役場は，「之を貯金の奨励費に充て……生徒が取り集めるに就ての賞与にしたり……能く精励貯金をしたものに賞与」した。賞与の内容は現金ではなく，品物か郵便切手であった[62]。このように，教育行政や雑誌を通じて比較的中央政府の意図を意識しやすい教育者や，郡長など中央官僚の指示を直接仰ぐ立場にある町村長などは，村落内で動員力をもつ人々として連携し，貯蓄を形成する様々な企画を日本全国で実行に移していった。

　また，村落社会に旧来から存在した人脈や無尽などのネットワークも，規約貯金の制度的枠組設計などの支援の中で再編され，近代的貯蓄の形成を促した。たとえば長野県上水内郡では 1897 年，中央の任命した官吏である郡長が貯蓄奨励の告諭を発し，郵便貯金の規約貯金を用いた貯蓄組合の定款フォーマットを作成，各村に配布した[63]。

　同県北安曇郡常盤村では，三等郵便局長となった近世期大庄屋の主導下で 1909 年に勤倹貯蓄組合が設立され，全村民的な郵便貯金が開始された。「組合員の資力を増し其福祉を進むる為平素業務に精励し簡素を旨とし貯蓄を実行兼ねて堅実の民風を養成するを以て目的とす」と謳った常盤村上一区南部勤倹貯蓄組合規約は，組合員は毎月一口十銭を最低単位として「勤倹貯蓄規則に依る規約貯金となす」ものと定めた。組合員死亡の際には，相続人が「当然組合員となり……権利義務を継承す」べきことが定められた[64]。同庄屋家では，1891 年には親族間のみで結社を作り，郵便貯金預入による「神風講」貯金[65] を行っている。全村的な貯蓄組合は，それを拡大したものとも言える。

　同県下伊那郡清内路村の青年会の場合，近世期の若衆組からの連続性はより明らかである[66]。共同植林・村祭礼の実行・婚儀等での宴会など，江戸時代の

習慣や規則をそのまま受け継いだこの団体は，その共有財産の一部を郵便貯金とした[67]。この青年会の会則の変遷は，人々の意識の中に近代的教育・貯蓄への志向性が入り込んでいく過程をよく示している。1893 年の規約書には博打や平日の宴会の禁止といった，近世期の禁則に近い条項が綴られていた[68]だけだったが，1912 年には地方改良運動の中でしばしば使われた勤倹や風俗の改良といった文言を自ら取り込み，「本会は知徳の修養，勤倹の美風，林業の発達，着実穏健の思想を養ふを以て目的」とするようになった[69]。

　1906 年に千葉県馬橋村で発足した積善貯蓄会と称する貯蓄組合では，構成員は 36 人に及び，一人あたりの 1 ヶ月の貯蓄額は 3 銭から 5 円まで幅広く裁量に任された。収集された貯蓄は「確実なる銀行へ預金」され，3 年を満期として解散が定められた[70]。集金簿の書式は，同時期の抽選と融資を伴う無尽講とほぼ同様であり[71]，無尽の形式と銀行・郵貯など近代的金融機関への預入とを同時に用いる貯蓄方法が用いられていたことがわかる。

　個人の参加を促すこうした共同体の機能は，自治体などの近代的組織が貯蓄を主導する場合にも用いられ，それはしばしば様々な階層と関わる複合的なものとなった。東京府西多摩郡戸倉村では，村内に貯金組合を結成し 1 日 5 厘以上の貯金を奨励，貯金箱にそれを収集した。戸倉村土曜淑女会という女性団体でも，その会則中に「一，毎月金十銭以上の郵便貯金（其他貯金）を致す事」とある[72]。

　先述した千葉県源村の場合，「役場の手を経て貯金」するものは郵便貯金になり，個人の場合「貯蓄の金は信用組合と村内に株式の銀行があるので，何れへでも貯蓄すれば宜」かった[73]。愛媛県余土村では，「村長自ら通帳を配布して勧誘」し，1901 年から「日曜貯金」を実行した。収集にあたっては小学生が動員され，村内戸数 486 戸のうち当初の参加者は 630 名と，村を挙げての貯蓄活動が行われた。

　　……一婦人の訴へによれば，毎週貯金は面倒でたまらないから毎月貯金にしてもらひたい，二円でも三円でも纏めて貯金すると云ふ。また他の一婦人の訴へによれば，此間も丁度髪を結ふて居る時，児童が来て貯金の金を

　　出してくれと云ふけれど，此通りに髪を結つて居るのだから手が離されぬ，
　　次の時に一緒にしてくれと云ふけれど，児童はどうしても承知しない，を
　　ばさんそれなら待つて居ると云つて動かない。……毎月貯金とすれば，二
　　十九日間は貯金思想を喚起する機会がないが，日曜貯金とすれば貯金思想
　　を断つ遑がない。毎週貯金の必要なる所以は茲に存する。一銭と云ふ僅か
　　な貯金は実に尊い，一銭を貯蓄する考が出来れば，大なる貯金が出来る，
　　婦人が台所で日々取扱ふ消費の中に，一銭位はいくらでも拾ひ得らるる
　　……[74]

　それは参加者にとって，初めは半ば強制的に始まった。主導者が積極的で地
域内において影響力をもつ人物であったならば，たとえ貯蓄の形成に対して懐
疑的な家計であっても，不参加という選択肢は事実上ありえなかった。しかし
集積された資金がやがて巨額になると，村民は村内の団結と貯蓄の重要性を意
識し，それまでの消極的な認識を改めたという。結果，余土村では 1908 年に
はこの日曜貯金を個人の出資金として産業組合が設立された。
　このように様々な地域で，郵便貯金に設けられた新制度に乗りかかる形で，
個別の主体団体や細かな方法の差異はあれど，個人少額貯蓄の集団的形成が全
国的に，この時期になって行われはじめたのである。政策目標と合致し，かつ
地域社会の構造と深く関連づいた個人による貯蓄形成という行動パターンは，
これら以外にも当時全国的に記録された無数の事例から見えるように，地域差
をもちつつも日本全国に普及しつつあった。

3)　貯蓄行動の実態——静岡県三島町の場合

　前項で見たように，政府の貯蓄奨励政策は様々な地域で，諸団体や学校を介
して地域社会に浸透し，それら諸組織の活動を通じて人々の行動に影響を及ぼ
していった。この過程を，ここでは静岡県田方郡三島町の事例を取り上げ，地
域社会の側からより詳細に観察する。
　三島町は旧東海道筋にあり，1908 年度末時点で戸数 1949，人口 10654 人で，
農業者が 2 割，商業者が 4 割，雑業者が 3 割を占める町だった[75]。同町内には

表 2-5　全国・静岡県・田方郡（三島町所在郡）の位置づけ（単位：%）

年	人口		銀行						郵便貯金						
			店数		預金額		口座数		取扱郵便局数	郵便貯金額		口座数		新規口座数	
	県/全国	郡/県	県/全国	郡/県	県/全国	郡/県	県/全国	郡/県	郡/県	県/全国	郡/県	県/全国	郡/県	県/全国	郡/県
1898	3	9	4	9	1	3			8	—				3	1
1900	3	9	7	11	0	4				—				2	30
1901	3	9	7	11	1	5			6	—				1	23
1903	3	9	6		1	3				—				2	14
1906	3	9	6		1					1	12	2	13	1	8
1909	3	9	6		1				13	1	9	2	12	2	13

資料）静岡県『静岡県統計書』各年度版，大蔵省『銀行営業報告』『銀行及担保附社債信託事業報告』各年度版，逓信省『為替貯金局統計年報』各年度版，郵政省『郵政百年史資料 30 巻』貯第 5 表，日本統計協会『日本長期統計総覧』第 1 巻，1987 年，同第 3 巻，1988 年

金融機関として，1900 年までに支店を含め 5 軒の銀行および三等郵便局があったが[76]，表 2-5 からも見えるように，三島町の所在した田方郡は，静岡県内で突出した金融的地位を占めていたわけではない。静岡県は当時国内で比較的銀行数の多い県ではあったが，全国の口座数・金額に占める割合から見ると，銀行預金，郵便貯金ともに人口比に応じたものであり，田方郡の民間銀行の預金収集状況はさほど抜きんでたものではなく，郵便貯金の新規動員力も全国並みであったといえる。

　20 世紀転換点前後における三島町の中での貯蓄形成の動きが，全国的に見ても平均的なものであった可能性が高いとして，それでは三島町の中ではどのような貯蓄奨励が行われ，どのような貯蓄行動がとられたのか。

　三島尋常小学校は 1893 年前後にすでに「生徒貯金規定」を制定し，貯蓄奨励を行っている。その規定には「貯金は常に浪費を省き小を積みて大に至るを楽しむ気習を養成するを務むる」とあり，勧誘にあたっては「教員は修身教授の際其他に置いて勤倹の美徳たることを諭すと共に貯金の実行を勧むる」べきことが示された。貯金取扱日は毎週 2 回とされ，「預金をなさんとする生徒は始業時間前全員に仮通帳を添へて取扱主任者に預入をなすべし」とされた。なお「十銭未満の金額は取纏め郵便局に臨時預入」られた[77]。

表 2-6　三島三等郵便局における切手貯金利用実態（1900.8〜1901.3）

期間中預入総額（円）	859.915
預入総回数	2527
新規取扱件数	474
平均預入額	34.0 銭
預入最頻額	20 銭
メディアン	27.5 銭
学生利用割合	64 %
最大集団学生利用件数	84 人
新規預入割合	19 %
一日平均取扱件数	10 人

注）学生利用＝預入者の「宿所欄」に学校名が記入されているもの
集団学生利用件数＝同日の預入で，異なる利用者の「宿所」欄に同名の学校名が記されている場合，その同日内同一学校の利用者数をカウントした
資料）三島郵便局『切手貯金預簿』1900 年 8〜11 月分・1900 年 12 月〜1901 年 3 月分

　この規定からわかるように，三島小学校と三島郵便局は密接な連携をもっていた。当時の三島の三等郵便局長渡辺壽太郎は，1899 年時点で県税戸数割等級 10 等（全 28 等中）と所得上位 25 % 集団の中に位置し[78]，1906 年には三島尋常小学校の学校基本金として 20 円を寄付した人物であるが[79]，切手貯金開始の 1900 年 5 月，遞信省へクレームの書簡を送っている。それによると，「切手貯金之義，目下頗る好況を祝し学校及其以上之者より日々要求有之」，結果として三島局は「台紙欠乏し，当局之如きは残枚一葉も無之」状況に陥った。局長渡辺壽太郎は「奨励誘導之期に望み小生之信用を失するのみならず局の体面にも相関し，且つ学童之如きは時機を阻喪するときは挽回頗る困難……事零細に似たれども……遺憾骨髄に徹し候」と，この問題を己個人の名望だけでなく官庁に対する信頼感の問題として取り上げ，切手貯金を通じて学生に貯蓄を呼びかけることがいかに重要かを論じている[80]。

　このように切手貯金制度は，開始後 2 ヶ月で遞信省本体でも台紙の在庫が切れるほど全国的に好評を博し[81]，それは三島町でも例外ではなかった。この切手貯金の利用状態から，三島小学校と郵便局の連携とその効果についてさらに分析しよう。開始直後混乱した三島の切手貯金の実施だが，1900 年 8 月から翌年 3 月までの 8 ヶ月間分については当時の帳簿が残っており，詳細な利用状況が把握できる。そこから作成した表 2-6 から見られるように，制度の利用件数の 6 割以上は小学生によるものだった。

　この期間内の切手貯金による最終的な新規通帳取得は 2 割程度だが，1900 年 3 月の制度開始に近い時期ほど新規取扱の利用者が多く，この傾向は学生利用者に限らない。切手貯金はまさに，それ以前には貯金通帳とは無縁だった階

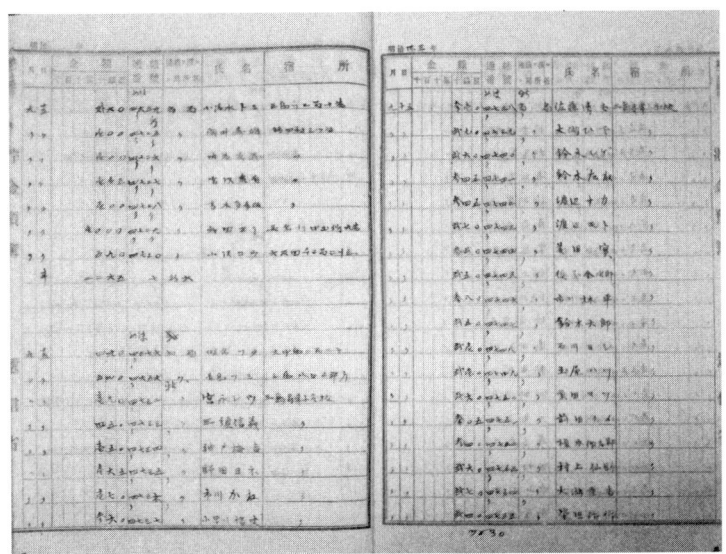

図 2-4　三島郵便局の切手貯金預入帳簿

資料）三島郵便局『切手貯金預簿』1900 年 9 月 13〜15 日分の一部

層に，貯金保有を促す効果をもっていたことがわかる。なお田方郡では 1900
年度の郵便貯金新規預入者は 3000 人強を数え，その 8 割近くが切手貯金に
よった[82]。

　特筆すべきは，小学生の集団的な利用である。彼らは帳簿上は同一の学校名
の集団として現れ，平均約 11 人，最大では 84 人もの集団で貯金を行った（図
2-4）。それがどういった状況であったと想定されるかというと，たとえば
1900 年 11 月 10 日には 53 人の三島尋常小学校の利用者がいたが，彼らは小学
3・4 年生と准訓導，つまり生徒の中に教師が 1 名混じった集団だった。この
生徒 52 人は，この学年の卒業者総数が合計 410 人であることを考えると，教
師の指示の下，クラスなどの形で引率されて郵便局に行き，切手貯金の形式で
貯蓄を行ったものと考えられる[83]。

　こうした学生利用者の一部は，切手貯金の制度が開始されてから 1 年近く経
過した後に，個人あるいは 2,3 人といった少人数で貯金の預入を行いはじめた。

これは個々の小学生自身の中に，教師の直接的指導なしでも貯蓄行動を行うという指向性，習慣化が生じたことを意味する。

　三島町における切手貯金の利用者の動向は，先に引用した資料で逓信官僚下村宏が描写したような，子供たちを中心とする人々の間に貯蓄形成への指向性が生まれていく様を，まさに浮き彫りにしている。こうした小学校による貯蓄奨励は町部村部の別無く実行されていたと考えられ，たとえば三島と同じ田方郡の西浦村では小学校の通知簿に，成績や出席日数と並んで「貯金額」の欄があった[84]。

　また三島三等郵便局長渡辺壽太郎は，小学校に向けてとは別個に，貯蓄奨励のための活動を行っていた。すでにこの局長は 1887 年から『貯金ノ主趣』という，郵便貯金の預け年数別利率表付きの宣伝ビラを作成，配布している。そこでは「時勢の変遷に伴ひ財力の利用は実に無上の勢力を有」すると指摘され，「旧習に泥むときは其甞て賤む所の金銭の為めに腰を屈して他人に辱しめらるる悲哀に沈淪」するとして，「貯金の主趣は恒産を作り恒心を蓄へ以て福祉を増進するに在」るとして貯蓄が称揚された[85]。

　三島郵便局長は 1891 年には永盛会という団体を結成し，局長自ら総代人となって規約貯金を実行した。同会の貯蓄は 1899 年には 100 円以上に達し，その貯蓄で公債を購入している。「平素勤勉貯蓄して凶事救済の目的となす」ことを目指した同会は，具体的には「毎月拾銭以上を逓信省へ貯蓄……毎月二十日を以て取扱人に送付」して貯蓄を行った。なお，郵便局長主宰の集団貯蓄ではあったが，「貯蓄は逓信省と定むと雖も時機に依り……ほかに貯蓄する事もある可し」とされ，利便性如何では他の金融機関を利用することも示唆している[86]。

　さらにこの局長は 1892 年には郵便局内でも規約貯金制度を開始し，局員に貯蓄を行わせた[87]。近隣のハンカチ工場向けにも「工女積立金規定」という規約貯金規定を作成し[88]，さらに 1917 年には三島町相続講組合を設立してその貯金規約を作成，局長自ら参加している。その規則では「本組合は永久家名の存続を図る為め金一百万円に達する迄で毎月金三拾銭宛貯金する」とされ，「貯金は管理者に於て毎月二十二日迄に取纏め，組合員各自の名義に依り据置

表 2-7 1909 年三島町の共同貯蓄調査

資料番号	構成人数（人）	現在金高（円）	開始時期	一人頭金額（円）	利用金融機関	備考
①	18	86.446 260.467 75	1900.1 1906 1907	23.44	銀行	町内区団体，複数回に分割して貯金
②	34	53.28	1904 1909.5.20	1.57	銀行	町内区団体，非常準備費，1909.3 に一度満期で配分
③	不明	55.20	1905.7		郵便貯金	町内区団体
④	9	55.86	1905.7.27	6.21	郵便貯金	町内区長経由で報告
⑤	7	50.00	1905.7	7.14	不明	町内区長経由で報告
⑥	30	90.00	1908.11	3.00	銀行・郵便貯金混合	町内区団体，月掛（最低30 銭，最高 50 銭）
⑦	11	151.20	1909.6.2	13.75	銀行	町内区団体，日掛
⑧	6	52.00	1908.6	8.67	郵便貯金	町内区団体，大博覧会貯蓄
⑨	93	892.75	1908.9	9.60	銀行	個人代表，日掛，納税のため
⑩	35	207.60	1906.1	5.93	郵便貯金	個人代表，日掛，旅遊のため
平均	27	202.98		7.52		

資料）三島町役場『明治四十二年原議書綴込』所収の調査票

貯金として郵便貯金に預入」られた。据置期間満了後にも逐次更新することが定められている[89]。

　講の名を冠したこの貯蓄組合は 21 人で開始され，『時事新報』にも取り上げられた[90]。他にも同局長作成の『貯蓄奨励書』には，具体的な金額などが記入されていない，無記名の規約貯金テンプレートも綴り込まれており，郵便局長が地域における貯蓄行動の称揚に積極的であったことがわかる。

　貯蓄の形成を「集めて国家の財源に充て以て奉公の一端となす」[91]ことと認識し，三島町の中で貯蓄奨励に向けて活動していたのは，小学校や郵便局だけにとどまらない。1909 年，田方郡からの問い合わせに応え，三島町による町内の共同貯蓄に関する調査が行われた。現存する調査票から状況を復元すると，表 2-7 のようになり，少なくとも 10 団体が町内で貯蓄を実行していたことがわかる。いずれも三島三等郵便局の資料には含まれていない団体で，その多くが町内区を基盤とした旧来からの地縁団体だった。

　三島町内には遅くとも近世以来，全20区の自治組織が存在していた[92]。地域の自主的自治組織として，祭事などの実行主体であったと考えられるこれらの組織のうち，調査票から名称が判明する限り6地区が直接，貯蓄行動を行っていた。少なくとも町内の3割の地区が，区長を中心として集団的な貯蓄を実行していたことになる。平均人数は27人，平均合計金額は約200円，利用金融機関は判明する半数が郵便貯金，半数が銀行である[93]。

　こうした区は近世来の自治単位であると同時に，区長の会合を通じて，近代以降の組織である町役場の働きかけを受けてもいた。町役場作成の報告書類には，1905年の区長選定以来「本町は従来勤倹貯蓄之義に附ては常の奨励の法を講じ」，町役場は「年々数回区長会を招集し，其開事毎の勤倹貯蓄納税貯金組合を奨励」したこと，「其設立方法を詳説等訓示注意をなせし結果」として，調査に見られるような十数個の団体が結成され，「此の他成立すべきもの続々可有之候」という状況であったことが記されている[94]。

　なお，三島町宮区ではさらに，区長と直接関係をもたない一般市民のレベルでも貯蓄組合が形成されたが，その報告が区長経由で町役場に行われていることから，その貯蓄集団は区の活動と連携をもっていたと推測できる。

　また長谷区では「当長谷町ヲ四組トナシ，一組限リ毎戸輪番ニ，毎月二十日及末日ノ両度ニ，稍一定ノ印紙ヲ集配シ，代表者ニ差出シ，代表者ハ皆取マトメ銀行江預入ル」方法が実行された。「中以下ノ細民ニ至リテハ，貯蓄ノ必要ナル事ヲ認メ，日用費ヲ節シ，辛ウシテ一回分ニハ十銭，他ハ一円ヅツ預入セリ」とされ，一回の貯蓄額は所得に応じて設定された。貯蓄の目的は「非常準備費充当」だが，町役場から区長への貯蓄奨励以前の1904年から貯蓄を実行していたこの団体は，1909年には一度「満期」を迎えて「分賦」を行っている[95]。さながら貯蓄性の無尽のような活動であった[96]。

　他の団体でも，所得に応じた貯蓄額の設定を行うなど同様の制度が見受けられる。判明する貯蓄目的は旅遊や納税のためなど多様だが，代表者を親と呼ぶなど，講組織的な面をもっていた。というよりむしろこれらの貯蓄団体は，それまでの無尽や講の形式での行動習慣を，近代的な金融機関を利用しつつ継承したものである可能性がある。

　このように，三島町でこの時期に叢生した多くの貯蓄団体には，小学校や町役場，地域の工場など近代的制度や組織によって編成された集団だけでなく，郵便貯金や銀行の利用という制度的新規性をもちながら近世からの組織的・人脈的連続性を有する組織も多く含まれていた。三島町の事例からは，個人の少額貯蓄の形成において，近代的な制度・組織と近世的な習慣・組織が互いに結びつき活動していたことを，具体的に確認することができたといえる。そしてこうした個人的かつ集団的な貯蓄の形成が起こっていたのは，三島町にも田方郡にも静岡県にも限らず，20世紀初頭の日本全国においてであった。

4　小　　括

　本章では，20世紀初頭に日本の貯蓄率が個人貯蓄を基盤として上昇，安定したという事実を踏まえ，その個人貯蓄がどのような仕組みに支えられ，どのような性質をもつものであったかを具体的に分析した。日本の工業化が軌道に乗りつつあり貯蓄性向も変化した20世紀初頭に，先行研究が明らかにしてきたように郵便貯金がちょうどその大衆化を果たしたことから，郵便貯金にまつわる貯蓄行動こそ近代日本における個人貯蓄の習慣化の草分けとなったものと推定し，そこに焦点を当てた。

　郵便貯金という最も早期に全国的に整備された近代的金融機関は，他の金融機関が全国整備されるに先駆けて，貯蓄行動の普及の端緒を開いていった。その中で郵便貯金は，すでに先行研究が指摘してきたように，政府の貯蓄奨励政策に大きく影響を受けてきた。しかし，本章が三島町を中心とした様々な地域の事例で見たように，20世紀初頭における郵便貯金の大衆化には，政府による制度整備だけでなく，人々の側からの組織編成やそこへの積極的な参加も大きく影響していた。郵便貯金における切手貯金・規約貯金などの貯金方法，出張取扱などの制度設計は，地域に貯蓄のための新たな諸団体が叢生していくこと，既存の団体が賛同していくことを前提とし，彼らの反応に呼応する形で行われ，整備されていった。

　たとえば三島町では，切手貯金実施にあたっては地元の郵便局長がその制度運営上の難点について，貯蓄奨励の意図は自分も政府と同じくしていることを訴えながら，逓信省に切手貯金台紙の不足について苦情を提出した。そこには中央の政策意図に賛同した現場による実行と参加，そして問題点のフィードバックがあった。そして郵便局に限らず小学校・工場といった近代的組織から，それらに影響を受けた近世来の自治組織や無尽講までを含む様々な地域組織が，それぞれ意図をもちつつその構成員に貯蓄行動を促した。このような様々な組織の働きを通じて，三島の人々の間に貯蓄行動が普及していったのである。こうした現象は三島だけでなく，当時の官民問わない様々な記録の中に残るように，全国各地で見られた。それこそが，第 1 章で確認したような，日本経済全体としての家計貯蓄性向の変化をもたらしたと考えられる。

　20 世紀初頭以降の郵便貯金大衆化は，郵便貯金取扱所の増加という物理的な便宜，金利引き上げという金銭的な利点に加え，各種社会集団に訴える制度整備が進められたことを背景としていた。切手貯金や規約貯金などの制度整備によって郵便貯金は，農村部の住民や，就学率の向上に伴って生じた多数の学生を含む，それ以前には近代的金融機関を利用したことがない広範な社会集団の中に，新規利用者を見いだしていくことができた。

　このような背景の中で，郵便貯金は 20 世紀突入後，一世帯あたり一口座以上という全国民的な普及を達成し，少額貯蓄の形成と収集に成功し，その先駆けとなった。そして，このような過程とシステムを経て，貯蓄奨励政策は郵便貯金の大衆化を達成するだけではなく，貯蓄行動そのものの習慣化をも地域社会に伝播することができたと考えられる[97]。

　そしてこうした個人貯蓄形成の過程は，地域社会の側から見れば，小学校や役場のような新しい近代的機関の影響を受けながら，地域社会の中の旧来のネットワークや若年層があらためて組織化され，種々の活動が行われるようになっていく過程でもあった。それは政府の政策の浸透ルートであると同時に，青年会や納税組合，産業組合など新たな組織の結成へも繋がる，地域社会の草の根における様々な活動の活発化の面も有していた。また，金融的な面だけから見れば，この動きは産業組合や地方銀行といった地域の新たな近代的金融機

関の成長に影響を及ぼすものでもあったことが各種の事例から読み取れる。

　近代化初期の日本社会の中に形成された，広範な個人少額貯蓄形成を促進するためのフレームワークは，新旧の様々な制度とネットワークに支えられて，全国民的な貯蓄行動の習慣化を促した。政策的な貯蓄奨励と大衆的な貯蓄形成促進の仕組みは，一種の「型」となって，第一次世界大戦などを経て日本経済と社会が変化する中でも長く存続し，近現代日本における貯蓄による国内資金の形成を支えたのである[98]。

　20 世紀初頭以降，旧来からの共同体組織と近代になって新たに形成された組織・制度は全国的に互いに手を組む形で様々な経済活動を行い，その中で個人少額貯蓄がやはり全国的に，全所得階層的に形成されていった。その中で集積された，総体としてますます巨額になっていく大衆資金が，どのように地域経済の中で用いられ，また地域社会に影響を及ぼしていったのか，それを検討することが以降の章における主な課題となる。

第3章

産業組合の形成と発展
──自己循環するマイクロクレジット──

1　はじめに

　前章で見たように，20世紀初頭までに日本の地域社会の中には，様々な機能をもつ地域共同体が，旧来のネットワークを引き継ぎつつ近代的な制度・政策方針を取り入れる形で無数に再編・新設された。それらの団体の多くは構成員に対して貯蓄を奨励したほか，時には組織として自ら貯蓄を行い，その組織の事業のための事業資金を形成した。

　産業組合はそうした新設の団体の一種であった。産業組合は，当時ヨーロッパで勃興していた協同組合運動を取り入れて日本国内の法制度が整備された協同組合制度に基づく，地域住民による自発的組織である。日本の場合，地方部に設立された産業組合の多くは，後の農協へと繋がっていった。産業組合は協同組合という，銀行とは異なる非営利組織として，しかし郵便貯金についで身近な，人々の日常の貯蓄を預けるための金融組織として，近代日本社会の中に新たに登場した。

　本章の課題は，戦間期までに全国的に普及しその経営も全国的規模に拡大していった産業組合が，なぜ地域の中に浸透し成長しえたのか，そして地域にどのような影響を与えたのかを考察するところにある。多くが地方部に設立された産業組合は，法制度的には金融以外の機能を主とすることもできるものだったが，実際にはそのほとんどが少額金融を行う信用組合として設立された。

　近代日本においては，協同組合がこうした少額金融機会を地域住人に供給しえたことが，地域経済や農業部門の発展に寄与したと考えられる。しかしこれまでの産業組合に関する研究は，信用組合の増加と成長そのものに対して疑問を呈することはほとんどなく，少額金融はなぜ地域社会に求められたのか，そして産業組合はどのようにしてその資金需要に応えたのかといった視点からの問いかけをしてこなかった。本章は産業組合を，一般の金融市場とは異なり大衆資金を主な資金源とする「もう一つの金融システム」の中でもとりわけ現場に立脚した基盤的な金融機関であると捉え，その金融的機能の大きさと，地域経済の中での社会経済的役割に注目するものである。

　もっとも，なぜ当時の日本経済の中でそれほどまでに協同組合の提供する少額金融機会が求められたのかを検討するためにはまず，背景となる経済的な状況を確認しなおす必要がある。19世紀後半，幕末の開港によって，日本経済は統合されつつあった世界市場にリンクした[1]。それから1世紀を待つことなく，第二次世界大戦までに，日本は産業革命を経験し，工業化を遂げた。このような日本経済の成長は，第1章でも指摘した通り，紡績業や鉄鋼業などの近代的工業部門のみによって達成されたものではなく，農業を含む在来的な諸産業にも多くを負っていた。

　中でも戦前期の最大の外貨獲得産業であった製糸業は，近代的技術を導入した産業であると同時に，原料繭の供給を通じて国内の農業部門とも深く結びついていた[2]。近代日本の地域経済の発展においては，養蚕業の発達に象徴されるように，農家を含む個々の小経営体が市場の拡大に応え，在来技術の応用による商品展開と生産拡大を実現したことが大きな役割を担った[3]。1890年代以降，機械化していくアメリカ絹織物産業の需要に応え日本経済が生糸生産を拡大していくことができたのは，養蚕・製糸・輸出商社の働きすべてを含めて蚕糸業という一つの産業として呼称することもあるように，日本の都市部の企業だけでなく地方の農村部の生産体制までが，世界的な市場の需要の増加に対応しえたからに他ならない[4]。

　近代日本の農村について，これまでの研究史では，その社会問題性から寄生地主制が注目されてきた。しかし，土地所有の規模からしても，近代日本農業

の大半は，現場不在の地主による大土地所有とそれを前提とした農業労働者に
よってというよりは，ある程度の格差はありながらも小農と呼べる規模の地元
の農家によって担われてきた[5]。つまり，養蚕を含む日本の農業生産は，自作
地主・自小作を含む小規模な自営農民によって担われた部分が大きかったとい
える。

　こうした小経営が，世界市場とのリンクがもたらす機会とリスクに対応して
発展を遂げるためには，現代のグラミン銀行の例が示すように，少額金融が重
要な役割を果たしたと考えられる[6]。しかし現在の途上国において，農村部に
おける少額融資の供給は，必ずしも十分に行われるものではないことはよく知
られている。銀行のような都市部に形成される一般の企業にとっては，情報の
非対称性，取引コストの高さ，債務不履行リスクなどゆえに，農村部において
信用市場を形成することは困難だというのである[7]。

　それでは当時途上国であった戦前の日本において，地域経済における小経営
体の，小規模なしかし不可欠な資金需要はどのように満たされたのか。すでに
述べたように，これらの旺盛な資金需要を，近代日本の地域経済は銀行という
企業形態の金融機関によって賄うのではなく，協同組合形態の金融機関によっ
て満たしたと考えられる。

　産業組合は地域社会の中でどのように成立し，どのような経営を行って成長
したのか，そして地域経済の資金需要をどのように満たしたのか。産業組合に
関する先行研究は，その制度整備のプロセスや全国レベルの成長については明
らかにしてきたが，その創立期における地域社会との関係や経営の実態を十分
に解明してきたとはいえない状況にある[8]。

　そこで本章では，産業組合制度制定後の比較的早期に設立され，地域の金融
需要を満たし経営体としても成長していった，ある一つの産業組合の経営事例
を取り上げ，そこから具体的に状況を検証していく。分析対象時期は，初期に
設立された現場の産業組合が一通りその経営を軌道に乗せるまでの期間，つま
り産業組合法が制定された 1900 年から，産業組合が全国的に普及した第一次
世界大戦期までとする。

　ここで取り上げる事例は，1903 年に設立されその後も順調に成長していっ

た，長野県 小県郡 和村 に設立された和産業組合である。同組合の設立の背景
と，初期の経営に関する分析から，産業組合と地域経済・社会との相互関係を
理解することを目指していく。

2　新たな少額金融の担い手——産業組合と地域社会

1）協同組合制度の政策設計——生活防衛と経済発展のための組織

　はじめに産業組合制度の概要を確認する。世界市場との接触，近代的交通網
の発達と，それに伴う養蚕業をはじめとした輸出に関連する農家副業の興隆は，
長野県に限らず日本各地の地域経済に少額金融への大きな需要を喚起した。こ
うした状況下で，中央政府は「国富源泉の要部を占むる農商工の事業は多くは
小規模に属し，事に従ふ者は概ね資産に乏しきを常とす」るという認識にたっ
て，「我が産業の心髄たる中産以下の農工業者の金融を利する」ために，1900
年に産業組合法を成立させた[9]。1908 年の地方官会議における内務大臣平田東
助の演説からこの制度の狙いをよく窺うことができる。

　　　亦地方に於ける殖産興業の事は，我邦の如き小農，小工商を以て国家産業
　　　の原力と為す国に於て，其資本の融通を助け，産業の便宜を得せしむるが
　　　為に相協同せしむるは最も必要の事にして，彼の産業組合，貯蓄組合又は
　　　共済組合の如きは，此目的を達するが為に最も適切の方法……[10]

　19 世紀中盤からヨーロッパでは，協同組合制度による中低所得者の活性化
が唱えられていた。ドイツにおける信用組合，イギリスにおける消費組合・購
買組合，フランスにおける生産組合・利用組合[11]の発達を視察した日本政府
の当局者は，それらの制度を総合したものとして産業組合法を設計し，制定し
た。
　元々のヨーロッパの協同組合運動は，人々の団結により小生産者を市場の混
乱と窮乏化から守ることを主に意図したものであったが，日本の産業組合法は
そうした防衛的な目的だけでなく，小生産者を中心とした経済発展の礎を築く

という積極的な，一種の産業政策としての意図をも包含して企画されたもので
あった[12]。

> 世運の進展は滔々として大河の流るるが如く……生存競争はますます激烈
> となり，優勝劣敗の事実はますます著るしきを致すと共に，強者の弱者を
> 壓するの力，愈強大を加へ……産業組合は此の必至の勢を緩和し，その暴
> 発を未然に防がんとするに最も適当なる組織であって，すなわち多数弱者
> を打って一丸となし，その勢力によりて強者と退治し，弱者を保護すると
> 共に，又強者の勢力をも認め，之によりて両々相待ちて互にその福利を増
> 進せしめ，以て円満なる国運の発展を期せんとするものである。即ち産業
> 組合は小資を集めて大資となし，弱者を以て強者に当り，窮民を救ひ貧者
> を保護してその生活状態を改良すると共に，一方には産業の発達を計り，
> 自治を扶翼し，民風を作興し併せて品性の向上を考図する，所謂社会改良
> の万能薬とも称すべきものである[13]。

　1910 年代冒頭にはこのように認識されていたように，産業組合は政府に
とって，社会政策でもあり産業政策でもあり，また地方自治の安定のための政
策でもある，多面的な効用をもつ施策として導入された制度であった。

　協同組合制度である産業組合法は，組合員から収集した資本金を元手に各種
の事業を行い，持分を持つ組合員による民主的な経営統治が行われる，非営利
目的の経営体という組織のフレームワークを，日本経済の中に新たに提示した。
産業組合に許された事業の範囲は当初，5 種類であった。すなわち金融業務を
行う信用組合，組合員が必要な物品を共同購入する購買組合，組合員の生産物
を一括販売する販売組合，生産を共同で行う生産組合，設備を共同利用する利
用組合であり，1906 年以降は信用組合業務と他の業務の兼営も可能になった。

　営利目的である株式会社などの企業形式の組織に比して，非営利団体として
設立される産業組合には，税制上の優遇措置が取られた。登記済の組合に対し
て，近似の業務を行う企業より営業税を軽減することを規定したのである。

　最終的には農商務省所管となったこの制度は，その構想段階では内務省が中
心となっていた[14] ことにも示されるように，内務省が推進した地方改良運動

などの政策の中でも称揚された[15]。地域経済振興をもその目的とした産業組合
は，基本的には各自治体ごとの設立が奨励された。産業組合は 1910 年代にか
けて信用組合を中心に全国的に増加し，組合総数を全国の自治体数で除した
「普及率」は 1917 年には 98 ％に達した[16]。

　産業組合が 20 年に満たない短期間に急速に普及したこと，およびその 9 割
近くが信用組合ないしそれを兼営する組合であったことは，「一般銀行及び高
利貸の貸付と異り……一般に対人信用を以て原則」とする少額金融への需要が，
日本全国に存在していたことを示している[17]。第 1 章の表 1-7 などからもわか
るように，全国的普及に伴い産業組合の資金規模は，資本金にしても預貯金に
しても，銀行や郵便貯金と比べれば小規模ながらも，着実な成長を重ねたので
ある[18]。

2）長野県小県郡における少額金融機会需要の背景

　統計からわかるように産業組合は確かに全国的に設立され，総体として成長
していったが，一方で産業組合の普及と成長には地域差が存在した。長野県や
群馬県などは産業組合設立とその経営発展がとりわけ顕著な地域であった[19]。
そして本章が主要分析対象とする和村は長野県に所在した。

　なぜ，長野県では産業組合設立の動きが活発だったのだろうか。その背景に
は，近代日本における輸出向け生糸の生産拡大があったと考えられる。その中
でも「府県ごとの繭産額が知られる明治十年代末期には，長野県は首位にたち，
二十年代に第二の群馬県，第三位の福島県があまり増加しないのにたいし，長
野県だけが急成長をとげていった」という事実に示されるように，長野県はそ
の規模の面でも成長の面でも，近代日本経済の中で傑出した位置を占めていた。
そして和村が位置する小県郡は近世期から蚕糸業を行う地域として知られてお
り[20]，1889 年時点で県内の繭生産量のおよそ 2 割を生産する，県内でも有力
な養蚕地帯だった。

　また，「蚕糸業たるもの事業の概ね規模狭小なるもの」であり，とりわけ
「発達を図るため……多数の小企業者共同して……組合を設立することは最も
奨励すべきことに属す」ものと，政府からも県農会などの地方関係者からも認

識されていた[21]。

　本章が分析する和村は長野県北部，上田と小諸の中程に位置するが，この地域には東京―北陸間を繋ぐ鉄道路線が政府によって計画され，1888 年には新潟県直江津から上田を経由し軽井沢に至る路線が開通した。すでに 1885 年に開通していた群馬県横川までの官営鉄道と軽井沢停車場との連絡は，一時的には馬車鉄道によって補われ，1893 年には本格的な鉄道路線が開通した。これにより東京―長野間の移動は，徒歩で 6 日かかっていたものが 11 時間 20 分に短縮された[22]。

　こうした交通インフラの整備は流通コストを削減するとともに，世界市場を含めたより広域な市場と，鉄道沿線地域の経済との関連性を高めた。少なくとも 1900 年代半ばには，東日本の繭市場はほぼ統合された。1883 年以降日本生糸の大半が輸出されたアメリカ市場では，その市場占有率は 80 年代末にはすでに 50 ％ 台を記録し，市場からの需要のいっそうの拡大にもかかわらず，明治から大正期においてほぼ常に上昇傾向にあったことが判明している[23]。

　国内外市場からの拡大する繭需要に対して日本の養蚕業は，その生産量を拡大するために，桑栽培における肥料投入を増加させることで対応した。1920 年の全国桑畑の施肥状況の調査によれば，使用額において金肥は自給肥料の 2 倍を占めており，長野県の金肥使用額は全国平均をわずかに上回っていた[24]。

　この時代，長野県の農家にとって蚕糸業は，所得を増大させる身近なチャンスであった。上層農家は確かに有力な担い手であったが，それに限らず中下層を含む多くの農家が養蚕業に従事した[25]。しかしだからこそ，多くの養蚕農家が肥料代を自己資金で賄うことができない小農であるという条件に加え，季節性が大きく最終製品である生糸の海外輸出市場の価格変動リスクも存在するという産業全体の特性から，多くの農家経営は外部からの金融的な支援を必要とした。そのため長野県内には明治 10 年代すでに，蚕糸業関係の資金需要に応えるべく，第十九銀行のような，やがては日銀や横浜正金銀行などの中央からの支援をも受け製糸金融の要となる銀行[26]を含む，多くの金融機関が設立されていた。

　銀行の資格を得ることができなかった，より小規模な金融機関である銀行類

似会社もまた同時期に多数設立された。1886 年には長野県内の銀行類似会社
数は全国 1 位であり，その中でも小県郡におけるその数は県内全数の 7 割近く
を占めた。その多くは，「村落共同体を基盤に，営農資金の供給をはかる金融
機関」であったと考えられている[27]。当該地域が県内でも有数の養蚕業地域で
あったことが，後の産業組合の普及といい，このような小規模な金融機関を多
数生み出した背景であったと考えられる。

　こうした新たな金融機関の中には，近世期来の組織を直接改変したものも見
られた。たとえば小県郡上塩尻村で設立された永続社は，文化 10 年（1813 年）
に設立された永続講の組織であったが，1882 年に銀行類似会社として編成し
なおされ，1889 年に長野県に届け出られた。その目的は「蓋当時の目的たる
同盟人中，万一家勢の衰運に際する事あるも，該家名をして終に断絶に至らし
めざらん事を勉むるにあり……普く家計の補佐を計り，滋に起業の目的を鞏固
ならしめ」ることにあった[28]。

　近世期から存在していた無尽や講などが，このように近代になって金融機関
として再編された事例は，他にもかなり存在したと推測される。こうした小規
模な金融組織はその前身の性質上，地縁的あるいは人脈的な，旧来からの多様
なネットワークを引き継ぎ保有していたと考えられる。

　小県郡和村でも多数の銀行類似会社が設立されたことがわかっている。しか
し，多くの民間銀行は上層農民にしか貸付を行わず，また銀行類似会社はしば
しば経営の不安定が取り沙汰された。それゆえ，当時の蚕糸業全般の拡大の中
で，現場の農家による少額融資への需要は，多数設立された金融機関によって
も満たしきれなかったものと推測される。そうした中で 1900 年，産業組合制
度が全国的に打ち出された。

3　和産業組合の設立

　上述のように産業組合は 1900 年の法制化後，1910 年代末までの短い期間の
うちに全国的に普及し，少額金融の便宜を個々の地域経済に提供した。長野県

小県郡和村では，産業組合が設立されたのは 1903 年であった。和村の場合，貸付機能をもたず，貯蓄サービスを提供するだけの郵便局さえも 1880 年に一度廃止されており，その復活は 1921 年を待たねばならなかった[29]。したがって，産業組合設立以前の和村では，個人が少額貯蓄・貸付といった金融の便宜を得る機会はきわめて限られていたと考えられる。

　和産業組合は金融業務を行う信用組合として発足し，その登記の管区である上田区内では第二号の登記番号を得た，地域内では比較的早期に設立された産業組合であった。組合員の相互援助と地元産業の自治という目的を掲げる産業組合は，村落の中ではどのような基礎の上に築かれたのか。まず和村の社会状況を確認していく。

　和村という行政単位が成立したのは 1876 年であり，7ヶ村が合併して形成されたこの村は，東上田・田沢・栗林・曽根・東深井・西深井の 6 つの区で構成された。1889 年に海善寺村を合併して 7 区となり，1917 年には栗林区から大川区が分離独立して 8 区となった。このうち東上田・栗林・曽根・東深井・田沢の 5 区は，1879 年に地元からそれまでの共立・東上田・東田沢の三学区を統合して和小学校を立てたいと請願が出た際，この小学校建設に寄付を行い，学区を同じくした。その後 1886 年に西深井が同じ学区に統合された。和小学校は和村の領域内のほぼ中央に位置し，その当時建設された校舎は 21 世紀現在まで残っている。和小学校を中心として和村という地域単位への社会の統合が進んだと考えられる[30]。

　戦後の区別統計から，村内の各区は概ね同規模であったと推測される[31]。全体としての村内の人口と戸数は明治期から第一次大戦終了まで上昇傾向にあった。数値の確認できる 1922 年時点では，690 戸中 608 戸が農家であり，人口比でも 4115 人のうち 9 割近い 3622 人が農家に属していた。また，一戸あたりの水田は 4 反 6 畝，畑地が 8 反 2 畝という計算になる[32]。畑地については「明治の末から大正末期へかけて桑園は激増し，わずかに自家用野菜園を残す程度で全畑に桑が植えられた」とされ，田地に関しても「日露戦役（一九〇五）が終わったころから，本村の水田がぼつぼつ桑園化することがはじまった」という[33]。1922 年には全村畑地約 495 町のうちの 7 割以上にあたる 359 町が桑園

となっていた[34]。養蚕業に自家の経営を賭ける農家が多かったことが窺える。正確な年は不明だが,『和村誌現代編』に「和村の養蚕全盛期（大正時代）の桑園は五百町歩（養蚕戸数六百），三作の収繭量約六万貫」[35]という記述がある。本章が対象とする第一次世界大戦終了以前において,和村経済は養蚕業に依存し,その拡大を通じて成長していたのである。

　次に村内の所得分配について検討しよう。1921 年時点で和産業組合は自らの村を概観して,「一般の経済状況概ね良好にして貧富の懸隔甚しからず,従って生計困難なるもの少なく六百八十七戸の村にして一町歩以上の耕作者四百三十余名を算し,十町歩以上の所有者三名に過ぎず……農村として概ね良好なる経済状態を示すものと謂ふべし」[36]と,その平等性と小生産者の維持・発展を評価している。1901 年におけるジニ係数を戸数割税のデータから推計すると 0.46 となり[37],この時期のジニ係数全国平均推計が 0.43 から 0.52 であったことを考慮すると,和村社会内の所得格差はほぼ全国の平均的な水準であったといえる[38]。

　こうした状況にあって,1891 年時点で中央政府は,「我が国に於ける貧富の懸隔は外国に於けるが如く未だ甚しからず」と,比較的平等性が高く自立した中小経営の世帯によって日本社会が形成されていると認識していた[39]。その認識をなぞるように,和村は近代に入り,信越線の沿線という商品流通の変革の影響を強く受ける位置にあって,中小農家の多い平等な社会という自認を前提に,養蚕業を軸とした経済発展を遂げつつあった。和産業組合は,こうした地域経済の発展を金融面から支えるべく設立されたのである。

　1903 年 3 月 18 日,和産業組合は金融業務を行う信用組合として長野県から設立許可を得た。営業は 4 月 1 日から開始され,初期の組合員は 179 人（同年村内人口 4056 人,戸数 675 戸）であった。単純計算で村内の約 4 分の 1 の世帯からの参加があったことになる。参加に必要な出資金は一口 20 円であったが,第一回払込は一口につき最低 2 円で 2 年以内に全額を払い込むことと規定された。出資口数は 309 口であり,3090 円という資本金でのスタートとなった[40]。ちなみに当時和村で行われていた無尽講の単位は,総額 100 円から 300 円まで,掛金 10 円のものが多かったといわれるから,出資者は在来的金融組織への出

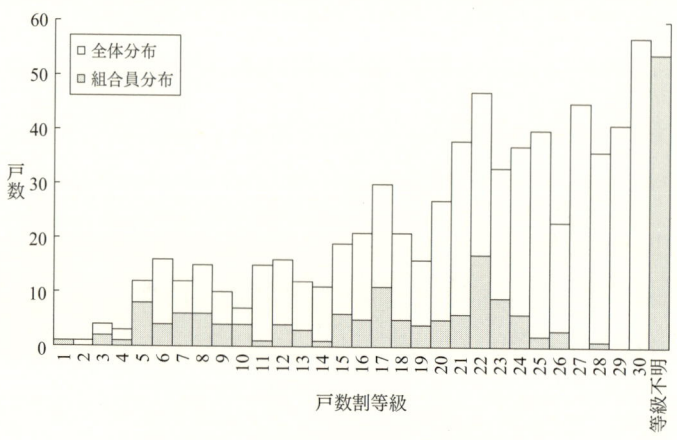

図 3-1　和村の所得階層分布と産業組合員分布

資料）「明治三十四年度県税戸数割賦課額等級決議案」（和村役場『議事録 自明治三十三
年至明治三十四年』所収），和産業組合『出資金払込簿』1904 年

資額の枠内の支出で近代的協同組合への参加を果たしたことになる[41]。

　1904 年に作成された『出資金払込簿』は，設立当初の組合員の氏名を網羅
的に示している。この名簿と 1901 年の県税戸数割徴収用の名簿を対照すると，
組合員が戸主である限り，組合員の村内での所得階層が判明する。図 3-1 が示
すように，和産業組合は村内の最下層を除く，広範な層からの参加を得て成立
していたことがわかる。また，1918 年まで組合の運営は組合長の自宅と組合
長の配偶者の事務労働力を活用して行われたため，事務所が村の西隅の東深井
に所在していたが，組合を利用するために組合員はみな足を運んだといわれ，
所得階層だけでなく地理的にも，部落を超えた全村単位で産業組合が形成され
たことが推察される[42]。

　戸数割等級が不明の組合員も多いが，これはその組合員が当時戸主ではない
青年層に属していたことによる可能性がある。産業組合の総会が和小学校で開
催されたことや，組合長が組合設立と同時期に設立された和村青年会長にも就
任したことが示すように，和村において産業組合と青年会および小学校は緊密
な関係をもっていた。1906 年時点で和村青年会の構成員の中に産業組合に加
盟している者がいることからも[43]，創設期の和産業組合の構成員に，村内の若

年層が多く含まれていた可能性は高い[44]。

　組合の指導者層，経営者層はどのような人々であり，どのような目的意識を
もって組合を設立したのだろうか。組合設立から約 20 年後の 1921 年に，和産
業組合は設立当初の状況と設立目的について次のようにまとめている。

　　組合設立の事情　金融円滑を欠き金利一般に昂騰し農家経済の基礎漸く寒
　　心すべきものあるを思へ，将又養蚕業の将来益発達するに伴ひ農家経済の
　　却て楽観すべからざるものあるを慮り，現組合長理事監事等総て時の村名
　　誉職又は団体長等にして村政に参与せしを以て，村是調査として協議の上，
　　まづ産業組合中信用組合を設立し，資金の融通をして円滑ならしめ，生産
　　力の増進と勤倹貯蓄の美風を涵養し，以て自治の完全なる発達を計らんと
　　トし，村内有力者と相謀り，各部落に渉り百七十九名の同意を得，一口二
　　十円出資口数三百九口の資金を募り，明治三十六年三月十八日設立許可を
　　得同年四月を以て事業を開始するに至れり[45]

　この記述が示すように，設立当初の和産業組合は 6 名の理事，3 名の監事を
有し，彼らは村内の他の組織と強い連携をもっていた。最も中心的な人物であ
る産業組合長深井功は，1903 年 10 月には村内に新たに創設された青年会の会
長にも推挙されて就任している。1894 年に東京専門学校（現早稲田大学）法学
部を卒業した後に地元に戻ってきた人物で，当時 29 歳だった。残り 8 名の理
事・監事中には，1903 年までに村内の役職（村長・助役・収入役）を務めた経
験のある者が 5 名いた[46]。和産業組合と村自治体当局の強い連携を示唆する事
実である。また，彼ら組合幹部クラスには村内でも比較的所得の高い人々が多
かった（表 3-1）。

　村内の金融事情は，産業組合設立以前には，「明治の初年起りたる幾多の事
業会社又は無尽講等が経営宜しきを得ず概ね失敗に帰す少なからず」という状
況にあり，「産業に必要なる資金は隣町の銀行若しくは村内の富豪に仰ぎ，貯
金は郵便官署に依るの外なき有様」であった[47]。すなわち村内の誰もが銀行か
ら資金を借り受けうるわけではなかったが，他方で和産業組合の幹部クラスに
は，自身が直接貸金業務を営んだ経験をもっていたり，銀行から資金を借りえ

表3-1　和産業組合設立当初（1903年）組合幹部

人名	1920年までの村内役職経験	所得階層*	その他備考
深井功	1901〜13年 村会議員, 1903年青年会会長（1903年創設） 1914年 村長	3等	組合長, 自宅を組合事務所として提供, 東京専門学校（現早稲田大学）卒
福島万兵衛	1892〜96年 村収入役 1897〜98年 村助役 1898〜1902年 村長 1907〜13年 村会議員	5等	
田中新太郎	1894〜95年 村助役 1897〜98年 村長 1901〜13年 村会議員 1905〜06年 村長	2等	酒造家
土屋和作	1889〜95年 村会議員 1899〜1900年 助役 1902年 村長	15等	1888年設立の銀行類似会社共善社, 晃照会社（いずれも翌年解散）の残務取扱委員
関利之助	1896〜1910年 村議員 1917〜20年 村助役	8等	
富岡寿吉	1898〜1910年 村会議員	15等	
児玉彦助	1889〜96年 村収入役 1895〜1901年 村会議員 1896〜97年 村助役	1等	組合監事, 醤油製造業, 児玉合名会社（金融業）経営
飯島隣作	1895〜1907年 村会議員	5等	組合監事
関学	1902〜05年 村収入役 1910〜25年 村会議員	3等	組合監事

注）　*　1901年度県税戸数割等級による。賦課戸数660戸, 全30等級。15等まで（村内戸数中4分の1）で村内所得の6割弱を所有していた計算になる。
資料）和村誌編集委員会『和村誌現代編』1963年, 31-36, 369-373頁,「明治三十四年度県税戸数割賦課額等級決議案」（和村役場『議事録 自明治三十三年至明治三十四年』所収）

　た人材が揃っていた。実際, 組合成立初期に組合長が組合経営のために銀行から融資を仰いだ際には, 組合長としてではなく個人としてであれば融資を行いうると銀行から言われており, それだけ信用力がある人材が幹部には存在していたことを示している[48]。
　もっとも, 金銭的な富裕度によってのみ産業組合の理事が選ばれていたわけではない。理事の一人はそれ以前に村内に多数存在していた銀行類似会社が解散する際に, その残務処理を何度か担当していた[49]。従来から地域社会内で信

を置かれていた人物であると考えられるが，戸数割等級からすると，それほど
の富裕層にあったわけではない。村長経験もあるその人物が示すように，村の
中での有力者か否かは，金銭以外の社会的な面にも依存していた。

　和産業組合は以上のように，経済面でも社会面でも和村の地域全体を糾合し
ており，新たな近代的協同組合組織であると同時に，村内の行政組織や教育機
関との関係をも強く有していた。そしてそのような制度的な近代性をもちなが
ら，和産業組合は近世来の人脈や信用網を利用しうる形で設立された。その理
念はいかなるものだったのか。同組合の設立趣旨から窺ってみる。

　　有限責任　和信用組合設立趣旨　創設者
　　凡そ人の世に処するや，衣食住に不足せず，身に相応の生活を為し，忠孝
　　の道を全うし，子孫を撫育し，以て国運を振興ならしむるほど楽しきもの
　　あらず……されど，国には租税あり，家には衣食の費あり，親戚朋友に交
　　るにも皆夫々費用を要す……日進月歩のこの世にありて，新なる機会方法
　　を用ふる者は愈々富み栄え，之を用ふる能はざる者は，世にも人にも後れ
　　行きて，終には貧困の極に沈み果てぬべし。之れ皆資本の有無に由るのみ。
　　何事も資本の支配を受けざるべからざる世に在りては，是非もなきことな
　　り。……資本を得るの途は信用組合の法を設くるに如くものなし。信用組
　　合は多人数相集りて組合を為し，少額の資本を投じ，之を一にし互に借り
　　合ひ貸し合ふものにして，各人にとりては，誠に僅の高なれども，集めて
　　一とすれば一基の資本となり，之を借り得たる人は耕作の肥料とも為し，
　　亦養蚕の桑代とも為し得べし。然るときは，貧しき人も容易に資本を得る
　　の途ありて，各々応分の生活を遂げ，人の人たる道を尽すことを得べし。
　　之は産業の為めに本組合の最も必要なる所以なり……我が政府も茲に視る
　　あり，一昨年産業組合法を発布せらる。余輩同法に基き本組合を組織し，
　　殖産興業の途を謀らんとす。冀くは多数の諸君，振つて賛助せられんこと
　　を。　以上[50]

　すなわち，設立の趣旨は，村内の一般家計の没落を，一般家計自体から収集
する資金に基づく少額金融機会を自立的に創出することによって防ぐことを第

一義とし，ひいては「殖産興業」を目指すことにあった。そしてこのような趣旨は，以下に示す，中央政府が産業組合法制定にあたって想定した目標と一致していた。

> 中産以下の人民が自由競争の経済界に立て其の独立を全うし其の産業上の発達を期せんと欲せば……適当なる金融機関の設備なかるべからず。即ち信用組合は中産以下の人民相結合し相親しみ，毫も他の恩恵扶助に頼らずして自力を以て之を設立し共同の金融機関として自ら営業し経理するものなれば……自由競争の激流中に立つも大資本家に厭倒せらるるの憂なきなり。……其の他間接の利益に至りては……貧富の懸隔を抑制……[51]

中央政府の方針と地方社会が抱いた目的意識はこの時期，和村においてほぼ重なっており，それが1903年の産業組合設立という形で結実したということができる。それは地域社会の中に生きる人々にとってみれば，交通・通信の発達によって拡大した市場圏とのリンクがもたらすチャンスとリスクに対応するために必要な反応であり，国民経済の発展と社会の安定を期する中央政府にとっても枢要な制度だったのである。

4　和産業組合の経営発展

1）和産業組合の経営規模と季節性

このような社会状況の中で設立された和産業組合は，どのような発展を示したであろうか。まず組合員数を見ると順調に増加しており，組合設立から約20年が経過した第一次世界大戦終了後の1922年時点では組合員数が村の総戸数とほぼ同数となり，その後も増加を続けた[52]。この順調な発展の基礎は，設立から1910年代までの同組合の安定的な経営とその成長にあったと考えられる（表3-2）。

組合の基盤となる出資金は着実な払込が見られ，1910年代以前にすでに1万円台を超えている。また，和産業組合は毎年度その利益の中から積立金・準

備金を蓄積した。毎年度利益を計上したこともあって，積立金・準備金は1917 年には 1 万円を超え，この額は資本金（出資金）の半分以上に相当した。外部からの借入金については，貸付事業規模の拡大に伴って，1900 年代に銀行からの年度内借入額が増加したが，1910 年代にはふたたび減少している。和産業組合はその成長期において，産業組合の政策目標であった地域経済の自己循環的な資金繰りを，短期的には外部資金に頼りつつも，年間を通して見れば達成していたといえる。

　こうした順調な経営を支えたのが，信用組合業務の根本かつ主要業務である少額貸付の，件数・総額双方における拡大とその円滑な回収であった。和産業組合が組合員に貸し付けた金額は順調な増加傾向にあり，またそれは一口あたりで見れば第一次世界大戦開戦以前には逆に少額化の傾向にあった。つまり和産業組合は，地元の多数の小規模な事業のための金融に力を注いだのである。

　貸付業務は和産業組合に安定した利益をもたらした。すなわち，和産業組合の収入は創成期においてはそのすべてが貸付金からの利子によるものだった（表 3-3）。高い返済率に裏打ちされた堅実な利子収入から得られた利益を元に経営が軌道に乗るにつれ，和産業組合は貸付のほか，第十九銀行・日本勧業銀行への預金や国債等の有価証券への投資も行うようになり，また，実験農場として利用するための土地も購入した[53]。第一次世界大戦期以降，これら他分野からの収入もある程度の位置を占めるようになったが，依然として収入の大部分は貸付業務からの利子収入であった。

　こうした少額金融業務の安定的成長の背景には，先述したように，日本の蚕糸業の発展に伴う，村内での養蚕ブームとそれによる資金需要・現金収入の拡大があった。『有限責任和信用販売購買組合事績書』は次のように述べている。

　　十数年来［1880 年代］養蚕の業頗る旺盛を来し，桑園は激増し従て従来使用せる堆肥の如きは僅かに施肥の一部分を補ひ得るに過ぎずして，多大の金肥は年々其の需要額を増加するも其購入資金の如きは何れも農家意の如く融通せられず，往々高利の借入金を為し或は延払契約等により不利なる購入を余儀なくするもの漸く多からんとするの実況を呈し，金融円滑を欠

表3-2　和産業組合の経営

年	総資産	人口	戸数	組合員数	払込済出資金		積立金＋準備金		産業組合貯金年度末残高		口数	銀行借入金残高		貸付金年度末残高		件数	平均	銀行預金残高		土地・証券資産		利益総額		年度内貸付総額	年度内借入総額
1903	7632	4056	675	179	3090	40%	0	0%	821	11%	—	500	7%	4525	59%	—	—	0	0%	0	0%	131	2%	7601	2700
1904	7719	—	—	183	4695	61%	133	2%	869	11%	27	0	0%	5417	70%	83	65	600	8%	0	0%	456	6%	5558	2055
1905	8423	—	183	183	6340	75%	374	4%	958	11%	30	0	0%	7228	86%	85	85	1000	12%	0	0%	750	9%	8488	6350
1906	13013	—	—	197	7436	57%	800	6%	1107	9%	—	0	0%	8974	69%	98	92	1150	9%	0	0%	965	7%	12804	7210
1907	15172	—	—	208	8809	58%	1401	9%	1710	11%	—	0	0%	8766	58%	110	80	4200	28%	0	0%	1120	7%	11178	6300
1908	19418	—	—	211	10423	54%	1977	10%	629	3%	—	4500	23%	18356	95%	—	—	2000	10%	0	0%	1301	7%	24867	14200
1909	19299	4268	696	212	11010	57%	2616	14%	1100	6%	—	3000	16%	16710	87%	149	112	2400	12%	0	0%	1572	8%	18753	12950
1910	20416	—	—	213	11190	55%	3482	17%	4037	20%	123	0	0%	17433	85%	110	158	2800	14%	0	0%	1615	8%	17304	7100
1911	25930	—	—	221	11430	44%	4414	17%	8584	33%	153	0	0%	18866	73%	105	180	5900	23%	870	3%	1502	6%	18977	7500
1912	29268	—	—	223	11460	39%	5149	18%	11093	38%	173	0	0%	21282	73%	104	204	5900	20%	870	3%	1570	5%	19383	6000
1913	37215	—	—	225	11580	31%	5990	16%	17923	48%	196	0	0%	24842	67%	110	225	10000	27%	1110	3%	1721	5%	27756	12500
1914	43224	—	—	226	11700	27%	6989	16%	22660	52%	224	0	0%	31853	74%	131	244	8800	20%	1700	4%	1873	4%	31501	10800
1915	44365	—	223	223	11670	26%	8081	18%	22580	51%	220	0	0%	34614	78%	125	278	6100	14%	2261	5%	2033	5%	27262	12950
1916	60991	4545	693	247	12591	21%	9317	15%	36333	60%	244	0	0%	31772	52%	133	238	24500	40%	2441	4%	2050	3%	23949	11000
1917	102726	—	—	325	18924	18%	10658	10%	70761	69%	281	0	0%	35007	34%	175	200	60022	58%	5575	5%	1926	2%	50249	0
1918	156444	—	—	425	24874	16%	10842	7%	117400	75%	544	0	0%	51665	33%	202	256	90058	58%	10355	7%	2638	2%	62863	0

注）　単位：円、銭以下切り捨て、件数・口数は～～、％は総資産に対する割合
資料）和産業組合「事業報告書」各年度版

表 3-3　利産業組合の収支構造

		利益総額		収入								支出							
	総資産	総額 (%は対総資産)		総額		貸付金利子 (%は対総収入)		銀行預金利子 (%は対総収入)		土地	桑園	証券	総額	貯金利子	借入金利子	配当 (%は対総収入)		役員報酬等	貸付利率	貯金利率
1903	7632	131	2 %	250	3 %	251	100 %	—		0	0	0	119	＊86	—	0	0 %	—	10〜12 %	5 %
1904	7719	456	6 %	638	8 %	638	100 %	—		0	0	0	182	—	—	219	34 %	—	12 %	6 %
1905	8423	750	9 %	1041	12 %	1041	100 %	—		0	0	0	291	—	—	317	30 %	30	12 %	7.2 %
1906	13013	965	7 %	1327	10 %	1328	100 %	—		0	0	0	362	—	—	450	34 %	50	13 %	6 %
1907	15172	1120	7 %	1449	10 %	1449	100 %	—		0	0	0	329	—	—	509	35 %	50	10〜12 %	6 %
1908	19418	1301	7 %	1696	9 %	1696	100 %	—		0	0	0	395	—	—	587	35 %	75	10〜12 %	6 %
1909	19299	1572	8 %	2356	12 %	2329	99 %	27	1 %	0	0	0	784	61	657	660	28 %	10	10〜13 %	6〜8 %
1910	20416	1615	8 %	2422	12 %	2334	96 %	89	4 %	0	0	0	807	238	400	671	28 %	0	11 %	7 %
1911	25930	1502	6 %	2201	8 %	1989	90 %	178	8 %	34	0	0	699	445	138	685	31 %	110	9〜10.8 %	5.4 %
1912	29268	1570	5 %	2409	8 %	2186	91 %	187	8 %	35	0	0	839	384	377	687	29 %	107	8〜10 %	5.4 %
1913	37215	1721	5 %	3162	8 %	2446	77 %	681	22 %	35	0	0	1441	952	336	694	22 %	100	8〜10 %	6 %
1914	43224	1873	4 %	3491	8 %	2922	84 %	531	15 %	35	0	0	1618	1312	172	702	20 %	100	8〜10 %	6〜7 %
1915	44365	2033	5 %	4292	10 %	3591	84 %	636	15 %	57	0	6	2259	1562	560	700	16 %	100	8〜10 %	6〜7 %
1916	60991	2050	3 %	4321	7 %	3787	88 %	473	11 %	36	0	24	2271	1876	219	712	16 %	100	8〜10 %	6〜7 %
1917	102726	1926	2 %	5103	5 %	3172	62 %	1356	27 %	23	0	24	3177	2799	0	945	19 %	100	8 %	5.4〜6 %
1918	156444	2638	2 %	9622	2 %	3430	36 %	2512	26 %	270	135	24	6984	4574	0	1352	14 %	130	6〜8 %	4.38〜6 %

注）＊ 元データは貯金利子・借入金利子の総合、—はデータ不明
資料）利産業組合『事業報告書』各年度版

　　き金利一般に昂騰し農家経済の基礎漸く寒心すべきものあるを思へ，将又
　　養蚕業の将来益発達するに伴ひ農家経済の却て楽観すべからざるものある
　　を慮り……事業を開始するに至れり[54]

　養蚕の拡大は，農家にとってはまず既存の畑地を利用した桑園の拡大または
肥料使用の増大を意味し，それは肥料代や土地購入・整備に伴う現金需要を
個々の農家経営に喚起した。和産業組合の組合員に対する貸付金は，判明する
限りその 6 割以上が肥料代のために用いられた（表 3-4）。順調に経営されてい
た当時の一般的な産業組合の貸付のうち肥料に用いられた部分が 3 割程度だっ
たのと比較すると[55]，和村の地域経済の特徴がいかに肥料需要を高めていたか
が窺える。和産業組合は地域経済の構造がもたらした資金需要に的確に対応し
たといえよう[56]。

　肥料代が資金需要の大部分を占めたことは，金融的な需要が季節的に大きく
変動することを意味し，和産業組合はこうした需要に応じる必要があった。
1907 年の和産業組合の月ごとの業務状況を確認すると（図 3-2），和産業組合
の貸付と返済は，それぞれ桑への肥料投下時期と繭の売却時期に明確なピーク
を形成していたことがわかる。具体的には，施肥時期である冬から春にかけて
組合員に貸付を行い，春繭の販売に合わせて主に夏頃にそれを回収した。組合
を利用する農家側の家計における資金のサイクルは，夏頃に産業組合貯金が増
加することにも現れている。養蚕業にその重心を置いた和村の農家経営は，春
先に肥料購入のための資金を必要とし，夏頃に現金収入を得ていたのである。

　こうした養蚕業の季節的なサイクルに応じた組合員の資金需要の変動に対応
するため，和産業組合は一時的に多額の資金を確保する必要があった。前述し
たように和産業組合の資本金や貯金は設立後順調に増大しており，たとえば
1907 年時点では，年度内の貸付金総額は自己資本と年度末預金残高の合計に
ほぼ等しい。その意味では和産業組合の経営はその資金規模に見合っていたが，
それはあくまで年間を通じて見た場合であり，1 年の中で春から初夏にかけて
の一時期には，和産業組合は内部的循環では対応しきれない資金需要に直面した。

　和産業組合は，内部の資金循環だけでは充足できないこうした季節的な資金

表 3-4　和産業組合貸付金用途内訳

	1907 年	1909 年
肥料	64 %	68 %
養蚕関係	7 %	9 %
地所・山林（土地関係）	6 %	6 %
その他・不明	22 %	17 %
貸付件数	98 件	208 件
平均貸付金額	113.14 円	84.18 円
貸付金メディアン	100 円	50 円
貸付金最頻値	100 円	30 円

資料）和産業組合『貸付金台帳　明治四拾年度（第五期)』1907 年，和産業組合
　　　『貸付金台帳　明治四拾弐年度』1909 年

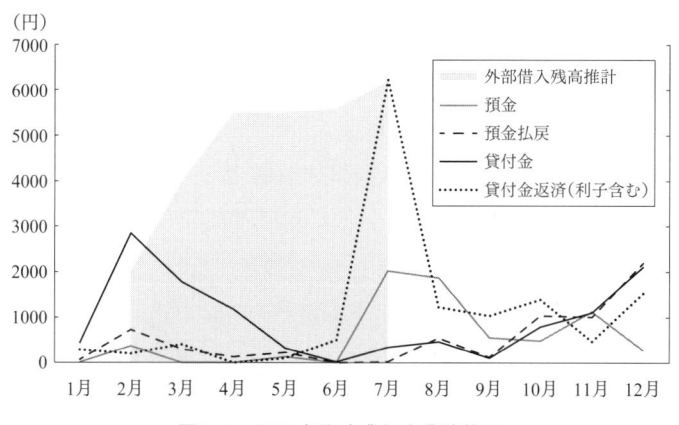

図 3-2　1907 年和産業組合業務状況

注）グラフの数値は月ごとの取引総額であり各種残高や累積値ではない
資料）和産業組合『第五期出納帳』，『第五期出納内訳帳』1907 年

需要に対応するために，緊急時には産業組合長深井功からの個人資金に臨時に
頼りながらも，基本的には第十九銀行など，外部の金融機関からの資金を調達
した（表 3-5）。銀行からの借入は 2 月以降の，組合員からの借入が増加する時
期に行われている。これは，和産業組合が組合員の季節的な資金需要に対して，
村外からの資金調達の窓口として機能したことを意味する。

表 3-5　和産業組合と外部金融機関

年	月	借入金額	取引先	利子率（年利）	完済予定月	実際完済月	借入期間	備考
1906	2	2500	小諸銀行	12 %	7	6〜7	4〜5ヶ月	最終返済は予定期日を数日超過
	2	500	小諸銀行	12.4 %		3〜7	1〜5ヶ月	
	4	3000	第十九銀行	12.4 %	7	6〜7	2〜3ヶ月	最初の返済 200 円は「田中理事分」，最終返済は予定期日を数日超過
	5	400	第十九銀行	12.4 %		6〜7	1〜2ヶ月	
	5	250	産業組合長	12.8 %	6	6〜7	1〜2ヶ月	最終返済は予定期日を数日超過
	4	560	産業組合長	実質無利子		5〜7	2〜3ヶ月	利子支払 50 銭
年度中総借入金額		7210						
1907	2	2000	小諸銀行	10.2 %	7	6〜7	4〜5ヶ月	期日が月表記のみ
	3	2000	第十九銀行	9.9 %	7	6〜7	3〜4ヶ月	
	4	1500	第十九銀行	9.9 %	7	6〜7	2〜3ヶ月	
	6	100	産業組合長	無利子		7	3日	銀行借入金返済の一時資金か（第十九銀行・小諸銀行利子支払日に借入）
	7	700	産業組合長	9.1 %		7	8日	
年度中総借入金額		6300						
1908	3	1500	小諸銀行	12.4 %	7	4	1ヶ月	借換（長野農工銀行借入直後に返済）
	4	3500	長野農工銀行	9 %	7	7	3ヶ月	
	5	1500	長野農工銀行	9 %	8	8	3ヶ月	
	5	800	小諸銀行	12.8 %	5	5	10日	
	5	600	第十九銀行	12.4 %	7	7	1ヶ月	5月末借入，7月頭返済
	12	4500	長野農工銀行	9 %	翌年8月	翌年8月	7〜8ヶ月	
年度中総借入金額		12400						
借入金年度末残高		4500						
1909	1	1500	第十九銀行	12.4 %	7	6	5ヶ月	
	2	1500	小諸銀行	13.3 %	6	7	4ヶ月	6月末返済予定，7月頭返済

	2	1500	第十九銀行	12.4 %	7	7	5ヶ月	
	2	1000	第十九銀行	12.4 %	6	7	5ヶ月	返済予定日半月遅れで完済
	3	1500	小諸銀行	12.4 %	7	7	4ヶ月	
	4	1000	第十九銀行	12.4 %	7	7	3ヶ月	
	5	350	小諸銀行	12.8 %	7	7	2ヶ月	
	12	3000	長野農工銀行	9 %	翌年8月	翌年8月	8ヶ月	
年度中総借入金額		11350						
借入金年度末残高		3000						
1910	2	2800	第十九銀行	9.9 %	7	7	5ヶ月	
	3	2800	第十九銀行	10.2 %	7	6〜7	3〜4ヶ月	
	4	500	第十九銀行	9.9 %	7	6	2ヶ月	
	5	1000	小諸銀行	11.3 %	6	6	1ヶ月	
年度中総借入金額		7100						
1911	2	2500	小諸銀行	9.1 %	7	3	1ヶ月	借換（第十九銀行借入と同時に返済）
	3	2500	第十九銀行	8.4 %	7	6〜7	3〜4ヶ月	
	3	2000	第十九銀行	8.4 %	7	7	4ヶ月	
	5	500	第十九銀行	8.4 %	7	6	1ヶ月	
年度中総借入金額		7500						

資料）和産業組合『借入金台帳』（1906〜1911 年）。利子率は日歩から年利換算。

　1907 年に和産業組合が組合員に対して供給した貸付金の金利はほぼ一律に
12 % であり，外部からの借入資金は 10 % 前後であった[57]。1909 年には，組
合員に対する少額貸付の金利は 12.5 % から 13 % であり，外部資金のほとんど
は 12.4 % の金利で借り入れている。外部から調達する資金と比べると，産業
組合内部で供給される資金は金利の変動が少なく，かつ時には組合にはほとん
ど利鞘が生じない形で供給されていたことがわかる。これら外部からの資金は
そのほとんどが長期資金ではなく短期運転資金として，借入から半年未満で返
済された[58]。

2)　地域組織としての中心性

　このように和産業組合は短期的には外部資金を必要としながらも，年間を通じて見れば基本的に外部資金に依存することなく経営された。その安定の前提には，組合による貯金業務の成長があったと考えられる（表3-2）。初期には組合員からの利用度の低かった貯金業務は，少額金融の存在に伴う安定的な現金収入の確保とともに，村落内社会の様々な分野における新規組織の発生や，近世的ネットワークの再編成とも結びついて成長した。

　たとえば1904年に結成された東深井十銭会は「実践躬行の鼓吹を主眼として起し，毎月一定の期日に必ず金十銭宛を蓄積せしめ，現今百四名にて金九百九十二円を貯蓄」し産業組合に預け入れた。和村全村民が構成員とされた和勤倹組合は「勤倹の美風を養ひ，共同自治の基礎を作るを目的」とし，「組合員は毎月二十日を以て一口（一口金五銭）以上の貯蓄を為すの義務ある」ものとされた。他にも「十銭会，五銭会，開墾貯金，貯穀積立金の如き皆同一の方法によりて信用組合にて」預金を行った。これらの貯蓄団体を通じて形成された貯蓄は，基本的にそのまま積み立てられたため，年月が経つほどに産業組合に預け入れられた預金残高は上昇したことになる[59]。

　和産業組合の場合，組合幹部の経歴，青年会と産業組合との人脈的な繋がりが示すように，設立当初から「組合と村役場と学校との連絡は常に密接」なものだったが，産業組合による信用業務の取扱は，村内社会に多数の貯蓄団体を形成する契機となった。また，こうした新設の団体だけでなく，無尽講や氏子組織のような近世来のシステムやネットワークも，産業組合貯金口座を利用した。

　1919年時点で和産業組合が取り扱った団体貯金の名義を見ると，同組合が村内に存在するどれほど種々の団体と関係をもっていたかを知ることができる（表3-6）。小学校に形成された貯蓄団体や同窓会，青年会・婦人会は近代以降に作り出された組織であるだけでなく，各部落ごとに存在した種々の近世来のネットワークを再編したものでもあった。これらの近代と近世の融合した，和村社会を構成する様々な年齢層や階層の諸団体を，その金銭出納を一手に取り扱うという形で糾合したのが，和産業組合だった。

表 3-6　和産業組合団体貯金口座名義（1919 年時点）

東深井婦人会		長生平弘進会		同級会	
東深井青年会		東深井青年会	重複	曽根組総代	
曽根農事組合		和学校貯金組合 松井茂水		曽根組総代	重複
東深井組総代		和学校貯金組合 宮崎司		和誠報徳社	
鑪韝堂		和学校貯金組合 久保田正邦		海善寺婦人会	
和青年会		和学校貯金組合 小林郷彦		和村軍人優待会	
海善寺上桑園改良組合		大川自彊会		東上田青年会	
田澤倶楽部		古峯原・三峯山代参講		和村長 大塚猛三	
大屋会		大成会		東上田養蚕組合	
栗林勤倹力行会		栗林組総代		東上田益産会	
奨農会		田澤協同購入組合		田澤組会計部	
和学校 松井茂水		和学校貯金組合 宮崎泰祐		栗林勤倹力行会	重複
和神社		栗林青年会		仕法講	
和婦人会		帝国在郷軍人会和村分会		帝国在郷軍人会和村分会	重複
鑪韝堂青年会		和同窓会		幸祐寺	
美部標神社		曽根組青年会		妙栄講	
田澤倶楽部	重複	海善寺青年会		栗林組婦人会	
曽根青年会		和学校基本財産		秋葉山講	
東深井青年会	重複	和村基本財産管理会		東上田奨農会	
釜村田青年会		和小学校職員 松井茂水	重複	田澤婦人会	
東上田進農会		大成会無尽部		曽根婦人会	
田澤有志竹林組合		和勤倹組合		盛進社	
和神社	重複	和学校貯金組合 宮崎司	重複	田澤倶楽部	重複
下栗林桑園改良組合		尋常五年生同級会		和村農会	
東深井組横井戸惣代		海善寺青年会	重複	和学校貯金組合 久保田正邦	重複
西田澤組		大正五年生同級会		和村農会	重複
富岡寿吉組合		東深井組惣代口二号	重複	田澤貯金組合	
宮下先生□思記念碑寄付金		田澤養豚組合		和婦人会	重複
海善寺農事組合		和青年会	重複	代表者 土屋惣一郎	
千曲同級会		大成会	重複		
海善寺消防組		伊勢代参講			
団体数＝口座数（重複除く）＝ 74					

資料）和産業組合『団体貯金台帳 大正八年度』1919 年

　産業組合を核として和村社会全体が動いていくようになったことは，特別貸越契約制度が付帯した「納税貯金」や，世帯主以外の家族の貯金を勧める「家族貯金」といった，組合外との関係を強くもつ預金制度を，1910 年に和産業組合が設けたことからも窺える。貯金業務の拡大によって和産業組合は，経営基盤としての資金を得ただけでなく，村落社会内における枢要な位置を占める

ようにもなったのである[60]。

　こうした内部的な蓄積を利用して，和産業組合は信用業務を行うだけでなく，1918 年には事務所と農業倉庫を建設し，組合員が生産した米穀の対外販売を開始するという，組合員の需要に応えるための事業拡大に乗り出した。1919 年には陳列棚を持つ店舗を設置して購買部を開設し，食料品や農業関係の器具や肥料，学用品，被服などの販売を開始している。後の 1927 年には利用部と呼ばれる，精米機や製粉機，脱穀機などの機器の共同利用も開始に至っている[61]。和産業組合はその金融的な役割を基盤として，日々の生活の利便性を高めるうえで重要な制度・設備を提供することで，村内においてその住人のほとんどが組合と何らかの関係をもつような，地域の中で重要な社会的位置を占めるにいたったと考えられる。

5　その後の展開と小括

　1911 年に和産業組合は，内務大臣平田東助が会頭を務める大日本産業組合中央会から「成績良好」と表彰を受けた。和産業組合は，1906 年に設立され産業組合の全国組織となったこの大日本産業組合中央会に，いち早く参加を表明し，小県郡単位での支会の設立にも貢献していた。中央会による評価点は，組合員や事業の増加，余剰金と積立金のある経営，「組合員の事業進歩し産業の地方的改善行はるる事」，「組合員の富力増進」，「徳義上進」などであり，和産業組合は「直接には産業資金の融通に便を得せしめ」「且つは勤労貯蓄の美風を涵養し」，村内の良好な納税成績，多数の貯蓄団体の形成にも影響を及ぼしたと評価された[62]。和産業組合の経済的・社会的意義を同時に評価したこの表彰は，後に同組合が長野農工銀行，日本勧業銀行といった政府系金融機関から低金利融資を受ける上で重要な役割を果たした[63]。

　和産業組合は和村に，近世来のネットワークを引き継ぎながらもそこに近代的制度や教育の仕組みを持ち込み，その共同体性を破壊するのではなくむしろ維持・強化する役割を果たした。組合員に対する少額の信用供与にあたっては，

同組合は資産と組合への出資持分という経済的指標を審査に用いつつ，組合員の勤勉さや約定を守るかどうかといった誠実さという，組合員個人の精神的資質についても同列に，数値化して評価した[64]。和産業組合の幹部の中には旧来の伝統的金融業に携わっていた者もあり，この類の信用評価は彼らの経験蓄積をもとに引き継がれたものと考えられる[65]。

　つまり和産業組合における信用評価は，それまで近世期にも地域経済に存在していた個人対個人の信用供与において行われていたであろう主観的な信用評価を，協同組合制度という新たな仕組みの中に，資産など金銭的評価と並ぶ，客観的な数値的評価として入れ込み，確立させていくことに成功したといえる。

　再編・吸収された旧来の社会的ネットワークの社会的機能は，少額金融を行う経済組織としての和産業組合の経済機能をより強化した。同組合はその成長の中で，個々の組合員農家の資金需要に基本的には内部資金で対応し，季節的な資金不足時には，組合員個々人では調達不可能な外部市場からの資金を地域経済の中へ引き込む窓口としての役割を果たした。和産業組合は，対象を個人信用力をもつ富裕層のみに限らない，全村民的な少額金融機会の供給体制を構築し，組合組織ではなく組合幹部の属人的なものとして始まった対外的信用力を組合自体にも付帯させていくその過程で，自らも経営体として成長したのである。

　こうした村内の金融組織の発達は，和村の主要産業であった養蚕事業の安定的拡大を促した。近代的交通網の発展によって促された換金作物市場の広域的統合は，リスクとチャンスとを同時に売り手に与えるが，小規模生産者であることによって蒙りがちなそのリスクを，和村では産業組合によって乗り越えた。そして，産業組合は和村経済と共に，その後の経済変動の中でも，戦前期を通じて発展を遂げていった。

　和村に限らず日本の各地域では，交通と通信の近代化による外部市場との接触というインパクトに，少額金融機関である産業組合の設立を通じて対応する事例が全国的に広く見られた。産業組合は近世来の人脈等を引き継ぐと同時に，学校や銀行等の近代的制度と連携した新しい組織として登場し，地域社会を再編した[66]。そして産業組合の設立によって地域社会の人々は，外部市場に対し

て受動的で弱体な主体としてではなく，より有利な交渉が可能な，能動的で経済的に頑強な主体として振る舞うことが可能になった。

産業組合は成長する地域産業のために，外部資金導入の窓口として機能しつつ，長期的には地域内部における資金の自己循環によって，少額金融機会を提供した。全国的に普及した産業組合の多くは第一次大戦後，倉庫，農作物販売，肥料一括購入などの金融以外の事業に乗り出していった。すなわち，経営体として見た場合，産業組合は，1900 年から第一次世界大戦期に至る約 20 年の間にその金融機能を安定させ，その後機能を多角化するまでに成長したのである。

産業組合はそれそのものが少額貯蓄の集積機関であり，同時にその運用機関でもある。しかしながら産業組合の機能は，単に自己資本と預貯金を用いて地元経済を活性化するにとどまらない。これら全国の少額金融供給組織は，その経営を発達させていく中で地域経済に必要な資金を自己循環的に供給できるようになっただけでなく，外部からの資金供給のネットワークとのつながりを強固にすることで，より大規模に資金供給を行い，地域経済の安定性に資することを可能にしていくのである。

第一次世界大戦を境として日本経済が構造変化を経験する中で，成長した産業組合は，郵便貯金のようなさらなる他の大衆資金のネットワークと接続していくことで，地域社会と日本経済全体に対してますます大きな役割を果たしていくことになる。次章以降では，そのネットワークの形成と接続の過程，制度の設計過程を具体的に検証していく。

第4章

郵便貯金の地方還元
——再分配機構としての大蔵省預金部——

1 はじめに

　ここまでの章においては，20世紀初頭までに少額貯蓄が大衆資金として集積されるシステムが日本社会の中に構築される過程と，地域の中で個別に集積された資金が地域経済へ還元される過程，つまり少額金融を扱う産業組合の経営実態を見てきた。だがそれは，第1章でも第2章でも取り上げた，近代日本における全国民的な貯蓄習慣を形成する端緒となった金融機関である郵便貯金の中に蓄積された巨額資金が，どのように運用され，どのように日本経済に影響をもったのかを明らかにするものではなかった。本章はそこでこれまでの章ではふれなかった，20世紀初頭に制度化された，郵便貯金をその主な原資とする大蔵省預金部資金の地方還元機能について，実際にそれが投入された事例から具体的に明らかにしようとするものである。

　幕末開港以降，世界市場と接続したことによって日本経済は大きく変貌を遂げた。前章の長野県小県郡内の個別産業組合の事例でも，その地域経済へのインパクトは読み取ることができた。この大きな経済環境の変化の中で，様々な形で近世以前から存在していたであろう家計貯蓄は，銀行や郵便貯金など制度と機関が整備されたことに伴って，近代的金融機関の中の預貯金へと形を変え，日本経済の成長の基盤となる資金を形成していった。

　また，近世には個人性の貯蓄とは別途，村落や藩単位で災害対策のために，

義倉などの集団的社会救済資金の形を取って貯蓄が行われていたが，第2章・第3章で見たように，こうした社会的資金とその集団貯蓄システムに関しても，無尽や講などその一部は明治期に入ってから郵便貯金や産業組合などの近代的金融機構の中に吸収されていった[1]。

　貯蓄は，貯蓄主体としての家計部門にとっては，将来の支出やリスクへの備えとしての役割をもつ。一方，マクロ経済的には貯蓄には投資資金の源泉としての役割がある。そして各種金融機関の中に集積された家計貯蓄がどのような投資に配分されるかは，仲介者としての金融機関の動きにかかっている。

　そこで本章では，20世紀初頭に大衆的基盤を確立し単体の預金機関としては最大規模のものに成長していった郵便貯金の[2]，その運用と機能，とりわけその地方への資金還流の機能について分析する。資金を運用して利益を得ることを目的とした民間銀行と異なり，国営金融機関であった郵便貯金の場合，その目的を営利一辺倒とみなすことはできず，その資金がどのように用いられたのかについて，民間金融機関に対する場合とは別の観点に立って検討する必要がある。

　郵便貯金の運用は政府，それも大蔵省によって行われた。大蔵省預金部と呼ばれるこの運用制度は，郵便貯金という近代的な新制度に基づくだけでなく，集団的貯蓄であると同時に災害対策基金でもあった近世期からの義倉などの制度をもある程度引き継ぐ形で形成された。

　飢饉や天変地異の際の救済資金として，一種の社会保障制度の流れを汲んで制度が設計されたことは，預金部資金の運用にあたってどのような意味をもったのか。また，こうした資金の動きは，日本銀行およびそれを頂点とする民間金融機関の資金の動きと，そしてそれに関する政策と，どのような関係をもっていたのか。こうした問題も，預金部の性質と機能を考える上で重要である。

　こうした問題意識を踏まえ，先行研究が預金部をどのように捉えてきたのかを確認する。預金部に関する研究の端緒は，預金部制度の改革が行われた1925年前後に遡ることができる。戦前の代表的文献である山田幸太郎『大蔵省預金部論』（1925年）と中津海知方『預金部秘史』（1928年）は，預金部改革以前の預金部資金に関して，大蔵大臣の裁量に委ねられていたその制度の杜撰

さや，濫用問題を指摘している。

　戦後における日本金融史研究は，既述のように日本銀行を頂点とする「重層的金融構造」の分析や，大企業の資金調達などの分析を中心に進められてきた[3]。しかし同時に，日本勧業銀行・各県農工銀行などの特殊銀行に関する研究においては，斉藤仁が指摘したように，日本の金融制度内における預金部の役割の重要性が注目されてきた[4]。預金部資金の一部が「地方還元」という名目で地方に融資される際，その資金は各種の特殊銀行を経由しており，資金の流れ方が，日本銀行から出て民間金融機関を経由する通常の金融ルートとは異なっていたのである。

　財政史の観点からは，日清戦後経営から日露戦後経営に至る過程で預金部資金の重要性が増大したことが，神山恒雄[5]によって指摘されている。いいかえれば，この時期に預金部資金は，政府にとって補助財源としての機能を有するようになった。預金部のこのような財政補完的な，中央財源の補助としての機能に関しては，伝田功[6]，迎由理男[7]，金澤史男[8]などの研究がある。

　伝田は19世紀末から20世紀初頭の，初期の預金部の制度史を整理し，当時の預金部の運用面における国債の重要性を指摘した。また，1925年の預金部改革が預金部制度に及ぼした影響，当時の政策金融の理念との関連についても分析している。迎の研究は制度設立当初から1910年代の預金部制度を，制度史や政府財政との関係を中心に整理した。伝田と迎の研究が預金部の制度的側面に主として注目したものであるのに対し，金澤は預金部資金全体の統計的概観を行うとともに，1925年の改革によって設置された預金部資金運用委員会の資料を用いて，預金部資金の地方還元の実態について具体的に明らかにした。

　しかし，1925年の改革以前の預金部制度は明文化された運用規定をもたず，その運用は大蔵省の裁量に依存した。「預金部」という運用制度を指す名称自体は戦前を通して常に用いられたが，その名称の部局自体，大蔵省内に常に存在していたわけではない。このような事情を反映して，預金部資金の運用実態は，とりわけ預金部改革以前について，不明瞭な部分を残している。特に，預金部資金の地方還元の実態解明は研究史上の空白となっている。

　預金部資金の地方還元制度は，先行研究が指摘してきたように，日本の金融

制度の中で重要な役割をもっていた。本章はそこで預金部に関して，基本的には金澤らの視点を継承しつつ，その運用の中でもとりわけ，融資を通じた地方への資金還元の機能について具体的に検討していく。その際まずは，1914年に行われた預金部による緊急融資に焦点を当てる。この緊急融資は，預金部資金が自然災害とは異なる経済危機に対して制度的に利用された端緒であり，戦間期に本格化する預金部資金の地方還元制度の出発点となったと考えられるからである。すなわち，預金部資金の地方還元制度は1925年の改革を経て，1930年代に失業対策費や農村更生資金などに用いられ，さらには戦後の財政投融資制度に繋がっていったが，その起点は戦間期以前にあった。

　本章では，1914年に預金部資金がどのような形で危機対策資金として利用され，どのような意味をもったのかについて，長野県のケースの検討を通じて明らかにする。

2　預金部とは何か──制度的起源と運用方針

　具体的な資金運用の実態を検討していく前に，預金部改革以前の大蔵省預金部の制度設計と運用の全体構造を確認しておこう。後に預金部資金の原資の大半を占めるようになる郵便貯金は，1875年に中下層民のための貧困対策の一環として開始され，1885年5月の布告第十三号「預金規則」によりその資金運用が大蔵省に一任された。

　なお，大蔵省の中に「預金部」という名称の部局が恒常的に設けられるのは1925年の預金部改革を待つが，すでに制度創設時点から，勘定科目の通称として「大蔵省預金部」という名称が用いられていた[9]。

　預金部の性格を理解する上では，同制度が郵便貯金だけでなく，各省庁が所管する積立金などの雑多な資金を預け入れることを義務づけていた点にも留意する必要がある。たとえば預金規則制定の数ヶ月後に出された大蔵省稟告では，「先般預金規則発付相成候ニ付……官庁積立金ハ渾テ当省預金局へ預ケ入ルヘキ義ニ有之候」と，重ねて政府内全体に宛てて，各部局が持ち別途運用してい

た余剰資金の預金部への集中を求めている[10]。預金部制度は政府が管轄する資金の管理権限を，各官庁の自治的な取扱から，大蔵省へ一元化することを意図して導入されたという側面ももっていた。まだ発足後まもない政府内での大蔵省の立場を強化しようとする施策でもあったのである。

　もっとも，預金部に集められた資金の内訳を見ると，日清戦後一時的に賠償金の一部が編入された時期を除けば，ほとんどの時期においてその 3 分の 2 以上を郵便貯金が占めていたことがわかる（表 4-1）。

　また，郵便貯金の引受に関しては，「駅逓局貯金ノ如キ其損益ノ帰スル所其責任ノ在ル処ヲ繹ヌレハ固ヨリ国庫ニ外ナラス……其貯金法ハ細民ヲ救済慈恵スルノ一方ニアルモノニシテ一般ノ預金ヲ保護スルノ主意ニハ無之，其貯金ハ節用勤倹僅カニ剰ス所ノ少額ニ止ルモノナレハ」，銀行などに預けられた大規模な預金ではない中下層民の少額貯蓄は，国家が責任をもって保護しなければならないという，一種の社会保障的な政策意図も含まれていた[11]。

　こうした政策の流れを汲んで，1890 年には「法律第二十一号」により，近世来の各地の義倉や社倉などの制度を引き継ぐ形で設計された制度であり，災害対策費であった中央備荒儲蓄金も，預金部資金に正式に編入された[12]。

　預金部は政府内でも当時分立していた雑多な資金の管理権限を大蔵省に移管し，権限を集中させようとするものであった。そして，移管された資金のほとんどが何らかの積立金や外部からの預かり金であり，政府が保護・管理責任をもつ対象であると認識されていたことから，その管理・運用においては社会的責任が強く意識されていた。

　もっとも，制度設立当初の預金部資金は，郵便貯金制度発祥元のイギリスでその資金運用が国債に限定されていたということもあり，それに倣ってほとんどが国債購入に宛てられた[13]。この運用の性質と方向性はしかし，元々のイギリスでも，郵便貯金という原資の構成を考慮し，その資金的な安定を図るための施策として与えられたものであった。

　その運用範囲に関する政策上の方針が拡大していく過程をより具体的に見ていこう。日清戦後賠償金の一部の一時的繰り入れと郵便貯金の 1900 年代以降の拡大を受けて，大蔵省預金部資金の存在感は財政との関連でもいっそう大き

表4-1　大蔵省預金部資金原資内訳（単位：千円）

	預金部 現在高	郵便貯金 年度末現在高	郵貯 割合	郵貯 増加額	中央備荒 儲蓄金 *		日清戦後 三基金 **		預 金 部/ 中央財政	預金部/(中央 ＋地方財政)
1885	18636	10620	57 %		2712	15 %			31 %	20 %
1886	25299	15476	61 %	4856	3062	12 %			30 %	21 %
1887	25724	17393	68 %	1917	3418	13 %			33 %	23 %
1888	28037	19425	69 %	2032	3823	14 %			34 %	24 %
1889	25664	19255	75 %	− 170	4091	16 %			31 %	22 %
1890	20652	18322	89 %	− 933	3453	17 %			27 %	17 %
1891	22709	20162	89 %	1840	2108	9 %			27 %	20 %
1892	23619	21497	91 %	1335	2096	9 %			14 %	20 %
1893	27218	24660	91 %	3163	1838	7 %			12 %	22 %
1894	26956	24438	91 %	− 222	1828	7 %			16 %	12 %
1895	50671	27278	54 %	2840	1748	3 %			22 %	18 %
1896	53380	26684	50 %	− 594	383	1 %			32 %	25 %
1897	28353	24303	86 %	− 2381	9	0 %			11 %	9 %
1898	23838	20719	87 %	− 3584	46	0 %			8 %	6 %
1899	77940	22098	28 %	1379	50	0 %	50559	65 %	20 %	16 %
1900	60242	22121	37 %	23			21978	36 %	17 %	13 %
1901	68734	26776	39 %	4655			31606	46 %	23 %	15 %
1902	90689	29210	32 %	2434			53527	59 %	27 %	18 %
1903	96235	31668	33 %	2458			54914	57 %	28 %	19 %
1904	81709	42101	52 %	10433			63002	77 %	11 %	9 %
1905	75910	55586	73 %	13485			9100	12 %	8 %	7 %
1906	99756	67931	68 %	12345			397	0 %	10 %	9 %
1907	144931	96135	66 %	28204			415		14 %	12 %
1908	185857	112453	61 %	16318			475		22 %	17 %
1909	202232	138703	69 %	26250			498		25 %	19 %
1910	275048	172694	63 %	33991			521		22 %	18 %
1911	248156	194374	78 %	21680			337		27 %	21 %
1912	269677	204765	76 %	10391			351		29 %	21 %
1913	248479	202010	81 %	− 2755			352		24 %	18 %
1914	262845	214193	81 %	12183			368		27 %	21 %

1915	307329	246965	80 %	32772		384	34 %	26 %
1916	382702	333100	87 %	86135		273	40 %	30 %
1917	526451	462904	88 %	129804		286	45 %	34 %
1918	692265	613345	89 %	150441		298	43 %	33 %
1919	870580	748731	86 %	135386		312	33 %	27 %

注）　＊　中央備荒儲蓄金は全額預金部預け入れではなく，預金部預入金額は不明のため，預金部に占める割合
　　　は目安。そのため合計は 100 % を超えることがある。
　　　＊＊　軍艦水雷艇補充基金，教育基金，災害準備基金の三基金（日清戦争賠償金の一部から設置）。1904・
　　　05 年の日露戦時には，この基金から一般会計・臨時軍事費特別会計に一部を編入したため，預金部に占め
　　　る割合は一時的に目安となる。
資料）　大蔵省理財局資金課『大蔵省預金部史──草創時代ヨリ昭和十六年ニ至ル』初版 1941 年謄写版，1964 年
　　　再版，江見康一他『長期経済統計 7　財政支出』東洋経済新報社，1966 年

くなり[14]，預金部資金の国債以外への運用が積極的に考慮されるようになって
いった（表 4-2）。しかしながら，郵便貯金の収集源は主に地方の農村部にあっ
たため，それを大蔵省預金部に集中して中央で運用することは，資金を地方か
ら中央に引き揚げることを意味した。これは地方からの資金の収奪であると，
すでに当時から議論が生じていた。そこで郵便貯金の拡大につれて，郵便貯金
に集められた資金を預金部による運用を通じて地方に供給すること，すなわち
「地方還元」の必要性が，当時から政府内でも検討されるようになったと言わ
れている[15]。

　またそこには，地方の農業関係金融を支援する意図で設立された日本勧業銀
行とその下部に位置づけられた各県農工銀行が，主に後者の資金難のために小
生産者の資金需要に十分に応えることができないという状況も反映されてい
た[16]。大蔵省預金部はそもそも組織としては小規模なものであり，実際に現地
に資金を供給する組織としては不向きであるという事情もあり，地域への資金
供給にあたっては勧銀や農工銀行など地域に足場をもつ金融機関を経由機関と
して利用する，つまりそれらの金融機関に資金を供給することが検討されたの
である。

　こうした政府内での検討を踏まえて 1906 年には，東北三県での凶作対策費
として，預金部資金から正式に救済融資が行われた。後に大蔵省預金部のス
タッフによって編纂された『大蔵省預金部史』は，この融資を嚆矢として「我
国……の地方的発展のために公共団体，各種組合等に融通」されると後に定義

表 4-2　預金部運用用途内訳

	預金部総額	国債証券	在外資金*	日本銀行預金および現金**	対外進出関連資金総額	地方資金 総計***	普通資金	地方債引受	各種債権引受計	郵便貯金	郵貯各年増加額	預金部総額/中央＋地方財政総額
1909	202232	129511 64%		n.a		2283 1%	2283 1%			138703 69%	26250	19%
1910	275048	133611 49%		n.a	4500 2%	18031 7%	9830 4%	7143 3%	1058	172694 63%	33991	18%
1911	248156	128188 52%		n.a	3500 1%	40181 16%	15037 6%	15159 6%	9985	194374 78%	21680	21%
1912	269677	113912 42%		12967 5%	2500 1%	46582 17%	13458 5%	16112 6%	17012	204765 76%	10391	21%
1913	248479	101875 41%		16989 7%	3000 1%	33595 14%	4954 2%	18332 7%	10309	202010 81%	-2755	18%
1914	262845	52526 20%		29048 11%	8000 3%	34392 13%	0 0%	17792 7%	16600	214193 81%	12183	21%
1915	307329	66173 22%	12052 4%	47196 15%	8976 3%	28559 9%	5156 2%	15330 5%	8073	246965 80%	32772	26%
1916	382702	68590 18%	120859 32%	33485 9%	6700 2%	32898 9%	9555 2%	14667 4%	8676	333100 87%	86135	30%
1917	526451	58594 11%	169349 32%	100928 19%	34403 7%	35927 7%	11102 2%	16585 3%	8240	462904 88%	129804	34%
1918	692265	70556 10%	407470 59%	41083 6%	16750 2%	43183 6%	16102 2%	18878 3%	8203	613345 89%	150441	33%
1919	870580	103578 12%	478178 55%	31267 4%	24727 3%	66712 8%	20261 2%	37226 4%	9225	748731 86%	135386	27%
1920	1005577	112710 11%	404005 40%	24002 2%	36304 4%	93980 9%	22014 2%	61635 6%	10331	884858 88%	136127	25%
1921	1129272	168578 15%	331012 29%	146480 13%	17000 2%	116155 10%	19873 2%	83645 7%	12637	943838 84%	58980	27%
1922	1248933	239779 19%	240991 19%	186599 15%	27668 2%	117850 9%	13820 1%	97039 7%	6991	1045441 84%	101603	27%
1923	1349131	237371 18%	276146 20%	150085 11%	90922 7%	210331 16%	10894 1%	140430 10%	59007	1148125 85%	102684	29%
1924	1417582	309063 22%	207801 15%	115711 8%	40205 3%	219841 16%	20000 1%	165660 11%	34181	1137702 80%	-10423	28%

注）金額単位：千円。各項目は年度内融通実績額の総計。説明のない％は預金部総額（年度末残高）に対して占める割合。年度内に融通決定項目の中でも融通残高・預金額双方に変動があり、預金部融通の全項目を含まない（一般・特別会計への臨時貸付、戦後恐慌時の企業に対する救済融資などが除かれている）ため、全項目の総計は100％にならない。

＊　在外資金＝ポンド現金、外貨建て大蔵証券等。1920年以降急速に比重が縮小したことが大蔵省によって意識されている。

＊＊　『日本銀行預金および現金』について正確な記録ないし時期がないが、『明治十八年以後現金は毎年度少からざる額に及んでいた』〔『大蔵省預金部史』226頁）とのことである。

＊＊＊　地方資金総計＝普通資金＋特別資金（地方債の他、日本勧業銀行債券など各種債権の引受の形式を合計したもの）

資料）『大蔵省預金部史』、『長期経済統計7 財政支出』

されることになる預金部資金の地方還元が制度化していったと述べている[17]。

　1909 年には逓信・大蔵・内務三省による合同通牒が出され,「普通資金」
「特別資金」という二つの制度枠による預金部資金の地方還元が,恒常的な制
度として成立した。この制度による還元資金は,一括して地方資金と呼ばれる
ことが多かった。

　　　地方人士の時運に応じて克く其業務に淬励し,進て各種の民業を興すと共
　　　に又克く倹素己を持し,以て余資蓄積に努める……其辛苦に成りたる余資
　　　にして徒らに之を費消し敢て増殖運用の法を講ぜざるが如きは,民業の進
　　　歩を期する所以にあらず,又箇々各人の手に散在する零細の資も尚能く之
　　　を蓄積して,汎く活用の道を開かんが優に一般の生産を進むることを得べ
　　　し。此の如く貯蓄奨励の真意は啻に消極の節約を奨むるにあらずして,一
　　　に生産を奨め民資を蘊蓄し進て地方発展の基を立てんとするの趣旨なるを
　　　以て……郵便貯金と地方経済との調和に関しては政府夙に融資の法を講ず
　　　る……[18]

　このように地方経済振興を意図して供給されることが決定した地方資金は,
具体的にはどのように供給されたのだろうか。まず「普通資金」の供給量につ
いては,郵便貯金の各年の増加額に比例するとされ,各地域ごとの郵便貯金増
加額の 50 % を上限として,預金部資金が特殊銀行債券を引き受ける形,すな
わち勧銀・農工銀行を経由する形で融資されることになった。

　　　……公共団体の資金に供給する為四十二年度以降自然の発展に基く郵便貯
　　　金増加額（千二百万円）の四分の一並本奨励の結果に因る同増加額（但し
　　　本増加額は四十二年度より始まるを以て四十三年度以降の融通に非ざれば適用
　　　なし）の二分の一を下らざる範囲内に於て毎年預金部に於て勧業債券及拓
　　　殖債券を引受け勧業銀行農工銀行及拓殖銀行の貸出資金に融通の途を開く
　　　……[19]

　これに対して「特別資金」は「特別の必要ある場合にその時々決定して融通
する」資金であり,その融通条件などもそのつど決定されるものとされた[20]。

とはいえ 1908 年には風水害復旧支援（京都・山梨・群馬），1913 年には東北の
水害・凶作救済資金（宮城・福島・岩手・山形・青森）というように，特別とは
名付けられたもののほぼ毎年何らかの災害救済・復旧を目的として，この資金
も勧銀・農工銀行のルートで融資された[21]。

　さらに別途，勧銀・農工銀・地方自治体などの発行債を購入する資金供給の
形式も存在しており，預金部による地方資金の枠は実態としてはよりいっそう
広範だったといえる[22]。とりわけ預金部における地方債の引受は，そのほとん
どが戦間期以前には「災害に基く救済を主となしたるもの」であり，これも
「殆ど毎年度相当多額の融通を見ざることなく」，災害復旧資金の地方債引受に
よる供給も制度化された[23]。このような多様な形式による供給の結果，特別資
金の供給はしばしば普通資金を上回った（表 4-2）。

　このように，原資保護の観点から国債を中心とした運用を基本としていた預
金部資金は，1909 年以降おおむねその 1 割から 2 割前後を地方資金として地
域経済に還元するようになる（表 4-2）。そして預金部資金の地方還元は，その
制度が定まった 1900 年代からすでに，災害を中心とした緊急時の救助資金・
復旧資金としての側面と，地方経済の勧業資金としての側面との二面を事実上
有していた。次節で見る，1914 年の輸出産業に対する緊急融資は，預金部資
金の地方還元におけるこれら二つの方針の並存をいっそう明確にするもので
あった。

3　1914 年の緊急融資——重要輸出産業救済融資の概観

　本節では，1914 年に行われた預金部による重要輸出産業に対する救済融資
の実態を検証し，当時 1909 年に成立したばかりで模索の過程にあった預金部
資金の供給ネットワークと制度がどのようなものとして確立されていったのか，
どういう性質をもとうとするものであったのかを確認していく。

　1914 年に第一次世界大戦が勃発した当初，国際貿易に困難が生じ，日本経
済は大きな影響を蒙った。これを受けて預金部資金による救済融資が行われた

が，この融資は前節で述べた，1909 年以降確立された預金部の地方資金制度
の特別資金枠によるものであった。1914 年以前に特別資金として預金部資金
が供給されたケースは，そのほとんどが凶作や水害など天災による被害の救済
であったのに対し，1914 年の融資は事実上初の，天災以外の原因による経済
危機に対して行われた大規模な融資である点で，同じ緊急事態に対する融資と
はいえ，後々の預金部融資の性質にとって新しい意味を有していた。

　この緊急融資の実態について考察する前に，直前の預金部の状況を確認して
おこう。1913 年，前年に比べて郵便貯金は減少していた[24]。その原因につい
ては当時，郵便貯金金利の市中金利に対する相対的低利率，物価の上昇傾向な
どの要因が逓信省によって指摘されている。いずれにしても，郵便貯金が減少
した結果，預金部が「普通資金」として供給しうる「郵便貯金の増加分」が
1913 年度には存在しなかった。

　このため，1914 年度の地方資金の供給は全国的に 0 円という設定がなされ
た。もっとも，地方債引受など，普通資金の形式以外での地方資金のルートは
この年度にも存在していたことには注意が必要である。また，預金部資金は年
度ごとに供給資金枠が決定されたが，しばしば実際の資金供給が次年度に繰り
越されることがあった[25]。したがって，1914 年度に新規に地方に回る預金部
資金が完全になくなったわけではない。とはいえ 1914 年度初めには，大蔵次
官が通牒の中で「目下預金部資力欠乏し，数年来融通し来りし低利資金の供給
すら中止せざるべからざる境遇にある」[26]と述べるなど，政府はこの年度，預
金部の資金不足を意識していた。

　このような状況下で 1914 年 7 月 28 日，第一次世界大戦が勃発した。大戦の
勃発によって一時的に国際貿易が杜絶した結果，糸価・繭価の暴落など輸出産
業への大きな打撃が生じ，製糸業などを中心に金融梗塞が発生した。これは天
災ではない要因による経済危機であったが，製糸業は養蚕業と直結していたた
め，凶作や風水害と同様に，多くの農家に大きな打撃を与えた。当時の新聞は
長野，群馬，山梨など，製糸・養蚕の中心地域の危機，とりわけ養蚕業を営む
農家の窮状について連日のように報道している[27]。

　この危機に，8 月 11 日には大日本蚕糸会からの要請を受けた日本銀行が

「現今の如き場合に於ても……随時相当の資金を貸出すべきは平常と毫も異な
る所なく，出来得る丈の便宜を与ふ」と応えた。そして，従来の「特別融通」
の枠内とはいえ，生糸融資の弾力化が行われ，融通限度拡大や新規承認など製
糸業者への救済措置が取られた。日本における，重層的金融構造をなす民間銀
行による金融システムは，この危機にあたって重要輸出産業である製糸業の救
済のために動いたのである。

　しかし，この措置は「平素から取引銀行を持たない小工業者，あるいは確実
な担保のない小工業者」をカバーするものではなかった[28]。「日本銀行をして
地方銀行を経由して夫々資金融通……候へ共，猶普通銀行の融通を受くるの途
を有せざる方面」，つまり養蚕農家のような中小業者は，救済を受けることが
できなかった[29]。

　　……製糸家と養蚕家とは常に相対峙して商戦を続け来りしもの……生繭買
　　入が投機的性質を帯ぶる場合に，仮令銀行の後援ありとするも，製糸家が
　　直に養蚕家救済に努むるとは，到底思惟し得ない所，若し此際製糸家側の
　　み，利益を享受して，養蚕家は依然…自滅的投売を続くる外無しとすれば，
　　救済策は洵に不公平極まる……[30]

　8月25日に『東洋経済新報』でこう論じられたように，日銀主体の銀行関
係の救済融資だけでは，養蚕業を救済することはできなかったのである。しか
し，製糸業が当時の日本にとって重要輸出産業であった理由の一つには，紡績
業と異なり生糸は原料から国産で，貿易赤字をもたらさなかったことがある。
養蚕業の破綻が製糸業と国際生糸貿易の，つまり蚕糸業全体の危機を意味する
ことは明白だった。

　1914年8月17日の『時事新報』は，ある銀行家の談話として，この窮状を
救うのは「国家の責任」であると報じている。9月7日には衆議院で群馬県農
工銀行取締役の武藤金吉[31]他28名が「蚕糸業救済に関する建議案」を提出し
た。この建議案を受けて衆議院に，蚕糸業に関する委員会が設置された。委員
会は翌9月8日に「政府の所見を尋ね」た結果を報告し，政府が「蚕糸業の外
に一般輸出品，即ち羽二重，綿糸，花筵，燐寸，其他のものに対しましても，

此救済の方法を講ずる意志がある」ことが議会に伝えられた。

　救済方法については「此資金等に対しましては特殊銀行即ち勧業銀行，府県農工銀行等をして農工商業者に資金の融通の途を講じたい積り……而して其資金は如何にして今拵へるかと云ふことは，工夫懸案中」という報告がなされた。大蔵大臣の「最良最善の方法を執らう」という意見に対し，委員会は「低利金融の途を開く事を望む」旨を追加で決議したが，「委員会は此趣意に政府は全然同意のものと認め」，議会は大蔵省による輸出産業全般に関する救済策の展開を待つこととなった[32]。ここでいう低利金融とはすなわち，大蔵省預金部資金のことである。

　こうした中，9 月 19 日に下記の大蔵次官通牒「秘第二六二号」によって，大蔵省預金部資金による輸出産業への救済融資が決定された。

　　　目下預金部資力欠乏……に拘らず特に預金部所有の公債を日本銀行に売却する等破格の方法を以て所要資金を調達したる次第……今回の時局は……経済界の蒙りたる影響亦鮮少ならざるべく……政府に於ても重要輸出品の製造業者に対しては特別の救済を行ふの必要あるを認め，既に日本銀行をして地方銀行を経由して夫々資金融通方に努力せしめ居候へ共，猶ほ普通銀行の融通を受くるの途を有せざる方面に対し今回大蔵省預金部に於て勧業債券を引受け日本勧業銀行，北海同拓殖銀行並関係府県農工銀行をして……救済資金を貸付けしむる

　資金の融通は，預金部の「特別資金」枠で興銀・勧銀などの特殊銀行債券を引き受ける形式で行われた。「目的は必要資金需要の焦眉の急に応ずるにありて特に低利資金を供給するの趣旨にあらざる」として，あくまで金融梗塞回避のための短期資金という扱いであった。具体的な条件と金額の内訳は，勧業債券 500 万円引受と興業債券 300 万円引受であった。この資金によって勧銀は約 482 万円の貸付を行ったことが判明している[33]。勧銀による融資は，「本資金を重要輸出品製造業者中，普通商業銀行の系統より金融を受けない方面に放出し，主として小工業者又は家内工業者に対し貸付」するものであった。つまり，日銀融資による系統に属していない部分への救済が意図されていた。

　預金部自体の資金難の問題は，預金部保有の国債を日銀が引き受けることで解決された[34]。預金部と日銀はこの緊急時の救済にあたり，協力しあう関係にあったことがわかる。この特別資金の決定によって，計800万円が預金部資金からの救済融資として供給された。その結果，1914年度の地方資金総額は，資金不足のため普通資金枠がゼロに削減されていたにもかかわらず，全体では前年並みの水準を保った（表4-2）。

　この1914年の地方資金の流れからは，停滞的な郵便貯金の動きの中での第一次世界大戦勃発による貿易途絶という危機的状況に際して預金部が，普通資金を減少させる一方，特別資金の供給によってその危機救済機能および地域経済振興機能を果たしたことがわかる。そしてこの時，中小生産者の救済の契機となったのは，それ以前には大規模な特別資金の供給対象とはなってこなかった，天災以外の原因による経済危機であった。

　こうした新たな救済方針が採用されるにあたっては，次節で詳細に見ていくように，貿易杜絶という経済的事象が天災と同様に地域経済に影響を与えたことが，地方自治体によって意識されそれが中央政府に伝えられたという前提，経済危機の危機性そのものが現場から中央に共有されるという過程があった。この情報伝達のネットワークの存在と整備により，天災被害に比べると中央政府の目には見えづらい経済危機による苦境も，救済対象として認識されるにいたったのである。

　そしてこれ以降，預金部の特別資金による大規模な融資は，天災や凶作といった自然条件による危機だけでなく，恐慌や不景気などの経済危機をも対象とすることが通例となる。1914年のこの緊急融資の事例は，その後の経済危機時の救済融資のための前例となり，戦間期には時としてその救済の規模も，一地域に限らない全国的で巨額なものとなりうるようになっていくのである。

4　救済融資の発動過程と機能——長野県の事例から

1）県内経済の状況と各現場の対応——第一回救済融資

　それではこの 1914 年の緊急融資は，具体的にどのように地域経済へと行き渡り影響を与えたのだろうか。また，融資対象となった現場はどのような状況であり，どのような救済策がどのような対象に向けて取られたのか。預金部資金による救済融資は実際に救済を必要としている対象に届いたのか。こうした問題を長野県の事例に焦点を当てて見ていくこととする。

　あらためて当時の長野県の経済状態を確認すると，同県では幕末開港のインパクトに加えて，明治以降に鉄道が開通したことで，爆発的に製糸業が発展した。その結果，同県の経済において製糸業とその関連産業，つまり養蚕業のウェイトが高くなり，生糸輸出の変動の影響を大きく受ける経済構造が形成されていた。また，第一次世界大戦開戦がちょうど夏繭の収穫期と重なり，養蚕農家が製糸業者と取引を開始する時期であったことが，長野県内の経済状況を危機的なものにした。

　開戦から約 1 週間が経過した 1914 年 8 月 7 日，早くも長野県庁は県内経済に危機が迫っていると認識し，県内の各郡・市に状況の調査と報告を指令すると同時に，中央への支援要請を開始している。

> 時局に伴ふ打撃に付ては目下調査中に有之，差当り養蚕家に対しては繭の持ち耐へを為すべきものに対しては夏繭の殺蛹乾燥を為さしめ，又資金の需要に付き焦眉の急を要するものは凡如何程位なるかを郡市長に照会申し有之候へ共，今後大体左按の通り調査実行相成可度也
> 一，資金の需要に関しては郡市長に対し照会を為すと共に一方資金の調達仲介に努むること
> 二，資金の調達仲介に対しては目下上京中の農商課長に……調査を依託之こと……[35]

　このように長野県庁は，県内で打撃を受けているのは主に養蚕家・製糸家で

あると認識していた。製糸家の困難に関しては「日本銀行と横浜に於ける問屋
又は商銀に対しては製糸家へ相出しの融通を為すべき様交渉を為すこと」とさ
れ，問屋や銀行との交渉によって対処する方針だった。実際，先述したように
この書類が作られた数日後には，日銀による製糸家向けの救済融資の実行が決
定している。一方，養蚕農家に関しては，「製糸家に対しては農家救済の意味
を以て相出して繭を買受け又は仮渡金の方法に依りて一時の融通を遂げしむる
こと」と，資金的余力のある製糸家に救済を求めるという方針であった。

　県内の各自治体からの報告に基づいてまとめられた総資金需要の予想額は，
この時点で約 138 万円に達した。もっとも，県内でも資金需要は郡市によって
大きな差があり，特に支援を要さないと認識する郡もあれば，下伊那のように
30 万円の資金需要を予測している郡もあった（表4-3）。その資金需要はほと
んどが，製糸家または養蚕農家によるものであり，出荷できない糸や価格暴落
した繭といった在庫を維持するためのものであった。

　各郡からの報告の具体的内容は次の通りである。たとえば小県郡は，「八月
七日付号外を以て御照会相成候，夏繭暴落又は不捌の結果焦眉の急を要せる資
金の件……不取敢及御回答候」と，8 月 8 日に「甲第九四六号」報告を提出し
ている。それによれば価格の暴落により「蚕業者の収入減耗額」は 27 万 2 千
円に及ぶと見込まれた。繭産出量 1 万 6 千石に対して，「当初の見込相場一石
五十五円」が実際には平均 38 円に下落したことによる。ここから，小県郡は
「急要」の資金を，「収入減耗額」の半額にあたる 13 万 6 千円と算定した。

　この必要資金の調達方法については，「而して之れが融通方法としては一に
銀行業者及金貸業者に対し貸出を求むるの外途なきも，現下に於ては何れも警
戒を加へ容易に放資をなさざるものあり」と報告されている。すなわち，民間
で調達されることが期待されてはいたが，実際には小県郡が把握する限りでも
銀行や貸金業者といった既存の民間金融機関は貸し渋りを行っていた[36]。

　また，同じく小県郡の報告「甲第九四七号」では，いくつかの製糸家の実例
や市場観測とともに，養蚕農家の現状が報告されている。

　　……時局発生と共に横浜市場に於ける生糸の取引全く中止の状況に至り，

表 4-3　長野県内資金需要仮調査原表 (1914 年 8 月 8 日以降 11 日以前作成か, 原表は表題無し)

郡市名	金額(円)	備考 (カッコ内記述は抄訳)
南佐久	230000	小産者の衣食の料と為すべき金額なり 中央銀行の救済を要請する外手段なからん
北佐久	100000	地方にては需用を充たすこと到底不可能なるを以て知事に申請し政府より低利資金借入の途を講ぜられたし
小県	136000	銀行業者及金貸し業者に対し貸出を求むる外途なきも現在に於ては何れも警戒を加へ放資せざる状態なり
諏訪	173000	当地銀行業者とも交渉を設け十数円内外は貸出し得る実況
上伊那	107000	焦眉の急を要する資金は約三十六万円なり其内三分の二は蚕繭の処分及地方の銀行会社・生糸連合会に於て窮迫を免れ得る見込
下伊那	300000	(夏繭生産見込額の半額分)*
西筑摩 *	60000	(殺蛹乾繭を徹底する計画) 必要資金は一時, 町村又は学校の基本財産等を流用し, 其不足は濃厚銀行等より一手借入見込
東筑摩	−	資金を要するが如き事無之
南安曇	70000	政府若くは中央金庫より地方資金を融通せられたし
北安曇	100000	農工銀行より低利資金の融通可成
更級	−	資金は之を他に求めず郡内産業組合並地方金融会社にして専ら供給を為さしむ
埴科	−	農家に対しては資金を供給するの必要を認めず夫れよりも製糸業者に対し低利資金を貸与し救済する方可然と認む
上高井	−	差当り資金の必要なし
下高井	−	特に他より窮迫を仰て救済する限度のもの無之見込
上水内	100000	共同□□の下に殺蛹乾繭を為し之を担保に資金の融通を図りたるも一方法ならん
下水内	−	此際応急の救済として資金不足を他に求むるの必要を認めず
長野	−	未報告なるも必要なからん
松本	−	差当り資金の必要なし
計	* 1376000	

注)　*　原表の記載が欠けているため, 他の表・元の調査票から抽出。合計値もそちらに合わせ変更。

資料) 長野県「時局に伴ふ農家及製糸家救済案之件」(長野県『公文編冊　大正三年　第三課　産業組合 (時局救済ニ関スル書類)』所収)

従って相場は渾沌とし益々危機の度を増殖するを以て, 銀行業者及横浜問屋は製糸業者に向て全く資金の供給を絶ちたるを以て, 製糸業者は目前に構へたる夏繭の仕入をなすの自由を失ひ, 且つ製品売行の前途を顧慮し僅

に融通し得たる少額の資金を以て原料の購入を計り，若くは全く其の資金の欠乏にて仕入をなすこと不能の境遇に立到れり

　　……養蚕業者の損失

本年春繭市場の相場より推算し夏繭相場の予測は約五円五十銭見当を以て諸種の画策をなしたるものなるに時局突発し出盛期に於て益々崩落し本日迄に於ける平均売買価格は約三円八十銭に相当すべく，之れを本郡収繭予想約十六万貫匁として其損失額を積算するに，実に二十七万二千円の多額に達す，況んや未だ其の収繭を了らざるものありて今後益々価格の低下するに於ては殆ど予断すること能はざるものあり

　　……売渋繭の処置をなしたる状況

価格下落のため売却を吝みたるものにして倉庫会社に乾繭及保管を依託したるもの八月三日以来上田町所在の倉庫のみにして廿七口あり，之れ従来見ざる処の現象にして而して此の預託に対しても銀行業者の現状は資金の融通を開かざるを以て，資金に余裕ある者にあらざれば本処置のため未だ資金を得るの手段ならず

　　又地方により自家製糸をなす処に於ては其地方に従来より設置したる簡易乾燥場に於て殺蛹し自ら之れを貯蔵するものあるが如し……

　このように，横浜市場の停止により製糸金融が杜絶したため，製糸家は繭を思うように購入できない状況にあったが，同時に市場停止による繭価格の下落は，売り渋るだけの資金的余裕のない養蚕農家による投げ売りを引き起こし，結果的に農家に損害を与えていた。日銀の救済措置が行われていないこの時点では，製糸家側にも養蚕家を救済する余力はなかったのである。

　こうした問題に対して小県郡は，「生繭売買の取引中絶」し，その分の繭を乾燥させた後に貯蔵して，市場が回復するまで保管することを善後策として提示している。この対策の実施にあたってはできる限り「養蚕業者をして共同勤作を取らしむること」と，「町村及町村農会等合同して最善の方法を講じ」ることが期待された。

　ただし，当時の養蚕業では生繭取引が主流であったため，繭を乾燥させる設

備は少なく，すでに資金難に陥っている農家も多かった。そのため小県郡は，養蚕家が繭を担保として倉庫業者から融資を受けている場合の実例を，「持久の方法」に入った業者のモデルケースとしていくつか提示している[37]。

こうした現状報告が，小県郡だけでなく各郡市から長野県庁に送られた。各郡市は経済危機下において，繭価格の変動や地域経済内の金融状況，市場や倉庫業の状況などを，日々調査・把握していたのである。各郡市からの報告の他に，農会や製糸業者からも現状を訴える様々な報告書類が長野県庁に届けられた[38]。これらの報告書を見ると，繭価・糸価暴落による被害が長野県内に広範に存在し，それへの対策としては繭・糸の保管と持ち耐えが有効であるという考えが，県や郡などの役所側だけでなく製糸業者のような企業側，農会に代表される農家側にも共有されていたことがわかる。

このような状況を踏まえて，県庁は繭の乾燥保存・保管を行いうる団体等を対象とした緊急の救済融資を行う方針をとった。見込まれる資金需要が巨額であったため，前述のように県庁は当初から中央政府に対して救済資金を要請する考えであったが，その際には「昨年東北地方の冷害又は凶作に関し産業組合及耕地整理に対する低利資金融通の例に倣ひ，農商務省・大蔵省・内務省・日本勧業銀行に低利資金借入の交渉を」行うことが想定された[39]。貿易杜絶による金融危機は，冷害・凶作といった天災と同様に，中央政府による救済対象となるべきであるという認識を，当初から県庁はもっていたのである。

こうした中，長野県庁は職員を上京させて中央政府省庁・勧銀などに直接派遣し，低利資金（預金部資金が地方に流通する場合の通称）導入の可能性を意識して調査・交渉を行った。県庁職員による勧銀や農商務省との折衝が行われたのは，報告書が作成された時期から推測すると，8月9日であったと推定される[40]。

長野県は勧銀に打診した結果，大蔵省預金部の資金不足のため低利資金が新規に拠出される可能性は低いと勧銀が考えているという感触を得た[41]。1914年度は普通資金がなく，また中央政府の財政と預金部資金が逼迫していたことを反映している。ただし，前年度（1913年度）分の大蔵省預金部からの資金枠として160万円が残っており，これは本来は産業組合・耕地整理組合の支援資

金であるが，差し当たりの救済資金としてこれを各県の産業組合に回してはど
うか，というのが勧銀の意見であった。

　その 1913 年度分の 160 万円の資金は，すでに勧銀から各県農工銀行に代理
貸付のための資金として供給されていた。そこで長野県の職員は，勧銀との交
渉の後，長野農工銀行の支店に赴き，同行が確保している低利資金の規模を確
認した。その結果，追加融資がなくともこの時点で長野県には 5 万 2700 円分，
長野農工銀行の同意の上で動かせる低利資金があることが判明した[42]。

　続いて長野県は農商務省の見解を調査した。県の問い合わせに対して，勧銀
の見方を裏打ちするように，農商務省は，政府は低利資金（預金部資金）の追
加融資を行わないという方針を表明した。もっとも一方で「昨年の東北も政府
は長野県の今回の打撃を同一には見て居る」として，預金部の特別融資の対象
とされた東北の災害と同様，この時の長野における経済危機も中央政府による
支援に値するものであるとの認識は示した。

　ただ，農商務省はこの時点で，「蚕糸国の経済調査及岡山の花莚・北海道青
森千葉等の薄荷等の打撃を調査中に有之，独り蚕糸のみが此打撃を受けるに
あらず」として，貿易杜絶によって被害を受けた他産業の危機についても留意
している。製糸・養蚕をはじめ輸出関係の産業の多くが自然災害時同様に打撃
を受け危機に瀕したこの緊急事態は，預金部の資金難に悩んでいた中央政府を
して，救済に対する考慮と必要性の調査を行わせるにいたっていた。

　なお，この時長野県は同時に横浜の生糸問屋の方面も調査しているが，「問
屋は寧ろ資金の廻つて来ない方を希望する由」であったという。問屋にとって
繭価の下落はむしろ「却つて好都合」とされ，輸出市場の停止と価格の下落と
いう状況によって，「不利の地位に立たなければならぬ」のは養蚕農家であっ
た。また，この報告書が作成された数日後に日銀が救済措置を決定したことで，
製糸関連の緊急的な金融梗塞は緩和されたが，糸価・繭価自体は回復しなかっ
た。そのため製糸家が糸の生産を手控え繭を新規購入しない，あるいは購入し
たとしても養蚕家にとって採算が合わない取引となる，という事態が生じた。

　　……製糸業者の状態に顧みん乎……繰糸に依り得たる収入を以て……繭の

仕入れを為すを例とするに，此の損失顕然たるに至りたるを以て……繭価に暴落を見たるも一時購入を控えざるを得ざるものあるに至れり。而して多数製糸家の中には……其の三分の一に加工したるに止まり，其の三分の二は別に先約等なきを以て莫大なる損失を荷はざるを得ざる者あり……。

　　……匡救の必要

以上は実に県下における現今の状勢にして，経済上誠に憂惧すべき境涯にあり，蓋し一般の農家は製糸家の加工に俟ち，製糸家の加工は一に資本家の放資に仰ぎ，三者各其の調節を得るに依りて一般の経済を維持するに際し，此の恐慌あり。苟も人為を以て之を匡救するの途あらば大に其の策を画すること目下の急務なりとす……[43]

　糸価の下落は製糸家に被害を与えたが，それは繭価の下落を通じて，最終的には長野県内の養蚕農家に最大の被害を与える構造となっていたのである。長野県が別途作成した書類では，養蚕家の困難な状況が具体的に記されている。

　　……時局に伴ふ貿易上の悪変潮は本県の蚕糸業に次第の影響を及ぼし，製糸家は勿論農家に与へたる経済上打撃の甚大なることは実に予想外に之有り，殊に農家は今や肥料代金の支払ひを始めとし総て盆勘定の支払時期に際会し……中には全く破産の状況に陥れる者さへ勘なからず，為めに農家が年々秋冬の候に於て購入し来りたる肥料の如き，之れが買付を一切不可能なる事を予想……[44]

　当時の先進養蚕地域では購入肥料の使用が一般的であり[45]，第3章でも見たように長野県内の養蚕農家は，中小規模の経営であっても多額の運転資金を必要としていた。そのため繭価の暴落と金融の梗塞は農家に深刻な流動性の危機をもたらしていた。こうした業界の状況と政府の態度に直面して，長野県は農家の困難を救うための救済資金投入の必要性を訴える次のような請願書を作成している。これは，中央政府の関係各省庁などに送られたと考えられる。

　　……戦局の拡大と共に秋繭相場の如何に依りては所謂経済上の大凶作を来し，不幸遂に内は糊口に窮して草根木皮を食ふの程度に陥り，外は月と共

に累積し来りたる諸払は勿論，納税の怠滞愈々甚しく，為めに町村自治機
関の運転は中絶し中小産者の破産は勿論人心の動揺信用の破壊は終に容易
ならざる大問題を惹起せんとも計り難く，夥多の前途甚だ憂ふべきもの有
之……寒心の至りに堪へず候，就ては昨年東北の水害並に凶作を救済する
為め郵便貯金の一部を低利資金として支出せられたる例に倣ひ，凡そ左の
金額を産業組合資金として低利融通の途を講ぜられ，尚ほ一般農家に対し
ては日本勧業銀行より農工銀行に対し凡そ左記金額の支出を請ふこととな
し，農工銀行より二十人団体等の方法に依り之れが融通を計るの途を講じ，
以て農家をして兎に角此難関を切り抜けしめんことに御配慮相煩はし度，
此段及稟請候也[46)]

　農家の経済被害は経済問題であるだけでなく社会問題でもあると認識されて
いた。そして低利資金（預金部資金）はこうした社会経済上の危機に対して用
いられるべきであり，今回のような農家経済の危機に対しては，中央政府から
日本勧業銀行のラインによる救済融資が行われなければならないとの認識が，
地方自治体の側にもたれていたことがわかる。

　このような訴えを行う一方で，長野県は預金部をはじめとする中央政府の対
応を待たずに県内の状況に対応した。8 月 22 日，長野県は通達「農甲発第一
三六号」（「時局に伴ふ農家経済救済に関する件」）によって，農家経済救済に関
する資金の調査を各郡に命じた。これは，資金が必要な団体の事業内容，必要
経費や不足資金などの項目について，各団体ごとに取りまとめて報告すること
を指示したものであり，産業組合・20 人以上の団体・篤志家等，農工銀行の
融資対象と同等のものが融資対象として想定されていた[47)]。

　この通達に対する各郡の報告書の内容を小県郡について例示すると次の通り
である。9 月 3 日に提出された小県郡の報告書には，5 団体の調査票と 3 団体
の簡易調査票が含まれている。救済融資を希望してきた団体は，養蚕農家を構
成員に含み製糸まで一括で行う産業組合，養蚕農家の繭保管向けに融資を計画
している産業組合，倉庫会社（繭を担保に利用者に再融資することを前提）など
であり，いずれも養蚕農家による繭在庫の保持に関連する組織であった。希望

表4-4　1914年長野県小県郡融資希望団体一覧

	必要額（円）	資金需要理由
下之郷勧業社信用組合	1000	組合製糸・繭貯蔵
武石製糸販売組合	4000	組合製糸・生糸販売
下仁田社傍陽組信用販売組合	1000	組合員への信用供与（限度額50円）
室賀信用組合	2000	組合員のための繭倉庫保管と繭担保融資
長窪古町購買組合	2000	繭持ち耐えの為の組合員への融資
上塩尻信用組合	1500	産業資金貸付
浦里購買組合	1000	産業用品購買
浦里信用購買組合	3000	産業資金融通および産業用品購買
総額	15500	平均 1937.5

資料）小県郡「乙第六九〇〇号」（1914年9月3日，長野県『公文編冊　大正三年　第三課　産業組合（時局救済ニ関スル書類）』所収）

　総額は約1万6千円，平均希望融資額は約2千円である[48]（表4-4）。

　こうした調査結果が各郡から提出され，それを踏まえて長野県は9月8日に，通達「農甲発第一四四号」によって，「時局に伴ふ打撃より各般の事業にして其の資金の不足を訴へ居るものに対し取調方及御照会候処，今回農工銀行と協議相遂げ，焦眉の急を要する分に限り，同行に於て相当資金の用意相整ひ，之を同行より貸付」る旨を通知した。「各般事業中資金の急を要」するもの，「其効果顕著なるもの」から「順次貸付する」という留保が加えられているが，長野県・長野農工銀行による救済融資が実行されることになったのである[49]。

　この融資決定に伴い，貸付に関する詳細調査のために，長野県の担当職員および農工銀行員が長野県内各地に出張することが決定され，各郡にその日程が通知された。県職員と農工銀行員は同時に複数人が別方向へと派遣され，おおむね9月15日から30日までに各郡を回る予定が組まれた。派遣された県職員・農工銀行員は各地の郡・村の役場において「当事者」，すなわち融資希望者と直接会って調査を行った。この際，招集された融資希望者は，個人や20人以上の団体の代表者については実印や資産調書類を，産業組合については実印と各種帳簿類を持参することが求められており，「調査」だけでなく融資に関する具体的な交渉や手続きまで，実際に県庁・農工銀行・融資希望者の間で

表 4-5　1914 年第一回長野県内緊急融資申込状況

郡名	申込数 (10 月 13 日以降)		申込融資額 (円)	採用件数 (10 月 29 日)		採用団体の 申込額(円)	融資決定額 (円)
南佐久							
北佐久	4		6500	1	団体 1	2000	2000
小県	9		18500	7	個人 1	8200	6100
諏訪	7		19500	3		4500	3500
上伊那							
下伊那	3		25000				
西筑摩							
東筑摩							
南安曇	10	個人 7 団体 1	17000	5	個人 4	2150	2050
北安曇	1		500	4	団体 1	6000	4300
更級				5	団体 2	8100	5400
埴科	16	個人 2 団体 10	10900	9	団体 7	15000	10900
上高井	6		7800				
下高井				1		3500	2000
上水内	8	団体 4	27000	1	団体 1	5000	3500
下水内							
長野							
松本							
計	64	産業組合 40 団体 15 個人 9	132700	37	産業組合 20 団体 12 個人 5	54450	39750

注）団体＝農工銀行の融資対象として認められる，農工業者（20 人以上）の集団。産業組合で
　　はない各種同業組合，耕地整理組合などが含まれる。
資料）長野県「農家資金融通申込者」（1914 年 10 月作成か，長野県『公文編冊　大正三年　第三
　　課　産業組合（時局救済ニ関スル書類）』所収）中の複数の表・書類

　直接進められたものと考えられる。つまり長野県内では，1914 年 9 月末まで
に，とりあえずの緊急融資を行う道が確立されたのである。
　　次いで 10 月 13 日には長野県と長野農工銀行の間で資金供給の詳細がまず大
略決定した[50]。この時点で 30 件，約 3 万 9 千円分の融資が決定し，このうち

の 16 件が産業組合を対象とした融資であった。県庁が初めに確認したように，長野農工銀行の低利資金枠はあらかじめ約 5 万円あった。その 8 割がまず利用されたことになるが，この融資に対する申込の総件数は 52 件，総額はこの時点で 20 万円を超えており，2 万円分については「供給拒絶」となったが，残り約 14 万円分の融資申込が「未決定」として保留されていた。

　その後この未決定分からも採用が行われ，10 月 29 日時点では採用件数は 37 件に達した。この時点でもまだ未決定の件は多く，既存申込の中から 30 件以上の申し出取消も生じていた一方，新規申込も生じ，有効な申込総数は後に 64 件に達した（表 4-5）。長野県による県内への緊急融資は順調に実施されつつあったが，県内の資金需要を満たすには，まだ供給量が足りない状況であった。

2) 第二回救済融資——預金部資金の新規供給とその効果

　こうして長野県が県内で利用可能な既存の低利資金を用いて融資を行っている間に，中央政府の救済方針が確定し，預金部の特別資金の導入が決定された。すでに見たように，9 月 19 日に大蔵省通牒「秘第二六二号」が発出され，預金部資金投入の決定が県庁・勧銀などの関係機関に伝えられた。この時点では救済対象は「重要輸出品」30 種程度とされたが，9 月 23 日の大蔵省「秘第二七〇号」によって，救済対象となる生産品 32 種[51] が決定された。その際，生糸については特に，救済対象に「繭を含む」ことが明示された。

　このような中央政府による追加資金の投入を受けて，長野県では 10 月 1 日に「農甲発第一五三号」を発し，預金部資金による救済融資が実施されること，およびその詳細な条件に関する情報を県内に通達して，融資希望者を調査した。この融資においては，融資を希望する個人・各種団体に対しては信用貸付を行わず不動産担保を必須とし，産業組合に対してのみ信用貸付も可能という条件となっていた[52]。長野県では県と長野農工銀行による第一回緊急融資が行われた後に，追って第二回救済融資の実施が決定されたことになるが，第一回目の融資においては，融資対象の財産調査は行われているものの，抵当に関する条件は明記されていなかった。農工銀行の通常の貸付手続きに準じ，20 人以上

の農工業者団体に対しては無抵当で貸し付けたものと思われる[53]。つまり第二
回目の貸付条件の方が資金需要者にとってより厳しいものとなった。

　10 月 13 日，日本勧業銀行から長野農工銀行に送付された預金部資金の代理
貸付の詳細通知が長野県庁に送られた[54]。この詳細と注意を踏まえて長野県は
翌 14 日に「長野県時局救済産業維持資金供給に関する件」として，預金部資
金の融資における詳細や注意事項を各郡に通達し，融資希望者を 20 日までに
とりまとめるようにと連絡した。

　ここで注目されるのは，預金部資金が融資されるにあたって設けられた用途
に関する条件である。預金部資金は「繭生産者が時局の為めに其産繭売却の途
を失ひ若くは価格低落の為著しき損失を受け不已得養蚕事業を廃絶すべき境遇
に在る者に対し」融資されるものとされたが，その用途は「(一) 蚕室，桑貯
蔵庫，殺蛹装置，養蚕器具，器械の補修費」または蚕種代など生産・製造に関
する費用に限定されていた。肥料費として直接貸付を受けることは認められて
おらず，代わりに，倉庫や繭乾燥装置といった設備投資を行うことが推奨され
た[55]。元々預金部が 1914 年度の地方普通資金をゼロに設定するような資金難
の状況にあったことから，「今回の救済資金は其金額に限りあり，狭隘の範囲
を以て貸出すべき方針」を取ったため，「養蚕家に於て要する桑園の施肥料の
如き間接の費用に対しては貸出し能ざる」という条件が設けられたのである[56]。

　肥料代に直接用いることができないということは，まさに桑などへの肥料代
を運転資金として必要としていた養蚕農家にとって，不便な融資条件であった
と考えられる。10 月 14 日の長野県から各郡への通達にも，「此の件各郡市其
取扱を誤り居る様に付，特に注意の要あり」と朱筆で記され，県郡官吏にも困
惑を与える条件であった模様である[57]。

　とはいえこれまでに見てきたように県庁や農会・各種産業組合などは初期か
ら，繭の乾燥とその保管という形で，この危機に対応しようと動いてきていた。
預金部資金は救済融資といっても，決して直接的な損害補塡を行うものではな
かったが，このような対策を行うにあたって必要な施設への設備投資には用い
ることができたのである。

　長野県における，預金部による救済融資の概要は次の通りである。勧銀に対

する預金部の特別資金総額は 500 万円であり，そのうち勧銀から産業組合への直接融資で長野県に割り当てられた額は 22 万 5 千円であった。また，勧銀から農工銀行を経由した代理貸付に関しても，長野県に 40 万円が割り当てられた。全国 500 万円のうち長野県の割当は計 62 万 5 千円であり，勧銀を経由した預金部資金中，その 8 分の 1 が長野県に割り当てられた計算になる。元々特別資金を供給する際，「各地方資金分配の標準……北海道及各府県重要輸出品（当該品）の輸出額を大体の標準とし之に比例して貸出資金を分配するを本則とす」[58] とされており，それだけ輸出産業における長野県の地位，とりわけ製糸・養蚕関係での地位が大きかったことを示していると考えられる[59]。

　このようにかなりの額が供給された預金部資金に対する融資希望の内訳は，いかなるものだったのだろうか。1914 年 11 月 7 日の段階で長野県内では，県が書類を回付し農工銀行に回された融資希望が 74 件（約 7 万円），産業組合中央会とその長野支会を通じて勧業銀行へ回されたものが 33 件（約 29 万円）に及んだ。1915 年 1 月時点では，農工銀行への申込は 1276 件（うち供給されたものは 742 件），勧業銀行への申込は 40 件（供給決定したものは 20 件）に及び，供給済・査定中の融資額は割当の満額に達した。また，これとは別に「農工銀行は昨年に比し貸付金額の増加したるもの約八十万円に上れり，之が大部分は時局の影響に基き貸付したるものと見て差支なからん」と評価されており，代理貸付でない，すなわち勧銀経由の預金部資金ではない，県内資金である長野農工銀行による貸付もまた，約 80 万円分が県内経済の救済融資として新規に用いられたと考えられる[60]。

　こうした資金はどのように用いられたのか。先に見たようにこの 1914 年の預金部資金の供給にあたっては事実上，設備投資に振り向けることが融資の条件とされていた。また，製糸・養蚕業が盛んな長野県において，貿易杜絶という危機が発生した際に官庁・民間の双方に意識されたことは，繭の乾燥・保管設備が不足しているという設備投資状況の実態であった。そこで長野県内における繭倉庫展開を見ると，1914 年時点で 26 軒の倉庫（保管能力 390 石）があったものが，戦後 1919 年時点で 51 軒となり，さらに 1924 年には 61 軒となっただけでなく，そのうち 89 ％ が繭乾燥機を備えていたことが判明する[61]。

　地域経済の現場における実態をさらに確認してみよう。1915年1月に日本
勧業銀行から1万円の融資を受けた小県郡和村の和産業組合の場合，同年10
月にはその借入金を返済しているが，それまでの間は借り入れた資金を運転資
金として，夏繭育成季節以前の2月・3月頃にピークとなる組合員の資金需要
に応え，少額金融の貸付を行っている[62]。

　同産業組合は1914年中には組合員からの資金需要に対して，同組合が第十
九銀行に保有していた当座預金を取り崩す形で対応しており[63]，こうした対応
が限界を迎えたことが勧銀からの融資への申込に踏み切らせたものと考えられ
る。なお，和産業組合は長野農工銀行とも取引関係をもち，その後もしばしば
取引を行っている。また，1918年には事務所を新設するとともに農業倉庫を
建設し，保管業務も営むようになった[64]。

　第一次世界大戦中における繭倉庫などの設備の増加の背景には，生糸貿易の
再開と大戦景気によるその拡大といった要因もたしかにあると考えられる。し
かし，設備投資資金としての条件が付された低利資金融資の存在は，開戦当初
の経済危機時に産業関係者全体に意識された保管設備の必要性とともに，好景
気の中で資金繰りが安定してきた事業者にとり，設備投資への誘因となった可
能性がある。

　このように，日本勧業銀行や長野農工銀行を経由して主に産業組合に融資さ
れた預金部の低利資金は，組合員の資金需要に応えるための組合の運転資金や，
長期的には産業全体で望まれていた，各種設備への投資に繋がっていったと考
えられるのである。

5　小　　括

　本章では，戦前日本における大蔵省預金部資金の地方還元制度がどのように
成立してきたか，その制度形成期の性質と実態を明らかにするため，1914年
に預金部が行った特別資金供給の経緯とその役割を，長野県の事例を見ること
で具体的に検討してきた。

　第一次世界大戦の勃発にともなって 1914 年に発生した貿易の杜絶は，製糸関連産業をはじめとする日本の輸出産業に深刻な危機をもたらしたが，その危機は長野県では，二段階の救済策によって乗り切られた。長野県当局は大戦勃発後，市場の変化をいち早く察知し，農家を巻き込む深刻な金融危機が発生したことを認識した。県は中央政府に救済を要請するとともに，県内でできる範囲の救済を模索するなど，迅速に対応した。

　その結果，第一回目の救済融資は，県庁と長野農工銀行の連携によって，県内で利用可能な資金を動員して行われた。もっとも，この資金も元を辿れば預金部から供給された低利資金であったことは，預金部資金の地方還元の性質と意義を考える上で重要な意味をもっている。つまりこの事実からは，預金部資金は緊急時，中央の動きを待つまでもなく，地域内である程度先行して利用可能だったという含意が読み取れる。

　その後，長野県における第二回目の救済融資は，全国の重要輸出産業を対象とした預金部の臨時地方還元融資として，正式な特別資金供給の一環として行われた。預金部資金に余裕がない状況下で行われたために融資条件は厳しいものとなったが，供給額は第一回以上の巨額にのぼり，長野県では多数の申込があった。割り当てられた資金は，全額が救済融資に充てられた。

　1914 年に実施された預金部の特別資金による地方還元は，それまで特別資金の供給がほとんど天災関係への救済として行われていたのに対し，貿易杜絶・金融梗塞といった天災以外が原因の経済危機に応じて大規模な救済融資が行われた，初めての事例となった。この点はこれまでの研究では注目されてこなかったが，その後の預金部資金の地方還元制度の展開と性質を考えれば，その運用に関する重要な画期であるといえる。

　そして，この地方還元融資は，天災ほどには被害の見えづらい経済危機の地方経済に対する影響と救済の必要性が，それまで天災被害を報告してきた地方自治体によって中央まで伝えられる情報伝達過程があったことによって実現した。こうした経済危機への救済資金の動員が預金部制度に組み込まれたことは，長引く不況と相次ぐ恐慌の訪れる戦間期において地方還元制度の運用が積極化していく端緒となったのである。

　預金部資金の原資である郵便貯金は，中下層民が危機に備えて貯蓄を形成することを創設時の目的の一つとしていたが，預金部資金がこのように危機時に供給されることによって，それは運用面においても，危機に対処する社会保障システムの性質をもつようになったといえる。預金部制度は近世期の義倉や社倉の後継である備荒儲蓄制度の一部を継承しており，制度形成初期の意図からして本来的に社会保障システムとしての一面をもっていたが，1914年の特別資金融資を契機に，同制度は，経済危機のリスクが拡大する近代社会に相応しい新たな救済システムとして再編され，近代日本経済の中に登場したと見ることができる。

　さらに，預金部資金のうち普通資金が平常時に恒常的に供給されたことはもちろん，危機時の救済を目的として供給された特別資金までも，低利子の産業支援資金として供給されたことは，預金部資金が地域・産業振興資金，すなわち一種の産業政策資金としての性格をもっていたことを意味している。預金部資金の地方還元制度は，1910年代前半，普通資金・特別資金の枠を問わず，近世以来の救済システムの機能を継承しそれを経済危機への対応にまで拡大する一方，地域経済の支援・振興システムとしても機能するという，二つの性格を同時にもつようになったのである。

　このような社会政策的側面と産業政策的側面の二面的性格を同時にもつ預金資金の地方還元は，その恒常的および緊急時の融資の過程で，日本勧業銀行および各県の農工銀行を経由し，そして県庁や各地方自治体を情報の仲介者として，産業組合などに組織された末端の事業者・農家に資金を供給するルートを形成した。このルートは金融史上重視されてきた，日本銀行を頂点とする重層的金融構造における資金の流れとは異なる[65]。日銀系のルートが比較的大規模な企業を支援するのに対し，預金部資金の系統は地方の農民を含む中小生産者に対して事業支援資金を供給するルートとなった。後者のルートは，緊急時には公債売却などの形で回転資金の融通を行うなど日本銀行とも協力関係にはあったが，その財源は一般金融システムとは異なるところにあり，基本的には営利目的の融資ではなく低利による地域支援融資を行う機関として機能した。

　預金部に関する先行研究は従来，預金部資金を主に国家財政の追加的財源と

して見ることが多かった。確かに預金部の資金の大半は，その運用の安定性の確保という意図もあり，国債引受に充てられていた。しかし預金部資金は，国家財政の追加財源であっただけでなく，その地方還元制度を通じて，経済危機を含む危機対応を行い地方の中小産業部門を振興するという金融機能を有し，それを基礎とした一つの金融構造を形成していた。預金部を基盤とするこの構造は，日銀の形成する金融構造とはその融資対象および経由機関を分ける形で役割分担をしており，日本経済全体をカバーする上では補完関係にあったといえる。

　1914 年の前例ができたことによって，預金部の救済融資はより経済政策的な性質を帯びていき，表 4-2 に見えるように，不況の続いた戦間期においても，預金部は地方債や各種の特殊銀行，産業組合の債券の引受を拡大し，それらの機関との連携を強めていった。1925 年には預金部改革が行われたが，それもこうした地方還元制度のシステム自体を変更するものではなかった。

　もっとも，第一次世界大戦を経て大きな構造変化を経験した日本経済の中では，地方還元された預金部資金も，その関連で編成される産業組合をはじめとした系統金融のネットワークも，関連資金が増大しかつ長期化する不況に直面する中で，あらためて位置づけなおされていった。こうした戦間期における変化とその制度の実態については，第 II 部でその詳細を検討する。

　なお，第 II 部へと入る前に，次の補論において，1925 年に行われた大蔵省預金部改革が大蔵省預金部制度に何をもたらしたのか，それを確認する。

補　論

大蔵省預金部改革
――巨額資金運用の諸問題と諮問委員会――

1　はじめに

　ここまでの第Ⅰ部では，20 世紀初頭以降に日本経済の中に確固として形成された個人少額貯蓄の集積体としての大衆資金が，実際に資金としてどのように運用され，経済発展に資したのかを確認してきた。

　人々の零細な貯蓄が集積される中で，地域経済の現場である各地方部の産業組合に蓄積された資本は，外部の一般民間金融市場と協力関係を結びながら，地域経済のための資金循環とその発展に直接的に資することができた。しかしその一方で，全国的に収集され蓄積された郵便貯金の場合，それを統括した主体が中央政府そのものであったため，その資金を直接地方に還元することは困難だった。

　郵便貯金に集積された大衆資金は，第 4 章で確認したように，大蔵省預金部資金として大蔵省にその運用権限が与えられた。しかしこの大蔵省預金部とその仕組みについては，1925 年に至るまで情報がほぼ非公開であったこともあり，研究蓄積が少ない。本補論はこの，郵便貯金の中に集められた貯金を回す，その実際の運用を行った機関がどのようなものであったのかを，より具体的に確認していこうとするものである。そのために，1925 年に行われた，大蔵省預金部改革と呼ばれる預金部に関する新たな制度設計の動きと，その中で新規に設置された預金部資金運用委員会と呼ばれる諮問委員会がどのようなものであったのかを明らかにしていく。

　郵便貯金の集積にともなって預金部資金が巨額となっていった 20 世紀初頭以降——本格的には 1909 年以来——預金部にはその資金の地方還元が制度として設定され埋め込まれた。一般の人々の少額貯蓄が原資であるという条件から，預金部資金の運用においてはまず第一に資金の保全と支払利子の確保という安定性が追求されたが，その次にはその資金の地方への還元が目指されたのである。もっとも，その具体的な運用計画の設計はあくまで大蔵大臣，事実上大蔵省に一任されるものであった。

　したがってその運用計画は当初からはっきりと決まっていたわけではなく，第 4 章でも見たように，その時々に起こった天災や貿易杜絶といった経済危機にそのつど対応し，具体的な資金供給ルートを新たに構築していくものであった。いわば危機への場当たり的な対応とその時の新規ルート開拓こそが，その後にも続いていく運用指針と制度そのものを構築していった。大蔵省預金部資金の運用とその制度設計は，そのようにまさに経路依存性の高いものであった。

　そのため，第一次世界大戦中の大戦景気によって郵便貯金が短期のうちに大規模な増加を見ると，運用先の定まっていない資金が出現することとなった。その多くが運用先としていわゆる西原借款をはじめとした政治的対外投資に注ぎ込まれ，1920 年代にはその多くが不良債権と化した。

　この政治的対外投資とその不良債権の問題は，多くのマスコミをして大蔵省預金部を伏魔殿と呼ばしめるものとなり[1]，預金部の運用とその制度設計は戦間期に社会問題となった。その結果として 1925 年，加藤高明内閣の当時，蔵相浜口雄幸の音頭の下で，大蔵省預金部改革と呼ばれる預金部関連の一連の法整備が行われたのである。これにより，諮問委員会である「大蔵省預金部資金運用委員会」が設置され，半定期的に開催されるようになっていく。

　この「預金部改革」は，預金部資金の運用の透明性を確保し，国民にその運用の公明正大であること，一般社会や地域経済にその資金を還元していることを示していくために行われた。したがって，新たに設置されたこの「預金部資金運用委員会」は，運用の公正性を担保するために設計されたことになる。しかし諮問委員会の議事そのものは非公開とされ，実際，現在残っている議事録の現物にも「秘」の文字が表紙に踊っている。委員会自体が当初から社会に全

公開されるものではなかったということになる。

　にもかかわらず，当時の新聞記事の多くが預金部資金運用委員会に関する記事を書き立てており，その内容には議事録の中身とも合致する，内部情報が含まれていることも多かった。つまり，委員会に参加していた委員がそこで行われたことを新聞社などに伝えることは禁じられていなかったものと考えられる。

　先行研究は預金部改革をどのように評価，検討してきたのだろうか。この改革に関する先行研究の多くは，改革の理念や立法そのものに関する評価を行うものであった。そしてその多くは諮問委員会が設立されたことをもって，この改革は預金部の活動の公開性を高めるものであったとし，その後の預金部運用の安定性に繋がる改革であったとみなしている[2]。

　そのためか，改革後の 1930 年代に預金部資金が失業対策などの社会政策に使われることは，同時代的にも先行研究内でも当然視されてきた。たとえば 1930 年代前半には，『中外商業新報』に「現在政府が時局匡救のため土木事業を起して農村購買力の増加を図るため，預金部資金を出動せしめているのは顕著なる事実である」という文言も見える[3]。

　しかしながら，第 4 章でも言及したように，大蔵省預金部資金に関する研究蓄積は決して多いとはいえない。そのため，預金部改革そのものに関する研究もそう多くはなく，この改革によって設置された諮問委員会の具体的な活動・役割について詳細に分析したものは管見の限りほぼ見当たらないのが現状である。

　制度上の定義から見れば，預金部資金運用委員会はあくまで「諮問」委員会であり，それ自体が資金の運用計画を策定する機能をもつわけでもなければ，大蔵省が提示した計画に対する何らかの決定権，なかんずく拒否権をもつわけでもなかった。しかしそれでは，改革の成果として同時代にも後世にもポジティブな評価を受けたこの大蔵省預金部資金運用委員会は，預金部資金の運用に対してどのような役割を果たしたのか。巨額の大衆資金を委ねられた預金部資金という金融制度にとって，こういった委員会が設置されたことはどのような意味をもったのか。

　本書の明らかにしようとするものは，日本経済の中に集積された巨額の零細

貯蓄＝大衆資金が，どのように集められ，運用され，日本経済と人々の生活に
影響を及ぼしたか，つまり大衆の日々の生活に密着した貯金の働きそのもので
ある。その意味では，大蔵省預金部に関する中央政府内での政治的なやりとり
を扱う本補論は，他の章とは直接的な対象を異にしている。

　しかしながら，大蔵省預金部という全国規模の巨額の大衆資金を扱う制度が，
どのように動きどのような主体や意図によって統制されていたのかを理解する
ことは，預金部改革以降の大衆資金の働きと役割を理解する上でも，やはり重
要であると思われる。なぜなら，戦間期の長期不況の中，郵便貯金がその中に
集積した個人少額貯蓄は，民間金融機関に対する不信感と共にいっそう拡大し，
大衆資金が日本経済の中に果たす役割はいっそう拡大したからである。そして
先述したように，預金部の運用システムが先例踏襲的なものであった以上，法
令および制度の再設計による新たな定義がどのような影響を実際の運用に与え
たのかを知ることは，その後も長きにわたるシステムの運用を理解する上で欠
かせない知見であろう。

　ゆえに本補論は，大蔵省預金部資金というものがどのように運営される制度
であったのか，そしてその中で諮問委員会はどのような役割を果たしたのか，
少ない研究蓄積に少しでも資することを期して，その改革の意義を理解しよう
と試みるものである。

2　改革以前の預金部の姿

1）大蔵省預金部の初期制度設計

　預金部改革を理解するために，まず大蔵省預金部の制度的概略を確認してお
く。第4章でも扱ったが，本章ではより制度的・政治的な側面に注目する。

　大蔵省預金部資金と呼ばれるもののほとんどは，郵便貯金が原資である。そ
のためその制度的起源を考える場合には，郵便貯金制度から考える必要がある。
郵便貯金制度は駅逓局貯金という名称で，1875年に中下層民の貧困対策の一
環として開始された。1885年5月の布告第十三号「預金規則」により，この

資金管理と運用は大蔵省に一任された。この布告が，1925年の預金部改革によって法律第二十五号「預金部預金法」が制定されるまで，大蔵省が郵便貯金を取り扱う唯一の法的根拠となった。

　　預金規則ヲ制定シ及ヒ各官庁ノ積立金ハ大蔵省預金局ヘ預ケ入レシム
　　　布告
　　第拾三号
　　預金規則左ノ通制定ス
　　　預金規則
　　　第一條　大蔵省中ニ預金局ヲ置キ左ノ貯金積立金ヲ預リ之ヲ保管利殖セ
　　　　　　　シム
　　　　第一　駅逓局貯金
　　　　第二　各官庁ノ成規ニ従ヒタル積立金
　　　　第三　社寺教会々社其他人民ノ共有ニ係ル積立金ニシテ其請願ニ據ル
　　　　　　　モノ
　　　第二條　預リ金取扱手続ハ大蔵卿之ヲ定ム
　　　第三條　預リ金ノ利子割合ハ大蔵卿之ヲ定ム
　　　第四條　預リ金ニ関スル損益ハ国庫ノ負担トス
　　　第五條　預リ金ノ証書ハ売買譲与又ハ書入質入スルヲ得ス
　　　第六條　預リ金ノ運用ハ日本銀行ヲシテ取扱ハシムルモノトス
　　　第七條　大蔵卿ハ便宜ノ地ヲ撰ミ預金局出張所ヲ設置シ又ハ国庫金取扱
　　　　　　　所ヲシテ預リ金受渡ヲ取扱ハシムルコトアルヘシ
　　　第八條　預リ金ノ受渡ニ属スル証書ハ証券印税ヲ納ムルニ及ハス
　　　右奉勅旨布告候事　十八年五月三十日「角印（大蔵）」[4]

　駅逓局が扱っていた郵便貯金のみならず，「各官庁ノ成規ニ従ヒタル積立金」すべてを大蔵省の取り扱いとするとしたこの布告には，明治初期の相次ぐ中央官庁の再編の中で各省庁が持ちはじめた独自財源を，あらためて大蔵省に一元化する目的も含まれていた。政府内の財源に関する権限はすべて大蔵省がもつとして，あらためて大蔵省の権限を強化するものだったのである。

　結果，この規則に基づき郵便貯金ほか諸々の資金の運用を取り扱うことになった大蔵省預金部[5]には，その後も様々な資金が管理下に編入された。1890年には法律第二十一号により，中央備荒儲蓄金も正式に編入された。中央備荒儲蓄金は近世来の義倉や社倉などの制度を引き継ぐ形で設計された災害対策費である。郵便貯金も「駅逓局貯金ノ如キ其損益ノ帰スル所其責任ノ在ル処ヲ繹ヌレハ固ヨリ国庫ニ外ナラス……其貯金法ハ細民ヲ救済慈恵スルノ一方ニアル」ものであり，預金部には一般市民の緊急時のための蓄えが集められたということになる。

　つまり，預金部制度は創設当初から，政府内の資金管理を他省に譲らない大蔵省の管轄として一元化する制度であると同時に，国家が責任をもって保護管理しなければならない大衆の貯蓄を扱う制度であると位置づけられていたと言える。そのため，当初の預金部資金の運用には後の時代のような多様性はなく，原資安定を期してほとんどが国債に回された。もっとも19世紀中には主な原資となる郵便貯金自体がさほど普及していなかったため，資金規模も大きなものではなかった。

　しかし日清戦争後，まだ郵便貯金が2千万円程度の規模であった頃にその賠償金の一部が5千万円ほど臨時編入されたことで，一時的に預金部の財政的位置は高められた。日清・日露戦後経営の関係からも，預金部資金の国債以外への運用が行われ，この時期の預金部は財政に対する補完的な役割を担った。

　もっとも，財政への多様な運用を可能にした日清戦後三基金と呼ばれたこの巨額の資金自体は，日清・日露戦後経営および日露戦争の中で費消され，その後，郵便貯金を超える規模の原資が現れることはなかった。郵便貯金の運用問題をその基礎に置いた，国債以外に対する預金部資金運用が課題となり本格化するのは，郵便貯金そのものが全国民的に普及した20世紀に入ってからとなる。

　第2章で扱ったように，地域社会の動きに連動した一般住民による貯蓄形成を受けて，郵便貯金は1908年には一億円を突破した。預金部が管理する資金もそれだけ拡大したが，郵便貯金の収集源が主に地方農村部にあったため，預金部資金の運用が国債に集中することは資金を地方から中央に引き揚げること

を意味すると，当時政府によっても意識されていた。

　そのため，預金部資金の「地方還元」の必要性は当時から政府内で議論されるようになっていた[6]。そこには，地方の金融を支援する意図で設立された日本勧業銀行とその下部に位置づけられた各県農工銀行が，後者の資金難のために小生産者の資金需要に十分に応えられないという背景もあった[7]。1904年には預金部資金による初の勧業債券引受が行われ，翌1905年には農工銀行に対する資金貸付のためにさらに重ねて勧業債券引受が行われるなど，預金部は勧銀・農工銀の資金不足を強く意識していた。

　こうした中1906年には，東北三県での凶作の対策費として，勧銀引受の形で預金部から正式に救済融資が行われた。この融資を嚆矢として預金部資金は「地方的発展のために公共団体，各種組合等に融通」されるもの，地方還元がその運用理念の中に盛り込まれたものであると理解されるようになるが[8]，この時点ではやはりいまだ何らの制度上の根拠をもつものではなかった。預金部資金の地方還元が制度上の根拠を得るのはやはり，1909年の逓信・大蔵・内務三省による合同通牒に基づく，「普通資金」「特別資金」の二つの枠による地方資金の供給という制度の開始を待つことになる[9]。

　1910年には災害復旧資金の供給を契機として，大蔵大臣達「往第一四一二号」が制定され，預金部による地方債引受による地方資金供給ルートも確立された。きっかけとなったのは，1910年の東京府他七県における洪水被害への対応である。甚大な被害を受けた道路・橋梁などの復旧工事資金を供給するにあたって，預金部は当初これを勧銀経由で融資を行う方針だったが，自治体からの要望に応える形で，府県債の引受による資金貸付が行われたのである[10]。

　この事例を受けて，預金部では同年全府県に対して「広く全国地方債引受の条件及方法等を決定するに至った」。もっとも，これで規定されたのは「大体原則的のものであって，確定的のものではない」とされ，「融通条件等の如きは，機宜に応じて変動を余儀なく」された。この達によって確定したのが，地方債引受による地方自治体への特別資金供給ルートである。戦間期以前にはこの形式での資金供給はそのほとんどが「災害に基く救済を主」としていたが，これも「殆ど毎年度相当多額の融通を見ざることなく」，地方自治体に対する

資金供給も，勧銀・農工銀のルートとは別途，預金部の地方資金供給の基本的
枠組の一つとなった[11]。

　このように，預金部による地方資金の供給は，1909 年の三省合同通牒に
よってその「根本方針」が確立されたものの，確定的な形式をもった制度とい
うわけではなかった。それは地方への還元を目標として，そのつど新規に供給
ルートや方法が模索されていくものであった。たとえば 1910 年以降は産業組
合への直接融資も許可されるなど[12]，融通範囲を含め「地方資金」の具体的な
供給方法は，預金部に対する資金要請に応じて，その後も制度を追加・補正し
ていく形で展開していった。

　もっとも，預金部資金の供給先は広範に及んだが，その供給先に普通銀行の
ような一般の金融機関や，問屋・商社のような大規模流通業者が含まれること
はなかった。また，その融通目的にもある種の傾向が見られる。つまり「民資
を蘊蓄し進て地方発展の基を立てん」との意図の下，預金部は地方の資金不足
を解消すべく，あるいは災害被害からの復旧資金を供給すべく融資を行うとい
う理念に立ち，一般の民間金融市場とは一線を画すものと自らを意識していた
のである。

　こうして，原資保護の観点から国債を中心とした運用を基本としていた預金
部資金は 1909 年以降，第 4 章でも確認したように，その 1 割から 2 割前後を
地方資金として地域経済に還元していくようになった。

2) 基本運用方針からの逸脱と改革への声

　このように，原資の安定と，地方を重視した社会経済の支援および危機時の
救済・復興支援という二つの運用方針が第一次世界大戦前にはすでに確立され
た預金部資金ではあったが，大戦中の好景気による急激な原資の拡大はその運
用方針の遵守を揺るがしてしまうことになる。なぜなら地方への資金供給は，
基本的に地方自治体や各種業界団体からの要請に基づかない限り，郵便貯金の
増加に比例した規定の配分を超えられず，つまり民間の迅速な資金需要に応え
ることができるようなものではなかったからである。そのため，急速な原資増
加は逆に，一時的な資金のだぶつきを起こしてしまうものだった。結果として

　預金部資金は第一次世界大戦中，中国政府への借款や，朝鮮銀行や興業銀行を通じての満洲・シベリアへの投資に，新規に資金を供給してしまう[13]。これが1920年代に不良債権化することにより，「顧みるに大戦中財界の好景気に伴ひて，諸種の事業は濫与せり。此時に当りて一部の政治家及政商が名を公益に籍りて低利資金を引出し」[14]たと戦間期に評価を受けるにいたり，大蔵省預金部資金はその資金濫用を糾され，大きな社会問題となったのである。

　なお，1925年の預金部改革の時点で預金部資金の総計はおよそ15億円であったが，このうちほとんどが第一次世界大戦中に新規に貸し出され，いわゆる濫用分の資金と目される海外事業資金は，1.5億円であった。地方資金の4億円超と比べれば小さいものの，1割に上ったことになる。改革以前の預金部には，新規資金が生じたとき，その運用にあたって，安全性が高いわけでも国内の地域経済に還元されるわけでもない運用先に投資されることを止める機構が存在していなかったことが窺える。

　戦間期に入り，預金部の資金濫用が社会問題化したのみならず，実際に多額の不良債権が生じその経営が危機に陥る中，1925年の第五十議会において，預金部改革関連法案が通過した。それは大蔵省預金部特別会計法（1925年3月30日，法律第13号）および預金部預金法（1925年3月30日，法律第25号）の二本立てであった。

　それではまず，大蔵省預金部特別会計法がどのようなものであったか確認する。

　　法律第十三号　大蔵省預金部特別会計法
　　第一条　大蔵省預金部ノ会計ハ之ヲ特別トシ其ノ歳入ヲ以テ其ノ歳出ニ充
　　　　　　ツ……
　　第三条　預金部資金ニ関スル運用資産ニシテ価格ノ減損ヲ生ジタルモノア
　　　　　　ルトキハ本会計ノ決算上生ジタル剰余又ハ積立金ヲ以テ之ヲ償却
　　　　　　スベシ……

　このように，大蔵省預金部特別会計法は，預金部資金を特別会計の枠内に位置づけることで，何にどれほど運用しているのかすら関係官僚以外には不明と

いうそれまでの不透明な状態を打破することを図るものだった。

　一方で，特別会計とはいうものの，預金部の会計は他の一般会計とは歳入歳出ともにまったく独立したものとして扱われることも規定されており，税収からなる一般財政とは異なるものとして位置づけられている。預金部資金はあくまで財政資金ではなく，政府の外部から寄託された預かり金であった。

　もう片方の預金部預金法は，1885 年以来の預金部の唯一の根拠法であった預金規則を上書きし，郵便貯金の運用を預金部が取り扱う根拠法として，新たに制定しなおされたものであった。

　　法律第二十五号　預金部預金法
　　第一条　法律勅令ニ依リ大蔵省預金部ニ預入ルル現金ハ預金部預金トシ大
　　　　　　蔵大臣之ヲ管理ス
　　第二条　郵便貯金トシテ受入レタル現金ハ之ヲ大蔵省預金部ニ預入レ其ノ
　　　　　　利子ヲ以テ貯金利子ノ支払ニ充ツベシ
　　第三条　預金部預金ノ種類，利子及取扱ニ関シテハ大蔵大臣之ヲ定ム
　　第四条　預金部預金並大蔵省預金部特別会計ノ積立金及支払上ノ余裕金ハ
　　　　　　之ヲ預金部資金トシ預金部資金運用委員会ニ諮問シ有利且確実ナ
　　　　　　ル方法ヲ以テ国家公共ノ利益ノ為ニ之ヲ運用スベシ
　　　　　　預金部資金運用委員会ノ組織権限及預金部資金ノ運用ニ関スル規
　　　　　　定ハ勅令ヲ以テ之ヲ定ム
　　第五条　預金部資金ノ運用ニ関スル事務ハ大蔵大臣ノ定ムル所ニ依リ日本
　　　　　　銀行ヲシテ之ヲ取扱ハシム
　　附則
　　本法ハ大正十四年四月一日ヨリ之ヲ施行ス……

　このように預金部預金法は，郵便貯金の運用を預金部が取り扱うという制度を規定しなおすだけでなく，「有利且確実ナル方法ヲ以テ国家公共ノ利益ノ為ニ之ヲ運用ス」という運用原則を，ついに法的にも預金部制度の中に埋め込むものとなった。また，預金部資金運用委員会という諮問委員会の設置を新たに定めたことも画期的な点である。

　もっとも，預金部預金法の中には預金部資金運用委員会に関する詳細を規定
する項目は含まれなかった。したがって，この立法を受けて数日後となる
1925 年 4 月 1 日に，この二つの預金部改革法令を補完する形で二つの勅令が
制定された。それが大蔵省預金部特別会計規則（1925 年 4 月 1 日，勅令第 54
号）であり，預金部資金運用規則（1925 年 4 月 1 日，勅令第 55 号）である。

　　勅令第五十四号　大蔵省預金部特別会計規則
　　第一条　歳入歳出ノ予定計算書ハ所管大臣之ヲ調製シ前年度九月三十日迄
　　　　　　ニ之ヲ大蔵大臣ニ送付スベシ
　　　　　　前項ノ予定計画書ニハ其ノ年三月三十一日ニ終リタル会計年度ノ
　　　　　　収支計画表及貸借対照表並其ノ年三月三十一日ニ於ケル運用資産
　　　　　　明細表ヲ添付スベシ
　　第二条　毎年度出納ノ完結迄ニ収入済又ハ支出済ト為ラザルモノハ現ニ其
　　　　　　ノ収支ヲ為シタル年度ノ歳入又ハ歳出トス
　　第三条　預金部資金ニ属スル運用資産ノ保有価格ハ毎年三月三十一日ニ於
　　　　　　テ時価ニ準拠シテ之ヲ改定スベシ但シ時価ヲ超エザルモノニ付テ
　　　　　　ハ此ノ限ニ在ラズ
　　第四条　預金部資金ニ属スル運用資産ニシテ価格ノ減損ヲ生ジタルモノア
　　　　　　ルトキハ本会計ノ歳入ノ収入済額ヨリ歳出ノ支出済部分ヲ控除シ
　　　　　　タル剰余額ヲ以テ之ヲ償却シ尚不足アルトキハ積立金ヲ以テ之ヲ
　　　　　　償却スベシ……

　このように，大蔵省預金部特別会計規則は，預金部の会計を特別会計と規定
するにあたっての制度的詳細を定めるものだった。そのため，こちらには特に
諮問委員会に関する規定や，運用指針に関する規定はなく，もう片方の勅令
「預金部資金運用規則」にそれらの条項が盛り込まれた。以下，長くなるが全
文を引用する。

　　勅令第五十五号　預金部資金運用規則
　　第一条　預金部資金ハ左ノ方法ニ依リ之ヲ運用スベシ

　　一　国債又ハ地方債ノ応募，引受又ハ買入

　　二　一般会計又ハ特別会計ニ対スル貸付

　　三　特別ノ法令ニ依リ設立セラレタル会社ノ発行ニ係ル社債又ハ
　　　　産業債券ノ応募，引受又ハ買入

　　四　特別ノ法令ニ依リ設立セラレタル銀行ニシテ社債ヲ発行セザ
　　　　ルモノニ対スル貸付

　　五　外国政府ノ発行ニ係ル国債ノ応募又ハ買入

　　六　日本銀行ニ対スル在外指定預金

第二条　大蔵大臣ハ毎年度預金部資金ノ運用ニ関シ必要ナル計画ヲ定メ予
　　　　メ之ヲ預金部資金運用委員会ニ付議スベシ，其ノ計画ニ付追加又
　　　　ハ変更ヲ為サムトスルトキ亦同ジ

第三条　大蔵大臣ハ毎年度預金部資金運用報告書ヲ調製シ年度経過後四月
　　　　内ニ之ヲ預金部資金運用委員会ニ提出スベシ
　　　　前項ノ報告書ニハ当該年度ニ於ケル預金部資金運用ノ状況及運用
　　　　資産ノ異動ニ関スル重要ナル事項ヲ記載スベシ

第四条　本令ニ定ムルモノヲ除クノ外預金部資金ノ運用ノ為必要ナル事項
　　　　ハ大蔵大臣之ヲ定ム

第五条　預金部資金運用委員会ハ大蔵大臣ノ監督ニ属シ大蔵大臣ノ諮問ニ
　　　　応ジ預金部資金ノ運用ニ関スル事項ヲ調査審議ス

第六条　預金部資金運用委員会ハ預金部資金ノ運用ニ関シ大蔵大臣ニ建議
　　　　スルコトヲ得

第七条　預金部資金運用委員会ハ会長一人及委員十五人以内ヲ以テ之ヲ組
　　　　織ス
　　　　臨時必要アルトキハ臨時委員ヲ置クコトヲ得

第八条　会長ハ大蔵大臣ヲ以テ之ニ充ツ

第九条　委員ハ左ニ掲グル者ヲ以テ之ニ充ツ

　　一　大蔵政務次官

　　二　大蔵次官

　　三　関係各庁高等官

　　　　　四　会計検査院部長

　　　　　五　日本銀行総裁

　　　　　六　学識経験アル者

　　　　前項第二号，第四号及第六号ニ掲グル者ヲ以テ充ツル委員ハ大蔵

　　　　大臣ノ奏請ニ依リ内閣ニ於テ之ヲ命ズ

　　　　臨時委員ハ大蔵大臣ノ奏請ニ依リ関係各庁高等官及学識経験アル

　　　　者ノ中ヨリ内閣ニ於テ之ヲ命ズ

　　第十条　会長ハ会務ヲ総理ス

　　　　　会長事故アルトキハ其ノ指名シタル委員其ノ職務ヲ代理ス

　　第十一条　預金部資金運用委員会ニ幹事ヲ置ク

　　　　　幹事ハ大蔵大臣ノ奏請ニ依リ大蔵部内高等官ノ中ヨリ内閣ニ於テ

　　　　　之ヲ命ズ上司ノ指揮ヲ承ケ庶務ヲ整理ス

　　第十二条　預金部資金運用委員会ニ書記ヲ置ク

　　　　　書記ハ大蔵部内判任官ノ中ヨリ大蔵大臣之ヲ命ズ上司ノ指揮ヲ承

　　　　　ケ庶務ニ従事ス

　附則

　本令ハ公布ノ日ヨリ之ヲ施行ス

　本令施行ノ際現ニ運用中ノ預金部資金ニシテ其ノ運用方法ガ第一条ノ規定

　ニ該当セザルモノニ付テハ同条ノ規定ニ拘ラズ仍其ノ運用方法ニ依ルコト

　ヲ得

　こうして，預金部資金の運用先は各国債引受および中央財政に対する貸付，そして地方資金を担う各特殊銀行・産業組合中央金庫のような特殊金融機関に対する貸付に限定するという，旧来の方針は踏襲される形で制度が規定された。

　一方で，第二条・第三条に見えるように，大蔵大臣すなわち大蔵省内で預金部資金の運用計画を策定することは従来通りだが，その計画案は「預金部資金運用委員会ニ付議」することが新たに定められた。また，毎年の運用結果についても，「毎年度預金部資金運用報告書ヲ調製シ年度経過後四月内ニ之ヲ預金部資金運用委員会ニ提出」することが義務づけられた。つまり，計画の策定過

程だけでなくその運用結果についてまで，預金部運用委員会は把握することが
できるということがあらかじめ定められたのである。これにより，それまで大
蔵省内でも一部の官僚しか把握していなかったと考えられる預金部資金の経営
状態が，大蔵省外部にも公開される流れが構築された。

3）預金部改革に対する同時代世論の論調

　預金部に関するこうした新たな制度設計は，世間一般にはどのように受け止
められたのか。一連の法案の議会通過を受けて，当時の新聞でもこの流れは
「預金部改革」として好意的に報道された。ただし大蔵省預金部特別会計法・
預金部預金法の議会通過は普通選挙法の通過の翌日であり，そのためか当時の
報道は普選法の方に重きが置かれた。当時の世間一般の関心は預金部関係のス
キャンダルより普通選挙実施の方に強くあるとメディアは意識していたと推測
される。預金部改革に関する報道は，他の金融関係の法案とまとめた扱いであ
ることが多かった。
　たとえば『東京朝日新聞』の場合を見てみよう。

　金融関係の法律案で議会を通過したものが四件ある，其の一つは
　一，預金部預金法案
　二，大蔵省預金部特別会計法案
　であって，右は従来預金部の資金運用が大蔵大臣一個の裁量で自由になり，
　地方殊に農民や中産階級以下から吸収したものを政商連や不健全な銀行会
　社の救済に運用されて居たので非難百出するに至ったのを鑑がみ，政府は
　運用委員会と云ふものを設け，関係省・日銀・勧興銀・貴衆両院・産業組
　合其他官民各方面から委員十四五名を挙げ，預金部資金は同委員会に諮問
　して国家公共の利益の為に運用する事になり其の運用規定を明記し預金部
　の収支を特別会計とし毎年本会計の歳入出予算を調製して総予算と共に議
　会に提出し，其の収支を**公明正大**なものとし，従来大蔵省理財局国庫課の
　一部分に過ぎなかったものを預金部と称する部制を採用し，同部に資金課
　運用課の二課を設けて運用，回収等事務の完全敏速を計る事になったので

ある，もっとも従来でも預金部は特別会計であったが，郵便貯金の利子や手数料は預金部特別会計から一般会計へ繰入れて一般会計から郵便貯金其他に支払って居たものを，十四年度からは此利子及び手数料も一般会計の手を経ず直接預金部会計から支出することにし，預金部と云ふものを全然独立した会計にしたのである，従って十四年度から一般会計の予算面には預金特別会計よりの繰入金（六千数百万円）と云ふのが姿を消し，大蔵省預金部特別会計に同額が計上される事になったのである，第二は

一，日本銀行の手形割引に因る損失の補償に関する法律案……[15)]［太字は原文ママ］

このようにマスメディアは，預金部の原資が「地方殊に農民や中産階級以下から吸収したもの」であるということを前提とした上で，「其の収支を公明正大なものと」するために「政府は運用委員会と云ふものを設け」，「同委員会に諮問して国家公共の利益の為に運用する事になり其の運用規定を明記」「毎年本会計の歳入出予算を調製して総予算と共に議会に提出」するという形で預金部資金運用の透明化が図られたことを高く評価した。

また，預金部資金運用委員会の構成について，その数日後に制定された預金部資金運用規則第九条で大蔵政務次官・大蔵次官・関係各庁高等官・会計検査院部長・日本銀行総裁・「関係各庁高等官及学識経験アル者」と規定されたのに対し，その勅令の発行以前に「関係省・日銀・勧興銀・貴衆両院・産業組合其他官民各方面から委員十四五名」と報道されていることは注目に値する。双方の内容を比較するに，先行した新聞報道の内容は根拠の無いものとは考えがたく，むしろはっきりと具体性を伴うものとなっており，預金部改革関連法案が議会を通過した時点で，報道側は改革法案および数日後の勅令を作成していた直接の関係者から内部情報をある程度得ていたものと考えられる。

このように，1925年の預金部改革は，他省庁ではなく大蔵省による運用計画策定という前提や，国債・地方債および特殊銀行を通じた間接貸付というそれまでの貸付方法，および公共のために安全に資金を運用するという理念をあらためて確認し，法制度の中に明記したのである。

　これらの制度設計は，運用の理念や方法については，ほぼそれまでの方向性を踏襲・継承するものであったといえる。しかし，この立法により預金部資金の運用は特別会計となり，議会への公開が義務づけられ，社会に対する透明性が確保された。また，預金部資金運用委員会という新たな諮問委員会を設置し，この委員会に運用計画案および年度ごとの状況を報告させることで，その運用の透明性を確保し外部からの監査機能を付与するという，新たな制度的枠組みへの法的基礎を築いたことがわかる。

3　大蔵省預金部資金運用委員会の役割

　こうした法制度の整備により新規に設置された大蔵省預金部資金運用委員会は，実際にはどのような機能をもちえたのか。そして，預金部資金の実際の運用とその経営に対して，どのような影響をもったのだろうか。制度的には預金部資金運用委員会は諮問委員会であって，資金運用計画そのものを立案するわけではなく，大蔵省が策定したその運用計画に対する決定権や拒否権があるわけでもない。とすれば，諮問委員会の役割はどのようなものでありえたのか。本節ではこれらの問いについて，主に初期の議事録から検討していく。

1)　創設期の預金部資金運用委員会の具体的設計
　まず，この預金部資金運用委員会はどれほどの頻度で開かれたのか。初回の開催は預金部改革関連法が通過した3月末から約1ヶ月後である，1925年5月5日であった。議事録の残存状況から判断すると，1925年度の運用委員会は8回開催されたことが確認される。まず5月に初めて開催された後，6月に2回開催され，7月・8月・10月・12月に1回ずつ，および3月29日という年度末に開催された[16]。
　1926年度は5月・7月・8月・12月・1月・3月，1927年度は5月・7月・9月・12月・1月・3月の開催であり，多少の開催月のずれはあるものの年6回の開催となっている。委員の都合に合わせ，厳密ではない形での隔月開催が図

られたものと推測される。1925 年度については，委員会の創設年であり，後述のようにそれ以前からの不良債権問題など山積した問題を処理するために，それ以後より多くの回数開催されたものと考えられる。

　この初年度の委員会の中で，その後の運用委員会の開催周期や委員会の機能の基礎が設定されたと考えられるが，それではその参加者はどのような人々であったのか。

　前節で確認したように，預金部資金運用委員会の委員はまず勅令上で大蔵政務次官・大蔵次官・関係各庁高等官・会計検査院部長・日本銀行総裁，および「関係各庁高等官及学識経験アル者」と規定されていた。また，報道ではそれに加え「勧興銀・貴衆両院・産業組合其他官民各方面から」も登用し，14，5名を任ずるものと想定されていた。

　それでは 1925 年 5 月 5 日に集まった委員が，実際にはどのようなメンバーであったのかを，表補-1 から確認しよう。この表が示すように，実際の預金部資金運用委員会の初期メンバーは総勢 19 人であり，大蔵書記官は議事内容に関わらない事務担当と考えると，委員会の構成は法案が国会を通過した際の報道の推測とほぼ違わないものとなったことがわかる。

　委員会のメンバーには，会長の蔵相をはじめ関連各省庁から次官級の現役高官が任命された。これに加えて大蔵省理財局長，つまり実際にそれまで大蔵省預金部資金の運用に携わっていた担当官が加わっている。

　そして政府外からは勅令上定められた日銀総裁の他，勧銀の総裁も加えられており，また「学識経験アル者」としてさらに数人が任命されている。その内訳は日銀・勧銀・興銀といった特殊銀行の現職者または職務経験がある者と，経済学の大学教授，および与野党・衆貴院を問わない現役議員という構成になっている。議員からの委員はその中でも，産業組合中央会関係者や，金融機関業務の経験者，および関係省庁の元官僚（内務省・大蔵省・農林省）といった，預金部の地方資金関連の業務内容または一般金融業務に通じていると想定される者が選ばれている[17]。もっとも，そのためか政府外からの委員であっても元官僚の比率が高く，完全に政府部外者といえる委員は少ない印象も受ける。

　このメンバーは，官僚の転任や大蔵大臣の交代といった政府内部での移動を

表補-1　預金部資金運用委員会の初期委員

運用規則の指定職種枠		「学識経験アル者」枠の委員の属性
会長（蔵相）	浜口雄幸	
大蔵政務次官	早速整爾	
大蔵次官	田昌	
内務次官	湯浅倉平	
農林次官	阿部寿準	
逓信次官	桑山鉄男	
会計検査院部長	河野秀男	
日本銀行総裁	市来乙彦	
	阪谷芳郎	元大蔵官僚・元蔵相・貴族院議員
	山崎覚次郎	東京帝大経済学部教授（初代学部長）貨幣論・金融論専門
	加藤政之助	衆議院議員（埼玉），憲政会，1927 年以降貴族院議員，ジャーナリスト出身
	山本悌二郎	衆議院議員（新潟），政友会，宮内省給費での独留学経験者，元勧銀鑑定課長，1927〜29 年・1931〜32 年農林大臣
	木村清四郎	日本銀行副総裁，1927 年以降貴族院議員
	志村源太郎	産業組合中央会会頭，貴族院議員，元農商務省官僚，元勧銀総裁
	志立鉄次郎	元興銀総裁
勧銀総裁	梶原仲治	勧銀総裁（1925 年現職），元横浜正金頭取
大蔵省理財局長	冨田勇太郎	
大蔵書記官	植野勲	
大蔵書記官	青木一男	

注）第一回〜第五回（1925 年 5 月 5 日〜10 月 9 日）まで同一メンバー，第六回（1925 年 10 月 9 日開催，第 5 回開催は 1925 年 8 月 5 日）に政務次官変更で初めての委員変更
資料）大蔵省預金部『預金部資金運用委員会（第一回会議）議事録』1925 年

除くと，1927 年 5 月 25 日の第 15 回委員会まで変更されることがなかった。第 15 回の委員会で初めて，山本悌二郎から井上孝哉へと政府外部の委員の変更があった。ただし後任となった井上もまた，前任の山本同様，政友会所属の衆議院議員である[18]。経歴は元内務官僚であり，佐賀・富山・神奈川・大阪知事を歴任しており，本委員会の初期メンバーである内務次官湯浅倉平の前任でもあった。政府外からの委員の選考に関する規定が明示された書類などは残存していないが，政府外からの委員を変更する際には，政党勢力的なバランスが考慮されるとともに，政府内部の状況，とりわけ預金部地方資金に関する事情をある程度理解していると想定される人物を選出することが意識されていたと考えられる。

表補-2　第一回預金部資金運用委員会の議事日程

	議事概要	委員会対応
1	大蔵大臣挨拶	
2	議事規則の決定	日程連絡の余裕期間の問題を除いて原案通り可決
3	預金部資金運用の現状に関する報告	「大蔵省当局の説明あり，之に対し幾多の質問応答重ねられたり」
4	大正十四年度預金部普通資金運用余力に関する報告	「委員より二，三の質問あり」
5	議案第一号「大正十四年度預金部普通資金運用計画」	「委員より地方資金の増加方に関し意見の開陳あり，之に対し大蔵省当局より地方融通額の増加は主義として之を希望する所なるも，預金部の目下の資金状態に於ては原案以上地方資金を増加する余地なきことを説明し，結局原案の通り可決せり」
6	議案第二号「預金部資金短期運用に関する件」	原案通り可決

資料）大蔵省預金部『預金部資金運用委員会（第一回会議）議事録』1925 年，3-4 頁

　このように，金融の専門家と預金部地方資金の事情にも通じているだろう準内部者とを集めた預金部資金運用委員会では，何が議題となり議論されたのか。すでに国会でも不良債権の問題は取り沙汰されており，初年度の運用委員会の開催回数が嵩んでいることからも，話題の多くはその確認と処理の問題であったと想定されるが，それはそれまでの預金部資金の運用方針とどのように折り合いをつけていくものであったのか。

　第一回預金部資金運用委員会は 1925 年 5 月 5 日に開催された。その議事日程を確認すると，6 つの議事があったことがわかる（表補-2）。ここに見えるように，初回の議事の中で決定がなされるべき議題は議事規則を含めて実質 3 つであった。また，議事録上は最終的には，ほぼすべてが大蔵省当局作成の「原案通り可決」とされている。

　運用委員会における「可決」の要件は――それ自体この当日に決定されたものであるが――「議事は出席委員の過半数を以て之を決す，可否同数なるときは会長の決する所に依る」[19] こととなった。運用委員会は全会一致での確固とした承認を求めるようなものではなく，その可決は委員会出席者によるゆるやかな許容であったと推測される。そして第一回委員会の議案は，そのほとんどが原案通り可決されたことになっている。

　もっとも，そもそも法制度上，諮問委員会による原案の拒否権は明示されていない。それではこれらの諮問委員会による議案の議論とその可決には，どのような意味があったのだろうか。

2)　議事録から見る委員会の役割──理念と実務の兼ね合い

　ここからは第一回委員会の議事録の内容をより具体的に見ていくことで，この諮問委員会が預金部の運営に対して果たした役割を考えていく。

　まず最初の議事である大蔵大臣挨拶は，文字通り大蔵大臣浜口雄幸の，この委員会の会長としての挨拶であり，預金部資金運用委員会の設置理念を語るものであった。この発言からはどのような意図をもって預金部改革実行の当事者である浜口蔵相がこの委員会を設置したのかが窺えるため，長く引用する。

　　今回預金部資金運用委員会が設置せられ，本日其の第一回会議を開くに当りまして，本委員会の設置を見るに至った由来に就きまして少しく申述べたいと思ひます。
　　　大蔵省預金部の沿革は極めて古いのでありまして……其金額は今や一般会計の歳計に匹敵すべき巨額に上ったのでありまして，之が運用の国家の財政並に国民経済に及ぼす影響の極めて大なるものあることは論を俟たない所であります。殊に預金部資金の本体は郵便貯金に在るのでありまして，即ち国民多数の零細なる資金より成るのであります。此の点より考へましても預金部資金の運用は極めて公正適切を期するの必要があるのであります。然るに従来……動もすれば其の運用の放漫に流れ不確実に陥るの弊ありとの非難を招くに至ったのであります。現内閣は……曩に預金部預金法並大蔵省預金部特別会計法の二法律案を第五十回帝国議会に提出……即ち預金部預金法に依りまして預金部資金は預金部資金運用委員会に諮問し有利且確実なる方法を以て国家公共の利益の為めに之を運用するを要することとなり，茲に運用の大原則が法律上明確に示さるることとなったのであります。又大蔵省預金部特別会計法に依りまして預金部の会計の組織は改められ，資産の状況は明となり，尚其の減価償却の方法を樹つる等経理上

に於きましても重要なる改正を加へました。尚是等の法律と共に関連する勅令省令をも公布致しまして，法制上に於ける預金部の改革は茲に一段落を告ぐるを得たのであります。従て今後の問題は運用の実際に当りまして能く此等新法令の予期したる効果を収むるの点に在るのであります。而して此の点に於きまして国民の最も期待する所は運用委員会の機能に在りと信ずるのであります。即ち此の委員会は此の度の預金部改革の骨子と目されて居る次第でありますから，各位に於かれては何卒本委員会に於て充分御意見を開陳せられ，預金部資金の運用をして能く国民の期待に副はしむる様御尽力あらんことを切望する次第であります[20]

　このように蔵相浜口も，郵便貯金についてその巨額性を意識し，財政と日本経済に対する影響力を認識していた。また，「預金部資金の本体は郵便貯金に在るのでありまして，即ち国民多数の零細なる資金より成るのであります。此の点より考へましても預金部資金の運用は極めて公正適切を期するの必要がある」という発言からは，預金部資金の運用の公共性・公益性が委員会の設置以前から意識されていたことが窺える。

　そして，預金部資金を「国家公共の利益の為めに之を運用する」にあたって，「預金部資金運用委員会に諮問」することで「有利且確実なる方法を以て」行うことができるものと考えているが，そのために委員に求められたものは「意見の開陳」であった。諮問委員会には，内外から集めた専門家たちからの「意見」つまり情報を収集する役割が求められていたといえる。

　第二の議事では，その後の委員会の実務的な運営を取り仕切るための議事規則が定められた。その議事規則はゼロから委員会参加者によって作成されたのではなく，すでに成文化された案の状態で参加者に提示された。大蔵省預金部側の実務官僚によってあらかじめ作成されていたものと考えられる。

　　預金部資金運用委員会議事規則案
　　第一条　会議の日時，場所及議題は会長之を定め少くとも二日前に各委員
　　　　　　に通知す
　　第二条　委員病気其の他の事故の為参集すること能はざるときは其の旨会

　　　　　長に通知すべし

第三条　議事は全委員の半数以上出席するに非ざれば之を開くことを得ず，
　　　　　但し緊急の決議を要するときは此の限に在らず

第四条　議事の終始及進行は会長の指揮に依る，発言せむとするものは会
　　　　　長の許可を受くるものとす

第五条　会長に於て必要と認めたるとき又は出席委員三名以上の請求あり
　　　　　たるときは臨時の議題を加ふることを得

第六条　議事は出席委員の過半数を以て之を決す，可否同数なるときは会
　　　　　長の決する所に依る

第七条　会議の議事は秘密とす

第八条　会長に於て必要と認めたるとき又は会議に於て議決したるときは
　　　　　関係官吏其の他本会委員に非ざる者の出席を求め其の説明又は意
　　　　　見を聴くことを得

第九条　議事の要録は幹事之を作成す

第十条　本則に明文なき事項は会長之を決す[21]

　この議事規則案に対し，数人の委員から質問が出た。つまり，議事規則はそ
のまま無批判に受容されたわけではなかった。委員からの質問に対しては，大
蔵省理財局長である冨田勇太郎幹事が基本的に回答し，時として会長であり蔵
相である浜口が答えた。委員会において，会長は蔵相とされてはいるが，説明
能力を有するのは実務を担当してきた理財局の者であったことがわかる。

　規則案を見るとまず，開催は委員会主催側，つまり大蔵省側によって決定さ
れるとあり，後々の習慣となる隔月開催も規則内で明示されたものではないこ
とがわかる。また，議題に関しても大蔵省側が決定し，それが委員に提示され
るという形式であった。そのため，現役官僚ではない，旧官僚・各種金融機関
現職の委員から，まず議事の建議方法と日程調整に関して質問と意見が出た。

　梶原仲治勧銀総裁は「委員が会議の招集を請求することができますか」と，
委員側の開催権の有無を尋ねている。これに対する理財局長の回答は「若し委
員の方より御希望あるときは幹事に御申出あれば会長に於て然るべく決しま

す」というものだった。委員に開催を決定する権限そのものはないが，開催を提案することはできるということである。

　議題の提案に関しては，志村源太郎産業組合中央会会頭から「委員が出席せずして臨時の議題を加ふべき事を請求することが出来るでありませうか」という質問が出た。これに関して理財局の回答は，特に差し支えないというものだった。委員自身の参加不参加にかかわらず，委員からの意見そのものは受け入れるという立場が示された。

　また，元大蔵官僚である阪谷芳郎委員からは「委員に於て運用計画を発議することが出来るのでありますか」という質問が出たが，これに対する理財局の回答は「預金部資金運用規則第六条に於て委員会に建議権を与へて居ります……各委員に於て提案を議題に加ふることを認む精神に出でた規定であります」という，直接の回答を避けるものだった。事実上，委員は預金部資金の運用を直接計画・設計はできないという回答である[22]。この回答を受けて阪谷委員から反論や不服は出なかったが，「通知を二日前としたのは余り短か過ぎると思ふ。年一回の会議でありますから，最小限度で，も少し長くして貰ひたい」という，日程調整に関する不満が述べられた。

　これに関しては，政府内部・大蔵省外からの委員，桑山鉄男逓信次官からも「我々の如き他の職務の関係上委員となって居る者は議事に関し予め関係の向と打合せる必要があるのでありますから，も少し通知をはやく戴きたいと思ひます」と，政府外委員と同様の意見が出た。この時点で，大蔵省外から呼ばれた委員は，この委員会が年に何回開催されるものであるかも通知されていなかったことが判明する。こうした不満を受けて運用委員会主催側，すなわち理財局側は通知から開催までの期間を「二日」から「五日」に変更するという規則案の変更を行った。

　理財局側は「本会議は必要ある毎に年数回に互り開くのでありまして，殊に近き将来に於ては何回も開く必要を生ずることと思ひます」と述べて，この委員会が年に数度開かれるものであるということをこの質疑応答の際に初めて示した。これは，大蔵省側，とりわけ預金部資金を実際に運用している理財局側に，事実上この委員会の開催を決定する権限があることを示している。しかし

理財局側はこのとき，開催通知を早めるなど，委員の意見を聞いて調整する柔軟性を示しもした。

　このようなやりとりの後，議事規則に関してはこれ以上の修正はなく採決に入り，可決された。このやりとりにより，委員たちにも，この委員会においては委員に開催決定や預金部資金運用の計画立案といった重要な権限は無いことが明らかになった。それらの主要業務自体はすべて，大蔵省側が一手に行うということが示されたのである。

3）預金部資金運用状況の公開

　第三の議事は「預金部資金運用の現状に関する報告」である。つまり，預金部資金のそれまでの運用がどのようなものであったかを説明するものである。そのため，初回となるこの委員会の議事の中で，最も委員からの発言およびそれに対する理財局側の回答の多いものとなった。

　議事の冒頭，説明のほとんどすべてが大蔵省理財局長冨田幹事から行われた。その説明はまず，1925 年度において預金部資金を構成する資金のうち 69 ％ が郵便貯金であるという点から始まり，利子や手数料などをその中から支払う必要がある運用益が約 10 億円あること，純益は 4750 万円程度となることが説明された。運用面については「目的別から見て最も多額を占むるのは地方資金」であると述べられ，約 4.5 億円が地方資金と分類されるものであり最大の運用先であること，次点が国債であり約 3.1 億円であることが示された。

　預金部資金運用委員会の議事録が原則非公開，「秘」扱いのものであったということはすでに述べた。しかしこの時に行われた報告内容については，第一回委員会実施の翌日の新聞に，数値まで含む詳細な報道がなされた。1925 年 5 月 6 日『東京朝日新聞』の記事には以下のようにある。

　　秘密の戸を開き預金部の改善　痛烈な質問が出た　きのふ第一回運用委員会
　　従来資金運用を蔵相の自由裁量に委し世間から伏魔殿視されて居た大蔵省の預金部は改造され，いよいよ其の秘密のとびらを公開して，運用の公正

適切・既に貸付けた資金の回収及整理を促進すべき預金部資金**運用**委員会
は五日午後三時十二分永田町蔵相官邸に開会，冨田理財局長から左の預金
部資金運用状況を配布し，且詳細な説明を為す所あったが，委員は冨田局
長の説明のみでは満足せず

> 興銀に対する貸付金五千百五十五万円，同行債券七千五百五十九万円，
> 興銀・鮮銀・台銀三行への貸付二千万円，東拓債券二千八百二十五万円，
> 鮮銀事業資金貸付五千万円を始め各貸付額の内容及貸付先の運用状況及
> 貸付先の運用上提供せしめて居る担保並に回収の状況，対支借款の経過
> 等

第五十議会において見たる質問よりも委員中専門家が多いだけに一層**痛烈**
にして微に入り細をうがった質問続出し，冨田局長其他は之れに対して総
ての材料を供給して答へ，六時頃に至って漸く質問は一先づ打ち切り第二
の議事日程に移り，冨田局長から大正十四年度の預金部普通資金（復興債
券収入金を除く）の貸付余力について見込額を示し，幹事案を参考として
種々審議した

　　　公開された運用一覧表
預金部資金の三月末現在における運用目的別の一覧表左の如し（単位千
円）

種別	金額
国債証券	三〇九〇六〇
一般会計及特別会計貸付金	
	一六三四五〇
地方資金	四五一五六〇
事業資金	一七一七五〇
海外事業資金	一六九二〇〇
在外預金	二二三三四〇
当座預金	一一五七一〇
其他	五二三〇〇
計	一六五六三〇〇

国債証券　　　　三〇九〇六〇

　内訳

　五分利公債　一三〇四八〇

……

普通資金運用決定

大正十四年度の預金部普通資金（復興債券収入金を除く）の運用計画は五日の運用委員会において左の通り決定した

一，新規発行公債引受額　四千万円

二，借換発行公債引受額　五千三百万円

三，普通低利資金融通額

　　イ，内務省関係　一千万円

　　ロ，農林省関係　一千万円

四，社会事業資金　　一千万円

五，中央卸売市場費　七百二十五万円

六，横浜市小学校復旧費　四百六十万八千円

七，横浜市大正十四年度復興事業費　四百六十万八千円

八，朝鮮総督府干害救済資金　百八十七万七千円

資金短期運用の件

預金部資金に一部余裕ある場合，大蔵大臣は預金部資金運用委員会に諮問する事なくして，随時左記の方法に依って運用することを得，但し此の場合次期委員会に之れを報告するものとす

一，一箇年以内に償還期の到来する本邦債券の引受け又は買入れ

二，一箇年以内の期限を以て若くは何時にても返償すべき条件を以てする一般会計若くは特別会計に対する貸付け

三，一箇年以内の期限を以てする在外指定預金若くは一箇年以内に償還期の到来する外国国庫証券の応募又は買入れ[23]［太字は原文ママ］

　このように，預金部資金運用委員会の議事録は非公開であるにもかかわらず，その運用状況に関してほぼ間髪入れずに詳細なデータが報道されていた。すな

わち，大蔵省預金部資金の運用の特別会計化に伴い，その運用情報は，国会だけでなく報道にまでオープンにされることが，すでにあらかじめ政府側からも了承されていたものと考えられる。

　もっとも，この報道における情報提供のルートは不明である。ただ，そもそも運用委員会に任命された委員の多くは，国会議員として，議会で預金部問題を追及した経験があり，そのためすでに彼らから新聞記者へと情報提供のルートが成立していた可能性はある。いずれにせよ，預金部資金運用委員会の活動内容については，一般向けに報道されるルートがすでに確立していた。

　しかしながら運用委員会で議論されたその内容が，すべて報道されたかといえばそうではない。運用方針や不良債権に関する数値データについてではない，しかし預金部資金のその後の運営上重要な議論は，この議事の後半以降行われるが，そちらに関してはほとんど報道されていないのである。

　たとえば，運用に関する数値報告の後，理財局から自己申告された運用上の問題として，預金部改革により新たに制定された「預金部資金運用規則」第一条の運用規定（前掲）に満たない貸付方法が現時点で存在することが理財局側から報告された。

　　……右の新規定と従来の慣行とを比較して其の運用の範囲の差異を挙げて見ますれば，第一に従来は地方公共団体に対する貸付と云ふものがありまして，例へば市債を発行するまで一時貸付に依り資金を融通することがありましたが，将来は総て債券発行の形式に依らねばならぬ事となったのであります。第二に従来特殊銀行に対しては貸付の形式に依る融通を為した事がありましたが，今後は社債を発行する銀行会社には絶対に貸付を為すことを禁じたのであります。第三に従来は内地の銀行会社に対する指定預金を認めたのでありますが，将来は総て之を認めぬこととなったのであります[24]

　つまり，地方自治体および勧銀などの特殊銀行に対しては従来，債権の形式以外にも一時貸付を行っていたものが，法制度の整備によりこれ以後不可能になった。また，1925年時点で「預金部資金運用規則第一条の規定に適合せざ

る現在の運用方法」とみなされる資金融通先も出現することになった。

　その主な対象は，震災関係貸付金として東京市・横浜市，震災地工業救済資金として日本興業銀行，交通銀行借款資金として興銀・朝鮮銀行・台湾銀行，台湾電力会社への融通のために日本興業銀行（指定預金形式），「三銀行の対支借款利払延滞に因る資金難救済の為」に日本興業銀行（指定預金形式），七十四銀行救済のために横浜興信銀行（指定預金形式）であった。これらは災害救済関係，対中国および植民地投資，恐慌に対する私企業救済関係と，大きく三種に分けることができる。

　こうした状況の説明を聞き，志立鉄次郎元興銀総裁からは「資金運用の方法は資金別に何か区別する標準があるのでありますか。例へば郵便貯金は斯く斯くの方面に融通すると云ふ風に……」という質問が出た。これに対し理財局は「従来運用方法を資金別に区別するということは致しませんでした。唯昨年来募集したる復興貯蓄債券収入金は之を特別に経理することとなって居り，地方産業の振興及震災地の復興の二目的に対し之を運用せねばならぬのであります。其の他の資金の運用は各場合に応じ適宜に之を定めるのであります」と返答した[25]。

　預金部資金は，基本的には資金源による貸付条件の限定が存在しないものであり，だからこそ国債や地方資金，あるいは政治的対外投資，企業救済といった様々な用途に対し，安全性と地方還元という運用理念を遵守すべきとする運用担当者の意識を除けば，何らの制限のないものであったことが，ここであらためて外部からの委員にも確認されたのである。これこそ大戦中の対外投資，震災や恐慌に対する救済融資における焦げつきの問題や社会的不信感を惹起した要因であり，預金部改革が行われ運用委員会が設立された最大の理由であった。

　資金源に応じた条件の有無を確認した志立元興銀総裁からは引き続き，「運用資産の内其の利子支払の延滞して居るものがありますれば御説明を伺ひたい」という質問が出た。不良債権問題に本格的に切り込む質問であった。

　これに対して理財局は「預金部運用資産の内，国債地方債の形式に依るものに付て利子の延滞なきことは勿論であります」とする一方，「事業資金や海外

事業資金に関しましても，仲介者たる銀行会社は融通先からの利払の有無に拘らず預金部には支払を為すべき法律上の責任を有するのであります」と前置きをした上で，「中には相当，利払に困難を感じて居る向もありますが，今日迄の所此の責任を果たして居りますから，結局預金部に対しては利子の延滞が無い訳であります。唯一つ例外と致しまして，海外事業資金の内，支那の交通銀行借款二千万円に付きましては，一昨年迄利子の支払がありましたが……今以て交渉行悩みとなって居りまして……利子も其の後の支払を延滞して居る実情であります」と回答した。つまり，国債および地方資金関係の運用には問題はないが，海外投資分については問題が発生していることを認めたのである。

引き続き志立元興銀総裁は，前述の報告データに基づき「中華民国に対する債券が数種ありますが，其の利子は滞りなく入って居りますか」と質問している。これに対する回答は「之は何も元利全部期限通りに入って居りません。併し塩税剰余を担保と致して居りまして利子だけはかつかつ入って居ると言へます。元金は延滞勝ちであります」というものだった[26]。対外投資分については，たとえそれが政府相手のものであったとしても，返済が危ぶまれる状態にあることそのものは預金部当局側にも認識されていた。

また，この説明の冒頭で，預金部による貸付は特殊銀行を介しており，そのため預金部に対する返済は最終的な貸付先ではなく仲介する銀行側に法律上の責任があるとは言いながらも，「日露実業会社，国際汽船会社，朝鮮銀行等に対する融通金に付ては法律上興業銀行に責任がある訳でありますが，将来如何に措置すべきかに付いては相当困難なる問題がありますので，其の解決策は未定であります。而して預金部の資金計画と致しましては解決策の決定を見る迄は元金の受入は無いものと見て置く方が確かだらうと思ひます」として，いくつかの企業に対する貸付に関しては銀行にその責任を問うつもりはなく，事実上預金部に対する返済もないものと認めていることが判明する[27]。

これらの焦げついた資金のほとんどは「海外事業資金」「事業資金」の枠であった。当時報道によって多く取り上げられ，社会問題化したのもこの枠である。これに対し，ジャーナリスト出身の加藤政之助衆議院議員から「資金は之を事業方面に投資することが世間の問題となって居る様ですが，伝統的に余程

以前から事業資金として出す慣行があったのでありますか」と，こうした資金
運用方針が預金部運用の理念・慣行として以前から存在していたかどうかが問
われた。

　理財局による回答は「御話の如く運用の方面は事業資金並に海外事業資金が
世間の問題となって居るのでありまして，其の貸付の沿革は可成り古いのであ
ります。内地では波佐見及び鷺ノ巣鉱山整理資金として興業銀行に融通したの
が古い方で，海外では漢冶萍公司に対する借款資金が一番古い沿革を有して居
る様に記憶して居ります。其の他は救済関係のものが多く，欧州戦争後に多く
生じたのであります」というものだった[28]。「事業資金」という枠そのものが
政治性の高いものであったわけではなく，慣例的なものであったとする主張が
言外に見える。

　これに対する直接の追及はなかったが，対外投資の焦げつきに関しては政府
内委員の河野秀男会計検査院部長からも「海外事業資金の内，対支事業資金と
して世間に所謂西原借款はどれを指すのでありますか。又茲に抽象的に書いて
ある対支借款の資金は如何なる目的行先を有するのでありますか」との質問が
出ている。政府内の会計検査院でさえ，これまで預金部資金の運用に関しては
報道された情報以上のことを知らず，その内実を把握していなかったというこ
とがわかる。これに対する理財局の回答は以下のようなものだった。

　　所謂西原借款中，預金部の出資に属するのは交通銀行借款の二千万円だけ
　であります。其の他の分は政府保証興業債券一億円の募集金と臨時国庫証
　券収入金を以て之に充当されて居るのであります。
　　海外事業資金中貸付先興業銀行とあるものの中，四百六十七万円は，西
　原借款関係・第一回政府保証興業債券五千万円借換の為発行した第三回及
　第四回政府保証興業債券合計五千万円の，発行差額補填の為め興業債券を
　引受けたのであります。……而して此の興業債券は元来外債とする方針で
　ありました為……日本興業銀行の責任を以て之を海外市場に売出すべき旨
　の条件が附してある……然し其の後海外の市況が思はしくないので此の約
　束を今日迄履行せずに居る次第であります[29]

　いわゆる「西原借款」と呼ばれる大陸への政治的融資に関して，預金部が出資したのはあくまで「二千万円だけ」で，それも主に興業銀行が担当したものとして，預金部の責任はそれほど大きくはないことを主張している。もっとも，その興業銀行自体による債務の履行については「海外の市況が思はしくないので此の約束を今日迄履行せずに居る次第であります」として，危険な状況にあることは理解している。預金部資金の運用に関わっている理財局のスタッフは，たとえ特殊銀行を経由した間接貸付という，預金部に直接の危機が降りかからないような融資方法を取っていようとも，運用先や金額，融資先の返済状況をよく把握していたことがわかる。もっとも，この状況でもなお，預金部資金の一部が債務不履行に陥っていると直接に認める決定的な発言はない。

　こうした説明を受けて，元勧銀鑑定課長の山本悌二郎衆議院議員からは「事業資金と海外事業資金とを通覧致しますと，償還困難なりと思惟さるるものが沢山あります。中には特殊銀行の債券引受の形式に依るものもありますが，事業そのものが不振となれば会社から返済が困難となりまして，従て特殊銀行は到底償還を履行する能力がないことと思ひます。此の場合はどうしますか」との質問が出た。理財局側からは償還不能という決定的な言葉こそ出なかったものの，状況説明を受けた委員側は，債務不履行が視野に入っているものとしてその説明を理解していることがわかる。

　これに対する返答は理財局ではなく，ここまでこの委員会において説明を行ったわけでも，それまでの預金部資金運用に携わってきたわけでもない，預金部改革を実行した当の会長であり蔵相である浜口雄幸から行われた。

　　山本委員の御説は御尤もであります。形式上から云へば預金部に対する直接の責任者は銀行でありますが，事実問題としては預金部は形式的法律関係を貫徹して権利を主張する事の出来ない場合が起り得ると思ひます。例へば今日既に問題となって居る国際汽船会社に対する貸付金の如きも，契約通り仲介銀行をして義務を履行させることは到底出来ないかも知れません。その善後策に就ては大蔵省に於て目下研究中であります。他にも斯かる結果を生ずるものが追々出来ると思ひますから，其の場合には其の事件

　　の発生次第解決方法の如何に依りまして本委員会に諮問致す考でありま
　　す[30]

　資金運用を行ってきた当事者である理財局側は，たとえ最終貸付先がどこで
どのような状況になっていようとも，経由機関である特殊銀行の責任であるか
ら問題はないとする制度的な原理原則を踏み越えた発言はしなかった。しかし
理財局外部から任命された委員側から，たとえ経由した銀行側に返済責任があ
るとしても実際問題として預金部への返済は危機的状態にあるとの指摘をあら
ためて受けて，理財局の指針そのものを統括する地位にある大蔵大臣がついに，
状況の危機性を認めたのである。実務担当者ではなく，その上の大臣レベルの
発言により，預金部資金運用当局側はようやく「事実問題としては預金部は形
式的法律関係を貫徹して権利を主張する事の出来ない場合が起り得ると思ひま
す」「契約通り仲介銀行をして義務を履行させることは到底出来ないかも知れ
ません」ということを外部からの委員に対しても認めるにいたった。「その善
後策に就ては大蔵省に於て目下研究中であります」とあることから，不良債権
処理を行わねばならないという認識は理財局側もこの委員会開催以前からもっ
ていたと考えられるが，非公開の委員会とはいえ外部からの委員もいる中で，
あらためて正式に不良債権の存在を認め，その上で処理のプロセスに入ること
ができるようになったといえる。

　これらの不良債権の処理については，大蔵省の方で方法を考えるとしながら
も，「他にも斯かる結果を生ずるものが追々出来ると思ひますから，其の場合
には其の事件の発生次第解決方法の如何に依りまして本委員会に諮問致す考」
として委員からの意見を聞きたいとしている。破綻処理に関して，少なくとも
預金部改革を主導した蔵相の立場からは，運用当局である理財局だけにその計
画を任せるのではなく，政府内外を問わない金融専門家からの案を広く募ろう
としていたことが窺える。預金部資金運用委員会の「諮問」機能とは，そうし
た外部専門家からの意見を吸収するためのものでもあったと考えられる。

　このように第三の議事であった預金部資金運用の現状報告は，報告であるが
ゆえに特に何かを可決することもなく終了した。しかしこの議事内において預

金部資金運用委員会は，当局側をして正式にその運用内の不良債権の存在を認めさせ，その破綻処理に入るというプロセスに進ませるという快挙を達成したことになる。

　預金部資金の不良債権問題は，新聞報道においてすでに，その具体的詳細は知られていなくとも当然存在するものとされており，データは把握していても不良債権であることを認めない預金部当局担当者の認識と食い違っていた。そこで実際の委員会では，実データに基づき不良債権となる可能性が限りなく高いということを踏まえ，外部委員からの指摘と会長の発言により，当局がそれを認めるという過程が見られた。

　報道から見える世間一般の預金部資金運用に関する認識と，預金部資金運用委員会で確認された当局による状況の認識とは，かなり中身が異なっていたといえるが，大蔵省預金部資金運用委員会の開催は，この齟齬をかなりの点で埋めるものとなったのである。もっとも，前掲の報道に見えるように，こうした当局による自認のプロセスはあくまで一般公開はされなかった。

4) 預金部資金運用に対する委員会の実際上の権限

　こうして当局側に破綻処理への自覚的な一歩を踏ませた後，次に行われた議事は「大正十四年度預金部資金運用余力調べに関する報告」であった。これはそれまでの資金運用に関する報告ではなく，1925 年時点での新規運用計画に関連する報告である。

　この報告については政府外からの委員だけでなく，政府内の大蔵省外からの意見も寄せられた。桑山逓信次官の発言からは，預金部資金の運用にあたってそれまで逓信省は意見を言える立場にはなかったにもかかわらず，その経営状態について心配と関心を寄せていたことが窺える。

　　私は逓信次官として郵便貯金に付き一言したいと思ひます。……純減少を
　　示し……逓信省としては出来るだけ郵便貯金の増加を計ったのにも拘らず
　　斯る結果を見ましたのは，甚だ遺憾に堪えない次第であります。最近の郵
　　便貯金の状況を見ますると尚増加の模様が見えないのであります。之は一

面一般財界の不景気に基因して居ることは勿論としまして，其の以外に簡
易生命保険や信用組合の発達，復興貯蓄債券の募集等を初め一般に貯蓄手
段が殖えたことが重大な原因を為して居ることも否定することが出来ませ
ん。従って……資金計画としては之が為約四千万円程度の予備費を保留さ
れて居る様でありますが，或は此の予備費でも不足を告ぐるかも知れませ
ん[31]

　元勧銀鑑定課長の山本衆議院議員からは地方資金の供給方法についても質問
が出た。「運用決定済にして資金未払出のものが頗る多いのは如何なる訳です
か」という問いに対して，理財局からの回答は「社会事業資金と普通地方低利
資金に付ては関係官庁たる内務省及農林省に於て各府県の要求を取纏めたる上
大蔵省に回付して来るのでありまして，大蔵省は其の年度の資金関係等を参酌
して決定を下し，之を更に関係者に返送し，関係者は之に基いて各府県の割当
を決定し，各府県は之に基づいて更に起債の認可申請手続を必要とするものも
あるといふ様な複雑な手続きを践むのであります為め，資金の払出が自然遅延
することとなったのであります」というものだった[32]。ここからは，預金部に
よる地方資金の供給は手続きが煩瑣であり，実際の供給までに時間がかかり，
迅速な資金供給とはいかない，ということを預金部資金の運用当局側も認識し
ていたことがわかる。

　これらの質疑応答がありつつも，1925年度の資金余力状況についての報告
でしかないため特に可決すべき原案はなく，議事は次に移っていった。第五・
第六はようやく委員にその可決を求める二つの議案となった。まず議案第一号
は「大正十四年度預金部普通資金運用計画」であり，議案第二号は「預金部資
金短期運用に関する件」であった。預金部当局により作成された資金運用計画
案を委員に対して公開後，その承認を得ようとするプロセスが，当局側の議事
作成によって織り込まれていたことがわかる。預金部資金運用を担当してきた
理財局は，委員会の開催日程の決定から議事作成，実際の運用計画の策定まで
すべて担っておきながら，その計画の最終確認は，外部からも呼び集めた委員
たちによって行わせた。ここからは，当局側が「諮問」というプロセスに価値

を見いだそうとしていたことが窺える。

　なお，結局この二つの議案については「委員より地方資金の増加方に関し意見の開陳あり，之に対し大蔵省当局より地方融通額の増加は主義として之を希望する所なるも，預金部の目下の資金状態に於ては原案以上地方資金を増加する余地なきことを説明し，結局原案の通り可決せり」として，原案のまま，つまり理財局側が策定した計画のまま承認された。もっとも，その可決にあたってはある程度の議論があった。

　会長の蔵相浜口からは「成るべく今日中に議案全部を議了して戴けますれば好都合であります」として迅速な決裁を願う発言が出たが，これに対しては政府内の委員からも批判が出た。阿部寿準農林次官は「昨夜議案を受取った許りで充分意見を纏める暇がありませんでしたから延期方を希望します」と述べている。委員会の開催と議事内容の通知が実に慌ただしいものであり，元々政府内で預金部に関して情報共有が行われていたわけでもなかったことがわかる。

　またこの運用計画案に関しては，山本元勧銀鑑定課長，志村産業組合中央会会頭といった，地方経済の状況に理解が深いと思われる委員から，地方資金を拡大すべきとの意見が出た。しかしそれに対しては理財局側から，郵便貯金の減少ゆえ現状では預金部から追加資金を出すことは困難であり，他の資金にしても日銀や簡易保険の資金にも余裕がないため増額が不可能であるとの説明がなされ，それ以上に議論を進ませることはなかった。

　妥協点としてこの議案に関する議論は，1925年度の計画および前年度の融資計画について，決定済みにもかかわらず供給が遅延しているものを早く供給させる，という言質を会長から取ることで決着する。浜口蔵相の「出来るだけ貸出を促進致します」という発言を得て，この委員会初の議題の可決が行われたのである[33]。こうして，ほとんどすべての議事を「原案通り可決」した形で第一回預金部資金運用委員会は終了した。

　預金部資金運用委員会においては，当局が提示した情報と議案について，委員からの意見を収集するとの態度を預金部側が取っているにしても，それは委員会による迅速な承認を想定していたことがわかる。理財局が策定した運用計画を大幅に改変する必要の生じるような委員会になることは，理財局側からも

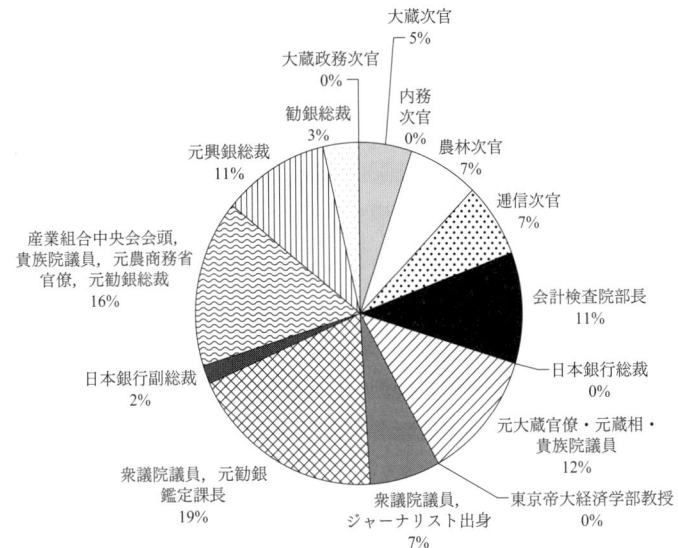

図補-1　第一回大蔵省預金部資金運用委員会発言回数内訳（会長・幹事を除く）

資料）大蔵省預金部『預金部資金運用委員会（第一回会議）議事録』1925 年

大蔵大臣からも想定されていなかったと考えられる。

　この第一回委員会での発言者の発言回数を確認すると，合計 109 回となる。その内訳を確認すると，ほぼすべての項目の解説を行っているため発言数の多い理財局冨田幹事の発言，および冒頭演説などを行っている浜口会長の発言を除いた発言数，すなわち大蔵省預金部外部者からの発言数は 57 回であった。その発言者内訳は図補-1 のようになり，各種の立場からの意見が委員会の場で収集されていることがわかるが，発言のない委員もしばしば見受けられる。

　このように，最終結果だけ見ればこの第一回の諮問委員会は，当局側の作成した議事，議事規則，議案のほぼすべてをそのまま受容したような，理財局側が当初想定していたと考えられる内容に沿ったものとなった。しかしここまでその詳細から確認してきたように，原案可決の文字の中には示されることはないものの，預金部資金運用当局側による預金部内の不良債権の存在の自己承認や，地方資金貸付の迅速性を図る約束の発生など，当局側にとっても内部だけ

で状況を処理していては生まれない，ある程度の変化を生むものであったことが窺える。同委員会は諮問機関として，民間の金融機関における外部監査機構に類似したものとして機能したものと考えられる。

4　小　　括

　本補論では，1925年に行われた大蔵省預金部改革が，大衆資金の集積体の一つである郵便貯金の運用にどのような影響を及ぼすものであったのかを見てきた。この改革は，それまでその運用計画が外部公開されることのなかった預金部資金の運用状態を，預金部資金運用委員会と呼ばれる諮問委員会と国会とを通じて公開させ，その活動を同委員会によって監査させるものだった。

　もっとも，本補論がその初期の議事録から確認してきたように，この改革によって設置された預金部資金運用委員会はあくまで「諮問」を行う委員会であり，運用計画そのものを策定できるわけでも，拒否できるわけでもなかった。郵便貯金によって収集された個人少額貯蓄の集積体は，戦間期を待つまでもなくすでに国家財政に匹敵する規模の巨額資金となっていたが，それを運用する主体は大蔵省の一部局でありつづけた。

　しかし戦間期に入り，主に第一次世界大戦中に行われた対外投資と，戦後恐慌への対応としてなされた一部の私企業の救済融資は，不良債権と化すとともに日本社会全般からの批難を受けるにいたった。そしてそのような恣意的と見られる運用結果を受けて，巨額の大衆資金である郵便貯金の運用はより安全に地方へと還元される，透明性の高いものとされるべきとして，預金部改革が行われた。

　とはいえ，そうした安全性の重視や地方還元という理念は，そもそも預金部資金運用方針の中に埋め込まれていたものでもあった。そのため1925年に預金部改革が行われたとは言うものの，預金部資金の運用方針・具体的な運用方法そのものが大蔵省内，それも理財局内の一部で決定される状況に変更があったわけではなく，新たに設置された委員会に運用に関する重要な権限が与えら

れたわけでもなかった。それは第一回委員会の議事録中，預金部資金運用委員会は運用計画の策定もその拒絶もできるものではないということが，外部から任命された委員たちに対して明示されていることに象徴されている。

　しかしながらこの第一回委員会の内容を確認すると，政府内外，少なくとも大蔵省外から任命された委員たちが意見を述べていくことによって，大蔵省側が状況を把握はしていても対外的には認めることのできなかった不良債権の存在をようやく自認するといった，理財局のみでは果たせなかったであろう失敗の了承を促すプロセスが見られ，それを踏まえて現実的な破綻処理へ進む第一歩が進められたことがわかる。また，その実際の破綻処理計画の作成においては，委員として集められた人材の経験・技能を意見聴取の形で利用することも可能であった。

　それこそ，任命された委員のラインナップを見ると，政党勢力の均衡を保とうという努力はなされていたものの，そうした政治的問題とはまた別に，金融機関経験者・現役金融機関職員，および旧関係官僚といった，預金部が置かれた状況を具体的に把握可能かつ専門知識を擁するメンバーが集められていたことがわかる。また，大蔵省以外の預金部資金と関係のある官庁からも高級官僚が招集されていたことには，それまで大蔵省内のみで扱ってきたこの資金運用問題を政府内で開放・共有し，官庁間の意見調整のプロセスそのものをこの「諮問委員会」の中に糾合する狙いがあったとも考えられる。

　本補論は，第Ⅰ部で扱ってきた大衆資金の運用，地方経済と社会のためのその有効活用という側面からこの預金部改革に注目してきた。大正末期に行われたこの預金部改革は，原資の安全性を重視しかつ地方に資金を還元していくという，20世紀初頭にはすでに確立されていた預金部資金の運用方針の大略を変更するものではなかった。そういった意味では，預金部改革は本書が扱う大衆資金の運用方法という点に関して，大きな変化を生み地域経済への還元プロセスを阻むようなものではなかったといえる。むしろこの改革は，戦間期における預金部から地方への資金の流れを加速させる作用さえもったと評価できる。この改革以降，海外に限らず恐慌からの救済であっても，一般民間企業に対する資金供給の動きは減少した。諮問委員会の委員が，一般企業への救済融資案

に異を唱えることがあったと大蔵省からも指摘されている[34]。委員会の存在は，ともすれば政治的・恣意的ともなりうる大企業への新規融資に歯止めをかけることとなったのである。

　制度上の定義から見れば，預金部資金運用委員会はあくまで「諮問」委員会であり，委員会自体が新たな運用案などを提起することができるわけではなく，大蔵省が提示した計画に対する何らかの決定権，なかんずく拒否権をもつわけでもなかった。それでもその「諮問」には，政府の一部の部局に対して，政府内含め外部からの意見や情報を取り入れさせる役割があったということが，預金部資金運用委員会のこの事例からは窺える。

　預金部改革以前に郵便貯金に集積された資金は，日本全国各地に地元の人々によって設立された産業組合と比べて，地方への還元性も，迅速性も，その運用の透明性も不十分であったことは確かである。預金部の公正性を獲得したとして同時代にも，そして後世にも多かれ少なかれ評価を受けた大蔵省預金部改革は，こうした問題の一部を確かに解決するものであったといえる。

　本補論はこのように 1925 年の預金部改革の性質をあらためて分析することで，この改革を経ても，それまでの原資の安定性の確保や地方還元といった資金運用上の原則には変更がなかったこと，しかしその運用計画策定と結果について，社会一般への公開性が担保されたことを確認した。20 世紀初頭以降巨額に及んだ郵便貯金は，戦間期に入ってその運用制度の見直しを受け，大衆資金の集積体として地方経済と社会のために運用されることが再確認された。

　以上のような改革を経て，より深化する不景気の中でこれらの大衆資金とそれによる金融ネットワークが，窮乏する人々の生活の維持と保護のためにどのように機能していったのか。それを検討するのが第 II 部の課題である。

第Ⅱ部

分かち合う

和産業組合，購買部風景。戦間期か。

第5章

恐慌・災害救済融資の拡大へ
——戦間期の産業組合と中央金庫の成立——

1 はじめに

　本章からは第II部「分かち合う」と題し，戦間期までにその巨額の資金と基礎的な制度とを構築し近代日本の地域経済の成長に貢献した大衆資金による金融ネットワークが，その後の日本の社会経済的危機においてどのようにその資金を再分配し，地域経済と社会におけるセーフティネットとして機能したかを確かめていく。

　まず本章では，第4章においてその創設から地方還元制度の確立までを確認した，郵便貯金を原資とする大蔵省預金部資金の，戦間期における新たなネットワークの展開と働きを確認する。

　あらためて振り返るが，大蔵省預金部資金とは，近代を通じ大蔵省がその運用を取り扱った，郵便貯金をその主な原資とする資金である。1874年という近代のごく早い時期に設立された日本の郵便貯金は，20世紀初頭にはその大衆化を達成し，それに伴い運用を行わなければならない資金の総額も増加した[1]。これらの資金は，都市部よりも地方部にその収集基盤がある大衆資金であったため，地方経済へと還元するような運用を行うべきという運用指針が生まれ，初期には大部分がその安定性の確保のために主に国債購入に充てられ続けたものの，1909年以降，資金の一部の地方還元は恒常的な制度として成立した[2]。

　本書第 3 章，第 4 章で確認してきたように，第一次世界大戦の開戦前後まで
の時期に，この地方資金制度との関連で形成されたネットワークをその大きな
基盤として，近代日本における大衆資金の金融システムはおおむね形作られた。
それは災害などの緊急時の救済を主な目的としながらも，地域経済の振興を制
度の基礎的な目的として含むものだった。預金部の地方資金は，その資金の巨
額性と制度的な初動の遅さから，こうした金融ネットワークの一種の中心，事
実上の最後の貸し手としての機能をもった。

　とはいえ戦間期には，このような資金の地方還元が制度化され発展した背景
であった地域経済の成長そのものが鈍化するという経済情勢の変化が見られた。
戦間期の日本経済は度重なる恐慌と不景気に苦しみ，「不均衡発展」という言
葉に象徴されるように，とりわけ農業を含めた在来産業の成長は伸び悩んだ[3]。
農村地域は，日本経済の中でも一段と苦しい状況に追い込まれることとなった
のである。

　こうした中で，大衆資金運用のシステムはどのように働いたのか。また，そ
れは戦間期以前に形成されたこのシステムをどのように引き継ぎ，またどのよ
うに新たに展開させたのか。戦間期におけるこのシステムの実態を，恐慌時に
発生した災害に対処する緊急融資の過程を通じて明らかにすることが，本章の
主な課題となる。

　具体的な実証に入る前に，このような戦間期における預金部制度の展開につ
いて，先行研究ではどのように扱われてきたのかをまず確認しよう。

　失業対策事業の研究などに見られるように，戦間期に各種の救済資金が預金
部から供給されたことは，公共事業や財政に関する多くの研究の中ですでに前
提とされてきた[4]。預金部資金の運用自体に関する研究においても，その統計
的な概観や預金部資金運用委員会の議事録を用いて，1920 年代・30 年代には
預金部資金が（主な運用先は国債でありながらも）様々な不況対策のために供給
されたことが明らかにされてきた[5]。しかしながら，供給された現地の側から
の視点を含む具体的な実例を取り上げた実証研究は乏しく，戦間期以前の地方
資金制度との連続性や展開を論じたものも数少ない。

　戦間期における大蔵省預金部制度の変化としては，先行研究ではまず，1925

年に行われた預金部改革に大きな注目が向けられてきた。第Ⅰ部の補論で扱っ
たこの改革に関しては，制度史的・理念的な分析がすでに先行研究によって積
み重ねられている[6]。

　法整備や委員会の設置などの制度的改革は，第一次世界大戦期の郵便貯金増
大に伴って行われた海外投資など運用面における不透明性の増大と，戦後にお
けるその一部破綻が，同時代的に社会問題化したことを契機に実施された。預
金部の濫用問題は当時，国会においても取り上げられる一大問題であった。預
金部に関する研究の端緒は，この時代に告発書という形で現れたといってよい[7]。

　もっとも，補論で確かめたように，預金部資金の地方資金供給の枠組と基礎
的な運用理念は，この 1925 年の改革後も，それ自体が変更されることはな
かった[8]。

　原資の安定性を担保する国債への大規模な運用はもちろん，普通資金・特別
資金といった地方資金の枠組も，それに連携する地方自治体および勧銀・産業
組合の系列への融資という金融ネットワーク的な原則も，預金部改革によって
変更されることはなかった[9]。むしろこの金融的な繋がりと組織編成は，相次
ぐ恐慌や災害に対する預金部の資金供給を通じて，戦間期にさらに深化してい
くことになる。とりわけ産業組合の系統による金融ネットワークと預金部との
繋がりは，戦間期までの段階で産業組合が全国的に普及したこともあり，1923
年に産業組合中央金庫が設立されて以降，本章が扱う 1927 年の救済融資の事
例を通じていっそう強まっていくことになる[10]。

　1920 年代，30 年代の不況期において，預金部の原資である郵便貯金は，銀
行に対する不安から逆に成長を遂げた。増加した運用資金は，預金部改革によ
る原資の安定化指向の再確認もあって，多くが国債購入に充てられることにな
る。しかし預金部のこうした動きには当時，地方から中央への資金の吸い上げ
だという批判が生じ，預金部資金の地方還元はその対応としても政策的に推進
されるものとなった。

　また 1927 年という金融恐慌勃発の年度は，1925 年から 1936 年までという
預金部資金の国債への運用率が増加の一途にあった時期の中で，唯一その割合
が低下した年となった[11]。このことからは，預金部資金の運用における安定性

と地方経済の振興という二つの理念は補完関係にあり，経済状況の如何によっては預金部内で運用の比重も変更されえたということが窺える。危機時における資金の供給は，預金部資金の重要な機能の一つだった。

　戦間期，経済的な背景が変化する中，大蔵省預金部の地方資金を基盤とした大衆資金運用システムはいかに機能したのか。本章は，戦間期の経済的苦境の中で預金部制度が産業組合制度と，そしてそれまで産業組合によっても編成されていなかった地域社会とも，より密接な連携を構築していくきっかけとなった，1927年という金融恐慌の年に生じた大規模な霜害被害への救済融資の長野県における実態を分析することで，戦間期の地方経済における大衆資金運用システムの展開と，その機能に迫ろうとするものである。

2　恐慌下農村への救済資金供給——大規模霜害への対応

1）被害状況と長野県内での対応

　1927年5月12日，春時にもかかわらず長野県を中心に気温が平均より10度ほど低下して「気狂い寒さ」となり，広範囲に大規模な霜害が発生した。長野県内では零下を記録したところも多く[12]，一部では作物の凍害も発生した。この被害は長野県内の『信濃毎日新聞』では未曾有の災害として大々的に取り上げられ，被害状況が連日報道された。

> 　けさ全県下に亘る惨たる大霜害——被害桑園三万町歩に及ぶ　春蚕掃
> 　立を前に控へて養蚕家途方に暮る
> 　……県下桑園六万町歩の大半を襲ふた晩霜の被害はその激甚さと被害総額
> 　の広き……空前で大正五年に比しそれ以上ではないかと云はれ，損害額莫
> 　大に達する見込……県では取敢へず県下桑園の惨況を山本農林大臣に報告
> 　し，引続き救済の低利資金融通申請に就て研究中……十二日午前中までに
> 　蚕糸課に達した各蚕業取締支店等からの報告によれば何れも被害の甚大な
> 　る事を述べ，殊に春蚕用桑園は全滅に近い所も少くない。……一般養蚕家

の大多数は来る十四・五日より二十日頃にかけ春蚕の掃立てをなす予定で，目下催青中にあるものが多いが，俄かの此の霜害のため掃立てを極度に減ずる外なく，各地の養蚕組合等に於ては緊急臨時総会を開き善後対策を講究して居るところも少くない[13]

　春蚕の掃立てを目前とした時期であるにもかかわらず霜凍害により多くの桑が株から枯死し再生しなかったため，多数の養蚕農家が危機的状況に直面した[14]。「肥料を施したり桑を植えたりした上，蚕種は現金で購入したものを見す見す葬るのだから，蚕所(どころ)か養蚕家も浮まれぬ」[15] と言われたように，養蚕はこの当時にも経営側にかなりの回転資金を要求する産業であり，多くの養蚕農家は金融支援を必要とする事態に陥った。

　しかし，折しも一般金融機関は金融恐慌によるモラトリアム下にあった。また，地方で一般銀行からの借入を行うことができるのは，上層農家に限られていた[16]。そのため，一般銀行に対し長野県庁や同業者団体が救済融資を訴えることはなかった。代わりに長野県庁は被害が生じた直後に，以前の霜害に対しては救済融資があったと，前例に訴える形で中央政府へ救済融資を要請した。政府からの救済融資とはすなわち預金部資金であり，その供給にあたっては市場金利に比べ低利な融資条件が設定されるということも，一般の金融ネットワークではなく預金部資金が要請された要因であると考えられる[17]。

　　　救済低利資金の融通を仰ぐ――県当局具体案を急ぐ
　今回の霜害善後策として県では政府より救済低利資金の融通を受くべく目下具体的の損害額その他を調査中であるが，大正十三年の霜害概算約百三万円に対し四十五万円の低資融通あり，また昨年の損害四十五万円に対しては十万円の低利資金融通を受けた。本年の霜害損害額に就ては或は一千万円といひ或は五・六百万円といふも兎も角莫大な損害で，前年の例によれば百三十万以上の低利資金の融通を受けねばならぬと概算されて居る。而してその借入先は大蔵省預金部より農工銀行を通じて融通を受けるもので利率は例年通り六分以内の見込み[18]

　こうした融資の要請は，長野県庁からだけでなく県農会・養蚕組合連合会・蚕種同業組合連合会・生糸同業組合連合会といった蚕糸業関連の経済団体からも行われた。彼らは代表団を組んで大蔵・農林大臣に 500 万円規模の低利資金融資を要請するために，5 月 23 日に上京することを 17 日に決定している[19]。また，県庁では救済融資を中央に要請するとともに，県立農業試験場とも連絡を取って被害を受けた農地に対する善後策を検討し，郡や市，町村の各自治体に被害状況の調査と報告を命じた[20]。被害調査は養蚕だけでなく果樹などについても行われ，調査結果は 5 月 16 日までには一通りまとめられた[21]。

　5 月 19 日には長野市で信濃蚕業評論社主催（信濃毎日新聞社後援）の，長野県蚕糸課・長野県立農業試験場（支部含む），長野県蚕業取締所の職員が出席する「霜害対策研究大会」「長野養蚕業者大会」が開催される。長野県北部で行われたにもかかわらず，県南部からの出席者もあり，参加者は 1200 人を超えた[22]。この会では桑に関する霜害の対処方法，国庫資金借入，被害桑園免税などについて議論され，1 千万円規模の低利資金の要求，県税家屋税の納期延期要求などを決議して幕を閉じた。同日には県庁側でも独自に，知事を会長に霜害委員会が設置され対応を協議しはじめている。こちらでは検討する対応策として，低利資金融通方法，県税納入延期，農家の余剰労力を利用した土木事業施行，副業の奨励といったものが取り上げられていた[23]。

　これほど早急に民間から自治体に至るまで様々な団体が動いたことは，長野県内における農家の収入の減退がかなり大規模であったことを示している。『信濃毎日新聞』では被害後わずか 2 週間前後のうちに，霜害による経済打撃で自殺者が出たという報道も複数なされた[24]。多くの世帯では 6 月末納期の県税家屋税が納付できないと訴え，救済策としてその延納を直接県に要求する自治体・農会・養蚕組合・産業組合の代表団も現れた。

　　更級郡の霜害救済に関し同郡町村長会長……同郡農会長……養蚕組合連合
　　会長……産業組合連合会長……の四氏は十七日……県牛島内務部長に会見
　　の上，救済資金としての低資融通方及び六月三十日徴収の家屋税を九月末
　　日まで徴収方延期されたしと陳情……

　　……霜害のため春蚕は飼育できず……到底家屋税の完納は望まれない，
　従って秋蚕上りの九月まで延期されたいといふのであって，右の処置は低
　利資金の融通などよりはむしろ救済策としては機宜の処置であるといはれ
　ている

　こうした要請に対し，当初県庁側は県の金庫にも資金が欠乏していることか
ら納付延期をためらっていたが[25]，最終的には 5 月 27 日，県庁は県税家屋税
の納期を延期し，応急的な救済措置を行った[26]。5 月 21 日までには長野県農
会による郡市別の被害状況報告が暫定的にまとめられ[27]，同様の被害を受けた
他県にも先立って長野県が具体的な救済措置を要請していることが確認され
た[28]。

　だがすでに長野県内では，たとえ大蔵省預金部資金が供給されたとしても
「融通時期は八月にはならう」と予測されており，それでは「急場の金」を要
する現場の緊急資金需要に応えられないのではないかという懸念があった[29]。
もとより 5 月は春蚕育成開始期であるため，多くの農家はすでに肥料や蚕種な
どの購入のために養蚕用の負債を抱え，手持ち現金の払底している時期だった。
本来であればこれらの負債は春繭の売上代金によって夏までに返済される手筈
であり[30]，自給不可能な食料の購入費用などもそれで賄われるはずだったので
ある。

　こうした中，5 月 21 日に，長野県信用組合連合会，すなわち産業組合の長
野県における中核組織が組合員に対して応急資金貸付を行う決定を下したこと
は，危機に陥った県内農家の救済に大きな意味をもったと考えられる。

　　過半の大霜害に対し本県信用組合連合会ではいち早く応急救済資金即稚蚕
　飼育桑購入・新規蚕種購入・応急桑園追肥等に要する資金を所属組合に融
　通するに決し，二十一日午前……協議の結果愈々即日二十一日より応急資
　金の貸出をなすに決定した。借入要求額多額の場合は到底連合会の自己資
　金だけでは不足であるから，中央金庫からも借入れることとし，深井会長
　上京して交渉した結果快諾を得たので，信連の自己資金と合せ相当豊富な
　る資金を融通し得ることとなった。而してその利率は日歩二銭一厘（七分

六厘）と決定し，平時の貸出利率二銭四厘（八分七厘）より日歩に於て三
厘，年利……一分一厘の低利で貸出，所属組合は日歩二銭四厘以内の利率
で組合員に貸すこと……貸出期間は五月廿日より六月三十日までで償還は
六カ月以内と決定した……[31]

　このようにこの救済措置によって個々の産業組合は，県内の信用組合連合会
からだけでなく，産業組合中央金庫からの支援も仰ぐことができるようになっ
ていた。これに対し戦間期以前，第一次世界大戦が勃発した 1914 年の金融梗
塞では，産業組合は資金の融通を頼るべき中央機関をもたず，長野県内での組
合同士の連携もさほど強くなかったため，系統金融と呼ばれる独自の金融ネッ
トワークは機能していなかった。そのため，預金部が大規模な救済融資を供給
するまでは，各県農工銀行が動かすことのできた相対的に小規模な資金を除け
ば，迅速な緊急融資を広域的に地域経済の危機の現場へと供給できる組織は存
在しなかった[32]。
　しかし金融恐慌期までには，長野県内の産業組合は各地に点在する個々の組
合を繋ぎ，それを統合する組織を機能させることで，危機時に動員可能な資金
を一定程度調達できるようになっていたのである。長野県内における危機対応
は，中央からの対応を待ちながらも，1914 年の危機対処と比べてより連携が
強まり組織化され，それゆえに大規模なものになっていた。

2）預金部資金の供給と県レベルでの配分
　このように県内でまず緊急の救済措置が早急に行われた一方で，この被害に
対し大蔵省預金部が救済融資の供給を決定したのは，運用委員会が開催された
7 月 13 日だった。最終的に確定した被害の範囲は一府七県（福島・栃木・群
馬・山梨・長野・岐阜・岡山・東京）および，被害桑園面積は約 7 万町（20 万
町中），桑葉損害見積高約 1800 万円，収繭減少見積高約 2800 万円という被害
見積となった（表 5-1）。このうち，長野県の被害は面積が 4 万 6 千町（6 万 4
千町中），桑葉損害が 1100 万円，収繭減少見積高が 1600 万円となっており，
全体の被害の過半を占めた[33]。

表 5-1　1927 年霜害による桑園被害状況

	桑園総反別 （町）	被害反別 （町）	同上収穫皆無 換算反別（町）	桑葉損害 見積高（円）	収繭減少 見積高（円）
長野	64107.6	46443.9	33976.1	10804713	16046968
計	206552.7	70534.3	50679	18239249	27973207

資料）大蔵省預金局『預金部資金運用委員会（第十六回会議）議事録』(1927 年）

表 5-2　1927 年霜害対策低利資金の要求額と決定額（単位：円）

	府県要求額			農林省査定額			預金部 決定額
	桑	その他	計	桑	その他	計	計
長野	6150000	350000	6500000	6150000	350000	6500000	5300000
計	13203179	1156688	14359867	10340325	856810	11197135	8330000

資料）大蔵省預金局『預金部資金運用委員会（第十六回会議）議事録』

　救済資金の割当は，それ以前の霜害被害時の救済例[34]に従い，預金部によ
る策定の時点では「収穫の皆無の段別に対しまして，一町当たり約百円の計
算」で算出された。それに加え，桑改植という新規事業を想定し，「改植を要
しまする畑に付きまして，一段当り四十円だけを計上」した[35]。これについて
は，実際に改植が必要とされるほどの激甚な被害が存在したことも確かだが，
資金供給総額を増加させるためでもあったと考えられる。こうした計算の結果，
各県の資金要請を査定した上で農林省が大蔵省に要求した額である約 1120 万
円に対し，最終的に 833 万円の預金部資金が救済資金として投入されることと
なった（表 5-2）。

　　議案第一号　電霜害救済資金融通の件
　昭和二年四月乃至六月に於ける福島，栃木，群馬，東京，山梨，長野，岐
阜，岡山の各府県の電霜害に対する救済資金に充てしむる為預金部より日
本勧業銀行，被害地農工銀行及産業組合中央金庫に対し左記条件を以て総
額八百三十三万円を融通すること
　一，融通の形式　勧業債券，農工債券及産業債券の引受に依る

　　二，融通利率　預金部の債券引受利率は年四分八厘，日本勧業銀行，農
　　　工銀行及産業組合中央金庫の貸付利率は年五分四厘以内とす
　　償還期限　桑樹改植資金は五ヶ年以内，其の他の資金は二ヶ年以内とす[36]

　直近の 1926 年の長野を含む六県の広範囲霜害への救済融資 120 万円（農工
債券引受中心）と比べ，1927 年のこの融資は相対的に大規模な融資となった[37]。
なお長野県の要求額 650 万円は，農林省の査定段階では削られることなく，そ
のまま大蔵省に要求され，その要求額に対して 530 万円が供給決定となった[38]。
　具体的な融資経路としては，従来の特別資金供給の通例通り，日本勧業銀
行・各県の農工銀行を介する方法が主に取られたが，長野県については新たな
ルートの可能性が設定された。それは産業組合中央金庫を経由するルートだっ
た。「従来のは総て農工銀行に対する金融でありましたが……長野県に於きま
しては産業組合が全国に於てもっとも発達して居る地方」であることから，勧
銀系列ではない新たな資金供給ルートの設定が試みられたのである。
　産業組合中央金庫への預金部資金供給の端緒は 1925 年であり，すでに 1927
年 5 月の霜害以前の段階でも金融恐慌対策の一環として 1000 万円が供給され
ていたが，災害など緊急時の預金部特別資金の枠組内で中央金庫が直接利用さ
れたのはこれが初だった[39]。
　なぜ農工銀行経由で産業組合に貸し付けるという資金ルートも存在したにも
かかわらず，産業組合中央金庫を介するルートが新たに模索されたのか。そこ
には，農工銀行を経由して低利資金を供給する場合，融資対象は当時でも無担
保であれば産業組合・10 人以上団体，あるいは有担保の個人に限られ，かつ
その手続きが煩雑であることが知られ，貸付先も選択的であるという悪評を得
ているという事情が存在した。その背景には，戦間期の一般的な金融市場の悪
化の影響を受け，農工銀行が新規の顧客への貸付を積極的に展開しなくなって
いたという全国的な事情[40]もあったと考えられるが，いずれにせよ中低所得
者が勧銀・農工銀行のルートで新たに資金融通を受けることは困難になってい
た。
　1927 年のこの場合にも，預金部資金供給が決定される以前にすでに，もし

農工銀行を経由して資金が供給されたなら生じるであろう弊害について論じる
記事が長野県内の新聞に掲載されている。

> 霜害救済資金の供給方につき本県産業組合支会では活動中で，県下組合を
> して所属組合員に門戸を解放しこの際能ふ限り容易な方法で非常貸出しを
> させている……桑，肥料その他の当面の資金供給を目的として非常貸出で
> あるが，更に根本策としての救済資金については政府に申請すべく……た
> だいま取り急ぎている。この政府より融通をうける低利資金の貸付方法は
> 従来農工銀行の手を通じて頗るやかましい貸付方法をとるばかりかその貸
> 付の実例をみると農村中産以上の者に貸付けられて，霜害のため真剣に困
> る中産以下の小産階級の人々にはこの融通資金が殆ど貸付けられぬ実情に
> あるので，かくては融通の趣旨がはき違ひられることであるからといふの
> で，今度は小産階級に向って融通貸付をなすべく，信用組合連合会乃至中
> 央金庫代理部を経て貸付けることとしその貸付方法も極めて容易の方法を
> とらしめやうと県では講究を進めている[41]

　産業組合の系列のみを経由して救済融資を行えば，農工銀行を経由するルー
トと比べ低所得者を含めた層にまで救済対象を広げられ，救済手続きの簡便化
も可能であろうとの期待が，地域経済の現場には存在していた。こうした期待
が地域の現場からかけられていたことが，長野県のみの実験的なものながら，
産業組合中央金庫を経由して緊急時に預金部資金を供給するという新たなルー
トを大蔵省が設定した背景であったと考えられる。
　長野県はその養蚕・製糸関係産業の発達のため，近代初期から中小農家レベ
ルを含め少額金融の需要が強く，そのために産業組合の発達が活発でその系統
的な組織化も全国の中でいち早く進んでいた[42]。産業組合による中低所得者へ
の金融機能の可能性を測るには最適な地域だったと考えられる。
　この決定を受けて，8 月 4 日には農林省農務局・大蔵省預金部から融資条件
に関する詳細が長野県庁に送られた。8 月 2 日には長野県庁側で，市町村別に
預金部資金の割り振りが決定されている[43]。また，県庁側ではすでに 6 月 29
日付の「農甲発第二〇一号」によって，各市町村レベルで申込希望者を調査し，

県内資金需要をとりまとめていた[44]。

　このように，預金部資金の拠出の中央による正式決定より以前に，資金需要
の詳細なとりまとめがあらかじめ県によって行われたのは，1914年の重要輸
出品に関する全国的な大規模救済融資の場合と同様であり，戦間期に新たに定
められた手順ではなかった。しかし，当時長野県庁がこの資金割り振りのため
に作成したと思われる『霜害低利資金貸付方法草案』には，県レベルで支給が
決定した救済資金の分配方法が書かれており，その内容は第一次世界大戦期初
期の対応とは異なっていた。

　　　霜害低利資金配当法
　一，低利資金貸付予定額は市町村を単位として之を配当す
　二，低利資金貸付予定額は左記に依り之を算定す
　　イ，市町村別収穫皆無換算反別を更らに被害の程度に依り査定したるも
　　　　のを被害実反別として之れに低利資金総額の七割を配当す
　　ロ，市町村別春蚕繭減少額に低利資金総額の三割を配当す……
　三，低利資金の長期と短期とは大蔵省預金部の指定金額の率に依るものと
　　　す
　四，農工銀行，信用組合との供給区別は市町村毎に之を協定す（県及農工
　　　銀行・信用組合連合会会合の上）……[45]

　このように，各自治体への資金の分配額は，報告された被害状況を基準とし
て，県側が決定していた。各自治体に分配された資金が農工銀行あるいは産業
組合のどちらからどれだけ供給されるか，その内訳は別途，農工銀と長野信連
の間の交渉で決定された。

　1914年という第一次大戦初期の救済融資の場合には，当時の金融梗塞の被
害はほぼ県全土に及んでいたが，各自治体ごとに県が救済資金をあらかじめ分
配するということはなかった[46]。その場合，救済措置から漏れる地域や団体も
存在した可能性が高い。

　しかし1927年のこの救済融資の場合，霜害被害が全県に及んでいたことが
前提にあるとはいえ，最初から市町村別に供給金額が決定されていることから，

この時期までに，救済のための資金をより広範囲に一律な基準で，できる限り漏れのないよう供給する機構が整備されたことがわかる。なお，低利融資の短期・長期の差は，預金部で決定された通常の被害復旧資金と改植資金の分類の差だが，県庁レベルではすでに事業内容の別についてはさほど重要視されていなかったことがわかる。

　個々の産業組合は地域組織であり，ほとんどが自治体または部落単位で設立されたものであるため，市町村別に金額を割り当ててそのうちの産業組合取り扱い金額を指定することは同時に，産業組合中央金庫からその地域の産業組合へと供給する金額を決定することになったと考えられる。もっとも，実際に霜害により危機に陥った農家が，加盟する産業組合から資金融通を受ける場合，先に見たように，長野県内ではすでに5月中の段階から救済融資を受けられるようになっていた。預金部資金供給決定後はあらためて「霜害対策資金」として低利融資を組合に申請できたことになる。

　このように1927年の救済融資にあたっては，長野県では勧銀・農工銀による従来からの預金部資金供給ルートと，産業組合およびその系統を利用した新たな資金供給ルートが存在した。次節ではこれらが具体的にどのように個々の地域に供給され，その地域社会に影響を及ぼしたのかを見ていく。

3　長野県内における融資状況——個別事例の検討

1)　産業組合を通じた救済融資——小県郡和村の場合

　まず，ある地域に産業組合が存在し，その産業組合がある程度成長したものであった場合，どのような効果をもちえたのかを分析する。事例としては，すでにその創設期に関して分析があり，戦間期には全村的な組織率を誇っていたことが判明している小県郡和村の場合を取り上げる[47]。和村の場合は1903年と早期に産業組合が設立され，同組合は県レベルでの連合会にはその創立から参加し[48]，1910年には全国レベルの表彰を受ける[49]など産業組合中央会との連絡も密接だった。

　産業組合の存在とその系統融資との結びつきはその地域経済の金融状況にどのような影響を及ぼしたのか。まず，1927 年の危機における小県の被害状況を確認する。

　　希有の凍害に見舞はれた信州に全く天恵的に救はれた上田市と之に隣接する塩尻，神川，和，豊里があるこれの方面は殆んど被害なく，真黒の桑園地帯の内に独り青々と其霜害後の降雨に伸長の度を加へて居る小県，蚕種の中心地とする同地方の被害絶無は，目の前に増加を見込まれている夏秋蚕種並に春蚕種として優良蚕種を供給し得る点に於て好都合と見るべきである……[50]

　このように，小県郡は県内では霜害直後には，「桑園凍害程度も比較的軽かった」という評価を受けていた。それでも，5 月 18 日の時点で春繭の収穫予想は例年の 3 割減[51] という見込となっている。しかし霜害が近隣と比して少なかった分，害虫が周辺から集まりその被害が集中した[52]。こうした状況を受けて 5 月 21 日の時点で小県郡農会は「霜害に伴ふ救済資金問題に関しては……出来るだけ多額を借入れることとした」[53] 決定を行っている。また，産業組合の小県部会も低利資金の申込に動き出していた。

　　小県郡内各町村産業組合では今回の凍害に伴ふ低利資金は総体で三十万円内外の申し込みをする見込みらしいが，要求額ほどの割前があるとは予想を許されないので，小県部会でも各町村の案配法に今から頭痛……しかして産組の意向としては該資金の配給を受けるまでの間は系統機関である信用組合連合会を特に利用して組合員救済の一緊急策とす可く，本借入金は低利資金の配給と同時に借替へするものであるが，信連当局でも本問題に関しては先頃から尽力しつつあるといふ[54]

　この時点では預金部資金が産業組合中央金庫を経由して産業組合に供給される決定はなされていなかったため，長野県内の信用組合連合は低利資金の供給は農工銀行から受けるものと想定していたと考えられる。しかしながら中央金庫からの供給を期待せずとも，すでに県レベル・郡レベルの産業組合の連合組

織が，危機下の現場まである程度の緊急資金を供給するバッファーの機能をも
つようになっていたことがわかる。

　なお，最終的に長野県が作成した県内の被害調査のまとめでは，全県平均の
「春蚕収繭減少割合」が42.5％，「対春蚕全桑園同全滅換算割合」が60％に対
し，小県はそれぞれ39％，62％[55]となっており，小県の被害が県内で軽微
だったとは言いきれない状態にあった。

　こうした中で，1927年時点での小県郡和村の産業組合の状況はどのような
ものだったのか。まず和村の場合，1927年時点で組合員数は753人（全村戸数
710）と，全村加盟がほぼ実現している状態にあった[56]。営業報告書には，こ
の年度の事業の概況が次のように記されている。

　　本事業年度の概況を述ぶれば年初に於ては世は諒闇に鎖され人気鬱屈し諸
　　商況依然振はず不景気を以て経過し時に生糸下落の為め製糸家は再び損失
　　を重ね，惹へて養蚕家の意気を阻喪せしめ，労銀肥料其他諸物価漸落し金
　　融沈滞財界険悪の暗流漸く漲り三，四月の交都市財界の危急に瀕するや本
　　県下は比較的休業銀行と取引関係薄く且つ金融の情勢上直接顕著なる苦痛
　　を感ぜざりしが，唯支払猶予令施行後，各銀行は準備金を増加し警戒に努
　　めたる結果，一時金融の梗塞甚しかりしも，本組合にありては常に産業組
　　合中央金庫並に県信用組合連合会と密接の連絡を保ち，産業上必要なる資
　　金は勿論経済上資金に至るまで，何等の渋滞なく其需要を充たすことを得
　　たり。然るに五月十二日希有の凍霜害あり，県下桑園の大部分を焦黒化し，
　　之れが為め養蚕の掃立激減し且つ繭価は前年に比し二，三割低く，農家春
　　蚕の収入殆んど半減し人気頓に萎縮し農村経済は頗る窮状に陥り，県税の
　　徴収延期せられ霜害応急資金を政府に仰ぐに至れり……[57]

　このように，営業報告書によれば「本事業年度の概況……不景気を以て経過
し……支払猶予令施行後，各銀行は準備金を増加し警戒に努めたる結果，一時
金融の梗塞甚し」い状況にあり，この地域にも金融恐慌の影響が存在し，一般
的な金融情勢の困難があったことが指摘されている。また霜害に関しては，和
産業組合は6月3日に「凍霜害被害程度表」を産業組合小県部会へ提出した。

表5-3　1927年度和産業組合貸付用途内訳

用途	肥料購入	養蚕資金	桑園改良	桑苗養成	土地購入	旧債償還			
貸付金額（円）	105683	26001	13875	3725	32275	85315			
貸付件数	482	252	80	30	50	295			
用途	家屋補修	山林購入	営業資金	経済資金	霜害資金	養蚕応急資金	合計	有担保貸付	無担保貸付
貸付金額（円）	27919	10847	29595	34625	17953	6531	401307	22889	378418
貸付件数	67	49	59	167	48	49	1808	30	1778

注）一部の項目を省略したため合計は上記項目の総計と一致しない
資料）有限責任和信用販売購買組合『第二十五年度事業報告書』1927年度版

「五月十二日希有の凍霜害あり，県下桑園の大部分を焦黒化し，……農家春蚕の収入殆んど半減し人気頓に萎縮し農村経済は頗る窮状に陥り，県税の徴収延期せられ霜害応急資金を政府に仰ぐに至れり」と書かれているところから，前節で確認した県税納期の延期が救済措置として機能したことが示される。

　他方で「本組合にありては常に産業組合中央金庫並に県信用組合連合会と密接の連絡を保ち，産業上必要なる資金は勿論経済上資金に至るまで，何等の渋滞なく其需要を充たすことを得たり」と，県レベルの信用組合連合会および産業組合中央金庫という，産業組合の系統金融との繋がりが，和産業組合とその組合員にとって大きな意味をもっていたことが記されている。こうした系統金融ネットワークとの繋がりは，和産業組合の信用業務に具体的にはどのような意味をもっていたのか。

　1927年度の和産業組合の貸付の融資目的を見ると，総貸付件数1808件のうち，「霜害資金」の名目で貸し付けられているものは48件に留まったことがわかる（表5-3）。しかし，肥料購入・養蚕資金・桑園改良・旧債償還・経済資金（生活資金）といった他の名目で約1300件の貸付がある（ただしこれらの正確な貸付時期は不明）ため，預金部の救済融資が7月に供給決定される以前から，同組合は組合員に自己資金および産業組合中央金庫経由資金で事実上の救済融資を供給していたものと考えられる。

　またこの年，和産業組合が外部から借り入れた金利の最低値は 5.4 ％であり，産業組合中央金庫が霜害対策としての預金部資金を加盟組合に供給する際の利率が 5.4 ％以内と規定されていたことから，和産業組合は預金部資金の供給を受けていたものと推測される。これを受け，和産業組合が組合員に対して貸付を行う際の利率は，通常 10 ％，最高 10.8 ％に対し，最低 5.5 ％となった[58]。預金部による低利資金の供給は，この地域の農家の現場まで巡ってきたのである。

　また産業組合による貸付であるため，担保や一定以上の人数の団体であることを条件とする農工銀行や勧銀の貸付と異なり，個別世帯も無担保で資金を借り入れることができた[59]（表 5-3）。全村加入が実現していたということは，産業組合の行う貸付は，組合員に限定されたとはいえ，相対的に低利な資金を借り入れる道を村内のほぼ全世帯に向けて開いていたということになる。

　こうした融資条件は，同年度の普通銀行による無担保貸付の利率が最高 11.6 ％，最低 9.7 ％，平均で 10.4 ％であり[60]，農村であれば融通先は上層農家に限定されていたと評されていたのに対し，相対的に有利な条件であったと考えられる。またそれは，前述のようにやはり比較的高所得者に対してのみ貸付を行う傾向にあった農工銀行経由の資金供給よりも，いっそう広い範囲に低利資金を行き渡らせることができたことをも意味する。

　こうした和産業組合の事例からは，産業組合が地域社会の中に存在し，その組合が系統金融のルートと連携していた場合の，戦間期における救済融資のシステムを読み取ることができる。産業組合経由の融資の場合，地域経済の緊急時には，まず産業組合が自らの余裕金を用いて各農家に資金を供給した。個々の産業組合で不足する運転資金は産業組合の連合会，さらには中央金庫からの融通で追加的に調達することが可能だった。末端の産業組合の経営にとってみれば，産業組合の系統金融のネットワークと連携することで市場金利よりも相対的に低利な預金部資金を確保できたことは，有利に働いたと考えられる。

　預金部系列の融資による低利資金で，組合の資金を置換することによって，産業組合はその経営を安定させることが可能となる。銀行とは異なるこの金融ネットワークの存在は，当時の産業組合の発展の度合いから見ても，恐慌や不況の続く経済的に不安定なこの時期には，地域経済を金融的に安定させる機能

をある程度もったと考えられる。

2) 下伊那郡清内路村の場合

それでは産業組合の機能が弱い地域では，この救済融資の資金はどのように供給されたのか。和村とは異なる事例を見てみよう。

長野県は産業組合の発達が全国で最も著しい県ではあったが，例外は存在する。たとえば下伊那郡の清内路村では，1937 年に至るまで産業組合が設立されなかった[61]。そのため，1927 年の霜害で 7 月に国から県別に分配された救済資金は，県庁によってさらに清内路村に，全額が農工銀行取扱として割り当てられた。割当金額は 1 万 9 千円だったが，これを受けて清内路村では 8 月 7 日に村役場から村民に宛てた救済資金に関する書類が作成されている。その貸付関係の記述は，清内路村には該当者のいない項目に関する説明も含むため，県からの書類の写しであると考えられる。

　　　資金貸付条件
一，貸付期間
　　長期五ヶ年以内定期（被害桑園改植資金）
　　短期二ヶ年以内定期（肥料・蚕種購入資金　果樹園資金）
二，資金割当の標準
　　被害桑園一反歩に対し
　　肥料購入の分　金五円以内
　　蚕種購入の分　金二円以内
　　桑園改植の分　金五十円以内
三，利率は年利五分四厘とす
四，農工銀行経由の本資金貸付先は可成養蚕組合及之に準ずる団体を基礎とし，其団体員中の被害者十名以上に（可成二十名以上）の連帯たらしむること，但し果樹被害者は此の限りにあらず
五，本資金貸付の手続は別紙長野県信用組合連合会並に長野農工銀行の示す所によること，但し長野農工銀行の分は直接同行より送付す……

霜害救済資金償還方法

一，霜害救済資金に関しては之が借受たる養蚕組合農家組合及之に準ずる
　　団体信用組合若は資金借入の為特に組織したる団体に左記事項を行はし
　　むること

　　㈠各組合に於て組合員全部が毎年生産する蚕繭総額に対し一貫に付金二
　　　十銭の割合を以て據金し（昭和三年春蚕より）之を組合の共同貯金と
　　　して蓄積すること

　　㈡組合は共同貯金を以て救済資金の利払ひ及元金の償還を行ふこと

　　㈢組合は救済資金償還後に於ても一定年度（昭和十二年迄）共同貯金を
　　　継続すること

　　㈣共同貯金を以て将来の霜害，雹害，旱害其他の災害又は違蚕等による
　　　損害の補塡或は相互救済の方法を講ずること

　　㈤糸価の変動により惹起する繭価の低落に対し之が損害の補塡又は繭価
　　　調節の資金に備ふること……[62]

　この書類からわかるように，産業組合によって個別世帯に資金が供給されな
い場合，農工銀行を通じて個別の申込者（10人以上の団体など）に貸し付けら
れる手筈であることがわかる。県庁・農工銀行は，この場合の貸付先となる団
体として養蚕組合のような類を想定しており，各村内社会は産業組合でなくと
も，何らかの繋がりをもつ組織を内包しそれによって構成されていると考えら
れていたことがわかる。

　清内路村でこうした政策的救済の受け皿となることができたのは，基本的に
は近世来の地域組織だった。この資金の供給にあたって，清内路村内では個別
の申込主体が農工銀行に申し込む前に，村内協議が設けられ，そこで既存の地
域団体あるいは農家組合が申込主体となることが定められ，その団体単位での
分配額が決定された。

　　協議事項

一，霜害救済資金配当額決定に関する件

　　霜害救済資金一万九千九百円の配当を受けたるに付，之を下清内路区へ

金一万円・上清内路区へ金九千九百円を配当し借入を為すの可否

二，借入方法は十人以上の無担保なるが故に，農家組合と従来の組合と組合員が同一なる場合は其の組合に依るを可とするも，然らざるを組合に於ては農家組合に依るか若くは従来の組合員中借入資格を有するものを以て組織するか何れを可とす

三，各組合へ配分金額決定に関する標準方法

(イ)二割を戸数へ配当すること

(ロ)八割は戸数割負課額及所有地価金に配当すること

(ハ)前項配分金の内，五分は現金交付とし五分は現品（米麦共同購入を為し）交付とするの可否

四，資力充実者の資金借入制限方法に関する件　資力充実者にして本資金の借入を要する者は当該組合の配当金額を借入人を以て除したる，即ち平等額以内に止め，可成資力薄弱なる者を救済する方法を講ずるの可否

五，資金償還方法に関する件　資金償還方法に関しては其の筋よりの示す処に依れば各組合員に於て組合員全部が毎年生産する蚕繭総額に対し，一貫当たり金二十銭の割合を以て據金し（昭和三年春蚕より）之を組合の共同貯金として蓄積すれば償還上支障なきに付，之が実行方奨励する処なれば，此の方法を適用せられたし……

　　共同貯蓄組合規約準則［雛型：引用者注］

第一条　本組合は（上下）清内路何組共同貯蓄組合と称し事務を組長宅に置く

第二条　本組合は従来の組合中農会員の資格を有する者を以て組織す……

第五条　本組合員の貯金……は毎年其の都度確実なる銀行若は郵便局に預け入通帳は組長之を保管するものとす……[63]

　ここで融資を申請する主な主体として想定された「組合」は，清内路村に近世期から存在する地縁集団だった[64]。救済融資は組合ごとに分配され，その配分は，「二割を戸数へ配当」し，「八割は戸数割負課額及所有地価金に配当」するとされた。組合の中では「資力充実者」に資金借入制限が設けられ，組合単

位の割当を組合内人数で割ったものを超えない範囲の供給とされ，組合内でも突出した差が生じないように定められた。

「組合」が申請し借り入れる金額は，産業組合から借り入れる場合のように個人が個別の資金需要に応じて申し込みそれに応じて供給されるものではなく，村内の協議段階であらかじめ組合ごとに融資額が決定していた。その下の個人単位となる組合内での配当についても，一世帯あたりの金額の差が大きくならないように調整されていた。また，そのうち半分は現金ではなく，共同購入による米麦の現品交付となった可能性があり，「融資」とはいうものの近代的な金銭関係のみが想定されていたわけではない点も，金銭による救済が前提となっている産業組合経由の救済融資と一線を画している。

しかしこの救済融資によって，清内路村内の地縁集団は，県庁と農工銀行を通じて預金部資金のシステムと結びついた。また，この救済融資は共同貯蓄組合の形成を奨励したため，郵便貯金の形成主体として地域集団を再組織するきっかけともなった。実際，清内路村で1927年の救済融資を申請し，下清内路市場共同貯蓄組合を形成した13人の集団は，所得分布もばらばらな集団であったが地縁集団としてまとまっており，1200円をこの緊急融資で借り受けた上で，郵便貯金に規約貯金を設けた[65]。

なお，この集団は後に1931年に預金部から失業救済臨時対策低利資金が供給された際も，事業主体団体として資金融通を申請した。この失業対策資金供給の際は，清内路村には桑改植資金として9100円，開墾資金として3500円の割当があった。この融資の場合は，災害復旧という政策的性質をもたなかった面もあるとはいえ，1927年のような組合ごとへの割当，つまりほぼ全村レベルでの配分決定は行われなかった。

「資金貸付は小開墾，改植，何れも十人以上連帯者にして事業施行可能と認むる者」に行われるとされ，村は上下部落それぞれの中での人数制限と，「各組に対する金額の配当標準は村戸数割其の級に依る」という申込団体決定後の金額配分を行うにとどまった。申込金額そのものを各団体が自由に設定することはできないままだったが，資金融通を申し込むかどうかは，村内の各団体に委ねられた[66]。こうした新たな預金部資金への申込にあたって，1927年の災

害対策を機に編成されなおした組織が，あらためて現場での受け皿となった。

　この大蔵省預金部資金からの融資経験の後，1937 年には清内路村にも産業組合が設立された。清内路村の事例からは，自治体内に存在していた，行政とは従来関係を直接もたなかった住民組織も，預金部という金融機構を通じて行政に捕捉され，それに連なる金融ルートに接続されていった過程が見える。

4　小　　括

　戦間期に経済的な背景が変化する中で，第一次世界大戦以前にその概略が形成された，大蔵省預金部の地方資金を基盤とする大衆資金運用システムは，いかに展開し機能したのか，それを分析することが本章の課題だった。地方資金制度の運用理念や実質的な運用そのものは，1925 年の預金部改革を経ても変更されることはなく，むしろ戦間期の不況時には（国債への運用も一方で増加したものの）その地方還元機能に注目が集まったことは冒頭で述べた通りである。

　戦間期までは，大蔵省預金部の地方資金供給，とりわけ特別資金枠での供給において，その経由機関として日本勧業銀行および各県の農工銀行が主に用いられてきた[67]。しかしながら，金融不安が高まった戦間期においては，勧銀・農工銀の審査の厳格性が資金的余裕のある富裕層以外への貸付を困難にし[68]，逆に地域経済の資金需要を満たしきれない状況も発生した。

　これに対して，その普及率を全国的に上げてきた産業組合は，1923 年に1906 年以来の念願であったその中央機関を設立した。産業組合中央金庫は産業組合間の資金融通を行う調整役として，その設立時から預金部による発行債引受を視野に入れるなど，預金部との連携を目指してきた[69]。地域金融の担い手として各地に個別に展開してきた産業組合は，戦間期までにその県レベルの組織を発展させつつ，中央金庫の設立により系統金融と呼ばれる金融ネットワークを制度上まず整えた[70]。

　しかしこの系統金融の機構が，緊急時を含む預金部との連携を整えるには，本章が見たように 1927 年のモラトリアム中に起きた災害救済の機会を待つこ

とになった。1927年のこの霜害救済融資において，産業組合の発達した長野
県を試験台として，初めて預金部と中央金庫の緊急時の連携が試みられた。こ
れ以後，預金部の特別資金が中央金庫を経由することは，長野県以外に対する
供給であっても，勧銀・農工銀のルートと同じく慣例化していく[71]。

　こうして産業組合は，戦間期までにすでにある程度組織化を試みていたが，
金融恐慌期に預金部からの救済資金の供給ルートを構築していくことで，系統
金融の仕組みをさらに展開させた。こうした資金ルートの存在は，それまで産
業組合の設立のなかった地域にもその設立を促し，戦間期を通じた産業組合の
普及と発達を促進した。1930年代にはこのルートは預金部を含むか否かにか
かわらず積極的に用いられ，先行研究の示す産業組合系統金融の発達をもたら
した。そしてその中で預金部は，先行研究において第二の中央銀行とさえ評価
される，短期資金調節のような資金の調整機能[72]を，一般金融機関が形成す
るものとは異なる金融ネットワークに対して危機時に果たすようになったと考
えられる。

　預金部の地方資金を基盤とした大衆資金運用システムは戦間期に入ると，シ
ステムの形成期に経験した成長型の経済状況でなく，それまで経験したことの
ない長期不況と恐慌に直面した。こうした様々な経済的な危機にあたって，大
衆資金は，その原資を供給している主体である地方経済や中下層の人々に対し
その資金を還元すべきという理念の実現を，世論から求められていた。それは
たとえば，本章で見た1927年の霜害時における報道からも窺える。

　　天災！　この大天災に今や萌芽せし桑は真黒になってしまった。……内閣
　　は休業銀行の為めに七億円を投出した，国本たる農民の霜害を如何する
　　か？　……農民！　刮目して監視せよ彼等の行動を，富を助け貧を見殺し
　　にするか否か？[73]

　日本銀行を頂点とし普通銀行を傘下とする一般の重層的金融構造と，預金部
を中心とした勧銀・産業組合関係の金融システムは，補完関係にありながらも，
その信用供与対象において役割を分担していた。そうした中で，預金部資金と
その関連する金融ネットワークの動きは，中下層に資金を供給可能なルートと

して注目されていた。

　この大衆資金運用システムは 1927 年の金融恐慌の時期に，産業組合の系統金融のルートを強化することを通じて，緊急時における救済の迅速化と手続きの簡略化を図ると同時に，産業組合自体やその連合組織がもつ預金部資金本体以外の資金を，より広範に動員し，地域経済に再分配することを可能にしていった。こうした流れが，1930 年代における預金部資金の失業対策などへのごくスムーズな利用や，産業組合系統融資の発展に繋がっていったと考えられ，「農村の危機」をある程度フォローしたと考えられるのである。

　こうした金融ネットワークの存在は，不況期にいかに現場の地域経済と社会に影響を与え，不況へのバッファーとして機能したのか。地域現場の産業組合は不況期にどのような経営を行い，その経営を維持し，実際に生活窮乏に直面した中低所得者が多数存在した地域経済の支援に中長期的に貢献したのか。以下の章では，本章でその戦間期における連携の拡大を確認した大衆資金ネットワークの存在を踏まえ，本章でも取り上げた和村・清内路村の事例をより詳細に検討して，当時の経済危機の現場における状況を検証していく。

第6章

セーフティネットとしての産業組合
──産業構造的不況を越えて──

1　はじめに

　本章と次章では，第Ⅱ部のテーマの通り大衆資金による金融システムが
「分かち合う」ことで地域経済・地域社会を支援してきた面を，より地域の現
場に即して確認する。本書がここまで確認してきた大衆資金による金融ネット
ワークは，長期不況の中でどのように地域経済と社会に資し，いかにセーフ
ティネットとして機能したのか。本章では，それがよく機能したと考えられる
長野県小県郡和村の事例から，このネットワークと産業組合の役割を検証して
いく。

　よく知られているように戦間期，1920〜30年代は日本の長期不況の時期で
あった。1930年代後半には重工業を中心として都市部は景気回復の兆しを見
せたが，地域経済，とりわけ農村部は危機に晒され続けた時代であった。それ
以前の近代日本の経済成長は，すでに指摘されているように農業部門を含めた
均衡発展であり，農村部を含めた地域経済も経済成長を経験した[1]。しかし戦
間期に入ると，養蚕や米といった換金作物を中心に所得を伸ばしてきた地域は，
産業構造転換による繭・米の価格低下傾向に直面することとなった。

　とりわけ，1920年代から顕著になったアメリカ市場における絹需要の化学
繊維による代替の進行は，輸出生糸のほとんどをアメリカ絹織物業界に対し供
給していた日本の蚕糸業界にとって，ひいては養蚕に現金収入の多くを頼って

いた数多くの日本国内の農業経営者にとって，徐々に大きな，そして世界恐慌以降には激甚な打撃となって現れた[2]。折しも日本国内だけでも度重なる恐慌の上に震災や天候不良などの天災が続き，戦間期の地域経済は様々な危機に直面していた[3]。本章は，こうした数々の経済的困難に直面した戦間期の日本の地域社会が，どのようにこの苦境に対処し，その社会的安定性を保持しえたかを，具体的事例から理解しようとするものである。

　21世紀に入って，非営利組織として少額金融業務などを担う協同組合制度の社会経済的機能の再評価が進んでいる。利益追求を基礎とする民間企業組織ではなく，協同組合組織こそ金融恐慌と長期的な景気後退に対抗可能なビジネスモデルであると，あらためて指摘されているのである[4]。昨今のこのような研究の流れをふまえ，本章は地域経済を補佐する協同組合のモデルケースとして，再び長野県小県郡和村の産業組合を取り上げる。戦間期の長期不況に際して，日本の地域社会の中の現場の産業組合はどのように経営的に対処し，その地域を支えたのか。

　当時長野県は日本最大の養蚕業を抱える地域であり，農村部であっても世界経済の好不況の影響を最も受けやすい地域だったが，同時に産業組合運動の先進県であった。和村の産業組合は，その設立を1903年にまで遡ることができる上に，1910年には大日本産業組合中央会から優良組合として表彰を受けるなど，成功した事例といえる。この組合は戦間期，長期不況と恐慌に直面してなお，経営損失を出すことがなかった。

　本章では，このような成功した経営を分析することによって，良く機能した協同組合は経済的苦境の下にあった地域社会に何をもたらしたのかを明らかにしていく。

2　戦間期の和産業組合をめぐる背景

1）先行研究の視野

　戦間期は，農村の危機の時代であった。1920〜30年代のこの時期は，世界

的にも農産物と工業製品の価格差が拡大し，鋏状価格差問題が都市部と農村部の間に立ちはだかった。その上に，日本経済にとっては産業構造の変化そのものが問題となった。19世紀末に発明された化学繊維の生産が伸長してきたことにより，当時の日本の主力輸出産業であった絹の競争力そのものが低下し，養蚕を主な副業とする日本の農家の多くが経済的苦境に直面した[5]。

　1929年にはアメリカを発端に大恐慌が発生し，世界的な長期不況に突入したが，日本経済はすでに1920年代から繰り返す恐慌と不景気を経験していた。さらにこの時期に日本は，1923年の関東大震災，1933年の昭和三陸震災といった，各地で相次ぐ大災害にも悩まされていた。東北では震災の影響もあり欠食児童や婦女の身売りなどが生じ，こうした問題は全国的に報じられて，1936年の二・二六事件のような政治的・社会的危機の要因の一つともなった。

　このように世界恐慌前後の日本社会と経済は，地方を中心に深刻な状態にあったが，かといって大量の餓死者や激しい離村による難民化などの深刻な事態は報告されていない。本書は，近代日本においてこうした構造的に困難な経済状況がより深刻な危機を招かなかったその理由の一つに，多くの地域において産業組合が救済融資の実行主体として存在し，かつ産業構造の転換を促す企画者としても存在したことがあるのではないかと考える。

　戦間期の産業組合に関する従来の研究の多くは，小作争議のような地主制と農民運動との関係性，あるいは中央政府による産業組合の振興政策がもった農村の統治といった文脈に注目してきた[6]。そのため，個別産業組合の経営分析に関する研究蓄積自体は豊富である一方，当時の「農村の疲弊」に際してそれらの組合の経営が実際に住民の生活にどのような影響を及ぼしたかといった視点には乏しい。

　一方，戦間期における系統金融と呼ばれる産業組合の金融ネットワークの存在とその重要性は，多くの研究の中で指摘されている[7]。とりわけ1920・30年代は，佐伯尚美が「組合金融の系統化はこの時期にはほとんど100％完成した」と指摘したように[8]，組合そのものの増加と合わせ，組合の組織化，全国的ネットワークの成立・展開が生じた時期として意識されてきた。大門正克は産業組合が「系統組織を全国レベルで整備し，全国連—県連—産業組合とい

う独自の産業組合組織をつくり出した」のは1920年代であったと指摘している[9]。

　しかしながら先行研究の視野は，1920年代がこの系統金融ネットワークの形成・成立の時期であったと指摘するにとどまり，1930年代の組合金融の活発な活動を，前提とされた所与の機能として扱うことが多く[10]，それ自体を考察の対象として見ることが少なかった。系統金融という新たな金融ネットワークがどのような特徴と機能をもつものとして登場し，危機に瀕した地域経済に対してどのような影響を与えたのか，具体的な検討はなされてこなかったのである。

2)　戦間期までの和産業組合の活動

　第3章でも扱ったが，本章が分析対象とする長野県小県郡和村の産業組合は，あらためてその地域的特性を考えると，先行研究[11]の類型化によれば「養蚕型」に分類される組合であるといえる。以下，第3章を一部振り返りながら，あらためてその地理的・経済的状況を確認する。

　和村は現在の上田市東方に所在し，近世来の養蚕地帯として知られていた。信越線の開通により東京・横浜ひいては国際市場に連結したこの地域は，近代に入りさらなる養蚕業の拡大を見る。和村ではすでに「明治の末から大正末期へかけて桑園は激増し，わずかに自家用野菜園を残す程度で全畑に桑が植えられ」，「日露戦役（一九〇五）が終わったころから，本村の水田がぼつぼつ桑園化することがはじまった」[12]と言われる。

　和村の産業組合が信用組合として設立されたのは1903年3月であり，このような活発な養蚕業の発展を金融的に支えることが意図されていた。当時の村内人口は4056人・戸数675に対して，初期組合員は179人を数え，村内部落を超えた，また所得階層的にも幅広い参加者を初期から得ての発足であったことは，第3章で見た通りである。

　　明治時代は，極端に金銭の融通のきかない時代であった。僅かの金も抵当なしでは動かなかった。田畑や家屋敷を抵当にしても，年一割五分から二

割の金利で借りるとか，無尽講によってその場をしのいで来た。それが返済もならず，抵当流れになる事が多かった。暮しこみは勿論だが，何か生産的な仕事をしようとしても，資金は容易に手に入らなかった[13]。

　当時の和村の住民の資金繰りはこのように逼迫した状況にあり，和産業組合はこの状況を打破するために設立された。当時の人々は「春さき，肥料代だけは持っている身分になりたい。たった一年のやり繰りだが」とぼやいたという。当時の和村住人を困らせた現金支出で「一番大きなのは金肥で，春さき桑園と水田の肥料を用意するのに，現金で買い得る者は，村中で六軒か七軒」であったとされる[14]。こうした状況の中，和産業組合は組合員に対し，相対的に低利となる1割程度の貸付利子，かつ無担保で対人信用による貸付を行った。実際，当時和産業組合が行った貸付取引の多くは春先に集中しており，その貸付金の用途は肥料代など，7割以上が農業・養蚕業に関するものだった[15]。

　このような和産業組合の経営は，損失を出すこともなく軌道に乗った。一貫して成長した当時の組合の収入はほぼすべて，拡大しつづける組合員に対する貸付から得られる利子収入だったが，その一方で組合員からの貯金の受け入れも増えていった。しかし組合経営としては，その貯貸率を見ると，第一次世界大戦前の時期を通じてかなりのオーバーローンの状態にあったことがわかる（表6-1）。設立初期の和産業組合は，外部資金を借り入れることによってその金融業務を賄っていた。

　もっとも同表からわかるように，年度内の借入総額と比して，年度末における銀行からの借入残高が高いまま残るということはなく，オーバーローンでの貸付を可能とする外部からの借入は短期資金にとどまっていた。これは，組合が銀行から借り入れていた資金が，第3章で確認したように，組合員の季節性の資金需要に合わせた，短期性のものであったことを示している[16]。

　森武麿の指摘によれば，養蚕型の産業組合は「20年代に一時的にオーバーローンを解消するものの極めて不安定な経営にあり，系統産業組合の資金的融資に依存することによって支えられていた」とされる[17]。しかし第一次世界大戦前には，系統金融ネットワークが未成立であったことは既述の通りである。

表6-1　戦間期以前の和産業組合の経営

年度	人口	戸数	組合員数	総資産	払込済出資金	組合員への貸付金				組合員貯金			貯貸率	外部借入金		銀行預金残高	利益総額
						年度末残高	件数	平均	年度内貸付総額	年度末残高	口数	平均		年度末銀行借入金残高	年度内借入総額		
1903	4056	675	179	7632	3090	4525	—	—	7601	821	—	—	551 %	500	2700	0	131
1904	—	—	183	7719	4695	5417	83	65	5558	869	27	32	623 %	0	2055	600	456
1905	—	—	183	8423	6340	7228	85	85	8488	958	30	32	754 %	0	6350	1000	750
1906	—	—	197	13013	7436	8974	98	92	12804	1107	—	—	811 %	0	7210	1150	965
1907	—	—	208	15172	8809	8766	110	80	11178	1710	—	—	513 %	0	6300	4200	1120
1908	—	—	211	19418	10423	18356	—	—	24867	629	—	—	2918 %	4500	14200	2000	1301
1909	4268	696	212	19299	11010	16710	149	112	18753	1100	—	—	1519 %	3000	12950	2400	1572
1910	—	—	213	20416	11190	17433	110	158	17304	4037	123	33	432 %	0	7100	2800	1615
1911	—	—	221	25930	11430	18866	105	180	18977	8584	153	56	220 %	0	7500	5900	1502
1912	—	—	223	29268	11460	21282	104	204	19383	11093	173	64	192 %	0	6000	5900	1570
1913	—	—	225	37215	11580	24842	110	225	27756	17923	196	91	139 %	0	12500	10000	1721
1914	—	—	226	43224	11700	31853	131	244	31501	22660	224	101	141 %	0	10800	8800	1873
1915	—	—	223	44365	11670	34614	125	278	27262	22580	220	103	153 %	0	12950	6100	2033
1916	4545	693	247	60991	12591	31772	133	238	23949	36333	244	149	87 %	0	11000	24500	2050
1917	—	—	325	102726	18924	35007	175	200	50249	70761	281	252	49 %	0	0	60022	1926
1918	—	—	425	156444	24874	51665	202	256	62863	117400	544	216	44 %	0	0	90058	2638

注）金額単位：円，銭以下切り捨て，件数・口数はママ
資料）和産業組合『事業報告書』各年度版

したがって，和産業組合はその設立初期，組合内部の資金が潤沢ではない経営の立ち上げの段階においては，組合員からの旺盛な資金需要に応えようとするならば，組合組織の外部から資金を導入して経営を行うしかなかった。

　つまり，この時期における和産業組合のオーバーローンは，その経営の不安定性の証であるというよりも，多額の外部資金調達を成功させ，自己の貸付業務を拡大することができた証左として，積極的評価が付されるべきものと考える。第一次世界大戦前の産業組合をめぐる金融状況は芳しくなく，1906 年に産業組合中央会が主催した第一回目の全国大会の時点で，多くの産業組合は資金的困難に直面しており，産業組合のための中央金融組織が必要であると建議されるほどであった[18]。発展しようとする地域経済のための少額金融を担う組織として，当時多くの産業組合は外部から資金を調達する必要があった。実際，一時的に極度のオーバーローンの状況にあっても和産業組合の経営が不安定と同時代に評されたことはなく，むしろ余剰金を積み立て可能な安定的な経営であるとして 1910 年には産業組合中央会から表彰を受けている[19]。

　和産業組合は，系統金融の発達を待たずに一般金融ネットワークとの連携に成功した，産業組合経営かくあるべしと当時望まれた優良組合であった。系統金融が制度的に未成立の中，地元の旺盛な資金需要に和産業組合は具体的にはどのように応えたのか。1906 年から 1907 年には組合長個人資金による無利子の支援が行われ，第十九銀行・小諸銀行といった地元地方銀行からの借入が行われたことは知られている[20]。しかし当時銀行からの貸付を取り付けることは，誰にでもできることではなかった。和産業組合はどのように銀行からの資金を確保することに成功したのか，その創設初期の動きを確認しよう。

　1903 年 3 月に成立した和産業組合が他の金融機関と取引を行った記録で最も古いものは，1903 年 4 月 4 日付で第十九銀行の当座預金口座を開設しようとした記録である[21]。この口座作成申込にあたっては，組合長である深井功が「有限責任和信用組合理事」と肩書をつけて申し込んでいるが，「組合長」の肩書ではない。加えて，理事の一人である福島万兵衛が，深井と同じく理事という肩書で連名している[22]。

　また，同年 12 月に約半年の返済期間で第十九銀行から 500 円を借り入れよ

うとした, 組合側が作成したと思われる借用金証書が残っているが, 担保が記載されていない代わりに「債務者は連帯無限の責任を以て債務履行を実行す」と書かれ, 組合長を含めた理事 5 人の名前が連帯借用人として列挙されている。この借用にあたっては, 和産業組合の名が明記されていないだけでなく, 組合長にさえ「組合長」や「理事」の肩書はついていない[23]。

　翌年 1904 年 1 月 28 日に成立した第十九銀行からの 500 円・300 円の 2 件の借入は, それぞれ深井・土屋・田中・福島の連名, 深井・福島・土屋・富岡の 4 人の連名であり, 翌 2 月 26 日に 1000 円を借り入れた際には, 深井・田中・福島・関（利之助）・富岡の 5 人の名前が連帯借用人として挙げられているが, どの借用書の名義にも「和産業組合」の文字は入らなかった[24]。

　後に組合長深井自身が「銀行で, 組合長という肩書をとって下されば, そのくらいの金はご用だてしますが, なんて言うので, 冗談じゃない, と申したところですよ」[25]と語ったように, 1900 年に法制化されたばかりの産業組合制度には, 制度利用そのものに信用力が付随するようなことは一切なかった。地元の地方銀行から信用供与を得るために, 和産業組合は組合理事たちが個人としてもつ信用力を梃子にするしかなかった[26]。

　なお, この第十九銀行の当座預金口座は 1903 年の 5 月末時点では預金残高ゼロであったが, 8 月末では残高 310 円を数えており, 初年度から活発に利用されたと考えられる。

　その他にも株式会社伊藤商会から 1904 年 3 月 11 日に約束手形で 2000 円[27], 小諸銀行から 1905 年 2 月 13 日に 1500 円[28], 同年 4 月 14 日に 700 円[29]を借り入れていることが証書から確認できるが, この時期の証書にはどれも組合の名義の明記はなく, 連名者の肩書も記されていない。第十九銀行だけでなくその他の地方銀行や地域の商社からも, 設立初期の和産業組合は組織としての信用を得ることができなかったのである。

3　産業組合間の連携に向けて──ネットワーク形成の模索

　このように，創立期の和産業組合が組合員に円滑な少額金融機会を提供する
には，外部からの資金調達という困難な試練を乗り越える必要があった。和産
業組合はその試練を，組合幹部層のもつ個人信用力を武器に突破していくが，
和産業組合も含め全国的には，こうした問題は各地の産業組合同士の連携に
よってゆくゆくは解決されるのではないかと期待された。

　長野県では 1904 年には県の召集により組合理事者協議会が開催され，1905
年には北信・南信それぞれで産業組合に関する研究会が設立されている。1906
年にはこの研究会は統一され，後の産業組合中央会長野支会の前身となり，以
後毎年協議会を開催していくこととなる[30]。和産業組合は，初回となる 1905
年度から北信産業組合連合会の協議会より参加しており，産業組合の広域的な
連携に同組合が熱心であったことがわかる[31]。

　1906 年 1 月に開催された長野支会の第一回協議会では「産業組合中央銀行
の設立を中央会に促すこと」という議題が決議されている[32]。全国レベルの産
業組合組織として中央政府主導で設立された大日本産業組合中央会においても
同様の内容が，同年 5 月の第二回全国産業組合大会で副会頭加納久宜の発議に
より建議されていたことにも示されるように，個別産業組合の金融能力の限界
を突破する手段の模索は地域レベルから存在していたことがわかる。

　全国的にもかなり早く 1907 年 3 月には，長野県内で初の郡部会が小県郡に
成立した[33]。近世来の養蚕地帯であり，鉄道が国際市場との連結を促したと考
えられるこの郡は，全般的に産業組合間の連携に積極的であったようである[34]。
また和産業組合長の深井功は 1907 年 10 月には産業組合中央会長野支会の副会
長に就任したが，こうした積極的な連携への動きは個別の組合に何か影響を及
ぼしたのだろうか。

　1908 年 4 月の 6 日から 10 日まで東京で 5 日間開催された第三回全国産業組
合大会には，和村からも産業組合長深井が参加した。彼は 9 日の会議日程の最
後に自産業組合の近況に関して報告しており，その日の晩に開かれた参加者

75 名の，中央会会頭平田東助などが出席する全国産業組合役員懇親会にも参
加している[35]。

　和産業組合がその経営の中で初の，長野農工銀行からの借入に成功したのは
その翌日，1908 年 4 月 11 日であった。金額は 3500 円で，償還期限は 7 月 31
日までの約 3ヶ月である。この借入にあたっては通知書に「理事，監事，九名
は個人の資格を以て本債務の補償と可相成義につき御承知相成度候」と付紙が
あり，組合幹部個人の信用力を基礎とすることが前提とはされたが，借入主体
の名義は個人の連名ではなく，和産業組合そのものであった[36]。

　長野農工銀行から正式に貸付が行われたのは 1908 年 4 月 16 日である[37]。こ
の時長野市の公証人役場で作成された「貸借金契約証書正式謄本」を見ると，
この借入の利率は年 9 ％であったことが判明する。1909 年の和産業組合の事
業報告書には，

　　　事業の状況
　　　組合員の産業に必要なる資金の貸出に付ては出来得る限り便宜を与ふるの
　　　方針にて，株式会社長野農工銀行，株式会社第十九銀行，株式会社小諸銀
　　　行等に借入を為し需用者に向て充分貸付を為せしも……金融界の逼迫に従
　　　て普通銀行の金利も高きより，なるべく農工銀行を利用する考へ[38]

とあり，一般に考えられているように農工銀行からの借入は他の金融機関から
の借入より産業組合にとって相対的に有利なものであった。したがって和産業
組合が長野農工銀行からの借入を成功させ，期限内にそれを完済し，かつ翌年
以降も取引を継続させたことには，その経営上大きな意味があったと考えられ
る。なお，その後の農工銀行からの借入にあたっては，残る資料を見る限りで
は，初回に見られたような組合幹部個人の信用力を保証とする付帯条項は見つ
からない。和産業組合は長野農工銀行に対してその取引を通じて，組合幹部個
人の信用力を基礎とする状態を脱し，和産業組合自体としての信用力を確立し
たのである。

　こうした，和産業組合と長野農工銀行との間での取引の成立に，産業組合全
国大会が及ぼした影響を直接的に証明する資料は何もない。しかし，産業組合

全国大会には産業組合関係者以外にも官庁や日本勧業銀行などの金融機関関係者，その他メディアなどから多数の参加者が出席していたことは判明する[39]。

1923 年に至るまで産業組合組織はその中央金融機関を創設することはできなかったが，産業組合中央会やその支会が主催する会合を通じて，地域間内あるいは中央・地方とを連携させる，金融を含めた情報のネットワークを構築することには成功したと考えられる。これを，後に和産業組合が，長野県信用組合連合会および産業組合中央金庫といった系統金融のネットワークと連携していくための，重要な契機であったと評価することも可能であろう。

和産業組合はその後 1910 年 5 月 8 日から 10 日にかけて行われた第六回全国産業組合大会で，第二次表彰産業組合に選出される[40]。これを受けて，同年 6 月には日本勧業銀行職員が，9 月には産業組合中央会の書記が和村を訪れ組合を視察している[41]。深井組合長は 1913 年には新規に設立された保証責任長野県信用組合連合会の理事会長に当選，1915 年には産業組合中央会長野支会副会長に当選し，和産業組合長を続けながらこれらの産業組合ネットワーク組織とも直接の関係をもった[42]。

こうした関係性構築を踏まえてか，1915 年 1 月には和産業組合は日本勧業銀行から初の融資を受けた。これは期限 1 年間・総額 1 万円と，他の借入と比べ高額かつ長期に及ぶものであり，勧銀を経由した大蔵省預金部資金である可能性が高い[43]。このように，和産業組合は地域間の産業組合ネットワーク形成に向けて積極的な活動を行う中で，市中金利と比べて相対的に低利な外部資金の導入にも成功していったのである。

4 長期不況下の和産業組合

1) 1920 年代の和産業組合の経営概況

戦間期に入り，大戦景気を経た和村の社会構造はどのようになったのだろうか。1922 年時点で和村の人口は 4115 人であり，1903 年の 4056 人と比べるとほぼ変動はないが，微増している。そのうち 3622 人が農家であった。戸数と

しても 690 戸中 608 戸が農家であり，農業中心の産業構造に変化は見られない。1 戸あたりの水田は 4 反 6 畝，畑地は 8 反 2 畝と，農業経営は畑作中心である。

　1922 年時点で全村畑地約 495 町のうち，7 割以上にあたる 359 町が桑園と報告されているが，同時に「和村の養蚕全盛期（大正時代）の桑園は五百町歩（養蚕戸数六百），三作の収繭量約六万貫」とも言われており[44]，水田など畑地ではない場所に桑を植えた部分もあったものと思われる。つまり，戦間期に入っても和村においては養蚕が主要産業であり，一種のモノカルチャーともいえる経済構造があったことが窺える。

　このように農家経営が養蚕に傾注する一方で，表 6-1 でも確認できるように，戦間期に至るまでには村の世帯のほとんどが産業組合加盟者となっていた。組合員数はその後も伸長を続けており，おそらく一世帯の中に複数人の組合員がいるという状況が常態化した（表 6-2）。

　養蚕に経営を賭ける組合員からの旺盛な資金需要に応えるため，設立以来外部資金を調達しオーバーローン状態になってでも資金融通をしてきた和産業組合は，大戦景気の頃にはその状態を解消していた（表 6-1）。資金的な余裕があったこの時期に，和産業組合は事業を拡大した。1918 年には組合事務所を現在の所在地に新築し，産業組合長の自宅敷地内を事務所として営業する事態をようやく脱した[45]。この時，事務所と共に農業倉庫も建造しており，組合員に対する農作物の保管業務にも進出した。翌 1919 年には販売・購買事業も開始し，組合員の米を取り扱うとともに，学用品や肥料などの取扱も始めている。

　もっとも表 6-3 からわかるように，組合員のための肥料などを提供する購買業務は比較的大きくなったものの，それでも 1920 年代から 30 年代を通じて，購買・販売・倉庫業務からの収入は和産業組合にとってその金融業務による収入ほど大きなものとはなりえなかった。大戦景気中は，外部の銀行への預金による利子収入といった，資産運用益も一時的に大きく拡大したものの，この期間を通じて和産業組合の経営の基礎は，基本的には組合員に対する貸付とそこからの利子収入に依っていた。

　このように養蚕業を基盤とした村内経済と産業組合経営は，1925 年頃から顕著になった繭価の下落傾向と，頻発した恐慌とに対して，どのように対応し

表 6-2　戦間期の和産業組合の経営構造

年度	総資産	組合員数	払込済出資金	積立金・準備金	貸付				貯金			貯貸率	借入金残高	年度内借入金額	借入金利率	利益金
					年度内総額	年度末残高	件数	一件平均額	年度末残高	口数	一口平均額					
1919	271079	549	34390	12154	187303	122132	433	282	164477	1161	142	74 %	52000	169500	n.a.	4144
1921	247561	648	42570	17366	199884	183583	618	297	161814	1709	95	113 %	13200	120600	8.76 %（10.2〜5.9 %）	7209
1923	421372	713	114540	27890	299107	220167	819	269	174077	2229	78	126 %	10886	112274	7.4 %（8.4〜5.9 %）	14871
1925	610608	738	115770	40174	271856	273397	784	349	397309	3354	118	69 %	11046	54000	6 %（9〜5.4 %）	28669
1927	719523	753	116430	64471	401307	459054	969	474	452123	4226	107	102 %	48355	91406	6 %（8.4〜5.4 %）	16664
1929	726335	744	141600	49894	439992	438835	1012	434	461984	4509	102	95 %	39156	43633	7 %（7.4〜5.4 %）	18215
1931	702340	745	141570	62361	254955	505971	1089	465	375291	4718	80	135 %	106320	174100	6.8 %（7.4〜5.4 %）	8527
1933	706188	730	140970	67881	126633	525123	1288	408	372806	5273	71	141 %	109161	136500	5 %（5.9〜3.9 %）	8722
1935	674127	757	139380	69013	112815	488455	1238	395	327947	5408	61	149 %	119484	123000	5 %（5.9〜4 %）	4061
1937	681065	766	135570	71840	161418	386883	1039	372	395431	5600	71	98 %	53230	70000	4.2 %（5.1〜3.9 %）	4567
1939	920653	789	131795	75384	87828	327038	618	529	651728	5985	109	50 %	0	52100	4.93 %（5.1〜3.9 %）	3885
1941	1278720	823	131790	83489	114367	230290	515	447	931830	5951	157	25 %	0	4884	5.47 %	8556

注）金額単位：円（銭以下四捨五入）
資料）和産業組合「事業報告書」各年度版

表6-3　戦間期の和産業組合の収支内訳

年度	利益	総収入	貸付金利子	銀行預金収入	有価証券収入	土地収入	購買部収入	販売手数料	加工料収入	倉庫収入	総支出	貯金利子	借入金利子	給与	組合連合会関連	組合員配当金*	準備金+積立金*	役員特別報酬	貸付利率	貯金利率
1919	4144	16287	6569 40%	4026 25%	274	302	1076 7%				12143	7831	1361	n.a.		1693	1312	280	6~9%	6~6.6%
1921	7209	27818	20492 74%	4574 16%	68	190	2319 8%			128	20609	11045	2670	4096		2503	4059	395	10% (7~12%)	8% (7~9%)
1923	14871	43562	25207 58%	13619 31%	196	279	5652 13%		219	154	28690	15691	3012	5988		7670	6391	560	10% (7~12%)	7% (6.6~9%)
1925	28669	70129	33481 48%	16622 24%	1546	301	7590 11%		90	94	41459	24961	2750	7447	1043	9463	18526	680	10% (5.5~11%)	6% (5.5~8%)
1927	16664	64433	41407 64%	11509 18%	1518	166	8121 13%	313	1251	111	47769	30314	1705	8781	337	10981	6260	680	10% (5.5~10.8%)	6% (4.7~7.3%)
1929	18215	66292	41442 63%	11753 18%	1603	406	7628 12%	1055	2218	136	48077	27400	2856	9831	935	11328	9424	680	8.76% (5.4~9.12%)	4.8% (4.01~6%)
1931	8527	47705	33692 71%	4913 10%	1153	148	4013 8%	263	1186	203	39177	22143	3768	8674	310	5662	6777	0	8.76% (5.4~8.76%)	4.8% (4.01~5.6%)
1933	8722	46805	33177 71%	3911 8%	2070	578	4319 9%	653	1806	180	38082	17765	5500	8878	299	5638	2655	0	8.4% (6.6~8.4%)	5% (4.6~5%)
1935	4061	41984	30892 74%	591 1%	178	1455	4513 11%	1376	2149	201	37923	14818	5715	9292	503	2323	2695	0	7.7% (4~8.4%)	3.6% (2.92~5%, 定期5%)
1937	4567	42299	22026 52%	1424 3%	692	5849	5738 14%	1641	2822	572	37731	13587	3430	8449	490	2711	1787	1466	7% (4.2~7.7%)	4% (2.5~4.2%)
1939	3885	54839	22081 40%	2509 5%	517	8941	10303 19%	4801	4916	340	50954	17338	409	8405	504	0	2389	1886	6.8% (3.6~7.5%)	3.4% (2.6~3.6%)
1941	8556	61694	14527 24%	18202 30%	3019	6373	11548 19%	1646	4068	1980	53137	23833	1	9580		3953	4918		6.5% (4.75~7.12%)	2.2% (1.82~3.3%)

注）金額単位：円（銭以下四捨五入）。支出・収入共に原データの全項目ではない。そのため列記した項目の総計は総収入・総支出とは一致しない。有価証券収入には配当金収入を含む。一部の項目内の%はそれぞれ総収入に対する該当項目の割合。
　*配当金の基準は「出資金に対して年六分」、積立金の基準は「剰余金の四分の一」。
資料）和産業組合「事業報告書」各年度版

たのだろうか。

　養蚕型の産業組合，つまり長野県内の産業組合一般において，1920年代は
オーバーローンを解消し，経営を安定させた時期であったと評価されてきたの
は既述の通りである。しかし表6-2の貯貸率と借入金を見ると，和産業組合に
おいては必ずしもそうではなく，1920年代前半からすでに再び預金額を上回
る額を貸し付け，外部からかなり巨額の資金を借り入れていたことがわかる。
それでは，当時和産業組合の経営は不安定化していたのか。

　たとえば1921年度における借入金残高13200円の内訳を確認すると，7000
円分が長野県信用組合連合会を経由した地方低利資金，すなわち県別に割り当
てられた大蔵省預金部の低利資金であり，残り6200円は日本勧業銀行から貸
し付けられた自作農資金であったことが判明する[46]。どの借入がどの利率で
あったかは判明しないが，この年度における最低借入金利率は5.9％であり，
おそらくこれが地方低利資金分である。他の一般借入利率が和産業組合であっ
ても8.76％，高いものでは10％を超える状況の中（表6-2），相対的に多額の
資金を一度に低コストで導入できたことは，組合員に対して積極的な貸付を行
うための原資を得られたことを意味すると考えられる。

　なお，「殊に長期に渉る自作農資金の如きは日本勧業銀行に其の供給を仰ぎ，
需要者に低利に借替をなさしめ」，「短期なる養蚕資金・肥料資金の如きは手形
を以て」したとされ，資金の短期・長期の別による金利差のもたらす益を組合
員にも感じられるように和産業組合は資金を供給していたことがわかる。つま
り「勧業銀行，農工銀行より低利に借入をなし常に組合員の向上につとめ」，
自作農資金のような土地関係の長期資金は，預金部・勧銀からの用途が限定さ
れた長期資金である低利資金をもって供給することで，巨額に上りがちな土地
関係融資を，組合員にも組合経営にとっても低利の資金で賄ったのである[47]。

　表6-4からもわかるように，1920年代前半，とりわけ1921年には旧債償還
の用途での貸付金が取引高の多くを占めているが，先に見た引用の通り，これ
は組合員がその土地や事業改善のために借りていた既存の高利の負債を，用途
が限定されてはいるが低利である預金部・勧銀からの資金に借り換えたためと
考えられる。自作農資金，つまり土地関係に利用される資金であったからこそ，

表6-4　戦間期における和産業組合の金融業務の状況

年度	年度内貸付総額	件数	年度末現在高	年度末件数	年度内貸付高（金額／件数）				貸付資金用途（全取引に対して占める割合）（金額／件数）											
					無担保		有担保		肥料購入		養蚕関連資金		土地関係資金		旧債償還		農業外営業資金		経済資金*	
1921	199884	1182	183583	618	186934	1170	12950	12	45%	46%	6%	18%	23%	11%	16%	21%	6%	2%		
1923	299107	1663	220167	819	262137	1636	36970	27	31%	26%	13%	21%	12%	10%	13%	11%	4%	1%		
1925	271856	1370	273397	784	245274	1343	26582	27	34%	33%	9%	16%	18%	8%	17%	17%	8%	5%	38%	8%
1927	401307	1808	459054	969	378418	1778	22888	30	26%	27%	11%	20%	11%	5%	21%	16%	7%	3%	9%	9%
1929	439992	1850	438835	1012	417242	1825	22750	25	18%	37%	7%	14%	10%	3%	35%	21%	1%	1%	13%	12%
1931	254955	1177	505971	1089	200693	1102	54261	75	8%	25%	5%	11%	14%	3%	45%	20%	1%	0%	12%	25%
1933	126633	1130	525123	1288	102643	964	45119	166	産業資金				73%	65%					27%	35%
1935	112815	1032	488455	1238	44053	796	68762	236					69%	63%					31%	37%
1937	161418	1183	386883	1039	108074	1018	63343	165					66%	65%					34%	35%
1939	87828	782	327038	618	82208	661	26177	121					60%	40%					40%	60%
1941	114367	500	230290	515	134932	481	8821	19					60%	38%					40%	62%

注：金額単位：円（銭以下四捨五入）

＊ 和産業組合が生活のために使用する資金であると考えられる。1933年以降は項目は項目の取り方が変わるためとこれ以外の用途の詳細が不明であるためこれ以外の用途の中からいくつかをまとめてある。たとえば農業外営業資金＝商業資金・土地関係資金などである。1933年度以降は貸付以降は貸付用途の記載が「産業資金」「経済資金」の2種のみになるため、経済資金以外の用途はすべて「産業資金」である。貸付用途項目は原データすべてを含むものではない。そのため年度内貸付総額・合計件数は年度内貸付高のみとなる。合計金額・総件数は合計金額・合計件数とは一致しない。特に、1927年度の貸付項目には大きなものとして、救済融資（備荒資金・養蚕応急資金）として総額2484円（全貸付中6%）、件数97件（同5%）が含まれている。

資料：和産業組合「事業報告書」各年度版。

これらの貸付は短期で返済されることはなく，その原資たる低利資金もこの時期の年度末借入残高に残ったのであろう。一方で組合員への年度末貸付残高は当時，年間貸付総額を下回っており，円滑な資金循環の存在が推測される。

　こうした中1921年5月，和産業組合は再び，第十七回産業組合中央会大会において表彰を受けた。この際に恩賜財産特別奨励金として250円を受けているが，これを全額，新規に恩賜財産特別賞記念積立金という積立金の枠を作り，勧銀または長野県信連に預金することとしている。しかし1919年度に定められた和産業組合の余裕金の預け先はその2行に限らず，第十九銀行・信濃銀行・第六十三銀行・上田銀行・志賀銀行・神川銀行・小諸銀行といった地方銀行を含んでおり[48]，安定性を重視する記念積立金と通常の余裕金とで異なる運用戦略が選択されていたことがわかる。

　この時期の和産業組合の収入の2割前後が，組合による銀行預金からの利子収入であったことにも示されるように（表6-3），同組合は組合員への少額金融の提供を第一としながら「常に日本勧業銀行・信用組合連合会，其他地方有力なる銀行と連絡を保」ちつつ，金融ルート別・短期長期の別による金利差を活かした資金運用のポートフォリオを上手く組み，その経営の安定と発展に繋げていたことが窺える[49]。

2）和産業組合は恐慌をいかに乗り切ったか

　第5章でも見たが，昭和金融恐慌の起きた1927年は，長野県など一部の地域においては同時に，大霜害の年でもあった。よりによって銀行のモラトリアムの最中の1927年5月12日に，長野県を中心とした養蚕地域に大規模な霜が降り，春蚕の掃き立て寸前の時期にして多くの桑が株から枯死したのである。長野県下だけでも6万町歩と言われる桑園のうち，3万町歩近くが被害にあったと第一報がなされる，激甚な規模の天災であった。

　この恐慌と災害の二重の衝撃を，和村と和産業組合はどのように乗り切ったのか。ここからはこれまでに確認した預金部による救済資金供給の機能とその流れを前提としながら，当時の和産業組合のより具体的な働きを確認していく。

　災害からの復興のためには，資金が必要である。しかし被害を受けた地域は

農村部が中心であり，資金力に乏しく，そして多くの銀行は金融恐慌の影響を受けている時期であった。こうした中，長野県信用組合連合会は5月21日の時点で，所属組合に対し応急資金の供給を行うことを決定する。そのための資金としては「借入要求額多額の場合は到底連合会の自己資金だけでは不足であるから，中央金庫からも借入れることとし，深井会長上京して交渉した結果快諾を得た」[50]とあり，中央金庫—県レベル連合会—現地個別組合—被害住民という，中央から地域まで通じる，産業組合による全国的資金ルートが1927年までには確立していたことがわかる[51]。

　県信連から所属組合へのこの応急資金の貸付利率は年利7.6％とされ，県信連の通常時の貸付利率8.7％より低く設定された。県信連はまた，この資金の供給にあたって所属組合に対し，組合員に対するこの資金を利用した貸付の利率は8.7％以内にすること，という条件をつけた。同年度の普通銀行による無担保貸付利率は，最高11.6％最低9.7％，平均で10.4％であり[52]，個別産業組合が相対的な低利で外部から借り入れた資金は，組合員にも相対的に低利で供給されたのである。

　なおその後，その手続きの関係上迅速な措置とは言い難いが，7月13日には中央政府によっても，この災害からの復興資金として，大蔵省預金部資金による低利資金の供給が決定した。総額833万円というこの巨額の救済資金に際しては，勧銀・農工銀行を経由するそれまでの預金部資金の供給ルートだけでなく，産業組合中央金庫を経由するルートが初めて設けられた。

　預金部からこれら経由金融機関への貸付利率は年利4.8％であり，預金部からの貸付条件として，経由機関がその資金を貸し付ける際には5.4％以内の利率とすることが定められた[53]。長野県内の個別産業組合がこの資金を借り受けることができた場合，長野県信用組合連合会からそれ以前に資金を借り入れていたとすれば，この預金部資金に借り換えることで経営負担の軽減が可能な金利であった。

　和産業組合がこの長野県信用組合連合会，産業組合中央金庫を経由した大蔵省預金部資金から，それぞれどれだけの資金を借り入れたのかは不明である。しかし表6-2からわかるように，1927年度の外部からの借入総額は9万円を

超え，前後の年の倍近くに上っているが，その最低借入金利は産業組合中央金庫を経由した場合の預金部資金の利率となっている。また，この年の借入金残高が前後の年度と比べて跳ね上がっているのには，預金部による霜害救済資金の一部が償還期限を 2 ヶ年と設定されていたことが影響している可能性もある。

　また，表 6-4 に注記したように，1927 年度の貸付用途にはその他の年度にはあまり見られない項目として「霜害資金」「養蚕応急資金」という名称がある。これは，この年度の和産業組合の事業報告書にも

> 支払猶予令施行後，各銀行は準備金を増加し警戒に努めたる結果，一時金融の梗塞甚しかりしも，本組合にありては常に産業組合中央金庫並に県信用組合連合会と密接の連絡を保ち，産業上必要なる資金は勿論経済上資金に至るまで，何等の渋滞なく其需要を充たすことを得たり。然るに五月十二日希有の凍霜害あり，県下桑園の大部分を焦黒化し，之が為め養蚕の掃立激減し且つ繭価は前年に比し二，三割低く，農家春蚕の収入殆んど半減し人気頓に萎縮し農村経済は頗る窮状に陥り……霜害応急資金を政府に仰ぐに至れり。加ふるに夏秋季又違蚕続出し繭価続落して，痛く農家の収入を減じ，再び政府の養蚕応急資金によりて低利を以て肥料労銀等需用に応じたる[54]

とあるように，双方とも，大蔵省預金部資金から貸し付けられた資金を利用した場合に用いられた特殊項目であったと考えられる。これらの項目だけで 2 万 5 千円近い金額が組合員に貸し付けられており，和産業組合とその組合員にとって，1927 年の様々な苦境に対処する上で，産業組合の全国ネットワークを通じたこの低利の資金確保の成功は一定度の役割を果たしたと考えられる。

　このように，勧銀・農工銀行との連携，および新たに機能しはじめた産業組合による系統金融ネットワークは，恐慌期にこそその紐帯と機能が強化されていった。その一方で，戦間期以前から和産業組合が関係をもっていた地方銀行との関係性は，1927 年のこの恐慌以降，徐々に弱まっていった。

　1927 年の金融恐慌を受けて 1928 年には，和産業組合がそれまで取引をしていた小諸銀行と中信銀行を含む 9 つの銀行が合併して，信濃銀行が設立された。

1926年度時点で同行2つおよび第十九・第六十三銀行に，組合の余裕金を預け入れることと取り決めていた和産業組合は，1928年時点でも「本組合余裕金預け先銀行は前年通り，株式会社第十九銀行，株式会社第六十三銀行，株式会社中信銀行，株式会社小諸銀行及各支店となさんとす。但し右銀行中目下合同の議あり若合同の場合は該銀行並に支店とせんとす」[55]と，信濃銀行へと組織が変わってもその取引関係を維持することを決定している。

　しかし，設立時点で第十九銀行につぐ県内2位の資本金規模を誇り，預金貸出金も第十九・第六十三銀行を上回る県内最大級の銀行として発足した信濃銀行は，早くも1930年11月にモラトリアムを宣言した。信濃銀行は長野県内の産業組合による保有預金の約3割を取り扱っており，1931年の同行の破綻は県内の産業組合経営に対しても大きく影響を及ぼしたと言われる[56]。

　和産業組合にとってこの信濃銀行の破綻はどれほどの影響があったのか。1931年の事業報告書には「信濃銀行預金処置に関する件　株式会社信濃銀行預金処置に付ては役員に一任する事に満場一致決議」とあり，和産業組合も信濃銀行に預金していたことが判明する。しかしながら同年の事業概況には「金融の梗塞は未曽有の有様なりしも幸ひ本組合は支払制限をなせし銀行とは取引関係至って少なく」ともある。和産業組合は1929年時点で余裕金の預け先を，第十九銀行・信濃銀行・安田銀行・第六十三銀行の4行と指定しており[57]，それ以前には取引記録の見受けられない安田銀行を新たに加えていた。資金運用先をあらかじめ信濃銀行からさらに分散させたと考えられる。

　和産業組合はこのように金融恐慌を，系統金融ネットワークによる低利資金の導入と，余裕資金運用先の多様化によるリスク分散によって，経営への悪影響を最小限に留めて乗り切った。またその上で，繭価下落と災害で打撃を受ける地域経済に対して，低利な少額金融を供給することに成功した。そして，組合経営がこの時期にも安定し続け，低利での少額金融機会を継続して提供しえたことは，地域住民にとっては救済ともなりえたと考えられる。

　1931年の事業報告書には「貸付金の回収に付ても，財界の不況より来る収入源とその打撃を斟酌して金利の低減を計り，財界の苦境緩和に努めたり」と書かれている。この年の信濃銀行のモラトリアムをはじめとする金融梗塞は，

繭価の下落傾向に並んで組合員に対しても一定度の影響を与えたと考えられるが，この文言を見る限り，和産業組合は旧来の貸付の低利借換を行うことで，組合員を債務不履行から救ったと考えられる。

　実際，表6-4に見えるように1931年の貸付は，繭価下落により養蚕投資そのものが減少したためか総額が一気に下落しているものの，その中で目立つのは旧債償還のための貸付である。この用途の貸付の多さは，従来の負債をその年には返済できなかった世帯がこの年どれほどあったかを物語る。経済資金と呼ばれる，組合員の生活資金用の融資の件数も多い。こちらは件数の割には貸付総額に占める金額が小さく，一件あたりの金額は少なかったことがわかるが，いかに当時わずかの生活資金にも困窮する世帯が多かったかを知らせている。

　もっとも，1933年以降は貸付資金用途の分類項目が変更され，経済資金と産業資金の2種類になってしまうため，残念ながら表6-4を見てもどれほどの資金が肥料や土地などのための生産資金としてこの時期利用されたかは正確にはわからない。なぜなら，1933年には金額にして7割以上を占める「産業資金」の項目は，営業報告書によれば「肥料資金を初め総ての生産資金に付ては低利融通をなし」とされるものの，それ以前の貸付用途ごとの比率から考えれば，そこには旧債償還資金が，すなわち低利資金による負債の借換が含まれていると考えられるからである。

　しかしこれは逆に，低利である代わりに養蚕業のための改良資金など用途制限が付されて貸し付けられ，旧債借換の用途では貸付不可能である場合が多かった預金部からの資金が[58]，現場の産業組合側で，旧債借換のための資金を必要としている組合員に対して，産業資金という名目で貸し付けられたという，裁量的な融通の事例である可能性がある。

　たとえば，やや時期は下るが1936年頃，預金部資金から経済更生資金が和産業組合に供給された際に，「貸付金の回収良く貯金も亦漸次増加の趨勢」[59]という営業状態にあって，経済更生資金の貸付条件を組合側が設定しなおした草案からは，組合が現場で貸付条件を事実上緩和していた様が窺える。

　　　　経済更生資金貸出要項

一，組合員の災害又は財界恐慌の重厄を蒙る者受けるもの，適当なる更生
　　計画を樹立て実行せるものに限り貸出すものとす

一，此貸出金額は一組合員に付五百円以内とす

一，利率は年四分七厘以内とす

一，本資金の貸出は五カ年以内の定期又は十カ年以内の年賦償還によるも
　　のとす

一，本資金の用途，其更生計画に添はざるときは，申込期限の利益を□□
　　直に償還せしむるものとす……

　［付け書き］負債規程に付ては特別融通資金の運用により金利の引下げを
　計ること[60]

　このように，和産業組合の組合員であれば，恐慌の打撃を蒙って何らかの農家経営再建策を打ち出したという体裁を取れば，預金部からの低利資金である経済更生資金を借り入れることが可能だったのである。

　1930年代の厳しい農村不況下において，和産業組合は組合員に対し，肥料や土地などの新規生産のための投資資金・回転資金を供給するための機関としてではなく，負債整理および生活資金の供給を行う機関として働いた。これらの資金をもし和産業組合が用立てすることができなかったならば，多くの人々が路頭に迷っていたかもしれない。和産業組合が少額金融機会を提供しつづけることができたということは，当時同組合が地域住民のためのセーフティネットとして機能することができたということを示している。

　残念ながら村内のどういった所得階層がこれらの金融機会を利用したのかは現状で参照可能な資料からは不明だが，産業資金に含まれると考えられる低利資金の供給に加え，1930年代以降，経済資金の供給割合は常に増加傾向にある。また少なくとも1930年代中，組合員の数を超える広範な少額金融機会を，和産業組合が提供していたことは事実である。

3)　地域経済のための新たな模索——モノカルチャー脱却を目指して

　和産業組合は表6-2・表6-3からもわかるように，戦間期の長期不況期にも

経営的な利益を計上し，ほぼ毎年組合員に対して配当金を出している。表 6-3 の収入内訳から，そして前項でも確認したように，それは資金調達と余裕金運用の成功に基礎を置くものだった。貸付金収入と運用益によって利益を得ていたことを考えれば，和産業組合は利潤を追求する金融機関として，その経営に成功していたということもできる。しかし産業組合は協同組合であり，その存在は組合としての経営利益を追求するためにあるものではない。

> 凡そ人の世に処するや，衣食住に不足せず，身に相応の生活を為し，忠孝の道を全うし，子孫を撫育し，以て国運を振興ならしむるほど楽しきものあらず……信用組合は多人数相集りて組合を為し，少額の資本を投じ，之を一にし互に借り合ひ貸し合ふものにして，各人にとりては，誠に僅の高なれども，集めて一とすれば一基の資本となり，之を借り得たる人は耕作の肥料とも為し，亦養蚕の桑代とも為し得べし。然るときは，貧しき人も容易に資本を得るの途ありて，各々応分の生活を遂げ，人の人たる道を尽すことを得べし[61]

　1903 年に和産業組合の創設者深井功がその設立の趣旨をこう語ったように，組合員の生活を改善または保全し，その家庭を維持し，次世代を育成することこそ，産業組合にとっての成功なのである。

　こうした根本の活動目標は，産業組合の経営内容にどのような影響をもたらしたのか。たとえば戦前期を通じて，和産業組合は経営上の損失を出したことがなかったが，一時的に会計上，損失金を計上したことがあった。具体的には 1928 年度，9424 円の損失金を貸借対照表上に一時的に計上し，これを準備金を取り崩し，出資金に振り替えることによって解消するという流れであった。

　1928 年という金融恐慌の翌年であり，貸付利子収入や預金利子収入などにおける失敗のために損失を出したと思われる時期ではあるが，そうではない。同年における総収入は 69825 円，そのうち大きなものを挙げると，貸付利子収入は 42396 円，銀行預金収入 12580 円，購買部収入 8590 円であり，前後の年度と比べても遜色のない収入状態である（表 6-3）。通常時の主な支出項目と比べても，貯金利子 30956 円，借入金利子 2833 円，給与 9831 円と，そう突出し

た支出額になっているものはない。

　それでは何が1928年に，7万円程度の収入に対して支出総額79250円という，支出超過をもたらしたのか。これは，この年度にのみ支出項目に計上された「記念費」23498円によった。和産業組合は1928年に創立25周年を迎えており，詳細は不明だが，名目上はこの記念のための費用であったと考えられる。なお，記念費のうち11133円は配当金として組合員に配られ，さらに2243円が恩賜財産賞記念積立金の中に追加で繰り込まれた[62]。この記念費とは別途準備金4572円も例年と同じく新規に積み立てられており，1928年度に和産業組合が経営的に失敗して損失を出したわけではなかったことがわかる[63]。

　それではこの年，準備金を取り崩し1万円近くを出資金に振り替えることで，和産業組合は何を行ったのか。「販売部及び利用部の活動如何は産業組合発達上最も密接なる関係を有するを以て」，この年に和産業組合は「本年度御大典事業の協議と共に定款を変更して利用部を増設」している。この利用部は「精麦米製粉機を始め圧麦機脱穀機は毎日十五馬力の電動力により一時も間断なく使用することを得て，組合員の利用を得る」ものであった。

　和産業組合の財産目録を見ると，15馬力の電動機によって一括で動かす各種機械を新規に設置した32坪の精米所の建物に，約1400円の資産価値が計上されている。また，機械についても3555円の資産価値があるものとして，この年度から新たに項目が追加され，記載されている。こうした，新規事業に対する投資の会計上の処理として，損失金計上からの準備金取崩での増資，という手段が取られたものと推測される。

　この新たな事業への進出そのものは事業報告書を見る限り，すでに1920年から企画されていた。損失計上という経営上の不利を押しての新規設備投資の展開は，和産業組合がこの時期，相対的低利での少額金融機会の提供以外に，地域社会に対して何を成そうとしていたのかを窺える行為の一つであるといえるのではないか。

　すでに述べたように，1919年に和産業組合は販売・購買事業を開始した。1926年には販売部，つまり組合員の生産物を外部市場に販売する部門に，専任者を置いている。この業務は設立初期から米の取引が中心であったが，米以

外についても，発足間もない 1921 年に「販売品に付ては組合員の生産品助長奨励を計り，薪炭醸造品其の他副業品依託ありしものは有利販売の途を講」ずることが意識されていた[64]。ここにはしかし，村内経済を大きく支えていたと考えられる繭が含まれていない。つまり，和産業組合の販売事業は繭の取引に進出しようとするのではなく，生産物多角化の方針を打ち出していたのである。専任者を置いて以降も，「庭園利用の果物，空地利用の草幕等を初め，一般農蚕物及副業品の拡張と其販路を考究せり」として，やはり繭以外の生産と販売に力を注いでいく方針を表明している[65]。

繭価は戦間期以前の段階から市場変動が激しく，登り調子であった明治期にあっても和産業組合長は「新なる機会方法を用ふる者は愈々富み栄え，之を用ふる能はざる者は……終には貧困の極に沈み果てぬべし」[66]と，浮沈の可能性を危惧していた。こうした認識の下，大戦景気を迎えるはるか以前の 1914 年 4 月に，和産業組合は宅地を利用した果樹栽培などはどうかと，菓子胡桃の苗木を組合員に配布した[67]。養蚕業に特化したモノカルチャー経営の弊害をいち早く警戒していたと思われる，産業組合長の発案によるものであった。

この胡桃生産は，事業報告書で確認できる限りでは，「前年来着手せし宅地利用の菓子胡桃」として，販売業務専任者が置かれた翌年 1927 年から和産業組合によって取引が開始されている。1929 年には「御大典記念事業として宅地利用を主として植付たる菓子胡桃は其の収果を見るに至りしを以て販売に意を注ぎ中央市場にて販売するに至れり」と報告がなされているが，こうした胡桃などの果樹栽培は和産業組合と和村にとってどのような意味をもっていたのか。

　　「信濃胡桃」で負債整理　和村信販購利組合
　　信濃胡桃のレッテル付で，東京三越から，外国へ迄どしどし売られてゆく近頃もって，朗らかなトピックが，伝へられるがそれまでには並大抵でない苦心がある。
　　産業組合運動の第一線に立つ先駆者，本県産業組合発達史の一頁を綴る功労者県信連会長深井功氏の居村，小県郡和村がそれで，氏の努力の結晶

だといふ，もともとこの村は六百九十戸の農山村，田が二百六十町九反歩
に，桑が四百九十町九反歩，畑が四十町歩に山林が三百三十四町九反歩，
原野が六町五反歩といふ耕地用式，米は六千六百八十八石内二千六百八十
八石から売り出され，大麦も千四百五十九石内二百二十六石，小麦は七百
五十石内五十石，大豆が二百四十八石で六十八石が売り出される外，馬鈴
薯二万五千七百六十七貫，大根が四万四千九百八十一貫，漬菜が五万七貫
といふ収穫，繭は六万一千九百三十六貫といふのがこの村の生産統計。

　だが養蚕偏重の祟りはこの村も免れずそれに信濃，小諸，神川の三銀行
への預金の不回収や投資やで一戸当り千二百円からの借金を背負込んでい
るのでその負債重圧に村人は苦悩した，この絶望から黎明への救ひが「信
濃胡桃」の産出であり，負債整理への効果的な一資源である，いまその計
画を紹介すると負債千円として年利六分の元利に対して，一反歩へ十五本
の胡桃を植える，五年間はならぬが，六年目からは一斗五升の胡桃がなり
初めるのだが平均一升三十銭には売れているから四円五十銭，これを千円
の元利償還へあてて……二十四年目になると二百七十円の収入で元利減償
して二百十円二十五銭となり差引六十四円からの収益をあげ，即ち五ヶ年
据置十九カ年賦償還が確実だといふのが，この数字上の事実だ，昭和九年
は全村四百石，一万二千円のとり上げだといふ。

　こうした的確な数字に立脚して早くも大正元年に，御大典記念事業とし
て，深井功氏の発案で苗木一本づつを各戸に配布したのがその初まり，今
では一戸十本八千本からの宅地荒塵地利用の胡桃によって，息吹き初めた
といはれ，販売は全部組合で統制し，その外苗木も七万本を栽培し今では
鳥取，福島，滋賀各県へ移出しているといふ[68]。

　1935 年には，長野県内でこのように喧伝されるほど，和村の胡桃は有名な
商品となっていた。1934 年の地方新聞『新愛知』にも「小県和村の廿四年計
画」として「胡桃の収穫で借金を償還」「一反歩に信濃胡桃十五本を植栽……
一本から一斗五升（三升三十銭として一本四円五十銭，十五本で七十五円五十銭）」
「二十四年目には，農家が多年悩まされていた借金が追済されその上六十四円

八十七銭の収益が浮くと云ふ勘定である」「その成績は各方面より注目されている」と紹介されている[69]。

　ここで記述された借金返済計画と胡桃の植付本数やその収益見積もりは，異なる媒体であるにもかかわらず同内容である。これは，和産業組合自体が，胡桃栽培による詳細な収益計画，いわば資産運用設計を行い，その情報を明示的に提示していくことで，組合員の胡桃栽培への勧誘および外部への広報を行った証左であると考えられる。なお，1933 年には和村の菓子胡桃は全国 1 位の生産を誇った[70]。その頃には「胡桃の販売を初め胡桃の品種改良栽培の改善等により養成したる苗木」の販売にまで至っていた[71]。

　1920 年代以降，養蚕に頼りきった農家経営は危険だと中央政府の農林行政も認識し，政府による農家経営多角化の奨励も積極的になった[72]。しかし和村の場合，養蚕以外の生産を推奨する流れが，和産業組合によってすでに 1910 年代中盤から見られた。その中で同組合は胡桃を自地域の新たなブランド商品として選んだ[73]。

　和産業組合は優れた金融手腕によってその経営を長期不況期にも安定させていたが，その計算能力をもって胡桃栽培についても収益計画を組合員に提示した。そして農家がその農業経営戦略を転換し，新規事業を展開すると決定した場合，和産業組合はそのための肥料や苗木や設備などに組合員が投資するための資金を金融的にバックアップすることができた。和産業組合は政府の動きに先んじて，地域経済のモノカルチャー脱却のための活動を行い，かつそれを具体的に支援していくことができたのである。同組合が蚕糸業のモノカルチャー路線からは距離を置いていたことは，1928 年における組合製糸に関する調査からも窺える。

　　組合製糸の件に付ては先年来当組合に於ても研究中の処，今回政府並に県に於ても農村振興策として奨励しつつあり。此の時期に於て組合製糸の設立は最も機宜に適したるものならんも尚ほ研究を要すべき点多々あり，此際二十名の委員の選挙を満場に諮る……本県及支会より懇遇せられたる組合製糸に付ては昨年総会に於て挙げたる委員により研究せしも，本村は他

に比し繭も相当の価格に売行居るを以て財界の推移を見て改めて図ること
となし延期する事になしたり[74]

　政府や産業組合系統組織の上層からの要請があり，「機宜に適したるものな
らん」と利益が上がる可能性があるものであることを認めた上でなお，和産業
組合は養蚕業の維持発展を目指す組合製糸業務に手を出すのではなく，養蚕以
外の商品作物を村民にアピールしていくことを選んだのである。

　もっともこうした菓子胡桃の生産は，1930 年には産業組合組織による全国
的な販売網に乗り「信州胡桃今日の声価」と誇るものになったとはいえ[75]，養
蚕や米ほどの生産額にはならなかった。たとえば 1935 年の段階で和村の胡桃
生産量は 129 石であり，価格は 3225 円である。2 万 3 千貫を超える生産を行
い 8 万 8 千円以上の収入を春繭だけで叩き出している養蚕業には，及びもつか
ない小規模な産業であった[76]。しかし「土質を選ばぬ」「栽培容易」「宅地利用
に」「輸出販路は広い。需要は無限である」「栄養価が非常に多い」「貯蔵が利
くから現金の必要な時に何時でも売る事ができる」「多角経営の一角に」[77] と
いった視点が当時からもたれていたことに注目すべきだろう。

　主要な現金収入を養蚕と米に頼る農家経営の多い中，そのようなモノカル
チャー経済からの脱却の方向性を中央政府よりもいち早く打ち出したのは，和
村の場合は地元の産業組合であった。戦後から 21 世紀現在に至る長野県農業
経営の果樹栽培への方向づけは，和村においてはすでに大正期から，現場の産
業組合の主導で行われていたのである。

5　小　　括

　1930 年代の和産業組合の経営は，外部資金の導入にあたっては一般銀行と
の取引関係はほとんど途切れ，預金部や産業組合の系統金融ネットワークから
の低利資金を用い，これを組合員に対してやはり相対的に低利な支援資金とし
て供給するという型が形成された。表 6-4 を見ると，1930 年代後半において

和産業組合が提供した少額金融機会のほとんどが経済資金，つまり生活資金の供給であったことがわかる。

　経済資金の貸付が一件あたり少額であったことに加え，貸付件数自体の減少もあり，この時期の和産業組合の総収入の中で，それまで大宗であった貸付による金利収入が占める割合は低下した。代わりに，販売や加工といった部門での収入が増加している（表6-3）。これは，胡桃生産の拡大にも見られるように，和産業組合が行ってきた農家経営方針転換のためのアピールが，和村の経済構造に一定の影響を与えた証左であると考えられる。

　先行研究ではすでに，戦間期における産業組合は，系統金融機関の全国的ネットワークを通じた，中央政府による救済資金などの供給を，実際に地域経済の中で受け皿として担う機関であったことが指摘され，そのことが議論の前提とされてきた[78]。本章はしかし，産業組合を政策金融の現場での受け皿とするための機構が確立し，政府と地元の産業組合を繋ぐ系統金融のネットワークが機能するようになったのは1920年代，それも金融恐慌後の後半期以降であったことを明らかにした。戦前期を通じて，個別の産業組合はあくまで個別の協同組合制度の上での経営体として，個別地域の中で発足し発達してきたのであり，それらを広域的に連携させる系統金融の機能は，所与のものではなかった。二つの大きな大衆資金ネットワーク，産業組合系統金融による資金ネットワークと，郵便貯金を基盤とした預金部資金のネットワークは，戦間期の経済危機に対処する中で新たに接続し，地方経済の困難に対応する一つの大きな金融ネットワークを形成した。そして，その現場の末端に位置づけられた個々の現場の産業組合は，ただ政府や系統金融機関からの低利資金を上から流していくだけの仲介役であったわけでもなかった。

　たとえば和産業組合は戦間期の長期不況の中，ただ少額金融を組合員に供給するだけでなく，新たな農学経営戦略を企画し，村内全戸に及ぶ傘下の農家に対してその農業経営戦略の新規展開や見直しを提示するとともに，村民の経済的苦境を打破すべく新規に事業を展開させていった。

　こうした中，和村社会の安定性と平等性はどのように推移したのか。図6-1を見ると，和村のジニ係数はほぼ全国平均なみ，村部としてはむしろ平等性の

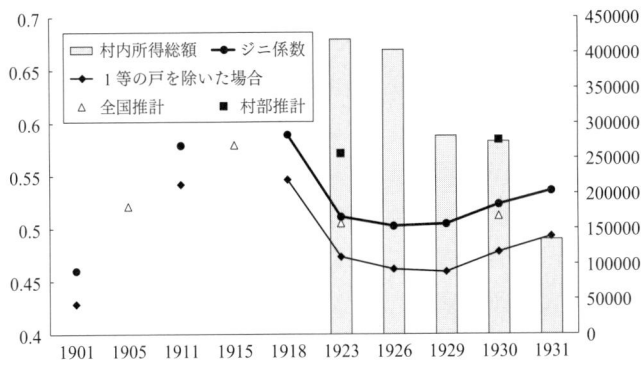

図 6-1　和村のジニ係数の推移

注）左軸＝ジニ係数，右軸＝金額（単位：円）。ジニ係数は1918年までは納税額から，1923年以降は所得額から算出。1918年まではジニ係数＝1 −（全世帯数に占める等級ごとの世帯数の相対度数×戸数割税総額に占める等級ごとの税額の累積相対度数）の総和×2として推計している。ただし，戸数割税は高額所得者に対し累進的に課税していることが1923年以降の納税額と所得額のデータから明らかであるため，納税額から算出されている1900〜10年代のジニ係数の推計値は，所得データから算出しえたものより高く推計されている可能性には留意が必要である。

資料）和村役場「県税戸数割賦課額等級表」各年度版。全国推計・村部推計は南亮進『日本の経済発展と所得分布』岩波書店（1996年，108・141頁）による。

高い水準を維持して推移していることがわかる。和村の社会経済的構造は，金輸出解禁前後の不況の余波による劇的な不平等化こそ避けられていないものの，村内所得の急激な落ち込みに鑑みれば，それは貧富の格差をもたらす窮乏化というより，より全般的な窮乏化であったと考えられる。

　この劇的な村内経済の衰亡に瀕してなお，ここまで見てきたように和産業組合は，その貸付規模こそ縮小したものの低利融資を続け，村内の経済活動の維持と多角化に向けて様々な活動を行ってきた。結果として，和村は大きな人口減少を招くこともなく，村内余剰人口を解消しなければならないという圧力もなかったためか，村を挙げての満洲移民計画を企画することもなかった。和村は戦間期の長期不況期を，まがりなりにも経済的・社会的安定性を維持して乗り切ることに成功したといえる。

　外部とも連携をもち良く機能する協同組合組織が地域に存在することは，それ自体がセーフティネットとして，地域経済と社会をその危機から生きのびさ

せる役割を果たした。次章ではそうした外部との窓口，地域内での少額金融機会の創出と資金の蓄積をもちえなかった地域では，同時期にどのようなことが起こりえたのかを確認する。

第7章

産業組合不在の影響
——満洲移民の背景——

1　はじめに

　戦間期は，農村の危機の時代であった。1920〜30 年代のこの時期，世界的には農産物と工業製品の価格差がより拡大し，日本国内では打ち続く恐慌と自然災害が起きた。化学繊維が発明されたことによる，当時の日本の主力輸出産業であった絹の競争力の低下は，現金収入の多くを養蚕に頼っていた農家の経済を直撃した。結果，婦女の身売りや欠食児童といったショッキングな話題とともに，農村部の経済的苦境は当時の一大社会問題となった[1]。

　こうした経済上の動揺がやがて，日本国内でもクーデターや暗殺事件などの社会的動揺を誘発し，1931 年の満洲事変や，ひいては日中戦争，太平洋戦争の開戦へと繋がり，その中で国家を挙げた移民政策である満洲移民の送出を招くこととなったのである。約 27 万人が農業移民として移住していったこの現象は，それが第二次世界大戦の敗戦とともに悲劇的な顛末を生み出したことにより，戦前戦後を通じて新大陸に移動していった他の日系移民に関する記憶と比べても，いっそうショッキングなものとして日本社会の中に意識されている。

　しかし，これだけ大規模な移民現象であったにもかかわらず，満洲移民の社会経済的評価は定まっているとは言い難く，何がこれだけの大規模な移民を創り出した要因であったのか，日本社会と経済のどのような要素が現実に人々を移民へと駆り立てたのか，先行研究の中でも統一した見解や有力な説が確立さ

れているわけではない。

　満洲移民に関する研究はその多くが，実際に満洲に移住していった人々による記録，オーラルヒストリーの形で積み重ねられてきた[2]。その一方で，経済史を含む歴史学の立場からは，満洲移民に関する研究は従来，移民研究というよりはむしろ帝国主義研究，植民地政策研究として積み重ねられてきた面が強く，個別地域の事例だけでなく，農村経済更生計画を含めた満洲移民政策の政策的議論の展開や，軍を含めた関係諸機関や法制度の制度史，満洲現地での農業政策と農業生産についての知見が蓄積されてきた[3]。

　こうした中で満洲移民については，中央政府の政策的影響こそが強かったとし，移民を送り出す現場における地域経済の状態に関しては「満洲農業移民の送出は，経済的な要因で大きく左右されはしない」ものであったと評価する先行研究もある。しかしそうした見方の中でも，一方で「満洲農業移民事業は，余剰農家を満洲へ送り出すことで，農村の土地飢餓問題を解決し，これによって社会不安の解消を意図していた」として，政策立案の経済的背景たる農村窮乏は，満洲移民研究の中でやはり常に意識されてきた[4]。

　他国の事例にしても，たとえば1840年のじゃがいも飢饉を背景としたアメリカへのアイルランド移民や，20世紀後半における先進国である西欧諸国への旧植民地諸国・東欧からの移民を考えても，大量移民の背景には移民送出元における経済的困窮や貧困の問題がある。戦前日本における満洲移民もまた，中央政府による政策的支援があったとはいえ，実際の送出を多かれ少なかれ決定づけた要因には，各地の地域社会が社会経済的にその人口をそれまでの生活水準で維持できなくなったことがあったといえる。移民問題とは，政策や政治的環境によるプル要因だけで説明されるべきものではなく，実際に移民となる人々が元々の地元で直面していた状態をもプッシュ要因として理解すべきであろう。

　もっとも，「貧困即移民」とする図式そのものには，本書も先行研究同様に疑義を差し挟むものである。たとえば養蚕不況により困窮した長野県は，日本の中でもとりわけ多くの満洲移民を送出した地域であり[5]，また，長野県における満洲移民行政の有効性，人々を満洲移民へと掻き立てた影響力については，

すでに先行研究の中で統計的にその有意性が指摘されている[6]。貧困をプッシュ要因，政策をプル要因と考えれば，長野県全土で移民の送出が見られてもおかしくはない。しかし実際のところ，移民の実態には長野県内でも地域差があり，前章で確認した優良な産業組合の存在した長野県和村では，村全体で経済的没落と困窮が見られたにもかかわらず，村として満洲移民の話題が出ることはほとんどなかった。

　この事実からは，経済的によく機能する協同組合のようなセーフティネットとなりうる共同体が地域に存在することが，不況や産業構造の変化といった要因に起因する経済苦境に際して，地域住民の社会的安定の維持に大きく貢献するということがうかがえるのである。

　満洲移民を含めたこれまでの日本における移民研究では，移民の出身地の社会経済的要因に関する分析の一環として，「出移民が地域的に偏っているのは何故か」という問題にも焦点が当たってきた[7]。その中では個別村内の農業を含めた産業の盛衰と，村の共同体的紐帯の強さが注目されてきた。しかし，こうした社会的資本とも呼べる共同体的紐帯の機能はすでに確かに意識されてきたが，それらは地域内に限ったものとしてしか意識されておらず，また共同体の金融を含む経済的機能に対する注目ではなかったように思われる。

　そこで本章は組織や共同体のもつ，より経済的な機能，およびその外部ネットワークとの接続の有無に注目する。つまり，近代になって成立した協同組合のような新たな経済組織と金融ネットワークの効果に注目するのである。

　とりわけ近代日本の戦間期において地域現場の産業組合は，自ら地元で預金を収集し大衆資金を蓄積するだけでなく，産業組合中央金庫を中心とした系統金融および大蔵省預金部資金という，全国的な大衆資金ネットワークと繋がることができるようになった。地域経済の現場が金融的に孤立することなく，全国的な金融ネットワークとの連携によって生活のために必要な資金を確保し融通できるようになったことが，地域経済の安定を下支えする重要な要素だったことを，本書はこれまで確認してきた。大衆資金ネットワークは言うなれば，戦間期という未曾有の農村の経済危機時に，地域社会にとってセーフティネットとして機能しうるものとして日本社会の中に登場していたのである。

　もっともこの評価は，あくまで成功事例から見た推測に過ぎない恐れがある。そこで本章は，村内に大衆資金を集積し運用する系統だった組織がなく，外部の大衆資金ネットワークとの接続を担う組織も存在しなかった場合，地域社会はどのようにこの時代の経済苦境に立ち向かったのかを見ていく。また，そういった，大衆資金ネットワークから孤立した地域に対して，ネットワークの側からはどのような対応が取られたのかも確認していく。

2　清内路村という事例

1）近代の清内路村の概況

　ここで本章が取り上げる事例は，第5章でも少々ふれた，長野県下伊那郡の清内路村である。清内路村は産業組合運動の活発な長野県において長らく産業組合をもたない村であった。また，近世からの行政区をそのまま近代に持ち越したため，近世来の組織や慣習が他の村と比べても色濃く残っていた[8]。

　清内路村は長野県南部，飯田近くの山村である。近世から上下二つの部落によって成り立つ村としてあったこの村は，明治に入り他村との合併経験などを経ながらも，それらは一時的なものに留まり，最終的には1889年以降21世紀に入るまで清内路村として近世期の行政区を維持する形で一村を形成していた。

　1889年における人口は1401人，戸数は259である。耕地面積は田畑合わせて97町9反26歩だが，山村であるため，そのほとんどは畑であった。一戸あたりの耕作面積は3反7畝であり，この零細な耕地で近世以来19世紀中は煙草生産が，20世紀に入ってからは養蚕のための桑が主要作物となった。これに加えて近世期から主な産業として林業があり，材木の売却に限らず炭焼きもまた現金収入源として大きな役割を果たした[9]。大正期までには，村内の産業は養蚕と炭焼きによってその現金収入を賄い，食料についてはその現金収入に頼り外部から購入するという生活の流れが，清内路村にはできていた。

　村内の行政は，道路の整備や共有林の手入れといった，実労働を要し村内経済に大きく影響を及ぼす分野についても，村ではなくその下の単位となる上下

の部落組織，すなわち区会が担った。大正期以降は名目上村有林となったとはいえ，共有地という財産の管理は区が担ったのである[10]。区は毎年の予算を企画，執行し，そのための収入源として区会員に対する徴税権も有していた[11]。清内路村では区という地理単位の組織が，非公式の行政組織としても生活上の強力な共同体としても，大きな役割を果たしていた。

　それでは戦間期，具体的には 1920〜30 年代に，清内路村はどのような状況にあったのか。1933 年の清内路村役場が作成した『村勢一覧』から見ると[12]，当時の清内路村は本籍人口が 2149 人に対して現住人口が 1933 人であり，明治期と比べ人口が増加したことに加え，30 年代の不況を受けてか，村外へ働きに出る者が人口の 1 割程度いた可能性が高いことがわかる。戸数は 389 であり，平均して一世帯の人数は 5 人から 6 人であるところに，学齢児童は 452 人であった。各家族に平均 1 人は小学校に通う年代の子供がいる，子供の多い環境であった。明治から大正にかけての養蚕業の発展と大戦景気などの好景気が，清内路村にとっても世帯規模の拡大を許すだけの経済的余裕を生んでいた。

　職業としては自作農が 308 戸，自小作が 64 戸となっており，小作農のカテゴリーに計上された数値は無く，当時の清内路村には純粋な小作農と称せる農家は存在しないと当事者たちによっても認識されていた。清内路村では小規模な農家が，相対的に平等性の高い社会を築いていた。

　なお，当時全国的にその設立が称揚されていた農事小組合は村内に 23 組合あり，その組合員数は 372 人と，全農家戸数と同数であることから，全農家世帯が加盟していた可能性が高い。農会についても，その会員数は 373 人であり総代人数が 20 名となっていることから，農事小組合とほぼ同様に村内の全農家を糾合し，同じような組分け組織をもっていたと推測される。一方，養蚕組合については村内に 3 組合，組合員数は 41 人であった。養蚕戸数が 254 戸であったことと，後述するが当時の清内路村はその産業がかなり養蚕に偏っていたことを考えると，養蚕組合の組織率はかなり低いものだった。

　産業構造を見てみよう。村内の総生産は表 7-1 に見られるように，農業と蚕繭糸生産が村内総生産のほとんどを占めている。しかし 1930 年から 1932 年までの間，養蚕はその生産量の変化の少なさに対して生産額は大きく低落傾向に

表7-1　清内路村内総生産（単位：円）および一戸あたり耕地面積

年度	総額	農業	蚕繭糸	工業	林業	一戸あたり生産物総額	耕地反別（田，歩）	耕地反別（畑，歩）	養蚕収繭量*（貫）	桑園反別*（歩）
1930	162995	76650	60400	3345	21250	409	6	37	61	48
1931	109374	53149	50532	3658	12800	260	6	37	71	48
1932	130646	50012	53730	1329	25146	326	6	37	不明	48

注）水産・畜産は少額のため省略。総額の不一致は原データの表記ママ。*の項目は養蚕家一戸あたり。
資料）清内路村『昭和八年四月調長野県下伊那郡清内路村勢一覧』（1933年，清内路郵便局所蔵文書，じ2-11-5-19）中の複数の表

あったことが見て取れ，この時期の繭価格の下落が村内経済にいかに大きな負の影響を及ぼしたかが窺える。

　それでも1930年代初頭において，繭の生産量に変化がないことからも窺えるように，村内の主要産業は養蚕であった。1932年度には清内路村の畑地は土地台帳上は1163反であるにもかかわらず，桑の作付面積は1312反に及んでいた。本来畑ではない場所にまで桑を植えて，養蚕をまかなっていたと考えられる。これに対し蔬菜類は287反，果実類45反であり，水田の少ない清内路村では，養蚕によって現金収入を確保することが，この時期もなおほとんどの世帯によって堅持されていた経営方針であったことがわかる。

　主要な工業製品は製糸業関係の部品であるギリであり，工場数20を数えたが職工は21人に留まった。1933年度の生産額は2400円と，家庭内での小規模な生産だった[13]。なお，近世からの名産であった櫛の生産は工場数十に職工11人，生産額1258円であった。工業生産は清内路村の経済にとってあまり大きくはなく，むしろ村有林14206反，私有林5939反のうち，公有林からの薪炭1500貫，私有林からの用材560石・薪炭3300貫生産による，総生産額25146円分の方が，養蚕や農業生産の落ち込みをカバーしうるものであった。もっとも，同表からうかがえるように，林業のみで養蚕関係の生産額を完全に代替することはやはり不可能だった。

　1930年代初頭の養蚕業の生産額の減少は，生産量の減少ではなく市場価格の下落によるもので，その意味では清内路村の養蚕農家が自力のみで解決でき

る問題ではなかった。また，清内路村に限った話ではないが，1930 年代には
対米輸出が減少し日本の製糸業全体が沈滞した結果として，長野県内における
製糸業への女性の出稼ぎ労働も減少した[14]。清内路村で製糸女工がどれだけ存
在したのか正確な数は不明だが，こうした出稼ぎの減少も，養蚕収入の減少と
相まって農家収入を減少させたと考えられる。

　元々養蚕は好景気の際にも市場価格の変動が激しい商品であり，また蚕卵紙
の購入や桑への施肥などによる現金支出が嵩む産業ではあったため，一時的な
借金を行った上で養蚕業を営む中小農家は清内路村にも少なくなかった。しか
しこの長期不況突入以前には，借金は繭価格の上昇とともに返済しきれるはず
のものだった。したがって，養蚕を大きな収入源としていた長野県内の多くの
農家は，生糸・繭価格が下落していく戦間期に，経済危機を迎えることとなっ
た。清内路村もその例外ではなかったのである。

2）金融恐慌の影響と村内での対応

　繭価の下落は全国的に，1925 年頃からすでに顕著になっており，清内路村
の経済にもその頃から影響が出ていたものと考えられる。とすれば，1927 年
の金融恐慌と，同時期の長野県を中心とした甚大な霜害は，どのような影響を
清内路村に与えたのか。

　他章でもすでに見てきたが，あらためて確認しよう。1927 年に昭和金融恐
慌が発生し，事態の鎮静化のためにモラトリアムが設けられた。このモラトリ
アム期間中に，長野県を中心として大規模な霜害が発生した。この地域は日本
の絹産業の主力生産地帯であり，主な被害は養蚕農家の桑に発生した。

　養蚕業は蚕卵紙の購入や桑への肥料など季節的な回転資金の必要な産業であ
り，多くの農家は元々こうした投資資金に加え租税支払いや食料購入といった
現金のやりくりに追われていた。その上，金融恐慌による銀行など貸し手の貸
し渋り，さらに霜害によるそのシーズンの養蚕収入の杜絶が生じたことで，長
野県は大きな金融危機に直面することとなった。

　第 5 章で詳細を確認したように，この危機に対して中央政府は，大蔵省預金
部資金を融通して救済融資を実行した。災害の規模そのものが大きかったとい

うこともあるが，養蚕産業の状況を踏まえ，その総額は霜害に対する救済融資
としては未曾有の規模のものだった。

　　　　議案第一号　電霜害救済資金融通の件
　昭和二年四月乃至六月に於ける福島，栃木，群馬，東京，山梨，長野，岐
阜，岡山の各府県の電霜害に対する救済資金に充てしむる為預金部より日
本勧業銀行，被害地農工銀行及産業組合中央金庫に対し左記条件を以て総
額八百三十三万円を融通すること
　　一，融通の形式　勧業債券，農工債券及産業債券の引受に依る
　　二，融通利率　預金部の債券引受利率は年四分八厘，日本勧業銀行，農
　　　　工銀行及産業組合中央金庫の貸付利率は年五分四厘以内とす
　償還期限　桑樹改植資金は五ヶ年以内，其の他の資金は二ヶ年以内とす[15]

　預金部によるこの決定を受けて，長野県では県が，各地方自治体にその被害
状態の報告に基づき，金額を割り当てた。第5章で確認したように1927年の
この救済融資は，手続きの迅速さと利便性を期するためにと，預金部資金と産
業組合系統金融という二大大衆資金ネットワークを緊急時に結びつける重要な
端緒となるものだった。しかし，清内路村ではこの資金は長野農工銀行を経由
する形で供給された。産業組合が村内に存在しなかったため，産業組合中央金
庫を経由機関として利用しようがなかったのである。とはいえ，救済資金の割
り当て自体は行われた。清内路村への割り当ては，村全体で約2万円であった。

　　農第一五四号
　　昭和二年八月七日　　清内路村長
　　　　　［宛名空欄］殿
　　霜害救済資金貸付額に関する件……
　　一　金一万九千九百円也　　　　　霜害救済資金配当額
　　　　内訳
　　一　金一万九千九百円　桑園に関する分（農工銀行取扱の分）

　　資金貸付条件

一，貸付期間

　　長期五ヶ年以内定期（被害桑園改植資金）

　　短期二ヶ年以内定期（肥料・蚕種購入資金　果樹園資金）[16]

　産業組合をもたない清内路村ではこの資金は，村会での協議の結果，まず上
下の二つの区に対してさらにその割り当てが行われた。そして，各区の中でその分配を決定するという形が取られたが，各区ではそのさらに傘下となる地域組織である，「組合」と呼ばれる近世来の地縁団体に借り受けさせるという形で資金の分配が行われた。農工銀行からの借入にあたっては，産業組合などの法人格をもつ組織でなければ10人以上の団体であることが必須の要件だったため，個々の世帯が農工銀行から直接借りることは不可能だった。

　清内路村内の各地区に存在し，その地区の住民を包含している「組合」は，近世から続いてきた村内の地域組織であるといわれる[17]。この組織は，自治組織である区の下部組織であり，村内の祭の準備のほか日常的な道路整備などを請け負う組織であった。各区を構成する「組合」は隣人組織であり，ちょうどそれぞれが農工銀行からの資金受入を可能とする十数人の構成員をもっていた。

　　協議事項

一，霜害救済資金配当額決定に関する件

　　霜害救済資金一万九千九百円の配当を受けたるに付，之を下清内路区へ
　　金一万円・上清内路区へ金九千九百円を配当し借入を為すの可否

二，借入方法は十人以上の無担保なるが故に，農家組合と従来の組合と組
　　合員が同一なる場合は其の組合に依るを可とするも，然らざるを組合に
　　於ては農家組合に依るか若くは従来の組合員中借入資格を有するものを
　　以て組織するか何れを可とす

三，各組合へ配分金額決定に関する標準方法

　　(イ)二割を戸数へ配当すること

　　(ロ)八割は戸数割負課額及所有地価金に配当すること

　　(ハ)前項配分金の内，五分は現金交付とし五分は現品（米麦共同購入を為

　し）交付とするの可否

　四，資力充実者の資金借入制限方法に関する件　資力充実者にして本資金
　　の借入を要する者は当該組合の配当金額を借入人を以て除したる，即ち
　　平等額以内に止め，可成資力薄弱なる者を救済する方法を講ずるの可否
　　……[18)]

　この下清内路区会の協議から読み取れるように，組合内での資金の分配にあ
たっては，窮乏した者により多く資金が回るように配慮がなされた。その中で
も特筆すべき事項としては，救済資金として供給されたこの資金の半分が，米
麦の共同購入による現物配布となったことが挙げられる。このことは，1927
年の金融恐慌と霜害被害を受けた清内路村が，食糧難に陥るほどの危機的な経
済状況にあったことを物語っている。

　しかしここからは同時に，清内路村ではこの村内の経済的困難に対して現物
支給という，配布を受ける個人の自由度が相対的に低い救済手段が取られてい
たことが把握できる。食料現物では，金銭による融資を受けた場合と異なり，
自家経営農業の建て直しや借金返済には用いることができないにもかかわらず
である。

　なぜこのような手段が取られたのか。ここで近世期における清内路村の危機
時，とりわけ飢饉時の対処方法を振り返ってみる。天保13年（1842年）に作
られたと思われる代官所宛の村方文書からは，村方が外部から借り入れた資金
を，取調べの上で村内に分配し個人に借用させるという形式が取られていたこ
とがうかがえる。

　　清内路村の儀違作，殊に近年米穀高価，当節に至り候ては益々直段引上，
　　困窮のもの共弥難渋に至り候趣，殿様達御聞き厚く御心配なされ御救い遊
　　ばされ候得共，至って御難渋の御勝手筋御行届成され難く，併し乍ら清内
　　路村の儀は米穀作付これ無き場所にて，御百姓困難に陥り候儀忍びなされ
　　難し。これに依って御役人中江厚き御沙汰を以て，右御六か敷御勝手逼
　　迫の御中より月々米拾俵程宛御救いとして拝借仰付けられ候筈。既に当月
　　分米代金四拾両御下げ成下され候。尤も村方において実に困窮の者取調べ

人別に応じ拝借致させ申すべし。併し乍ら農業不精又は放埒等にて困窮に及び候者は，急度心底相改め申さず候までは，拝借も相叶はず候間，能々吟味改心に及び候はば拝借致させ候様，都て誠実に取計い申すべし。右の通り厚く御主意を以て拝借仰付けられ候程の儀に付ては，猶更に一段農業出精如何様とも取締り候様致すべく，村役人・年寄とも取締り方厚く世話行届候様取計らい申すべく候[19]

　近世期から「清内路村の儀は米穀作付これ無き場所」であり，農山村といえど食糧自給できる状況ではなかった。19 世紀前半期のこの緊急時の場合，領主が厳しい財政の中から救済のために「御役人中江厚き御沙汰を以て，右御六か敷御勝手御逼迫の御中より月々米拾俵程宛御救いとして」米の現物が貸付の形で支給された。この現物が「村方において実に困窮の者取調べ人別に応じ拝借致させ申す」として，清内路村の行政組織内で個々の世帯の貧困状況を調査した上で配給されたのである。つまり近世期には，清内路村では村方のような村内行政機構が外部からの救済資金あるいは救済物資現物を一括して受け取り，村内における配分額を決め，それを村内の小団体を通じて分配するという仕組みが設計され，緊急時のために機能するようになっていた。

　近世においては災害・飢饉に対する対策として，全国各地で義倉や社倉，江戸では町会所と呼ばれる制度が設けられ，人々からの供出による備荒，すなわち危機対策準備がなされた[20]。これらの備蓄は全国的に，往々にして米を中心とした現物であった。つまり，緊急時に食料現物支給の形で救済措置が用いられることは，近世期においては清内路村に限らず全国的に一般的なことであった。

　一方で，明治に入るとこれらの地方の備蓄制度は，災害対策備蓄というよりは各自治体の共有財産，すなわち資産とするようにという措置が取られ，事実上漸次廃止された。その代替として制定されたのが 1880 年の備荒儲蓄法であったが，こちらも法的には 1899 年には廃止され，さらにその中央備荒儲蓄金を受け継いだのが大蔵省預金部であった。その後の預金部の働きからもわかるように，近代に入り全国的には，緊急時の救済融資は現物ではなく金銭で行

われることが一般化していった。

　しかしながら 1927 年の金融恐慌と霜害の危機に際して，清内路村では預金部からの救済融資を食糧現物支給という形で村内に分配した。ただ，預金部資金による救済資金は，長期の低利融資とはいえあくまで融資であり，現金での返済義務のあるものである。最長 5 年間の猶予はあるとはいえ，遅くとも 1932 年には償還期限が来るものであった。それもその後に好景気となればともかく，1929 年には世界恐慌が勃発し，1930 年から 1931 年末の間には日本は世界恐慌の中で金輸出解禁を行うなど，日本経済が復調することはなかった。

3　恐慌からの救済に向けて——中央の政策と地域社会

　全般的な経済状況が改善しない中，1927 年の救済融資を食糧に換えることで急場をしのいだ清内路村は，負債を抱えたままどう対応していったのか。

　1931 年，清内路村は再び預金部資金の供給を受けた。その資金の名称は「失業救済農山漁村臨時対策低利資金」であった。困窮する地方経済，とりわけ農村部の経済を振興するために政府が行った一種のケインズ政策である，いわゆる高橋財政の一環である[21]。清内路村は，中央政府によっても救済対象として認識されていた。

> 　　　　失業救済臨時対策低利資金貸付に関する一月十二日村会決議事項
> 　一，上下部落の資金配当標準は村戸数割等級に依ること
> 　二，資金貸付は，資格者として本籍人にして将来事業遵守者と認むる者
> 　三，資金貸付は小開墾・改植，何れも十人以上連帯者にして，事業施行可
> 　　　能と認むる者
> 　　　但し，個人と雖も小開墾に限り，担保を提示する者には貸付す
> 　四，各組に対する金額の配当標準は村戸数割其の級に依ること……
> 　十，戸数割等級に依る貸付標準
> 　　　一等より五等まで　五十五円

　　六等より十等まで　五十円

　　十一等より十五等まで　四十五円

　　十六等より二十等まで　四十円

　　二十一等より二十五等まで　三十五円

　　二十六等より三十等まで　三十円

　　三十一等より三十五等まで　二十五円

　一，資金配当額
　　　一，九千百円　也　　改植資金
　　　一，三千五百円　也　小開墾資金[22]

　もっとも，失業対策の名目で支給されたこの資金は，清内路村においては公共事業を実施する形で融資されたわけではなかった。清内路村の場合，この資金は彼らの産業，つまり養蚕業の改良資金として借り入れの申請がなされたものと推測される。結果，桑の改植資金として 9100 円，開墾資金として 3500 円が割り当てられた。この時の預金部資金は，勧銀など金融機関を経由せず，自治体そのものに貸し付ける方式を取るものであった。そのため清内路村では，村がそれをさらに村内の住民・事業者に貸し付けるという形で個人レベルに供給された。

　村内で実際にこの資金を個別の村民まで供給するにあたっては，1927 年と同様，従来からの地域団体が利用された。区会の下部組織である組合が，村からの資金の引き受け手となって資金を借り入れ，中間的な受け皿の役割を果たしたのである。組ごとの借入額については組合構成員の戸数割等級の基準によって割り当てることが，あらかじめ村会で決定された。つまり，個別の組合や個人がそれぞれの要求金額を借り入れることは基本的に不可能だった。

　　　……
　二，借用金は昭和七年八月三十一日迄据置，昭和十一年度迄五年賦均等償
　　　還の方法により返済可致候
　三，利息は据置期間中共，年四分二厘とし其割合を以て算出したる償還金

は，別紙年次表の通りに有之

……

昭和六年五月十五日

　　　　債務者　下伊那郡清内路村　　八七番地

　　　　　　原常五郎「印」

　　同　　　同郡同村　　八三番地

　　　　　　野村藤二「印」……［以下 11 名略］[23]

　それでは組合内での資金の分配はどうなっていたのだろうか。この，原常五郎・野村藤二を含む計 13 人の下区の「市場」組合内では，組合による構成員への金額の分配に際しても，戸数割等級に基づく割り当てが行われたことが確認できる[24]。組合構成員に対して，村会の決定通り，個別に 73 円から 43 円の幅で資金が分配されたのである。

　もっとも，それでは組合はただ資金を右から左へ受け渡すだけの機関であったかといえば，そうではない。現存する書類から，地縁団体であるこの組合は，村に対して開墾や改植を行う土地に関するデータや事業計画書などを提出する主体ともなっていたことが判明する。市場組合に残された書類からは，実際にこれらの開拓や農業改良事業がいかに実行されたかについては不明だが，少なくとも預金部資金を受け取るにあたっては，これらの計画の立案と書類作成の能力が必要であったということと，産業組合をもたない清内路村では小規模な地縁団体である組合が，これらの事務処理のために動くしかなかったことが示されている。もっとも組合は，1927 年に見られたように，食糧や金銭の分配能力については近世期以来持ち合わせていたと推測される。

　さて，1931 年の預金部資金の借入は，食糧購入や旧債償還といったその場凌ぎのためではなくあくまで産業資金，すなわち回収が見込める投資資金として融資を受けたものであったが，1932 年の段階でも清内路村経済は，預金部資金返済もできない金融逼迫状態にあったことが判明している。

　1927 年に借り入れた預金部資金の返済期限である 1932 年を迎えて，清内路村の自治体当局には長野農工銀行を吸収合併した日本勧業銀行[25]から，旧来

の負債に関して通知があった。清内路村では，それをさらに村内に通知したと見られ，この通知は融資を受けた団体の代表格の者に対して行われたと考えられる。

　　農第一六六号

　　　　昭和七年六月十日　　清内路村長

　　　　野村藤二　外一員　殿

昭和二年度借入霜害救済資金償還に関し，別紙写の通り日本勧業銀行松本支店より通知有之候に付，可然御配意置き相成度

　　別紙写　昭和七年六月八日　　日本勧業銀行松本支店

　　清内路村長殿

拝啓時下益々御隆昌奉賀候，陳者現下農村の窮状に鑑み，今般政府に於て肥料及養蚕応急低利資金の供給方を決定せられ，当行に於て之が貸付を取り扱ふ事と相成り候処，貴村管内に対しては本年七月償還期到来の昭和二年度霜害救済資金一万一千八百円（団体別内訳別紙の通り）の貸付有之，右に対しては政府に於ても期限延長を認めざる事と相成居候為め，期限到来と共に全部返済を要する儀に候得共，不況の今日，全額の償還不可能の向きも有之事と被存候に就，而は右償還不能の団体に対し，左記条件を以て特に今回の新低利資金と借替方取計ふ様致度候間，右御諒解の上別紙霜害資金借入団体の内，償還不能の向きに対しては今回の新低利資金を優先的に割当相成様御配慮相煩度，此段御依頼迄得貴意候

　　進而，借入申込書は各町村に対する県の割当決定の上御送附申上ぐべく候間，併せて御諒承被下度

　　　昭和二年度霜害資金借替条件

一，七月払込期の利息は此際全部支払こと

　　七月満期の元金に対し此際一割以上の現入金をなし残額を今回の新低利資金と借替のこと[26]

　ここからは，清内路村では霜害対策資金 19900 円のうち，半分以上の 11800 円分が償還期限 5ヶ年での借入となっていたことがわかる。また，清内路村に

限らず全国的な状況として，これらの返済が当時の農村の経済状況では一般的
に困難であると政府も認識していたことがわかる。しかし政府側にとっても，
この1927年度の救済資金は預金部資金からの供給である以上，貸し倒れとい
う処理を行うことはできなかった。なぜなら預金部資金は税金や国債といった
政府の財政資金ではなく，郵便貯金を原資としており，そうである以上その安
定の確保のために返済計画は滞りなく達成されなければならなかったからであ
る。

　したがってここで政府は，「霜害資金借入団体の内，償還不能の向きに対し
ては今回の新低利資金を優先的に割当」てることで，返済計画の達成を期した。
救済融資を返済不可能と見られる団体に対して，新規の預金部低利資金を供給
することで，その資金により旧来の負債を返済すること，つまり再貸出資金に
よる旧債借換の可能性を提供した。これにより政府は農村の負債弁済義務を一
時的に解消しつつ，預金部資金の返済状態，収支そのものの悪化を防止しよう
としたのである。

　預金部資金側のこの年度の地方資金に関する融通条件を確認すると，1932
年には確かに「高利債借換関係資金」という名目での資金供給が行われており，
日本経済が沈滞している中，預金部資金の返済に関しては再貸出と借換による
一時救済が図られたと考えられる。しかし清内路村の借換資金の場合，日本勧
業銀行から提供されたその低利資金はこの年度の「高利債借換関係資金」の枠
からのものではなかったと考えられる。この資金の場合，貸付の条件が以下の
通りだからである。

　　　年六分以上のものにして，従来預金部資金を融通したると同一の目的のた
　　　めに借入れたるものの旧債借換資金　但し，預金部資金借入に係る旧債は，
　　　本資金を以て之を借換ふることを得ず[27]

　ここからは預金部資金の預金部資金による借換が，政府にとってもあまり望
ましいものとは考えられていなかったことがわかる。もっとも1932年度には，
他にも多数の名目で勧銀・農工銀行経由の大蔵省預金部の地方資金融資枠が存
在した。たとえば「失業応急資金」「養蚕応急資金」あるいは「中小商工業者

等産業資金」などである。こうした他の資金の枠から，事実上の預金部資金による預金部資金の借換が全国各地で行われた。清内路村の場合，上述の農第一六六号には「肥料及養蚕応急低利資金の供給方」と書かれていることから，「養蚕応急資金」枠による資金が回されてきたものと考えられる。

　預金部資金には様々な用途や経由機関の制限がそれぞれの名目によって存在した。しかし 1930 年代前半という不景気のこの時期，預金部による地方資金は様々な名目に分けられつつも，実際の現場ではその多くが旧債の返済を繰り延べする，一時的な救済資金として利用された。その中で清内路村は，その前年に産業投資資金を得てなお，旧債の返済を可能とするだけの経済的余裕をもたず，中央政府による農村経済の一時的な救済策に乗ったのである。

4　セーフティネット提供の限界と満洲移民政策

1) 金融的セーフティネットの不在──現物供給による救済実施

　このように 1930 年代初頭には，農村の危機を認識した中央政府による，大蔵省預金部資金を活用した，大衆資金によるセーフティネットとしての救済融資が様々な形で供給された。前章で確認した和村の事例の場合，こうした中央による資金供給は，村内に存在する産業組合が系統金融の大衆資金ネットワークとも接続していることにより，機動性には劣るもののさらなる低金利を担保する，いわば最後の貸し手として救済手段になりえた。現地で集積された産業組合の資金と全国的に集積され分配される預金部資金という，二重の資金的なバッファーが，その地域社会には存在していたのである。

　一方で清内路村には，1930 年代初頭の段階でいまだ産業組合は存在していなかった。それはすなわち，村内で産業組合に蓄えられた預金や資本金もなければ，郡レベルや県レベル，あるいは中央金庫といった系統金融機関からの借入といった資金へのアクセスも存在していなかったことを意味する。したがって清内路村の場合，前節までに確認してきたように，外部からの資金供給源として頼りになるものは腰の重い預金部資金のみであり，しかもその煩雑と悪名

高い手続きのために動く専門のスタッフなどを抱えた機関もなかった。

　こうした状況は清内路村に，1927年から引き続き，食糧事情レベルでの生活困難を招いたものと推測される。前述のように預金部資金の返済期限とその再貸出による繰り延べについては，1932年6月の冒頭にその通知がなされた。しかしこの時期の清内路村では，不足しているものは返済用資金だけではなかった。すでにこの直前の4月から，清内路村農会によって政府所有米の払下げに関する通知が村内に繰り返し行われていたことからも，食糧事情の逼迫が推測される。その中で第一回の政府米は1932年6月8日に到着した。

　　　昭和七年六月八日　清内路村農会
　　　農家小組合長殿
　　第一回払下米も漸く配給済みの運びとなり（但し道路欠□□のため五〇俵の未着あり）……28)

　中央政府はこのように，金銭だけでなく食糧現物を支給するという，近代に入ってから廃止の風潮にあったはずの救済策を再び行うにいたっていた。しかしそれも，清内路村のように実際に食糧確保にも事欠くような自治体にとっては，救済政策として現実的な意味をもったと考えられる。実際，1932年の清内路村ではその後も農会のとりまとめで，政府払下米に対する応募が繰り返された。

　　　農会第一二七号
　　　　昭和七年六月二十日　清内路村農会
　　　農家小組合長殿
　　　政府所有米斡旋に関する件
　　首題の件に関し，当会に於ては已に四月以来二回申込数量取り纏め，郡農会へ申達致置き候処，今回郡農会より第三回希望数量取りまとめ方照会有之候条，左記御了知の上，部内へ御周知相成り，別紙申込書へ記名押印数量記入，一俵につき保証金一円也相添へ，六月二十六日限り御申込み相成度，此段及通知候也

記

一，配給に就ては，申込後一カ月半乃至二カ月後と予め以了知の事

二，申込書の字体は，明瞭に記入せられ番地も記入の事

三，申込書の印鑑は，判然と押捺せらるる様特に注意せられ度

　農会第一二五号

　　昭和七年六月二十日　清内路村農会

　農家小組合長殿

　　払下米到着に関する件

曩に申込み相成り候，標記政府払下米に関しては，左記の通り。本県農会より申越有之候趣きを以て，本郡農会より通知有之候条，此旨御周知の上，代金に就ては相当御準備置き相成る様，可然御配意相成度，此段及通知候也

　　　　　　記

一，今回の配給米は全部白米のこと

二，払下米出庫倉庫　大阪（白米）

三，倉庫発送　七月中旬の予定

四，価格飯田駅渡一俵　七円十五銭内外の予定

　　（右の価格より申込保証金一円控除の事）

確定価格及到着月日は，郡農会より通知あり次第，直に通知可致候条申含み置き相成度[29]

　この政府米の払下げは，最終的に第三回の支給が 7 月中旬に行われることで，この年度分には区切りがついた模様である。しかしそれは，7 月という夏繭の販売が行われる時期になっても，清内路村に米を通常の市場で購入する資金的余裕がなかったことを示している。

　また，こうした政府からの救済に先立って，直前の 1932 年 5 月 20 日に，下清内路では前述の「組合」と農家小組合が連名で，下区の区会から借入を行った[30]。この借入は現金ではなく米現品で行われた。つまり，区会による食料現

物の確保とその分配という，近世期の飢饉時に見られた措置と似た救済システムが継続して取られていたことがわかる。

　　　　借用証書
　　金一百十円五十六銭　但し区貸附米十六俵代金
　　右正に受取り借用申候処確実也，然る上は昭和七年七月十日以内に無相違返済可致候，為念借用証書一札如件
　　　　昭和七年五月二十日
　　　　　　　　　　　下清内路
　　　　　　　　　　　　　　第一番組長　原常五郎
　　　　　　　　　　　　　　同農家小組合長　野村藤二
　　　下清内路区会御中[31]

　政府払下米が到着する前に区会が仕入れたこの米は，区の中でその下部組織であるそれぞれの組合に貸し付けられた。たとえば原常五郎を代表者とする第一番組は 16 人の組員を抱え，下区から 16 俵を借り受けている。価格は 110 円 56 銭であり，利子は 1 円 60 銭とされた。名目こそ金銭になっているものの，各組合員は下区から米の現品を一人一俵借り入れるという形で，その融資を受け取ったことになる。逆にいえば清内路村では当時，一人約 7 円の現金すら支払わせることができないと現場で判断されたということがわかる。

　自らの資金で米を調達し各組に配布する，救済措置の現場での実行主体となった下区が，この貸付によってほとんど利子を得ようとしていないことからも，当時の清内路村の金銭的・食糧的な危機の実情が窺える。なお，下区会はこの米の購入のために郵便貯金を払い戻し，貯蓄を取り崩すことで資金を捻出している[32]。個人によるものではない地域の共同体による貯蓄にも，確かにその共同体構成員の生活を救う機能があった。

　区会は清内路村において徴税機能のみならず，共有林における炭焼き窯利用料徴収権や林業収入をも有し，政治行政的権限だけでなく経済的基盤をもつ組織である。その区会がこのように自らの資金を利用して食糧を確保し，構成員である住民にそれを供給してなお，清内路村の食糧事情の悪化は解消しなかっ

たものと考えられる。そのため，5 月後半から 6 月初頭にかけて，清内路村ではついに区会のような地域内の共同体のみでの状況の解決に頼らず，政府払下米という中央政府による救済措置を利用していった。

　世界恐慌前後の経済危機を受け，清内路村は村内での救済措置と政府による救済措置という，二段階の救援を必要とするだけの苦境にあった。村内での救済措置は現物であるが，預金部資金による援助は基本的に，産業への投資としての資金融資の形式である。そうして見ると，このような外部からの資金の受け入れによる村内経済の建て直しへの道という状況自体は，前章で見た和村の場合とも共通する。

　しかしその政府による救済措置を利用してなお，養蚕業に頼る清内路村の経済事情は改善しなかった。これは，清内路村の経済的な基盤を担う組織として活動していた区会の経済基盤そのものが，山林という共有財産による収入をもってはいたものの，内部への十分な預金蓄積や外部の金融ネットワークとの繋がりをもたなかったために，和村の産業組合ほどに経済危機に対応するだけの資金的余裕を有さなかったからだと推測される。

2)　清内路村における農村経済更生運動の実態

　もちろん，こうした危機的状況を踏まえ 1930 年代中盤以降，清内路村では政府からの補助金を得て，様々な生産性向上策・産業多角化・コスト削減策などの合理化運動が行われた。1932 年に政府が農業恐慌対策として「農村経済更生運動」と呼ばれる政策を開始する中，清内路村は 1933 年に「経済更生村」の指定を受ける[33]。

　政府は農村経済の問題は，製糸業不調による繭価格の低下および輸入米の拡大に伴う米価の低落傾向に，つまり養蚕と米という日本国内農家にとっての二大作物の収支悪化による現金収入の減少にあると認識していた。こうした状況を改善するには，既存の産業の採算を改善するか新規産業を地域に新たに興すかの二択しかない。そのため，日本政府が政策として支援したのは以下のような案となった。

　それはたとえば養蚕を含む副業の新規開発であった。その中には果樹や畜産

といった新規作物の栽培だけでなく，手工業への展開も含まれていた。また，桑園や蚕品種の改良，育成法の改良による養蚕の合理化も同時に称揚された。小作争議の頻発や土地の農業生産性の問題に直面するに伴い，既存の土地所有状態の改革も試みられ，小作制度の見直しや新規耕地の開拓なども奨励された。

　もっともこうした概略目標を政府は提示したものの，財政的な裏付けは乏しく，具体案についても個々の自治体の発案に任される形で，農村経済更生運動は進んでいくこととなる[34]。こうした問題の背景には，恐慌による打撃から来る農家の借金返済問題に伴う土地の喪失や失業問題があり，これらの経済的な不安定化要因が，新規の農地開拓事業としての満洲移民計画に繋がっていた。

　ともあれ，こうして清内路村ではこの運動は，養蚕農家の組織化，桑園の改良と減反を通じた養蚕の改良，および産業組合の新規設立，さらには満洲移民計画という形で，具体的な現実の目標をもった政策として実施されていくことになる。

　実際の対策としてはどのような行動がなされたのか，まず養蚕業の改良政策から見ていくこととする。前述のように1932年には政府は農村経済更生運動を開始することを宣言し，これを受け長野県は1933年に「蚕糸業更新五ヶ年計画」を立案した。この計画に従い，1934年には長野県は桑園改善奨励に30万，桑園混作奨励に約18万，桑園整理改植に約25万の，総額約73万円の奨励金を給付することを決定した。これらの政策のうち，桑園整理改植についてはすでに1932年度から政府の助成があり補助金が交付されていたが，その交付金額も増額したことになる[35]。

　1934年9月に長野県が作成した「桑園改善の施設に就て」というビラからは，長野県が当時どのような対策が養蚕業に必要であると認識していたのかがよくわかる。

　　○蚕糸業はそんなに悲観することはない
　　……
　　○桑葉を安く作ることと経営の改善とが自力更生の鍵
　　　桑葉を安く作った上に，蚕を豊作させたなら，繭は自然と安く仕上げら

れる。一体本県の桑園は，一般に能率が甚だ低い。之は荒廃桑園が多い上
に，近頃の繭安で桑園の手入れが行き届かず，土地が極度に衰えてきた関
係もあるが，尚此の外に，県下の全桑園の約四割五分と云ふ大きな面積を，
収穫量が極めて少ない桑の品種で，占領されて居るのが，其の原因中最大
のものである。であるから荒廃桑園中でも荒廃桑園中でも改植すべき分は
改植し，直ぐ他の作物に振りかへられる分は整理して，適当な作物を作る
こととし，其の他の普通桑園中で，現在植えてある桑の品種が良くないも
のは，何を措いても一時も早く優良品種に植え替えるがよい。……繭がと
れ過ぎて所謂過剰生産になるのも困るから，繭産額は先づ現状に止め，そ
こに当然生ずる余分の桑園面積は整理して，その分を緑肥用作物，食料作
物，飼料作物等を作るのに充て，養蚕経営の改善を図るのが現状の養蚕農
家にとって最も大切な仕事である。……

　長野県は当時，日本最大の製糸業と養蚕業を抱えていた。「そんなに悲観す
ることはない」といった文言や「自力更生」といった言葉は養蚕業の温存を図
るものには見えるが，同時に「他の作物に振りかへられる分は整理」とも記述
していることから，長野県は，県内経済における桑畑の削減を期待していたこ
とがうかがえる。県内主要産業が養蚕・製糸でありそれに経済基盤を頼る現状
で，産業構造の転換を一気に図ることは難しいと認識し，その上で，段階的な
作付転換，産業の転換を期待していた。
　こうした中で長野県が指向した養蚕業の「改良」とは具体的にはどのような
ものだったのか。ビラは補助金の出る農家の行動を提示することで，それを明
らかにしている。

　　(1)新たに奨励する桑園改善とは『二畦隔てに一畦掘取り』
　　　㈠本県の桑園は元来密植勝……つまり三割三分の桑株数を抜き取って，
　　　　ちょうど寄畦式のものにすると云ふのが，今度県が奨励する桑園の改
　　　　善の方法である。
　　　㈡どんな利益があるか
　　　　(イ)……三年目頃になると殆ど元通りの収穫量になり，桑園によっては

　　恐らく前よりも多くとれることになる。

　　㊀改善後の桑園の広い畦には，緑肥用作物や食用其の他の作物を間作
　　　することができる……

　　㊁緑肥用作物を間作する場合には金肥の節約ができる。

……

　㊂奨励金交付は

　　㊀奨励金は，一団地二アール以上の密植桑園を，二畦隔てに一畦を掘
　　　り取った場合に交付するのであって，其の金額は十アールに付四円
　　　の割合である。

　　㊁養蚕実行組合ならば勿論のこと，養蚕実行組合員以外の養蚕者でも，
　　　事業さへ実施すれば同様に奨励金を交付する。

　　㊂申請書は十月末日迄に，市は市役所，町は町役場，村は村役場を通
　　　じ，更に所轄蚕業取締所支所を経由して出し，仕事は翌年の三月十
　　　五日までに了ればよい。

(2)新に奨励する桑園混作とは『一畦隔てに一畦掘取り』

　㊀何んな方法か

　　桑園混作奨励は，政府が今度新に施設されたもので，県も亦其の方針
　　を受け継いで奨励することになったものである。……

　㊁何んな利益があるか

　　㊀桑の葉質が良くなる……

　　㊁緑肥の間作や食料の自給に役立ち，所謂農業経営の多角化が出来る。
　　　……

　　㊂養蚕経営の規模を調節するのに便利になる。

　㊂奨励金の交付は

奨励金は養蚕実行組合が一団地二アール異状の桑園を一畦隔てに一畦宛掘
り取り，一組合の行った面積の合計が十アール以上になった場合に，十
アールに付六円の割合で交付する。

申請書は，十月末日迄に市は市役所，街は町役場，村は村役場を通じ所轄
蚕業取締所支所を経由して出し，仕事は翌年の三月十五日までに了ればよ

い[36]。

　つまり，当時の長野県が言う養蚕業の「改良」とは事実上，桑の減反を意味
した。密集して桑を植えるのをやめ，一本あたりの収量を上げていくという指
導は，桑一本あたりの生産性を上げる「改良」であると同時に，桑の作付面積
を減らしその分の余白で別の作物を育てることを意味している。繭価格の下落
に農家経営を対応させるにあたっては，養蚕における購入肥料の使用の減少を
図らせてその生産効率性を底上げするとともに，そもそも桑園規模を縮小・整
理し他の作物を栽培させることで養蚕依存の収入状況を脱却させることが目指
されたのである。こうした養蚕業における産業の合理化方針は，補助金が県だ
けでなく国からも出ていることからも，中央政府・県ともに奨励する政策方針
であったことがわかる。

　さて，この 1934 年から開始された国・県双方からの助成金を伴う桑園改良
は，清内路村内でも行われた。ということは，県・政府双方からの補助金を受
け取れたということだが，この補助金がつく桑園整理事業は，どのような主体
がその資金を受け取ることができるものであったのか。政府・県側の想定とし
ては，「養蚕実行組合」がこの補助金の受け皿になると同時に，実際に主体と
して耕地の整理を実行することが考えられていた。

　　　○事業の計画並に実施と養蚕実行組合の任務……是等の事業の計画や，実
　　　施は，養蚕家が銘々バラバラにやって居つたのでは到底よい計画も出来な
　　　いし，従って事業の効果も薄い。だから養蚕実行組合は，この秋，この際，
　　　益々団結を強めて共同の力を大きくし，是等の事業を円満に成し遂げて，
　　　効果を十分挙げるやう努めなければならない[37]。

　しかし本章冒頭で確認したように，この補助金政策が策定される前年の
1933 年 4 月時点では，清内路村の養蚕組合は養蚕戸数 245 に対して組合員数
41 人・3 組合のみであり，村の養蚕農家の全体を到底カバーしていなかった。
そのため，1934 年に清内路村はこの補助金を受け取るために，養蚕組合を新
たに追加設立しなければならなかったと考えられる。実際，1934 年には清内

路村の養蚕組合は村全体で 11 組合に増加した[38]。

　こうした養蚕組合は，地区ごとの小さなもの，つまりそれまでの組合を利用する形で結成されたと考えられる。たとえば 1934 年 6 月 12 日に「共栄養蚕実行組合」は役員を選出し設立されたが，この養蚕組合の組合長は，下区「市場」地区の組合に所属する，当時の三等郵便局長でもある原常五郎であった。この養蚕実行組合の場合，初期の組合員は 8 人だったが，途中参加や途中脱退を多く含みながら，計 19 人が少なくとも関わったことがわかっている[39]。

　この共栄養蚕実行組合では，桑園整理改植・混作奨励などの事業を実施するとし，計画書を作成し実際に県・政府から補助金を受け取った。しかし残された書類を確認すると，補助金を受け取った名目であるそれらの改良事業を，この組合が主体となって実行したとは思われない。むしろこの組合では受け取った補助金は，直接組合員に給付された。この組合の事業関係帳簿の中には，養蚕改良に関する計画書の他に，組合員ごとの補助金の領収額が記載され領収印の押された書類が保管されており，一方で改植や混作の実際の実施に関する書類は見受けられない[40]。

　つまり，清内路村では養蚕組合は補助金を受け取るための受け皿として設立はされたものの，実働部隊としては活動しなかったと考えられる。この際，村内の養蚕組合は村長を組合長とする「下伊那郡養蚕業組合清内路支部」という組織に糾合され，さらに下伊那郡全体での組織の中に束ねられたが[41]，村内の個別組織の末端での具体的な動きはこのように，あくまで個々の養蚕農家の自主性に委ねられた。

　なお，下伊那郡養蚕業組合清内路支部は村内 11 組合のそれぞれから会費 1 円ずつ，組合員一人ずつから銘々 15 銭ずつを徴収した。組合員からの総収入が 30 円であることから，1934 年の全組合員数は 200 名であったと考えられ，1933 年の養蚕農家が 245 戸であったことを考えると，その組織率はかなり高まっていたことがわかる[42]。

　もっとも，この時点でも組織率が 100 ％ に届いていないことからも，清内路村における養蚕農家の経営の独立性はなお高かったと考えられる。しかしながら，元々はほとんどが個別に経営を行っていた清内路村の養蚕農家が，養蚕

不況に対抗するための支援資金を政府・県から受け取るために，養蚕実行組合
という形式での組織化への道を辿っていったことは間違いない。

3) 外部資金の受け皿としての産業組合の設立

　一方，このような様々な外部からの支援資金の調達にもかかわらず，日本経
済全体もどん底の時期である 1933 年時点とはいえ，清内路村の世帯の所得は
一戸平均約 185 円と，全般的に低いものであった[43]。もっとも，推計所得から
見たジニ係数は 0.47 であり，1930 年のジニ係数の全国推計が 0.51，村部推計
が 0.58 といった状況でその後も 1930 年代を通して村部のジニ係数は悪化し続
けたことを合わせて考えると[44]，清内路村は経済的困窮下にありつつも，村内
の社会構造そのものは高い平等性を誇り続けたものと考えられる[45]。

　このような平等性の高い社会の中で清内路村は，経済的困窮を打破するべく，
農家小組合や養蚕組合といった，政府から奨励された農業改善のための組織を
新たに設立していったと考えられるが，その中で最終的に産業組合も設立され
るにいたった。

　保証責任清内路信用販売購買利用組合は，清内路村において 1937 年に設立
された。全国的には，1930 年代も後半のこの時期，預金部資金に限らず産業
組合中央金庫からの資金融資を受けることができる地域個別の産業組合は，す
でに全国ほとんどの自治体に設立されていた。

　すでに見てきたように，戦前における産業組合は信用機能のほか，倉庫や農
機具などの設備・器具の共同利用や，組合員の生産した作物を外部に売り込む
販売機能，組合が仕入れてきた肥料や食料品といった必需品を組合員に販売す
る購買機能をもちえたが，近代日本で最も広まり利用されたのは，組合員に預
金を形成させ，少額融資を行う信用機能だった。

　これは，近代日本における農業の発達が施肥や養蚕など栽培前の初期投資に
多くを支えられており，農家の大多数がそのための現金需要を抱えていたこと
による。したがって逆にいえば，1937 年まで清内路村は養蚕業の村内産業に
占める比重の高さにもかかわらず，そのための資金を産業組合を通した村内で
の貯蓄収集によって調達することなく乗り切ってきたのである。

　そうした個別経営の自立性の高い地域社会に設立された清内路産業組合はこの時期，清内路村の中でどのような働きをすることになったのか。現存する唯一の帳簿である 1939 年の帳簿を見ると，貸付利子率が不明であるため詳細な検討はできないが，年間業務全体で見たとき，信用業務による利益の規模がかなり小さく，信用業務自体が小さかったことが推測される（表 7-2）。年度末の貸付残高を見ても，設立から 3 年目とまだ日が浅い経営とはいえ，対人信用で 100 円未満，担保有貸付で 600 円未満とかなりの少額であり，そもそも信用業務をあまり行っていなかったように見える。

　代わりに業務として大きいのは購買と販売であり，組合員からの委託を受けての繭と炭の販売と，組合員に対する食料品などの供給が，この組合の主要事業であった。元々炭の生産にあたっては区会による炭焼き窯の貸出や共有林での材料確保などが重要であったことを考えると，清内路産業組合は区会との連携を強く有さざるを得なかったと思われる。

　しかし，それでは清内路産業組合には金融的機能は求められていなかったのかといえばそうではない。あらためて帳簿の各項目に戻ると，貸付とは別途立てられた，立替金という項目が注目される。日計簿である元帳に，貸付に関する頁よりも多い頁数を割いて記述されているこの項目には，立替金として資金を供給した相手と立替の名目，その返済が記されている。利子についての記述がないが，逆にそこからはこの立替金は事実上，無利子での貸付に等しいものであったとの推測が可能である。

　表 7-3 からわかるように，立替金の貸付先としては，不明なものもあるとはいえ，個人はそう多くない。個人の場合はほとんど桑代の立替で，数十円単位である。それ以外に目立つのは，農会や村役場といった村内の他の公的機関への資金拠出であり，合同での立替も見られる。年度内の立替総額は 4000 円を越えており，年度末残高も 800 円を越えることから，通常の信用業務に匹敵するものであった。

　なお，こういった産業組合による個人や地域団体の資金の立替行為は，一般的な産業組合では見られないものである。清内路産業組合は，農会や役場との間に緊密な関係性を有していた。本来なら村が供給すべき個人への移民補助金

表7-2　1939年度清内路産業組合貸借対照表

借方		貸方	
出資金	11200	払込未済出資金	6069
準備金	446	建築費	10198
特別積立金	1431	中央金庫出資金	300
全国購買販売組合連合会未済出資金	900	全国購買販売組合連合会出資金	1000
信用組合連合会未済出資金	200	信用組合連合会出資金	400
購買組合連合会未済出資金	792	購買販売組合連合会出資金	1200
天龍社未済出資金	6570	天龍社出資金	9000
年賦借入金	4400	信連当座預金	1838
手形借入金	23000	有価証券	98
当座借越	8991	信用貸付	68
定期借入金	3500	担保貸付	569
増資積立金	2657	煙草耕作資金貸付	3467
当座貯金	5396	産繭部勘定	4344
報国貯金	1484	購買品	10541
木炭支部貯金	86	購買品売却未収入	2272
県補助金	3200	供繭仮渡金	84103
産繭部勘定	61728	供繭仮配分金	1394
未払運賃	637	立替金	801
購買品未払	1281	木炭販売代未収入	314
可払戻持分	83	農産物販売代未収入	22
剰余金	390	販売品	41
		現金	331
計	138376	計	138376

注）単位：円，銭以下切り捨て
資料）保証責任清内路信用販売購買利用組合『出納元帳』1939年度版

の交付すら産業組合が担っていることから見ても，設立されたばかりのこの産業組合は，村役場に限らずそれまで区会やその傘下の各団体が担っていた機能の一部をもこの中に移行した，行政組織の外郭団体的なものであったといえるだろう。残存する清内路産業組合の帳簿はこの1939年の一冊のみであるが，これが現在の清内路農協ではなく下区区有文書の中に保管されていたことも，

表 7-3　清内路産業組合 1939 年度立替金内訳

	総件数	立替件数	立替高	貸付先	名目
1月	5	1	100	農会	兎毛
2月	4	2	200	桜井識	木炭代
			80	桜井孝春	満洲移民関係
3月	5	1	114	農会	兎毛・満州移民
4月	4	1	29	農会	針金
5月	4	0			
6月	2	1	100	桜井生駒	役場補助金（満洲移民）
7月	13	7	100	収入役	役場関係
			100	校長	小学校関係
			20	役場	旅費立替
			58	桜井誠吉	桑代
			90	桜井民寿	桑代
			70	校長	小学校関係
			250	役場	役場関係
8月	4	3	230	収入役	役場関係
			9	木村	桑代
			75	役場	満洲視察費用
9月	9	4	160	主事	移民渡航費
			91	農会	郡農会より桑代受取
			150	収入役	役場関係
			11	支所	桑代
10月	7	4	6	―	自動車賃
			200	農会	綿羊資金
			228	老文堂	武力□ 80 枚
			150	校長	小学校関係
11月	7	5	148	老文堂	油代
			84	農会・村会	村会出張費・農会立替
			100	農会	兎毛資金
			50	農会	兎毛皮資金
			35	―	昭和 13 年 11 月分仮払振替
12月	12	8	50	農会	兎毛皮資金
			150	役場	役場関係
			50	役場	役場関係
			50	役場	役場関係
			100	役場	役場関係
			40	農会	兎毛皮代金
			150	農会	兎毛皮代金
			198	老文堂	揮発油代
年度内立替（貸付）総額				4149	
年度末立替（貸付）残高				802	

注）単位：件，円。銭以下四捨五入。
資料）保証責任清内路信用販売購買利用組合『出納元帳』1939 年度版

清内路村における行政組織と産業組合との密接な関係を窺わせる[46]。

　その一方で，清内路産業組合は全国組織である産業組合中央会や県単位の連合会などにも加盟している。この産業組合が設立されたことで，清内路村はついに預金部資金以外の大衆資金ネットワーク，および産業組合が形成した農作物等の販路のルートに接続することが可能となったのである。また，貸借対照表からは，産業組合宛に与えられた県からの補助金も確認できる。

　つまり清内路村は1930年代後半に産業組合を創設することにより，それまで他の地縁団体が担っていたと考えられる金融機能や各種物品の配分機能を，ついに産業組合という形式の中に移管することになった。創設期の清内路産業組合には，個人向けの信用業務を担うことはあまり期待されていなかったように見受けられる。しかしこの組織が設立されたことにより，清内路村はそれ以前の共同体を解体することなく，外部からの資金の受け入れを容易にする，あるいはその資格を有するために必要な組織を得たのである。

　もっとも，こうした組織設立と制度整備によって村内の経済状態が改善できたのかどうかは，不明瞭である。むしろ満洲移民希望者への村費による補助を産業組合が支援していたことからもうかがえるように，1930年代後半の清内路村は，その人口の中から多くを移民として送出することに力を入れはじめていた。

4）清内路村の満洲移民計画

　1938年9月，清内路村役場は「経済更生」事業を策定した。この計画は1940年までの三ヶ年計画として設計された。この計画の中には養蚕の改良・他の農作物の生産性向上計画や，薪炭製作など林業の合理化，精麦機・精米機の導入などの機械化，そして水路・林道整備などインフラ整備計画への言及の他に，「国家の策に沿ひて満州移民分村をなし村更正の目的達成と農業経営の改善を計らん」との記述が見られる[47]。畜力の導入などによる生産性向上策や倉庫・共同作業場設立などの産業振興策，水路・林道整備などインフラ整備計画と同等の経済政策として，満洲移民計画が村内で策定されたのである。

　国は1938年3月に「満州移民第一期計画実施要領」を通達し，長野県はこ

れを受けて 11 月には「満洲分村計画樹立指針」を打ち出した[48]。したがって，同年 9 月時点で作られた清内路村の経済更生の企画に満洲移民計画が盛り込まれていたことは，県の動きにも先んじた先駆的なものであった。

　一体なぜ清内路村は移民計画のような政策を，むしろ積極的に村の方針として打ち出すことになったのか。当時の計画書から，その背景にあった清内路村内での認識をうかがうことができる。

　　　本村は耕地面積一戸平均三反二畝歩余にして，水田はなく，為めに食料の
　　　自給をなすこと能ず，耕地は主に桑園にして養蚕収入を主とし，他に冬季
　　　間副業たる木炭製造とにより生計をなしつつあるも，然る処人口増加が，
　　　増加率は年と共に累加するのみにして，村将来と村民の農業経営を考へる
　　　時は寒心に耐へざるものあり……国家の策に沿ひて満州移民分村をなし村
　　　更正の目的達成と農業経営の改善を計らん……[49]

　前述のように，1930 年代後半の時点では養蚕業の改良施策はすでに実行に移されていたはずだが，それだけでは増加し続けていた村内人口を養いきれないと村政の中で判断されたことがわかる。そして，清内路村では養蚕収入を補うために薪炭業を中心とした林業の振興もまた行われていたが，その収入があってもなお，やはり現状の維持はかなわないとの判断がなされた。結果として，清内路村は海外移民による人口移動と，その移動先での土地獲得に，村内経済回復の望みを託すこととなったのである。

　満洲への移民の奨励は，それこそ薪炭業を含む林業への奨励同様に行われた。経済更生運動が村内で策定される前年の 1937 年時点で，すでに清内路村の村会において，村のための経済政策として，この二つは同じように取り扱われていた。

　　　　議案第一一号
　　　　　　　村費補助支出に関する件
　　　　衛生連合組合補助金　二十六円也
　　　　村農会補助金　二百円也

在郷郡人分会補助金　百五円也

木炭組合支部補助金　四十円也

満州農業移民後援補助金　四百五十円也

　右本村各種団体に前記の通り補助金支出するものとす

　昭和十二年二月二十八日提出

　議案第一四号

　　　清内路村々有林立木売却に関する件

……失業救済の為め雑木を特売して製炭となす

一，売却代金は施業案に依り，造林費に充当す。特売に関しては適当なる

方法により村民一般に均霑する様公平を期す

　昭和十二年二月二十八日提出[50]

　このように，清内路村は村の共有林を伐採し炭を製造することで，またその機会を村民に公平に分配することで，村内の失業問題，収入不足の問題に対応することを目指した。そしてその一方で，村費による助成事業として満洲移民事業が企画されたのである。これらの施策は村政の当事者たちにとって，清内路村の経済的苦境を救うための手段として，同列に扱われていた。

　こうした動きは村行政のような相対的に国や県の指示を受けやすいレベルだけではなく，区会のような非公式の下部行政組織のレベルでも進展していた。

　満洲農業移民奨励助成規定

第一条　本条は下清内路満洲農業移民奨励助成規定と称す

第二条　本条は当村更生を図る為め満洲農業移民を奨励する意味に於て既存区民に対し第四条の規定により之を助成し三ヶ年間に五十戸を渡満せしむるを以て目的とす

第三条　本条例による助成金の財源は下清内路区有林の立木を売却し之に充当す，立木売却は区会に於て協議の上適当なる箇所を選定し必要に応じ順次之を売却し三カ年間に金二千五百円を用意するものとす

　第四条　助成金は一戸に付き金五十円を標準とし，甲乙丙の三種とす　甲
　　　　は金五十円，乙は金四十円，丙は金二十五円乃至三十円とす
　　一，甲は一戸全部満州農業移民を企画し之が実行に着手したるものに
　　　　して納税の義務を全ふし而も厳然たる既存区民たること
　　一，乙は一戸全部渡満を計画したるものにして納税の義務を全ふした
　　　　る分家戸主にして五年以上二十年以下を経過したるもの
　　一，丙は次男三男にして単独にして更に当区に未だ義務を尽さざるも
　　　　の若し配偶者を有すると雖も義務関係を有せざるもの
　第五条　前条による助成金に対しては渡満者に於て口頭若しくは書類を以
　　　　て下清内路区長宛申請するものとす
　第六条　渡満者の申請に対し助成金決定に関しては区長に於て委員会を召
　　　　集し公平厳正の処置を採ること，委員会は区会役員区会議員全員
　　　　各種団体長を以て之を組織す
　第七条　助成金を受けたる者にして不得止事情の為め又は其他により帰村
　　　　したる時は助成金を返還したる上，区規約第四条の義務を全する
　　　　に非らざれば公有権を有せず
　第八条　移民者自身に於て決別の為の宴会は絶対になすことを不得ず，若
　　　　し之に違背したる者は助成金の交付を停止するものとす
　第九条　本条例の改廃は委員会の決定を経て総会の決議を要す
　　　　　　　　　　附則
　第十条　本規程は四月一日より之を実施す
　　　　　　　　昭和十二年四月一日　　　下清内路区会[51]

　清内路村では，国家から助成金を交付される以前の段階から，村・区の共有
林を収入源として利用する形で，移民事業が支援されていた。清内路村では近
世以来の上下の区が，近代に入ってなお共同体としても行政機構としても強く
機能していたが，その区会が，その財政状況も決して良いわけではない中，共
有財産を処分してまで満洲移民に支援金を出していたのである。国策として国
家からの金銭支援を受ける以前から清内路村はすでに，自ら移民という選択を

現実的に考えざるを得ない状態にあったのではないだろうか。

　つまり，当時の経済不況は実際に移民を送出する元となる地域社会の現場に
とって，地域の外に土地を求める決意をさせるだけの厳しい状況をもたらしう
るものであった。それは地域経済の現場で住民に，生活の破綻を防ぐための
セーフティネットとしての資金を，内部あるいは外部から供給できれば防ぎえ
たものと考えられるが，資金供与のための組織やその組織と外部の資金ネット
ワークとの連携が整っていない場合には，克服しきれない苦境となって現れた。
そして清内路村の場合，結果として共同体内部での住民への資金供給は，村内
で生活を維持するためだけでなく，村外への移住を支援するためにもなされる
流れとなってしまった。清内路村は自らの社会をそのままでは維持できないこ
とを，1930 年代後半に，自ら認めてしまったのである。

　なお，このように下区からの支援金も支給された 1937 年度には，清内路村
からは代表 14 名とその家族の計 56 名が，満洲に向けて出発している[52]。

5　その後の状況と小括

　1930 年代中盤以降，失業対策でもある公共投資の拡大と軍需の復活による
重工業部門の持ちなおしによって，日本経済の景気は相対的には回復した。高
橋財政などによるこうした公共投資の増加の背景には，財政資金の拡大と，失
業対策費用や災害復興費として融資された大蔵省預金部の低利資金とがあるが，
それはどちらも一般市民の貯蓄によって支えられたものだった。なぜなら財政
資金の拡大も，この当時国債の発行によって多くを賄われており，それを買い
支えたものは個人購入と，不況の中で投資先のない個人預金を大量に抱えた銀
行だったからである。日本経済は一般市民の貯蓄の有効活用によって不況から
の脱出を図ったのだった。

　しかしながら 1937 年に日中戦争に突入して以降，国債による財政資金は軍
需費の拡大に回されるにいたり，郵便貯金を含む大衆資金についても，その多
くを国債購入に回すことを要求され，軍事のための資金源として利用されるよ

うになっていく。結果として,「貯蓄戦に参加致しませう!」「護れよ祖国備へよ貯金」[53]といったスローガンが全国的に,日常で見かけるチラシや通帳袋の中に出現するようになった。

　軍事への資金投入は地方経済や経済振興策における資金不足をもたらし,地方への公共事業費や民間企業による非軍需産業への投資を減少させた。人々の個人的な行為である貯蓄は,それまではその個人による保持だけでなく大衆資金としての運用面においても,人々の生活を大局的に支えるものとして存在してきていたが,戦時中にはその低利供給による人々の生活のセーフティネットとしての機能は奪われてしまった。

　戦争の激化とともに,資金だけでなく労働力に関しても,不足する中で統制が強まり,1940年には清内路村にも労務動員に関する通達が来るようになった。

> 　　労務動員協議会開催通知の件
> 　長期戦時態勢の強化を目標とする国家総動員計画は重要物資の動員,労務動員,交通電力の動員,資金及貿易の統制に付,総合的計画を樹立し万全を期することと相成り候処,労務動員は軍需の充足生産力拡充計画の遂行輸出振興及国民生活必需品の確保等いわゆる時局産業に必要なる労務者を計画的に動員するに在りて,之が目的を達成する為,其の条より各町村毎に適任者を選択して労務動員協議会を設置す可しとの通牒に有之候……[54]

　このように人手不足が起こる中でも,満洲移民はなお募集された。1939年末から1940年末までの約1年間,清内路村によって発行された『清内路村報』には,「拓民現地報告」[55]といった記事が掲載され,すでに移民した人々からの便りを載せるとともに,満洲への移民の勧誘が行われた。清内路村からは開拓団員71名と,その家族247名が実際に満洲へ移住している。開拓団員は現地においては戸主となったと考えられる。これは,満洲移民を多数送出した長野県内の村の中でも,屈指の送出数であった。

　1945年11月時点での清内路村の戸数は409,人口2092人であった。満洲への移民により,2割近くの世帯,1割近くの人口が移動したということにな

る[56]。この数値の大きさは，ただそれが国策として称揚されていたということ
だけでなく，戦間期の長期不況の中での経済的困難が，清内路村社会にそれだ
けのストレスを与えていたということを意味する。

　つまるところ 1930 年代に国家から県から村，区に至るすべての行政組織に
よって実施された各種の経済政策と救済支援は，清内路村の経済と社会を安定
化させるには足りなかったと考えられる。餓死者こそ報告されていないものの，
区会や村による再三の食糧確保の努力に見られるように，1930 年代初頭，清
内路村の経済事情は激しい生活不安を起こすレベルにあった。これは，和村の
事例と比較して，内部での資金蓄積と循環も，外部の資金ネットワークとの接
続ももたない清内路村では，人々の生活はより容易に外部の市場の変動によっ
て脅かされるものであったことを示している。

　1930 年代中盤以降，農村の建て直しを図る中央政府の方針もあり，農業を
含めた各種産業の合理化と公共事業の実施にあたっては，預金部資金による低
利融資のみならず財政資金による補助金をも受けることができるようになった。
しかし，こうした失業対策による現金収入の保障や農業改良も，清内路村のよ
うに養蚕に代わる産業基盤を用意できなかった地域経済にとっては，その社会
を維持するに足りないものだったと考えられる。それこそ，養蚕に代わる新た
な農業経営のヴィジョンを提示してその方針を打ち出し，金融的にも支援する
ような主体は，清内路村には存在しなかった。

　こうした中で，その経済的困難の打破を目指した結果，清内路村は村内社会
を人口を保ちつつ維持することをある意味では諦め，国も称揚した国外への移
民運動に乗る形で，その安定を目指していく選択肢を選んでしまった。

　清内路村の事例は，近世的な習慣や制度を引き継いだ近代の共同体が，近代
においてもその共同体的紐帯を維持し，従来の危機対処機能を活かすことで村
の社会の安定性に寄与しえたことを示した。しかし同時に，産業組合のような
新たな組織を設計しなかったことで，村内の金融的流動性と危機対応力を高め
ることができなかっただけでなく，近代に新たに生まれた外部の巨大な金融
ネットワークに接続することが困難であったことをも示した。それは結果とし
て，1920 年代から 30 年代の，金融恐慌から世界恐慌の影響へと打ち続く大規

模な経済危機に対して，清内路村という社会を経済的に脆弱なものにしてしまった。

　本章第3節でもふれたように，1930年代前半の日本経済のどん底の時期にあって，前章で扱った和村と本章で扱った清内路村の村内世帯の困窮状態は，平均推定所得および平均推定資産から見れば，丙丁つけがたい状態にあった。1931年度において和村の一戸あたり平均所得が約190円，平均資産が113円であり，翌年にはそれぞれ53円，64円まで落ち込むのに対し，清内路村では1933年時点で平均所得186円，平均資産309円であった。ジニ係数から見れば村内の平等度に関しても清内路村の方が高く，その意味では，清内路村の住民の方が当時相対的に豊かで平等であったと主張できなくもない。

　しかしながら，こうした単年度の所得・資産のデータの中には，地域住民が地元の金融機関の中に積み上げてきた金融的蓄積——貯蓄そのものに限らず融資のための信用力まで——は含まれない。また，その地元の金融組織が一組織として構築してきた，外部の金融ネットワークへのアクセスと信用力もまた，村内の所得と資産の総額や財政規模からだけでは測れないのである。

　もちろん清内路村はその後も村として存続し，その区会もまた21世紀現在に至るまで地域の重要な共同体の一つとして活動を続けている。区会およびその下部組織であった組合や青年会が共同体として結束し，戦間期の清内路村においてその経済的困難を緩和するために全力を尽くしてきたことは，本章の実証事例からだけでも十分にうかがえる。

　しかしながら少なくとも第二次世界大戦前の農村の長期不況期，それも世界恐慌後の不況期において，地域内で貯蓄資金を集積して運用することができず，全国的な金融ネットワークにも接続できないということは，地域社会とその経済にとってかなりの不安定性を招きえたということを，清内路村の事例は明らかにしてくれたといえるだろう。

　一般に海外移民が発生する際には，客観的な経済状態の悪さそのものではなく，経済変動に伴って現場にいる当人たちの主観的な経済状態が悪化することこそが鍵であると指摘されている[57]。すなわち戦間期の日本の場合，蚕糸業に関する市場構造の変化と世界恐慌などによる景気の悪化こそが，日本全国の養

蚕農家の絶対的経済苦境のみならず主観的な貧困感の増大をも生み出し，これが全国的かつ大規模な満洲への移民の一つの背景となったと考えられる。

　当時の長野県における養蚕・製糸業の経済的比重の大きさを考えれば，長野県からの満洲移民人口が最大であったことも，他県に比べて相対的に高い主観的貧困感の増大を示していると考えうる。しかしその一方で，本章と前章での実証は，地域経済における基礎的な少額金融機会の存在が，それ以外の社会的・共同体的紐帯の存在と比較してもより効率的に，地域住民の客観的な経済的困窮状態のみならず，主観的貧困認識をも緩和するものであったことをうかがわせる。

　近代に入って構築された大衆資金による金融システムは，その資金がその供給源である地域社会の中に還元されることを政策的に阻害されない限り，近代日本において長らく社会の金融的セーフティネットとして機能してきたのである。

第 8 章

戦後日本へ
──「もう一つの金融システム」としての郵便貯金と農協──

1　はじめに

　ここまで本書は，産業革命と国際市場との接続の中で現れた，社会の不安定
化と発展可能性というリスクとチャンスに対して，近代の日本社会──それも
地方を中心とした，また特に富裕層ではない，一般の人々が生きる社会──が，
どのように対処しようとしてきたのかを見てきた。それはまず，個人が生活防
衛のために行う少額貯蓄形成という努力を，社会の中で習慣化する試みとして
現れた。そして同時に，その貯蓄により形成された資金をあらためて地域社会
の中で還流しようとする，一般の金融市場とはベクトルの違う金融システムが
創出された。

　こうして形成された金融システムは，これまでもっぱら注目されてきた，中
央銀行を頂点とし一般の大銀行を傘下とした銀行システムとも，株式を中心と
した有価証券市場とも異なる性質のものである。なぜならその資金は大衆から
収集されてそれ自体が巨額の資本となりながらも，一般の大資本の経営とは基
本的に直接の関係をもたず，原資の保護には重きを置きつつも営利を主眼とせ
ず，地方経済と中小資本，ひいては社会のために還元されるべきものとして運
用された金融システムであったからである。

　近代日本における工業化の成功と経済発展は，都市部や工業地帯における重
工業の発達だけでなく輸出向けの軽工業の成長もあってのものであり，その経

済発展の前提には，農業生産の向上を含めた地方経済の発展があった。本書が
その存在を示してきた，大衆資金によるネットワークが構築した金融システム
は，それらの地域経済・中小資本経営の発展と維持を促すための，基礎的な下
支えを行ってきた。

　本書の課題はこの大衆資金による金融システムの性質と，それが日本社会に
構築されていく形成過程とを明らかにすることであった。したがって，戦後の
その展開を詳細に明らかにすることは，本書の範囲を超える。しかしながら，
現在に続くこの大衆資金による金融システムが，戦後どのような変化あるいは
継承を経て 21 世紀に繋がったのか，その一端を見ておくことは，本書の主張
をいっそう裏付けるためにも必要なことであろう。というのも，戦後日本の経
済復興・高度経済成長の中で，本書が扱ってきた郵便貯金や産業組合は金融的
に拡大を続けて世界最大規模にまで成長しており，「もう一つの金融システム」
の存在感は戦後社会の中でいや増したはずだからである。

　近代になって資本主義的な市場経済の不安定性に対抗するために作り上げら
れたセーフティネットとしてのこの金融システムは，第二次世界大戦後にはど
のような展開を迎えたのか。どれだけの機能が戦前から引き継がれ，あるいは
失われ，また，改変されたのか。より詳細な分析はまた機会を改めるとして，
本書が扱った日本の「もう一つの金融システム」の戦後の展開について，本章
はその概略にふれる[1]。

　そして，戦後積み重ねられてきた財政投融資および農協に関する同時代研究
をそれぞれ再検討し，大衆資金ネットワークの存在と機能という視点からこれ
らの制度・組織を捉えなおすことで，あらためて戦後日本経済の中に財政投融
資制度と農協を中長期的な視点から位置づけなおしてみたい。

2　統計的概観

1)　戦後日本経済の構造変化と大衆資金ネットワーク
　1956 年に経済企画庁が「もはや戦後ではない」と宣言したように[2]，第二次

世界大戦によって敗戦時には少なくとも戦前最盛期から3割減，大きく見積も
れば半分の規模に縮小していた日本経済も，1950年代中盤には元の規模にま
で回復した[3]。戦後直後の混乱と復興期を経て，それ以後日本経済はいわゆる
高度経済成長の時期に突入する。

　復興から初期の高度経済成長を支えたものは内需，それも重化学工業を中心
とした企業による大規模な国内投資であったことは同時代からよく指摘されて
きた[4]。これらの企業の旺盛な資金需要に対してどのような金融システムが応
えてきたかについては，企業同士の株式持ち合いを前提とした企業グループに
よるメインバンク制の利用，つまり銀行システムによる融資と，そのシグナリ
ング効果を支援補助する政府による，産業政策に基づいた政策融資の効果が指
摘されてきた[5]。戦後日本経済は有価証券市場による直接金融ではなく，いわ
ゆる「護送船団方式」とも呼ばれる銀行による間接金融が中心となって，高度
経済成長期の旺盛な資金需要が賄われ，その成長が支えられてきた[6]。

　このような前提の下では当然のことだが，戦後日本経済を語るこれまでの文
脈の中で金融システムについて語る際に重要視されてきたのは，他の何よりも
銀行システムであった。それはつまり，本書がこれまで取り上げてきた大衆資
金ネットワークに関する知見と評価は，十分蓄積されてきたとは言い難い状況
にあることを意味する。

　そもそも大衆資金ネットワークの存在とその機能については，戦前の金融シ
ステム研究の中でもあまり意識されてきていなかったことは，本書が指摘して
きた通りである。戦前すでに巨額資金を運用し，地域経済とその社会をインフ
ラ投資などの面から下支えし，災害や恐慌などの緊急時にも地域社会に救済資
金を供給するセーフティネットとして機能するようになっていたにもかかわら
ず，預金部および協同組合による系統金融のネットワークは，経済史上長らく
注目を浴びてこなかった。

　しかしそれは本書で見てきたように，このネットワークが機能していなかっ
たということを意味しない。戦後，銀行システムほどの注目を受けてこなかっ
たとはいえ，民間企業の成長とともに高度経済成長を経ていく戦後の日本経済
の中では，本書が存在を確認してきた大衆資金ネットワークはどのように成長

し，機能したのか。

　戦後の財政投融資にしても農協に関しても，これらの制度を総合した大衆資金ネットワークとしての役割の分析はおろか，個別的なその役割や影響面についてさえ，長期的な展望の下での評価が与えられてきたとは言い難い状況にある。しかし，その数量的な規模は，戦後日本経済の中でも決して無視できるようなものではなかった。

2）戦後の大衆資金ネットワークの統計的概観

　戦後経済の中で郵便貯金と協同組合が占めた金融的地位をまず数量的に確認しよう。企業でも財政部門でもないところから収集され，一般大衆の貯蓄によって形成された金融機関の資金は，成長を続ける戦後日本経済の中ではどれほどの規模になったのであろうか。企業と銀行を中心とした一般の金融システムに対して，大衆資金ネットワークは戦後もなお「もう一つの金融システム」と呼べるほどの資金規模を有していたのだろうか。

　統計からは，戦後直後の混乱期を抜けてからの日本経済は，20世紀末まで一貫して10〜15％の高水準の，時として20％を超える家計貯蓄率を記録してきたことがわかる（図8-1）。戦後日本経済には1940年代後半から50年代初頭のガリオア資金・エロア資金のようなアメリカからの復興援助資金，および1950年代から60年代には世界銀行などからの借款や外債発行といった外資の導入も見られたとはいえ，1950年代から60年代にかけて国内総貯蓄の約半分は家計部門によって担われており，高度経済成長を支えた資金の多くは，日本国内で自前の家計貯蓄によって賄われてきたといえる。

　高度経済成長期を通じて日本の金融市場では，企業部門が最大の借手であり，家計部門こそが貯蓄形成の主体であり，最大の貸手であった。そしてこの時期の内需主導の成長，その多くを担った企業の巨額の設備投資は，戦後に企業グループとして再編された民間銀行との連携を中心として金融的に支えられてきた。これらの事実は先述したように，同時代的にも先行研究の中でもよく認識されており，日本の高度経済成長を理解する上での通説となっている[7]。

　ところがその一方で，預金・貸付における銀行の地位はほぼ一貫して低下し

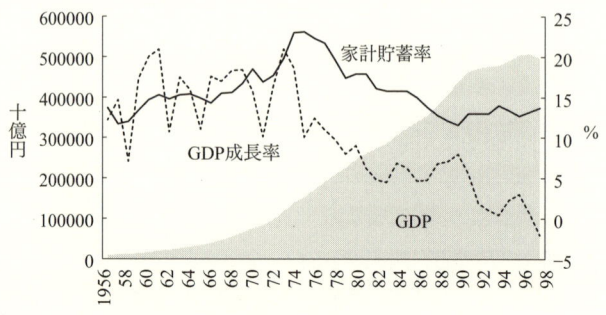

図 8-1　戦後日本の経済成長と家計貯蓄

注）左軸＝金額（単位：十億円），右軸＝単位：%
資料）経済企画庁『経済白書』2000 年度版，内閣府経済社会総合研究所「国民
経済計算確報」http://www.stat.go.jp/data/chouki/03.htm（2017 年 9 月 22 日
アクセス）

ていっていた。家計貯蓄を収集した銀行による，メインバンク制に基づく系列
企業への円滑な資金供給という構造が形成され機能していく一方で，全金融機
関の預金・貸付に銀行が占めるシェアそのものは戦後，漸次低下していったの
である（表 8-1）。

　銀行に代わってこの時期に預金・貸付における地位を高めたのは，協同組合
および郵便貯金であった。第二次世界大戦後においても，郵便貯金と協同組合
系金融機関はその規模を拡大させていっており，その成長規模はしばしば民間
銀行のそれを上回ったのである。農業協同組合・信用金庫などから構成される
協同組合系金融機関と，郵便貯金・簡易保険・郵便年金から構成される郵政関
連の資金は戦後，銀行に匹敵するレベルにまで存在感を強めていく。たとえば
預金総額に占める協同組合系と郵政関連のシェアは 1958 年には合わせて 29 %
で，銀行の 57 % の約半分に過ぎなかったものが，1978 年には合わせて 40 %
となり，銀行の 36 % を上回っている。貸付に関しても同様に拡大しており，
銀行に肉薄している。高度経済成長期，その社会の中で成長したのは銀行シス
テムだけではなく，一般の人々の所得が向上する中で家計貯蓄の増加を吸収し
たのは，むしろ郵便貯金や協同組合といった，より身近な金融機関だったので
ある。

表 8-1　預金・貸付における各金融機関のシェア

年度	預金総額に対するシェア			貸付総額に対するシェア		
	銀行	協同組合	郵政関連	銀行	協同組合	郵政関連
1930	61 %	0 %	17 %	77 %	0 %	8 %
1934	52 %	4 %	22 %	75 %	8 %	0 %
1938	54 %	5 %	19 %	71 %	6 %	6 %
1942	56 %	10 %	20 %	77 %	6 %	6 %
1946	50 %	21 %	25 %	88 %	8 %	5 %
1950	65 %	14 %	17 %	70 %	9 %	9 %
1954	59 %	13 %	18 %	58 %	12 %	12 %
1958	57 %	12 %	17 %	57 %	11 %	14 %
1962	49 %	14 %	15 %	53 %	13 %	13 %
1966	48 %	16 %	14 %	51 %	13 %	14 %
1970	43 %	17 %	17 %	47 %	13 %	14 %
1974	40 %	17 %	19 %	46 %	14 %	16 %
1978	36 %	17 %	23 %	42 %	13 %	21 %
1982	34 %	16 %	26 %	40 %	12 %	25 %

注）協同組合＝農協・信金・農林中金・商工中金，郵政関連＝資金運用部・簡
保・郵便年金の合計。貸付には有価証券によるものを含まない。
資料）総務庁統計局『日本長期統計総覧　第 3 巻』, 1988 年，表 11-17-ab

　戦後の日本経済の中，所得の増加に伴い個人による少額貯蓄の集積そのもの
はむしろ戦前より巨額に膨れ上がった。その中で協同組合と郵便貯金は民間銀
行以上に，所得の向上した人々が新たな貯蓄を預ける先として選好された。戦
前同様に大衆資金を集積し，その資金を運用する機関として，これらは高度経
済成長下にあって，総額と預貯金内シェアからすると戦前以上に重要な位置を
占めるようになったといえる。

　戦後になって，銀行システムは財閥解体などの影響を受け，民間銀行ではあ
らためてメインバンク制を構築するとともに，それを利用する企業グループを
再編するなど，ネットワークの再編成を行ったことが知られている。これに対
して別個の金融システムとして戦前からすでに発達してきた大衆資金ネット
ワークは，戦中から戦後の変化と混乱の中でどのような変化・再編を経験した

のか。戦前に構築された連携と，各ネットワークのそれぞれの機能のうちどれ
ほどのものが保たれ，またどれほど新たなものが付与されたのか。次節からは
それを確認していこう。

3 制度的連続性と断絶性——大蔵省預金部から資金運用部へ

1）戦後における郵便貯金の金融的地位

　まず郵便貯金およびその運用制度，大蔵省預金部制度がどのように再編され
たのか確認する。郵便貯金が戦後どのような発展を遂げたのか，数量的な面か
ら日本経済の中での金融的地位を見ると，図 8-2 が示すように大衆貯蓄そのも
のが総貯蓄の 4 割以上とシェアを伸ばしていく中，郵便貯金は日本経済の総貯
蓄の中でもほぼ常に単独で 1 割以上の地位を占めていたことがわかる。また，
先の表 8-1 を見ると，郵便貯金は大衆資金の中でも 4 割から 5 割近い位置を戦
後経済の中で恒常的に占めていたこともわかる。

　郵便貯金は個人による少額貯蓄の集積体でありながら，単独の貯蓄集積機関
として日本国内でも最大の規模を有していた。そして戦後にも郵便貯金の金融
的地位は，衰えるどころかむしろいっそう安定性・重要性を増していった。

　こうした郵便貯金の安定的な発展は何によってもたらされたのか。まず，郵
便貯金による少額貯蓄の集積は，少なくとも 1970 年代に入るまでは，特に民
間銀行から脅威と思われることはなく，戦前同様に銀行の顧客とは異なる層を
対象としたものとみなされ，ある種の社会的棲み分けが行われた上で家計貯蓄
が集積されているという社会的認識がもたれていた[8]。

　郵便貯金の順調な成長は，戦前の 1941 年に制度導入が行われた定額貯金制
度の利用の伸長が著しかったことが要因であると分析されている。その背景に
は，高度経済成長を通じて全国民的な所得上昇が生じ，家計内に金融資産を蓄
積するための素地が形成されたという，郵便貯金に限らない家計貯蓄全般の増
加につながる大前提があった[9]。

　そのような家計所得の上昇そのものは政府にも認識されており，政府はその

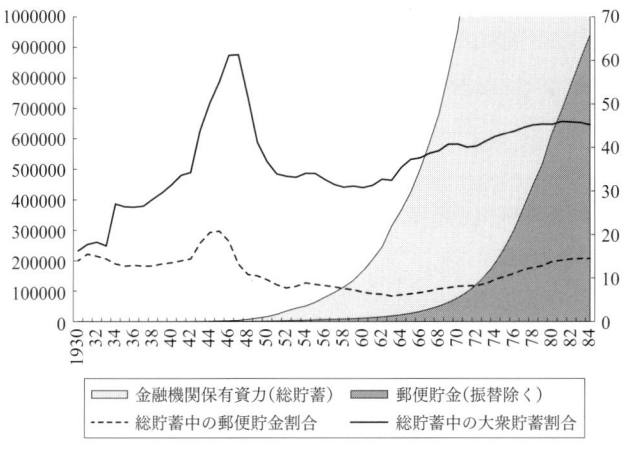

図 8-2 戦前戦後における郵便貯金の金融市場内の位置

注）左軸＝金額（単位：億円），右軸＝単位：%
　　総貯蓄＝民間・公的各金融機関の預金および債券の総計
　　大衆貯蓄＝郵便貯金＋協同組合系金融機関預金（農協・信用金庫・農林中央
　　金庫）
資料）総務庁統計局『日本長期統計総覧　第 3 巻』，1988 年，表 11-17-a，表 11-15

上昇分をそのまま消費に転換するのではなく貯蓄に回させることで，家計貯蓄
を基盤に国内金融機関の保有する資金，つまり産業への投資資金を潤沢にする
ことを政策目標とした。戦後の日本政府は当時，家計による「過剰消費」をむ
しろ恐れており，それを防止し貯蓄に回させるために，様々なポスターや講演
を通じて貯蓄奨励を行った[10]。「こども郵便局」や青年・婦人団体の協力を得
ての貯蓄奨励運動など，戦後にも小学校教育や地域団体の中で事実上の貯蓄教
育，とりわけ郵便貯金利用の習慣化への教育が行われたことも，第 2 章で見た
ように近代日本人の中に貯蓄習慣が形成された際と同様の社会的影響力をもっ
たと推測される[11]。

　それに加えて郵便貯金には，「池田内閣の高度成長政策における低金利政策
により，預貯金金利が低めに抑えられていたという政策要因」があり，家計が
選択できる金融資産の中でも郵便貯金の定額貯金が民間と比べて相対的に有利
な利回りとなっていたという好条件もあった[12]。

　同時期における郵便局の増加，すなわち郵便貯金の取扱支店の増加も，郵便

貯金の成長要因として指摘されている。郵便局の増加そのものは都市部におけ
る人口増加に伴い，郵便サービスを全国民に提供するためという公益的な要因
により推進されたものであったが，これは結果的に事実上，郵便貯金を利用し
た貯蓄機会の増加を意味していた。

　こうした貯蓄機会の増加という要素は民間銀行とは対照的である。戦後，政
府は経営合理化方針のために，民間銀行については 1949 年，1953 年と相次い
で店舗新設を原則禁止とする通牒を発した。1963 年には「自由化通達」が出
されたものの 1965 年の証券危機を受けて，民間銀行の拡大は 1960 年代を通じ
店舗数の拡張という点では目覚ましいものが見られなかったのである[13]。

　もっとも，一方で郵便貯金は地方部・農村部における家計貯蓄の収集におい
ては，1950 年代から 60 年代を通じて，あまり伸長を見せなかった。郵便貯金
が自ら行った「郵便貯金利用実態調査」によれば，郵便貯金残高の 99 ％ を占
める家計の枠を，「勤労者・農家・一般」の三種類に区分した場合，郵便貯金
残高に占める家計別構成比は 1955 年には勤労者 48.6 ％・農家 22.8 ％・一般
28.6 ％ だったものが，1961 年には勤労者 52 ％・農家 18.6 ％・一般 29.4 ％ と，
農家家計部門のシェアが低下している。利用者全体に占める農家の構成比はこ
れより高いため，郵便貯金が農家による利用者を得られなかったわけではなく，
農家の新規貯蓄を誘引できなかったことが原因であると分析されている。

　また，表 8-2 からも見えるように，地方部よりも都市部の方が高度経済成長
期における郵便貯金の増加は著しかった。郵便貯金側はこうした農村部におけ
る苦戦を，「これは，農業協同組合の利用が多いためと考えられる」として，
地方部での少額貯蓄の収集にあたって農協とは競合関係にあることを気負いな
く認めている。一方で「郵便貯金は，［昭和］三十年代以降，その顧客層の中
心を，都市の勤労者とする色彩を強めたといってよかろう」として，協同組合
系金融機関との棲み分けと，日本社会の中での産業構造変化に伴う就業構造の
変化に，郵便貯金が都市部で対応しているということが認識されている[14]。

　地方部における協同組合系金融機関，すなわち戦後の農協が，戦前の産業組
合を引き継ぐことによって全国ほとんどの各自治体内に最低でも一店舗は構え
ることができたことも合わせて考えると，戦前からの大衆資金ネットワークを

表 8-2　戦後郵便貯金の地域別残高構成比

区分		構成比			増加率（倍）		
年度		1955	1960	1965	1955～60	1960～65	1955～65
郵便貯金残高	六大都市部	19 %	37 %	38 %	4.1	2.5	10.2
	その他	81 %	63 %	62 %	1.6	2.4	3.8
人口	六大都市部	30 %	33 %	36 %	1.1	1.1	1.3
	その他	70 %	67 %	64 %	1.0	1.0	1.0

資料）郵政省『郵政百年史』吉川弘文館，1971 年，第 7-5 表

引き継いだ郵便貯金および協同組合系金融機関はどちらも，戦後社会の中でも民間銀行以上に人々の生活に密着し，貯蓄機会を提供することができていたことがわかる。高度経済成長の中で，近代同様に地元の学校や地域内の各共同体の協力を取り付けながら，大衆資金ネットワークの金融機関はどちらも地域社会に密着したものとして世界でも他に類を見ない巨大な金融機関として成長していったのである。

2)　大蔵省預金部の組織・制度的変容

　このように戦後の郵便貯金は，個人からの少額貯蓄の集積体としての性質を，産業構造・人口構造の変動する中でも維持し，それでいて総額としては民間銀行が集積した家計貯蓄以上に成長していった。この前提を踏まえ，郵便貯金の運用，すなわち戦前における大蔵省預金部の制度とその機能はどのように変化していったか。

　郵便貯金の運用部門，大蔵省預金部が抱えた資金の巨額性とその運用による金融機能は，戦間期にはすでに「第二の中央銀行」[15]と呼ばれるまでに重要となっていたことは本書が見てきた通りである。その資金は恒常的に国債引受などの安定運用と地方還元に用いられるものであると同時に，災害や恐慌時には臨時的に用いられるほか，産業・インフラ投資にも充てられうるなど，多様な機能をもつものであった。

　第二次世界大戦とその後の占領期という，日本国内でも未曾有の制度的改編期を経て，この中のどれだけの機能が日本経済に残されたのか。先んじて言う

ならば，戦後においても預金部制度は，名称こそ資金運用部と変更されたもの
の，戦前に構築されたその機能の多くが存続する形で残された。21世紀に入
り郵政民営化によって郵便貯金そのものが国家による経営から離れてさえも，
その基本的な運用方針と制度そのものは，財政投融資制度として存続していく。

　もっとも，日本経済が置かれた状況，そしてその産業構造と社会構造そのも
のが，戦後の高度経済成長期には大きく変化した。その中で，郵便貯金という
少額貯蓄を原資とする巨額の大衆資金の運用は，どのような機能を果たすこと
を求められ，また目指してきたのだろうか。

　本来であれば先行研究による評価を参考としたいところであるが，預金部お
よび資金運用部制度に関しては，戦前についても研究蓄積の少ない分野である
ためか，戦後についても史的分析の蓄積は依然少ない。資金運用部制度が財政
投融資制度の中に組み込まれたため，財政投融資自体に関しては同時代の現状
分析の蓄積があるものの，戦前の預金部制度からの変化や連続性といった面を
歴史的に取り上げたものは数少ない[16]。本書の課題からいえばとりわけ，戦前
に構築された預金部資金の「地方資金」ルート，すなわち協同組合系金融機関
とも連携した大衆資金の金融ネットワークが戦後どのように展開したのか，日
本の戦後復興・高度経済成長の中で具体的にどのような役割を果たしたのかに
ついては，いまだ検討が不十分な状況にあるのである。

　そうした状況を踏まえ，ここではまず，戦前から占領期にかけての預金部資
金の運用方針と状況を，制度面の変化から概観していく。戦前から戦中，戦後
直後の占領期にかけての，その制度的変遷こそ，政府機関である預金部を理解
するには必要不可欠な情報だからである。

　まず戦前の日本経済の，とりわけ地方の不況期であった1930年代から，状
況をあらためて確認しよう。本書がすでにふれてきたように，戦間期の不況に
際して預金部資金は各種失業対策や地方経済振興に向けて積極的に投入され
た[17]。また，同時期に頻発した関東大震災や昭和三陸津波などの大災害に対し
ても，預金部は巨額の復興資金を供給した。これらの資金を実際に現地へと供
給するにあたっては，産業組合のような現場の組織とのより密接な連携が取ら
れるようになり，これにより地域経済の現場に対して，人々の生活改善に効果

的な少額金融による資金供給が行われるようになったことは，本書がこれまで
確認してきた通りである。

　しかしながら 1937 年以降，日中戦争が本格化する中で，預金部は戦時国債
の引受を拡大させ，地方への資金還元を縮小させていく。この時期のこの働き
が，先行研究が戦前における大蔵省預金部の機能として強く指摘し，預金部の
主要機能として評価してきた，国債消化機関としての側面である。以降，戦時
中を通じて預金部資金は日本政府が戦争を遂行するための資金源として用いら
れ，総計として軍事国債への運用は他の追随を許さない多額となった[18]。

　結果，終戦後に預金部の機能は戦争遂行のためのものであったと占領軍に
よってみなされた。したがって，GHQ の占領政策によって日本経済の民主
化・非軍事化方針が取られた際，預金部の存在は警戒されるものとなった。預
金部制度そのものの存続は，巨額にのぼる郵便貯金の資金管理のために不可欠
として許されたものの，その実際の運用は大きな制限を受けることになった。

　1946 年 1 月 29 日に大蔵大臣宛に出された連合国最高司令部経済科学局 004
(29jan46) ESS/FI「預金部資金並びに簡易生命保険及び郵便年金資金運用計画
に関する件」により，「預金部は国策会社，統制会，営団その他の法人に対し
今後投資もしくは貸付を行ってはならない」「特殊銀行への貸付またはその社
債の購入は国及び地方公共団体の需要を充たした後，総司令部の承認を得た上
でなければ行ってはならない」[19]とされたのである。

　こうして，戦後直後における大蔵省預金部資金の当面の運用方針は，戦前の
預金部が果たしてきた地方経済への貢献を果たしえないものとして設定された。
なぜなら預金部の運用先が国債・地方債に限られたということはすなわち，産
業組合中央金庫や勧銀などに対する地方経済向けの融資が不可能になったこと
を意味するからである。

　戦時中 1937 年以降すでに，預金部から産業組合中央金庫・勧銀に対する新
規の資金供給は原則として行われておらず，1941 年の時点で預金部資金 88 億
円のうち 8 割を超える 74 億円が，1945 年 3 月の時点では 336 億円のうち 324
億円とほぼ全額が国債消化に費やされていたことは確かである[20]。しかしそれ
でも，預金部が地方経済への資金還流を行うことを禁止する要素は，戦時中に

は制度上は存在しなかった。これらのことを考慮すれば，GHQ の指令は事実
上，預金部とはすなわち国債消化機関であると，逆に外部から認定・規定する
ものだったといえる。この外部からの認識と規定によって，大蔵省預金部は戦
後直後に，戦前に築いた大衆資金ネットワークの中心として地域経済の危機時
にその資金を供給する第二の中央銀行としての機能，および協同組合系統と連
携する第二の資金源としての金融機能を喪失することになった。

　こうした制度設計の変更・制限は預金部制度の経営体としての能力にも問題
を引き起こした。預金部は 1949 年にはドッジ・ライン提示による緊縮財政方
針の下，ついにその運用に赤字を生じさせた。インフレの終息とともに郵便貯
金が増加に転じた結果，預金部内に多額の余裕資金が発生したにもかかわらず，
運用先を国債・地方債に限定された状態では適切な新規の運用先が存在しな
かったためである[21]。預金部資金の原資は郵便貯金であり，大衆の貯蓄である
ため，その赤字運用は一般国民の資産への損害を意味し，その状態の持続が許
されるものではない。そのため，1949 年 5 月に大蔵省は GHQ に運用先の柔軟
化を求めた。

　　　　昭和二十四年度預金部経済資金運用について

一，……預金部においては，地方起債二三三億円を全額引き受けてもなお，
　　三〇〇億円以上の余裕金を生ずる見込である。

二，然るに預金部の立場からすれば昭和二十四年度予算において，赤字補
　　塡のため一般会計より三七億円余の繰入れを必要とする現状であり，
　　且又預金特別会計の独立採算制の見地より右余裕金の有利，確実な運
　　用を必要とする。

三，而して一般金融情勢を見るに，金詰りは相当著しく，国家公共の利益
　　を確保するに必要な重要産業，農林水産業，中小企業等においても，
　　必要な資金を確保するのに困難な現状にあるので，これに対し預金部
　　資金を供給することが望ましい。これは預金部資金の大部分が国民大
　　衆の零細な郵便貯金から成立っている点から考えても適当と思われる
　　……[22]

　この要求の中にも「農林水産業，中小企業等」に対して預金部資金を供給す
ることが望ましいと織り込まれていることからも，事実上の国債消化機関とし
て機能していた戦時中を経てなお日本政府は，大蔵省預金部とは大衆のための，
地方経済のための金融機関であるという認識を保っていたことがわかる。

　この要求を受け，GHQ は 1949 年 7 月 5 日に農林業を中心とした 5 公団に対
する融資については許可を出した[23]。しかしそれはいまだ，戦前期に構築され
た特殊銀行や協同組合系統金融という，郵便貯金以外の大衆資金ネットワーク
との再接続には至らない許可でしかなかった。

　このような，預金部資金が戦前に築いた金融ネットワークから切り離されて
いるという状況を踏まえ，大蔵省は 1949 年 7 月，さらなる資金運用の多様化
を GHQ に要望する。その多様化の内実とは，興銀・勧銀・農林中金・商工中
金への融資の実行であった。興銀・勧銀は預金部の地方還元制度成立初期から
預金部資金の供給ルートとなっていた特殊銀行であり，農林中金・商工中金は
産業組合中央金庫および商工組合中央金庫という，どちらも戦前に資金供給を
行っていた協同組合系金融機関の後身である。すなわち，戦前からの大衆資金
ネットワークとの接続を，預金部は再度機能させようとしたのである。

　これらの金融機関に対する融資は，最終的な借手として「見返資金から融資
をうけられないような小規模の農業等で市中銀行からはリスクの点で融資して
もらえないもの」を想定した。つまり中小企業や農村部への融資となることが
想定されていた。戦前における預金部資金の地方還元という運用理念は，戦後
になっても引き続き存在していたことがわかる。

　もっとも，こうした金融ネットワークの存在と機能は，GHQ には当初あま
り理解されなかった。「司令部の態度ははっきりしている。即ち政府資金は政
府と政府関係機関丈の為に用いられるべきであり，民間の需要は民間の金融機
関にまかなはせるべきである」として，むしろ預金部には国債消化機関である
ことを求めた。中小企業・農業であっても民間のものは民間の金融機関に任せ
るべきとしたのである。

　これに対して預金部は，そのような中小事業主は「市中銀行からはリスクの
点で融資してもらえない」ものであると説得を試みたが，GHQ はそれに対し，

「リスクは預金部が貸す時でも同じではないか」として，預金部が手を出すことにいっそう難色を示した。これに対して預金部は「信頼しうる特殊銀行を仲介の機関として間接な投資をやり預金部がリスクを負わないようにしている」と，戦前以来の預金部資金供給の間接融資の方式を説明するにいたる[24]。

　このやりとりからは，戦前に構築された預金部を中心とした大衆資金ネットワークの金融システムの機能が，日本経済に関しての分析を進めていたであろう GHQ によっても認識されておらず，農村部および中小企業のための金融機関としてのその重要性についてほとんど理解されていなかったことが窺える。

　これは，1950 年 10 月に全国銀行協会連合会がドッジ宛に書いた要望書に記されたように，アメリカ経済における郵便貯金の比重が総預金の 2 ％ 程度であり，日本で郵便貯金が占めていた比重とはまったく異なっていたことも，その過小評価の一因であったと推測される[25]。もっとも，本書が確認してきたように，日本国内の金融史研究および同時代の現状分析の中でも，これらの大衆資金ネットワークの働きと重要性がしばしば等閑視されてきたことに鑑みれば，他国の立場からその重要性を理解するのは困難であったのは当然といえるのかもしれない。

　こうした中，1950 年の朝鮮戦争の勃発により民間の資金難がますます強まると，預金部に関して 1950 年 11 月 21 日に，ドッジから大蔵大臣へ覚書がしたためられた。

　　預金部の資金源は，日本国民大衆の貯蓄……比較的小さな金額で預金や払込金から成立……。

　　この資金の運用について，これを規制する何等かの原則があるとするならば，それは個々の資金の所有者の絶対的安全を計るということである。

　　預金部に集められた日本国民の貯蓄は，その投資を政府及び地方自治体の借入金又は公債に限定することによって保護されて来た。このことは賞讃されることでこそあれ，決して非難されるべきものではない。

　　この政策に対する不満は，預金者からではなく，資金需要者の側から来るものである。

　　長期投資の需要者は，これら資金を産業に対する直接貸付に運用し，事
業の拡張並びに改善その他，これに準ずる目的のために充てなければなら
ないと主張している。

　　……この資金は国民の貯蓄の中で最も集中された多額の蓄積である。そ
の故に，この資金は，健全なる長期証券投資の資金源として，特に適した
ものと通常考えられている。……預金部資金の限られた一部を，国債又は
地方債以外の健全な目的に利用せしめることの望ましいことを認めた上で，
一つの案がこの目的を達するために，総司令部によって検討され了承され
た。法律の修正に必要な細部の補足は追ってこれを立案の上，協議決定し
なければならない。……

　　……資金運用部は，その一部資金を日本経済の発展に役立つ安全かつ建
設的な用途に使用することを許可される。

　　これは金融債をある限度で取得するという方法により行われる。……金
融債の吸収は資金の用途及び範囲を広く分散し，又通常の金融危険を銀行
が中間において負担する即ち保障することになり，かつ，諸資金が民間金
融機関という通常のルートを通じて活用せられる利点を有するものである。

　　最大限の安定性を確保するためには資金運用部の投資は法律により慎重
に選定限定することが必要である。諸資金の投資はその源泉の如何によっ
て左右されてはならない。必要にして建設的であり，安全な目的ではなく
て政治的な用途に資金を運用することは認められない。

　　資金運用部の本務は少額預金者を保護し，彼等に安全と保障を与えるこ
とになるのであって，これらの資金の一部を自己の営業の目的或は利益の
ために使用する機会を虎視たんたんと覗っている者に信用を供与してはな
らない……[26]

　このドッジの提言からは，郵便貯金が大衆の個人少額貯蓄によって成り立っ
ており，大衆資金としてその運用においては安定性と公共的資金としての投資
が同時に重視されるべきという，預金部が元々もっていた認識と理念が，この
時期になると GHQ によっても理解されたことが確認できる。これを大蔵省で

は，GHQ は大蔵省預金部の運用先の多様化をある程度容認する代わりに，法的な組織改編を要請してきたものと解釈し，翌年には預金部を制度的に改編する，新たな法制度の整備と発布に至る[27]。

　1951 年 3 月 31 日に成立した資金運用部資金法により，郵便貯金を運用する機関は預金部ではなく，資金運用部と呼ばれる組織となることが定義された。ではその実態や運用方針は，名称同様に変化を受けたのだろうか。

　この法律を確認すると，「第一条　この法律は，郵便貯金（郵便振替貯金を含む。以下同じ），……政府の特別会計の積立金及び余裕金その他の資金で法律又は政令の規定により資金運用部に預託されたもの並びに資金運用部特別会計の積立金及び余裕金を資金運用部資金として統合管理し，その資金を確実且つ有利な方法で運用することにより，公共の利益の増進に寄与せしめることを目的とする」とある。つまりこの新法は，1925 年に制定された預金部法の「有利且つ確実なる方法を以て国家公共の利益の為めに之を運用する」という，原資の安定，公共の利益のための投資といった，郵便貯金運用の基本理念に変更を加えるものではなかったことがわかる[28]。

　また，この法律により，資金運用部の運用に赤字が生じた際には，日本政府の一般会計からの繰り入れが行われ，赤字が補塡されることが明文化された。郵便貯金という一般大衆が蓄積した貯蓄を政府が収集し，資金としてその運用を管理していくにあたっては，最終的には政府が責任をもって保護するということが，戦後になって初めて明示されたのである。戦後の郵便貯金制度は戦前よりも，国民の生活の基盤を保護するという性質を，その運用規定によっていっそう強く保証されたということになる。

　さらに第七条により，運用先についてその制限があらためて明文化され，指定されなおした。運用先として指定されたものは，
　(1)国債，国に対する貸付
　(2)予算について国会の議決を必要とする法人の発行する債券，その法人に対する貸付
　(3)地方債，地方公共団体に対する貸付
　(4)法令によって設立された法人の内，国・地方公共団体・(2)のような法人か

らの出資のないものの発行する債券，およびその法人への貸付

(5)銀行，農林中央金庫，商工組合中央金庫の発行債券[29]

である。これにより，戦前同様の大衆資金ネットワークが再度構築可能になった。しかしその一方で，海外の法人株だけでなく，預金部時代には安定投資の一種として頻繁に行われていた外国債の購入も制限された。戦後の資金運用部による運用は戦前の預金部時代と比べても，金融機関としての経営の効率性より国内への資金供給と還元に注力することが，制度設計として義務づけられたといえる。

また，金融債に充てられる資金運用部資金の額は全体の3分の1までという新たな枠の制限も設けられた。金融機関ごとの引受額についても，資金運用部が引き受ける額は一つの金融機関の発行する債券の5割まで，一度に発行する額の6割までという新たな枠組みが設けられた。これにより，借手となる金融機関・企業側からすると，戦前にはしばしば行われた預金部の全額出資による資金の調達は制度上不可能になった。

これは政府側にしてみれば，民間部門を資金運用部の資金に依存させないようにするための方策であるだけでなく，資金調達時に資金運用部が一枚噛んでいることを示して民間金融機関の貸付を促進するという，民間金融機関の活発化，シグナリングによる呼び水効果を期待する枠組みでもあった[30]。

> 資金運用部よりする民間投資（産業資金の供給）は，ただ単にリスクを，中間の媒介機関としての銀行に負担させるだけでなく，その銀行自体に対しても，その万一の場合を考慮して，経営上の危機から……法護しようということ[31]

このように，新たに構築された資金運用部の制度的枠組みの基礎は，戦前の預金部制度の安定運用・地方還元の理念を相続しながらも，GHQ の言う，民間への資金供給は民間の金融機関に任せるべきという方針も一定程度取り入れ，あらためてその資金運用を国内向けのみに限定するものとなった。

3) 高度経済成長下の資金運用部

　こうした新しい制度設計の下，1953 年以降，資金運用部は政府の運用する
年金その他の資金と合わせて，いわゆる財政投融資計画の中に組み込まれてい
く。この際，緊急時における救済のための臨時資金の供給という預金部創設以
来の機能も，財政投融資の枠組の中で，資金運用部資金の運用方法の一つとし
て維持された。たとえば 1959 年には，戦後新設された政府系金融機関である
農林漁業金融公庫へ，資金運用部から災害救援資金を供給している[32]。

　ただし，戦前には地域経済の現場に資金を供給するために協同組合系金融機
関を経由していた資金運用部は，財政投融資制度の中ではそれらと戦前ほど密
接な連携を取ることはできなくなった。それでは資金運用部はどのように地域
経済やインフラ整備の現場に資金を供給していったのか。

　中小企業や農家のような多数の小規模経営体に対して大蔵省が融資の審査を
直接行うことは，その事務処理量と信用審査能力を考えれば到底不可能である。
結果として，財政投融資による地域経済への資金還元は，主にインフラ系の大
企業に対する融資という形で行われていった。

　たとえば 1962 年には電力不足資金緊急対策として，資金運用部が日本興業
銀行・日本長期信用銀行の債券を買い上げる形で，電力 9 社へ設備資金を貸出
した[33]。また 1960 年代前半，大型船舶の建造にあたって開発銀行・日本輸出
入銀行が建造トン数に応じた融資を行うことになった際にも，各銀行へ資金運
用部から資金供給を行っている。

　この際，資金運用部は一般の市中銀行の動きを考慮して資金供給率を調整し
ており，民間金融機関から機会を奪わないように調整を行った。資金運用部か
ら資金が供出されていると示すことで，一般金融市場に対して，大型船建造と
いう投資企画が信用に足るものだと示す狙いがあったと考えられる[34]。戦争中
に多くの船舶を失った当時の日本経済にとって，新たな造船技術育成のために
も国際貿易のためにも，大型船舶の建造は重要な基盤的投資であった。

　また，石炭から石油へのエネルギー転換の時代であり，産業の転換が必要で
あったこの時期，1965 年に資金運用部は石炭産業の主要地域に産業合理化・
産業転換・離職者の雇用創成のための資金を供給している。この資金供給は

「特に疲弊の激しい産炭地域の振興を図る」「貸付限度額の運用にあたっては産炭地域へ地域振興の中核となる中堅企業の導入を促進するために適応した融資が出来るような運用を図るものとする」とされた[35]。

　その他にも，個別産業に向けた資金供給だけでなく，国民全体の生活水準の向上を支えるインフラ構築のための資金供給が数多く行われた。たとえば電源開発株式会社による火力発電所・水力発電所など各種発電所建設への融資や[36]，日本道路公団・首都高速道路公団・阪神高速道路公団などへの資金の直接供給[37]，国鉄・日本鉄道建設公団に対する資金供給[38]である。各種道路公団に対する融資により日本全国の高速道路網が整備され，トンネルが掘られ，橋梁がかけられた。国鉄への資金供給は，新幹線のような世界初の高速鉄道の開発のためにも投じられた。21 世紀にも引き継がれている日本の交通インフラの整備に，大衆資金はこのような形で関わってきたのである。

　また，こうしたインフラへの投資の過程で，新幹線のような新技術の育成が行われただけでなく，直接に中小企業の育成や技術開発のための資金供給も行われた。たとえば 1963 年には，育成対象となる中小企業を「中小企業投資育成株式会社」として選定し，資金運用部からの低利資金を，中小企業金融公庫を経由する形で償還期限 15 年という長期で供給している[39]。その他，日本航空株式会社へ国産航空機の開発製造のための資金供給なども行われた[40]。

　戦後の資金運用部による財政投融資制度において，その資金は農業部門に限らず地域経済の危機を救うために，また社会の安定と経済振興のために用いられるべきであるという，戦前と共通した理念を背景に運用されていたことは間違いない。そしてその運用理念は同時に，高度経済成長の中で新しく，日本を技術立国たらしめるための育成資金を供給するべきものとしても読まれるようになったのである。

　高速鉄道や高速道路網などの一通りの整備が終わった 1960 年代中盤以降は，資金運用部による資金供給は交通インフラ・産業投資から，住宅・レジャー設備など生活水準向上に資するものへと比重が移っていった[41]。日本住宅公団や住宅金融公庫への資金供給[42]，国立病院，公害防止事業団，国立大学，私立学校振興会への資金供給[43]も行われはじめた。

こうした流れもまた，大衆資金としての資金運用部に求められる役割は人々の生活の安定と向上に資することであるという理念を踏襲したものとなっている。大蔵省が管理運用した大衆資金ネットワークは，日本の高度経済成長とその後の技術立国としての躍進を，インフラ整備や教育，地域経済や基礎技術開発への資金供給という面から下支えするものとなったのである。

4　協同組合系金融機関の展開──産業組合から農協・信組へ

もう一つの巨大な大衆資金ネットワークを構成し，資金源であると同時に資金供給の担い手でもあった産業組合，そして協同組合系金融機関の場合は，戦時中から戦後どのような経験を経たのであろうか。

協同組合系金融機関による預貯金の収集と貸付が，戦後高度経済成長期にも順調に成長したことは，本章冒頭に確認した通りである。その成長は総額に表れる絶対的なものであっただけでなく，他の金融機関の成長と比べた際にも目覚ましく，それは預貯金総額・貸付金総額の中に占めるシェアの増加として現れた（表8-1）。

一方で，産業組合の流れをくむ協同組合は，とりわけ地方部において，戦後は戦前とは異なる状況に直面した。地方部の協同組合の基盤である日本の農村社会にとって，占領期から高度経済成長期が劇的な構造変化の時期であったことは間違いない。まず農地改革は地主制度を解体し，日本の農業の担い手を相対的に小規模な自営農民のみに再編した。これは，地方社会の社会構造を平等化するものであったと同時に，個々の農業経営の零細性を規定するものとなった[44]。

製造業をリーディングセクターとして成長した高度経済成長期の日本経済は都市部に雇用機会を増大させ，結果，農村部からの人口吸収，あるいは兼業農家化をもたらした。また，国内重化学工業の発達は化学肥料および農業用機械を比較的廉価に国内農業へ供給し，農業労働の機械化を促した。また，日本全体の傾向として食生活が徐々に変化し，需要の変化を受ける形で国内農業の栽

培品目も変化していった。その一方で政府による強力な米価維持政策が行われた結果，多くの農家経営が米作を志向した[45]。

　また，米作と並んで戦前の日本の農村経済を支えた養蚕業については，戦前時点ですでに 1941 年に対米輸出が止まって以来，その生産が著しく制限されていたが，戦後には戦前から始まっていた世界的な産業構造の転換がいっそう進み，国内の化学繊維産業が発達し製糸業自体が衰退する中，縮小していった[46]。

　農業就業人口が高齢化し，兼業と機械化のために農業労働時間が短時間化する中で，農業生産はむしろ増加した。また，1950 年代から 60 年代にかけて，農作物価格もまた上昇基調にあったため，農業による総生産額と生産所得は上昇した。兼業農家はこれに加えて時として農業収入を上回る兼業収入を得ていたことを考えれば，戦後の農家の経済状態は戦間期の不況期と比較すれば著しく改善し，高度経済成長の中で他の就業形態の家計とともに「所得倍増」の世を迎えたといえる[47]。

　こうした社会経済情勢の変化の中で，戦前からの産業組合，すなわち地方部における協同組合による少額金融機関は，戦後どのように機能することを求められ，また実際に機能してきたのか。

1）協同組合系金融機関の戦後──中央金庫の動きを中心に

　ここからはあらためて，戦前から戦後直後の産業組合が担った金融的機能について，特に中央金庫の動きに注目しながら確認していく。

　もっとも，戦間期には地域の産業組合の多くが，組合員が生産した農作物の流通・販売や組合員の需要に応える肥料・食料などの小売も手がける多角的な経営体になっていたことは，本書がこれまで見てきた通りである。しかしあくまで戦後の大衆資金ネットワークの機能を，つまり戦後の協同組合による金融を概観することを目指す本章では，その金融機能とネットワーク性に焦点を当てるために，産業組合中央金庫の機能に注目する。ただし，戦間期終盤から戦時中に関しては，これまでの章でも確認したように協同組合の経営の中心が金融ではなく流通であったことから，消費・購買事業についても目を向ける。

　産業組合はすでに戦前から地域経済，とりわけ農村部における少額金融機会の供給を担ってきた。産業組合は戦間期までには現地の人々の様々な需要に基づき日本全国に普及したが，その隆盛を受け，1923年にはその金融ネットワークの中心になるべきものとして，政府の援助のもと産業組合中央金庫が設立された。中央金庫は1927年の金融恐慌の頃を契機として大蔵省預金部資金とそれまで以上の連携を取るようになり，この金融的連携によって日本の農村部の地域経済は1930年代の経済危機に対応することができた。その中で各地の産業組合は，個々の努力によって新たな商品作物の育成や販路の拡大などを進めてきた。

　もっとも1930年代後半に入ると，戦争の深化により国家による農産物の流通統制が開始され，それに伴い地方部の産業組合は食糧の一元的集荷を行う組織として機能することが求められた。1942年に制定された食糧管理法は米麦などの政府に対する一定量の供出を農業者側に義務づけるとともに，産業組合による一元的集荷の原則を徹底するものだった。

　これにより産業組合が農作物の流通に対して発揮する管理権限は一挙に法的な強制力をもつものにさえなったが，逆にいえばこれは，個々の産業組合による販路開拓やブランド化の試みを停止させるものにもなった。米のような主要作物の流通だけでなく，他の生産物に関する個々の産業組合と民間企業による自由市場の形成は，ここで一度断絶することになる[48]。

　戦争は産業組合による販売事業だけでなく，信用事業の経営方針にも影響を及ぼした。当時産業組合が新規に収集した預金は他の金融機関の増加分と比べても著しかったが，1937年以降，産業組合による長期貸出は抑制され，収集した大衆資金の多くが軍事費捻出のための国債消化に充てられた。産業組合中央金庫は後に「かつて農村への低利資金供給を使命とした金庫の機能は大きく変貌し，いまや逆に農村資金の吸上げとその運用とが最重要の任務となった」と戦時中のその役割の変容を振り返っている[49]。

　このように，本来政府からは独立した民間の組織であった産業組合についても，戦争の中でその業務内容は政府の影響を大きく受けるようになっていった。1943年にはそうした中で産業組合は農会組織と合併され，農業会として再編

されることが法的に決定された。新たに制定された農業団体法は，1899 年の農会法以来の組織であり村内の農家の全加盟を前提とし村における農業指導団体としての役割を期待されていた農会を，ここに来て任意加盟の協同組合組織である産業組合と統合するものだった。また，これに伴い森林組合など他の農業団体も合併され，産業組合中央金庫は現在の農林中央金庫へと改名した[50]。

　もっとも，このように住民が半強制的な参加を義務づけられた組織としての農業会は，1945 年の終戦以降，GHQ の民主化方針により解体が指示された。一方で協同組合制度は民主的組織として称揚されたため，農村地域ではあらためて協同組合として農業協同組合（農協）の設立が，すなわち農業会からの組織の再編成が行われる流れとなった。

　1947 年に制定された農業協同組合法および農業団体整理法に基づき，農業会は主に戦時中に負った不良資産を整理するための団体として清算処理され，解散していく。農協は新規に発足する協同組合という形式を適用され，農業会の不良資産以外の資産を継承するという形で発足した。なお，農業会時代に負った負債の多くは戦後閉鎖された戦時中の政府系金融機関や流通関連の国策統制会社の社債によるものであったが，これらの処理や農協の新規発足にあたって政府からの経済的援助はなかった[51]。

　つまり，戦前の協同組合組織である産業組合は，戦時中に一時的に加入が強制され，流通面でも金融面でも政府への協力機関として活動するも，戦後には加入人員や組織範囲，資産などほとんどのものを引き継ぎ，あらためて政府からは独立した農業協同組合として再結成されたのである。

　このような法律的・制度的再編成の混乱の脇でしかし，その金融業務自体は，1946 年度の時点ですでに「戦時中以来の資金吸収型の性格から，農林漁業の資金供給者へと急速に変身」していた。政府に協力する国債消化機関としての役割は戦争の終了とともに放棄され，日本の地方の協同組合はあらためて元来の，地域経済のための地域の大衆資金の運営主体としていち早く登場しなおしていた。日本の協同組合制による金融ネットワーク，通称系統金融は，戦時中には一時的な制度的拘束を受けるも，あらためて戦後，地方における大衆資金の収集・運用機関を担う，協同組合による非営利の民間金融として，再登場し

たのである。

　もっとも，前節でふれたように 1946 年時点で預金部は GHQ の指令により国債・地方債による国・地方自治体への資金供給以外の融資を禁じられていたため，戦前に構築された，協同組合系金融機関と郵便貯金という二系統の大衆資金ネットワークの間の連携は断絶していた。日本全国から政府内機関へ資金を集める郵便貯金から，地方経済の現場に人的・物的地歩を築いている協同組合系金融機関へ資金を供給することで，地域社会のニーズをよりスムーズかつ迅速に満たす，大衆資金の金融ネットワークは寸断されたのである。

　そのため 1946 年から 1947 年頃には，農業協同組合系金融機関の中央組織である農林中金は，農協組織の中に蓄積されていた自前の資金のみで資金供給を行うことを余儀なくされた。その融資対象と目的は，もう一つの協同組合系金融の中央機関である商工中金の資金難に対する大口融資であったり，農林漁業関係の組織である傘下の所属組合，すなわち農業協同組合または漁業協同組合に対する，復興事業のための新規投資に向けた融資であった。

　農林中金は預金部との連携の断絶について「金庫設立以来多年にわたって利用してきた長期低利の資金源を失ったことは，その後の資金逼迫期には大きな痛手として感じられた」と評価しているが，戦後直後の混乱期，農家にとっては農作物価格上昇と資材不足による投資不能という状況下での資金余りが生じる中で，これらの地域経済・中小事業体への融資は現に農林中金の手持ち資金，すなわち地域の農業協同組合から収集した資金によって賄われた。事実上の国営金融機関であり全国から収集した巨額の郵便貯金の資金を保有する預金部との金融的な連携を鎖されてなお，協同組合系金融機関は自前で地方経済に対して資金を供給できるだけの資金源と組織的基盤をもっていた。そして，それを地域の中小事業者に対して供給するという運用方針を，戦後直後の混乱期にあっても維持していたのである[52]。

　もっとも，政府系資金との再連携の模索は続けられ，具体的な行動は 1948 年にも行われた。復興金融公庫による農林債券の引受を資金源として，農林中金は傘下の組合に対し中長期の農林漁業復興融資を行ったのである。ただし，1948 年度中に 21 億円の貸出が行われたこの融資は，予定ではその後も継続さ

れるはずだったが，1949 年にドッジ・ラインにより停止された。

　とはいえ，中断はしたもののこの貸出は「戦後その必要がきわめて大であったにもかかわらず預金部資金の停止などでまったく枯渇していた農漁業向け中長期資金貸出に先鞭をつける役割を果した」と農林中金自ら評価する，重要なものだった。政府系金融機関が中長期的視野に基づく地方への資金還流のために自由に動けるようになるより先に，協同組合系金融組織はいち早くその方向へ動き出していたのである[53]。

　こうした中，1950 年 12 月にはついに，農林中金の発行する債券の預金部資金による引受，つまり戦前同様の資金供給ルートが復活した。しかしこれはあくまで一部引受であり，「それまで金庫が発行した債券は，低利の長期債として，大蔵省預金部あるいは復興金融金庫によって全額引受となっていたのに対し，再開後の分は市中公募を原則とすることが，従来との大きな相違点」であった。また，利率も戦前のような低利ではなくなるなど，発行条件も戦前とは異なっていた[54]。

　前節で確認したように資金運用部と名称を変更した大蔵省預金部資金は1951 年以降，農林中金をはじめとした協同組合系金融機関に資金供給を行うことを正式に制度的に許された。しかし，それは戦前のような発行債券の全額引受を可能とするものではなく，利率に関しても低利での融通を許すものではなかったため，戦前のような二種の大衆資金ネットワーク間の密接な連携性を復活させることにはならなかった。

　1955 年以降には資金運用部は原則として一般金融債の新規引受は行わない方針を取るなど，戦後においては戦前と異なり，郵便貯金と協同組合系金融機関という二つの大衆資金ネットワークは，相対的に独立して活動を行うようになったといえる。戦間期の不況時には協同組合系の金融ネットワークは預金部からの資金融通を得て，戦時期にはむしろ協同組合系金融側が政府に資金を供給する役割を果たしていたが，戦後にはこれらのネットワーク間の金融的な直接の連携は限定的なものとなったのである。

　ただし，政府からの大規模な資金援助そのものはなくなったものの，協同組合系金融機関が政府から金融関係での要請を受けることは続いた。1953 年か

ら1954年にかけて，台風や霜害などの災害が連続し，救済融資を求める声が地域経済から上がった。これに対する協同組合系金融機関による救済融資の総額は487億円にのぼったが，「政府は，この災害融資のすべてを系統の自己資金で調達するよう，系統に要請してきた」という。

　災害復興にあたっては，たとえ政府からの救済資金が供給されなくとも，協同組合は現地の切実な需要に応えるものであるということが政府にとっても前提とされ，そして協同組合は実際それに応えてきたのである。農協・漁協のための中央金融機関として農林中金は，この事態に対応するために，全国の中で被災していない資金余裕地域の農協系統から資金を収集し，支援資金を必要とする被災地域の協同組合に救済融資を行った[55]。

2）農協による金融機能の新たな展開

　地方部の産業組合が農業協同組合として再編され，農地改革によっていっそう平等性と小規模性の上がった地域社会における農家経営を支援する，地域の金融機関として機能しなおそうとする頃，日本は高度経済成長期を迎えていた。

　高度経済成長に伴い，農村部においても貯蓄が増加し，農業協同組合にも組合員のさらなる資金が集積する中，農業協同組合の金融的中央機関である農林中金の保有資金はますます増大していった。こうした内部からの資金的充実を受けて，農林中金はその資金運用として関連産業への短期貸付，社債の買入などを行うようになっていった。

　その中でも注目されるのは，1954年に行われた日銀売出手形359億円の買入である。これは，当時の金融引き締め政策の一環として出された日銀側の要請に農林中金が応えたものだが，この売出手形の発行そのものが戦後における日銀の売オペレーションの嚆矢であった[56]。

　戦前においては大蔵省預金部が日銀の金融政策に協力することこそあれ，協同組合系金融機関が直接関わることはなかった。こうした戦後日銀のオペレーションに農林中金がその初期から関わっていたことは，戦後における協同組合系金融機関の，金融機関としての存在感，資金力の高まりを示すものと考えられる。

　一方，1950 年代後半以降，協同組合系金融機関の中に運用可能な資金が集積するも，個人経営による農業からの投資資金需要が企業による製造業の設備投資需要ほどは伸びなかったため，農林中金のみならず傘下の協同組合全般が資金の運用先に頭を悩ませることとなった。農林中金においても，1954 年には総貸付額約 800 億円のうち，500 億円が傘下の農業関係団体，130 億円が水産関係団体に貸し付けられていたものが，1958 年には約 1700 億円のうち，農業関係団体に貸し付けられたのは約 300 億円，水産関係にも約 200 億円にすぎず，他方でコールローンなど一般民間金融機関に対する短期貸付を中心として，協同組合外に約 1200 億円を貸し付けるようになった[57]。

　つまり高度経済成長期に，農村部の所得向上を基盤として資金力を増した協同組合系金融機関は，預金部や公庫などの政府系金融機関から支援融資を受ける対象ではなくなり，むしろ自らが一般金融市場の金融機関に対して支援的な資金供給を行う存在になったのである。

　大衆資金ネットワークの担い手である協同組合は，一般の金融システムが対象とする融資範囲とは異なる分野への資金供給を行うだけでなく，それ自体が通常の銀行システムや金融市場を支援するものへと成長した。高度経済成長期の企業による旺盛な資金需要を満たしたものは，メインバンク制と護送船団方式を採った民間銀行による資金供給だけではなく，そこには全国の地方農村部における資金収集に立脚した大衆資金からの供給も含まれていたのである。

　もっとも，このように一般金融市場へ協同組合系金融機関の資金が供給された背景には，協同組合系金融機関が第一義として供給を目指していた農業関係・漁業関係に対する融資にあたって当時，それこそ政府系金融機関との競合関係が発生していたという問題もあった。政府関係機関による農業関係に対する融資は農林漁業金融公庫から行われていたが，この公庫の資金源の多くは資金運用部資金，つまり旧預金部資金である。同じ林漁業に対して，資金運用部からの公庫と協同組合系金融機関の双方が競合して融資する状況が起きていたのである。

　1958 年末にはこの公庫資金と系統資金の二系列による農林漁業金融の競合問題は，協議の末「漸次，組合金融に移行すべきもの」として決着がついた[58]。

1961 年にも資金運用部は引き続き，農林漁業金融公庫と農林中央金庫の二つの金融機関について，「制度金融」と「組合系統金融」としてそのネットワークの種類を分けた上で，その二種への資金供給について協議している。現場への資金供給は，原則としては協同組合に任せるとしつつ，しかし協同組合による金融ネットワークが及ばない場合には運用部の資金を供給するとして，旧預金部資金からも農林漁業資金を提供し続けるという分業の方針を確認した。

　この背景には，資金運用部をめぐる制度改変の問題があった。運用部としては戦前以来の農林漁業向けの地方資金供給をその存在意義の一つとして意識していたが，制度改変の結果，それを実際に現場へと供給するための具体的な経路が公庫を利用する以外になくなったという問題があった。「運用にあたっては，常時密接な連絡をたもつとともに，組合系統金融機関の指導の遺憾のないようにしたい」としたこの協議からは，公庫と比較して協同組合の方が現場の状況を把握している可能性が高いということを，運用部側が理解していることを窺わせる。しかし前節でふれたように，資金運用部がその地方還元用の資金を協同組合系にそのまま貸し付けることは制度的に不可能だった。戦前には預金部からの農林漁業関係資金は勧銀または産業組合系を経由して貸し付けられるものだったが，戦後のネットワークの再編により資金運用部資金と協同組合系金融機関との直接的な連携が不可能になったことが，こうした融資先の競合，棲み分けの問題を惹起してしまったと考えられる[59]。

　一方で 1960 年代以降，日本経済自体の構造変化とともに，農村部では人口流出とともに非農業化も進んだ。そのため，農協の組合員の構成においても，農業従事者本人による正組合員ではなくその家族などによる準組合員の増加が見られた。その中で，現場の個別組合の合併が政策的にも称揚され，1965 年には 7320 あった総合農協数が 1972 年には 5488 となるなど，経営単位の広域化が進められた[60]。

　金融機関としての協同組合系金融機関の成長そのものは止まず，地域経済を支える大衆のための少額金融機関としての農協は，高度経済成長期を通じて存在し続けた。戦後になって本格化した保険事業（現在の JA 共済）に関しても，1972 年には保険業界において国内第 2 位のシェアを占めるまでに成長した。

農林中金の資金運用もまた，関連産業の民間企業に対する融資を含め多様化し
ていった一方で，農林中金自ら傘下組合に低利資金を供給し，農業の構造改善
を行う指針を打ち出しもした。

　これらの低利な，傘下組合への農林漁業関連融資については中長期融資が中
心であった。その傍らで，組合外の関連産業に対する融資は，それが肥料や農
業用資材といった産業に対するものであっても，短期資金を主体とするもので
あったことも特徴的である[61]。高度経済成長期を経て，金融機関として巨大な
存在感を有するものになってなお，協同組合系金融機関はまず，地域経済・組
合員のための金融機関であるという原則が堅持されたのである。

　もっとも，農協はこうした流れの中で，「農業専門金融機関としての性格を
弱め」，「むしろ護身の生活面での資金供与を行う地域の金融機関としての性格
を強め」た[62]。1960 年代から 70 年代にかけて，組合員による組合への資金需
要そのものが，農業投資から住宅建設向けへと指向性を変えた。1963 年には
約 9 千億円であった農協による貸付金は，1972 年には約 4 兆円にまで成長し
たが，その伸長の大宗は農村部・都市化部を問わず住宅の新改築用費用のため
の貸付であった。また，1970 年代に入ると，組合員外への貸付，とりわけ地
方公共団体および地元企業への融資も拡大し，農業資金への貸付は大きく減少
した[63]（表 8-3）。

　以上のように戦後の地方における協同組合系金融機関は，戦前の大衆資金
ネットワークの中での預金部資金供給のための連携先とも，戦時中の政府への
流通面・金融面双方での協力機関とも性格を異にする，協同組合組織による単
独の，全国的な巨大金融ネットワークとして機能するようになった。高度経済
成長の中で増加した家計貯蓄を集積した協同組合系金融機関は，第一次産業の
ための投資資金供給と組合員の生活向上のための融資を第一義としながらも，
一方ではより広義の生活改善資金を地域社会に供給しつつ，同時に日銀や民間
銀行といった一般金融市場の補佐的役割も果たすようになっていったのである。

表 8-3　農協による貸付金の用途残高内訳

年度	農業資金	生活資金	農外事業	公共団体
1961	53.1 %	17.2 %	12.0 %	
1975	26.5 %	28.2 %	24.2 %	7.5 %
1980	27.5 %	31.4 %	20.9 %	7.0 %
1985	26.9 %	31.9 %	18.8 %	6.1 %
1990	20.2 %	51.3 %	17.7 %	6.1 %
1993	16.3 %	54.1 %	18.7 %	7.7 %

注）1961 年については 9 月末の都府県のデータ。それ以外
は全国の年度末。
資料）両角和夫「農協の地域金融と組織運営」表 8-3 から抜
粋

5　その後の展開──大衆資金ネットワークと現代日本経済

1) ここまでの小括

　戦時中の政策による機能の攪乱と，戦後直後の占領政策による混乱の中，産業組合系金融機関の協同組合としての立て直しと，預金部から資金運用部への法制度再整備を経て，一般の人々の貯金という戦前以来の資金収集ルートをそれぞれ引き継いだ大衆資金ネットワークは，高度経済成長が始まる 1950 年代中盤には，戦前とはその金融的連携の面で異なる制度的再編を遂げていた。

　高度経済成長の中で，再編されそれぞれ独立した大衆資金ネットワークはどのような役割を果たしたのか，本章はそれを財政投融資にせよ協同組合系金融機関にせよ，その中心機関の動きから概観してきた。そこから間違いなく言えるのは，資金運用部にしても農林中央金庫にしても，様々な制度的改編と協力関係の切断などが見られたとはいえ，地域経済の振興や災害復興のための支援，人々の生活向上といった戦前からの資金運用目標が，いずれにおいても戦後にも維持されたということである。本書が戦前についてその働きを確認してきた大衆資金ネットワークは，戦中戦後の再編を経ながらも，高度経済成長の中で，戦前に構築された人々の生活安定と生活水準向上のための資金供給という機能

を，形を変えて果たしてきたことが確認できたといえよう。

　もっとも戦後の資金運用部，すなわち財政投融資制度は，地方経済を現場で支援する資金供給を行っていったというより，新技術支援など産業立国化を推進する投資資金の供給や国民生活水準向上を視野に入れた大型インフラへの資金供給といった，戦前と比べると相対的に大規模なプロジェクトへの資金供給が目立つ。

　これは，地元に密着した農業を含む中小事業経営を金融的に支援可能な組織としては協同組合系統が存在することを前提として，戦後，地域経済の現場の個人にまでチャンネルをもっている協同組合系統を経由機関として資金を供給することが，制度変更により財政投融資資金にとって不可能になったことが一因であると考えられる。そもそも財政投融資制度は前身の大蔵省預金部時代以来，大蔵省内の小さな一部局であり，多数の細かな融資先までを審査するだけの機能をもたなかったことを考えれば，戦後の資金供給先が，部局内でも審査可能な大型プロジェクトに寄っていくのは当然のことであったのかもしれない。

　また，その一方で同じく高度経済成長に伴う所得向上の中で家計貯蓄からの多額の資金を集積していった協同組合系金融機関は，組合員の農林漁業を中心とした第一次産業の経営のために，戦前同様に事業資金および投資資金を供給し続けていったが，運用可能資金の増大から一般金融市場に対しても一時資金を供給するようになった。

　協同組合は，組合員に対しては中長期資金を供給する一方，一般金融市場に対しては短期資金を供給し，時には日銀のオペレーションの支援をも行った。こうした協同組合系金融機関によるポートフォリオは結果として，護送船団方式とメインバンク制により系列企業に中長期の投資資金を供給する銀行システムとは異なる性質の資金を，一般金融市場の中に供給した。戦後日本経済の中で協同組合に蓄積された大衆資金は，やはり戦後金融市場においても通常の銀行システムとは棲み分けを行いつつ，かつ一般金融システムを下支えする役割を果たしてきたと考えられる。

2)　低成長時代の中で

　本章では，戦前以来の大衆資金による金融ネットワークが，戦後どのような
再編を経て，人々の生活安定と生活水準向上という戦前から変わらない理念の
下，高度経済成長期を通じてどのように機能してきたのかを，簡単に概観した。

　その後 1970 年代以降，日本の高度経済成長が終わり低成長時代に入ると，
郵便貯金にせよ財政投融資にせよ，そして農協にせよ，大衆資金による金融
ネットワークを構築するほとんどのものが社会的批判を受けるにいたった。

　郵貯に対する批判は，1970 年代後半から 80 年代前半にかけて，民間預金残
高が低迷したのに対し郵便貯金残高は順調に成長し続けたため，民間金融機関
から「民業圧迫」の叫びとして現れた[64]。『週刊東洋経済』は 1981 年の社説で
「経済運営の基本方針としては，民業主体の自由主義経済をめざすべきで，官
業はあくまで民業の補完に留まり，そこにはやはり一定の適切なシェアがある
べきものだ」と述べている[65]。

　こうした 1970 年代・80 年代の郵貯批判は民間といっても金融企業側から行
われたものであって，全国的な世論とはまた乖離していたものと考えられる。
同時代には新聞を含めたマスメディアも，むしろ人々が安定的な郵便貯金を利
用すること，結果として民間銀行と比べて郵便貯金が成長することに対して好
意的であった[66]。当時の郵貯に対する批判は，高度経済成長が終わり新たな家
計貯蓄が金融機関に収集されにくくなった中，吸引力の強かった郵便貯金に対
して他の金融機関から表出された不満であり，小さくなったパイの取り合いの
中で強者に対して行われた批難であった。

　もっともこうした郵便貯金への批難の中で，官営金融機関による民間金融機
関の圧迫とはどのようなことか，ということがあらためて官僚内・金融業界内
で考察されたことは確かである。そうして，預金収集面，郵便貯金側のシェア
拡大の問題であったはずの郵貯批判は，その資金運用部門である財政投融資の
拡大および非効率性を指摘する批判へと繋がっていく[67]。

　実際，単独金融機関としては世界最大規模の預貯金を保有する郵便貯金を主
要な原資とした財政投融資の規模は，バブル崩壊後 1994 年時点でなお，約
417 兆円に達していた。これは，全都市銀行の預金残高 285 兆円を大きく上回

り，地方銀行を含めた全国銀行の預金残高 553 兆円の 4 分の 3 に達する。ここ
に，同じく大衆資金によって形成された金融機関ではあるが都市部に基盤を置
く協同組合系金融機関である信用金庫・信用組合の預金残高までを含めても，
日本国内の民間金融機関の全預金残高は 675 兆円と，郵貯の巨額性は顕著で
あった。

　これらの資金とその運用は 1990 年代に入り，「財政投融資は，経済大国日本
を生んだ原動力であり」「経済成長のための偉大な牽引システム」となってき
たと評価されるとともに，戦後の「財政の歪みを飲み込む『日本財政のやりく
りシステム』」として機能してきたがために，高度経済成長が終わってなお
「既得権の維持・拡大」のためのシステムとなっているとの批判を受けた[68]。

　こうした中で「財投問題」は，その非効率性を大きく批判されることになっ
た。それは財政投融資の関連機関における，公的部門ゆえのコスト削減インセ
ンティブの弱さの指摘であったり，金融市場における民業圧迫という指摘で
あったり，その投資効果に対する批判，つまり非効率的な経営や投資先を選ん
でいるという複合的な批判であった。

　このような「非効率性」に対する批判は，公的部門ではないにもかかわらず
農協に対しても，1980 年代以降顕著に現れてきた。これは，1980 年代以降，
従来は地方の現場で収集され地方の現場の事業に対して融資されてきた農村部
の協同組合系金融機関の資金が，農業投資の不振の中で減少し貸付の縮小を見
た上に，一般金融市場の情勢変化の中で農林中金などの中央組織による有利な
短期資金運用が不可能になり，金融機関としての経営状態が全般的に悪化した
ことに端を発している[69]。

　もっとも，農協が傘下の組合員に対して農業以外のための融資を行うことに
は，すでに 1960 年代の時点で行政からの批判があった。1970 年代から顕著に
なっていた，住宅建設資金などの農林漁業以外への資金供給の積極的な展開は，
行政側から「農業関連以外の事業に傾斜」することは「農協の目的およびその
性格」の本旨に外れるものとみなされ，その後 1980 年代にも重ねて，農林水
産省から警告的な通達が発せられたのである。

　しかし 1990 年代には，こうした行政からの農協の金融事業や組合員参加資

格緩和に対する制限は，「農協が地域金融機関として地域の住民あるいは地域
の開発に積極的に貢献することを期待されていることと矛盾する」と農業経済
学の立場からも批判が出ている[70]。したがって，1980 年代以降における農協
の預貸率の低下と地域金融機関としての動きの沈滞は，地域経済の現実のニー
ズに応えることを許さない制度的なくびきの結果であったともいえる。もっと
も，地域金融機関でありながら地域への貸出を行えなかった結果として，その
分の運用資金を相対的に不利になった証券市場に振り向けたことには，農協の
内部や地域現場からも批判が上がった。

　農協はそれまで，自らの組織の非効率性といった問題に対し，規模の経済の
確保や合理化を図って——それは実際には多くの場合，広域合併の実行を指し
ていた——解決を試みてきた。しかしながらその解決方法は逆に，「農業者と
農協との間で，意識の上でも事業展開の上でも“距離的乖離”を招」き，「農
業者にとっては，農協は本来の姿である農業者自らの組織する団体という性格
とは似て非なるものになっていると思いがある。それほどに，合併農協は農業
者からは遠い存在になり果てている」と言わしめる状況を作り出した[71]。

　とはいえそれでも，1995 年の阪神淡路大震災において資金運用部は，その
資金の中で長期の手続きを経ずに動かせる部分をいち早く救済資金として振り
向けた。また，2011 年の東日本大震災において最も早く地域経済への資金給
付を始めた金融機関は JA 共済であった[72]。低成長期を超えバブル経済や失わ
れた 20 年を経てなお，21 世紀現在も，大衆資金ネットワークはそれぞれその
セーフティネットとしての役割を自認し，その機能を果たしていることは確か
である。

終　章

近代化の淵源としてのもう一つの金融システム
――市場経済の荒波への防波堤――

1　社会基盤としての大衆資金ネットワークの力

　本書は，人々が自らの生活を支えるために形成する個人の少額貯蓄が，近代以降の日本経済の中で巨額の資金として蓄積され，それが日本経済の中でもう一つの金融システムともいうべき巨大な資金の流れを作り出したことを明らかにしてきた。

　銀行や株式市場を中心とした通常の金融システムが，大企業を中心に最先端の工業化と市場の拡大を促していったのとは対照的に，大衆資金の蓄積によるこの巨額の金融ネットワークはむしろ逆に，市場経済の荒波から人々の生活を守るために機能した。それは一種の防波堤として，市場経済の激しい変動が人々の生活にもたらす波瀾をできる限り緩和する，セーフティネットの役割を担ったのである。

　銀行と異なるこの金融制度は，それそのものが近代日本の工業化過程における地方経済の発展と地域社会の安定，結果としての全国的な経済発展に貢献してきただけではなく，市場変動によるリスクを軽減する社会基盤となった。銀行と大企業を中心とした市場主義的な金融システムと平行して，大衆資金を基盤とした非営利目的の金融システムが形成されたことにより，日本経済の中には一方では経済の近代化を促しつつ，他方ではそれがもたらす社会的リスクを軽減するという，いわば表裏一体の金融システムがつくりあげられたと考える

286

ことができよう。

　本書がこのことについて何を明らかにしてきたか，あらためて確認しよう。

　まず第１部は「集める・回す」と題して，大衆資金ネットワークの原資となる個人少額貯蓄が形成され，そして地域社会にその経済の振興のためのマイクロクレジットとして還流していく過程を確認してきた。

　第１章では，マクロ的な統計数値により，日本の経済発展の資金源が一般家計の貯蓄にあったことを確認した。日本の持続的な工業化と経済発展を支えた要素の一つ，とりわけその資金源として，近現代日本の高い貯蓄率は従来から注目されてきた。ただし，その貯蓄形成の中心は，企業による内部留保や有価証券といった高所得者による貯蓄ではなく，金融機関全般への預貯金の増加，つまり一般家計による貯蓄であった。

　人々の中でのこうした貯蓄への志向形成，つまり貯蓄習慣の構築は，それそのものが近代における新たな産物であった。現在，長きにわたる伝統であるとみなされている「日本人の貯蓄習慣」は，少なくともマクロ統計的に見る限りは，20世紀初頭に形作られた，近代の産物であったのである。

　そしてそれら家計貯蓄の中でも，より大衆的な金融機関である郵便貯金や産業組合に預けられた預貯金の成長は，他の民間金融機関の預金と比較してなお存在感を誇るものであった。これらの大衆的な貯蓄の持続的な成長こそ，近代日本経済のマクロ的な高貯蓄の基盤を形成したといえる。

　その事実を踏まえ第２章では，一国経済を支えるレベルの巨額の資金を形成するにいたった全国民的な貯蓄習慣が，どのように日本社会の中に根付いたのかについて，その習慣が全国的に形作られるきっかけとなった郵便貯金を中心に検証した。

　郵便貯金の全国的・全国民的普及に，政府による貯蓄奨励政策が大きく影響をもっていたことは従来からよく指摘されてきたところだが，その政策的成功の背景には地元側からの協力的・積極的な反応があった。郵便貯金に関していえば，郵便貯金取扱場所や機会の増設といった物理的な便宜の提供に加え，切手貯金や規約貯金の利用を通じた小学校や新旧様々な地元の共同体の自発的な貯蓄形成への協力が，人々の間で貯蓄習慣の形成に大きな意味をもったのであ

る。

　こうした現象の背景には，近代になって現れた教育機会の増加や農業を含めた新規事業への家計単位での投資の可能性，また全国的に統合され国際市場にも左右されるようになった市場の不安定性が，まとまった自己資金保有の必要性を個々の家庭にまで意識させたことがあったと考えられる。小学校を利用し，若年層・学生を中心に貯蓄行動を習慣化していこうとした当時の政府の貯蓄奨励政策は，こうした資金不足が社会的前提となっている中でこそ，積極的・自発的な賛同と協力を得ることができた。

　一般大衆の貯蓄形成運動への自発的な参加は，近代日本社会の中で，彼らの所属する新旧様々な社会的組織によって促され，規範づけられ，活発化した。小学校やその同窓会といった教育関係組織の影響は，若年層における貯蓄習慣の形成と固定に大きく寄与したと考えられる。加えて，そのような近代以降の新規組織だけでなく，近世から存在した講や無尽のような旧来の金融制度も，消滅せずに近代的な貯蓄制度へと編入・吸収されていったことは注目に値する。

　ほとんど誰でも通帳を作ることが可能であった郵便貯金や産業組合預金は，それまで金融資産形成し運用することが相対的に困難であった一般の人々が有した，講や無尽といった伝統的組織の中の資金を，近代的金融機関の取り扱う資金として包摂することに成功した。それは，氏子組合や各種の講などを主催する人々が，郵便貯金や産業組合といった機関を利用することを新たに選択したということを意味する。

　このような地域社会の中での大衆による貯蓄の形成，ひいては投資の源となるべき資金の形成は，地域社会とその経済に何をもたらしたのか。

　第3章では，長野県和村の事例を取り上げ，地域で資金が収集され還元されることの意義を具体的に検証した。地元で一般人が貯蓄をするということはどういうことであったか，そしてその資金が産業組合という，非営利組織でありながら金融機能をもつ協同組合の中に集積したことが，地元経済の資金需要にとってどのような意味をもったかを，地元の産業組合の設立過程とその役割を見る中で確認した。

　そこで判明したのは，こうした地元の金融機関は，そもそも現地の旺盛な資

金需要によって望まれ，地元の人々に支持されて，設立されたものであったということである。和村の産業組合の場合，都市部で高等教育を受け地元に帰還してきた若者が，地元の人々の生活の安定と振興のために，村内の広範な地域から賛同者を募って設立した。そしてその活動には，小学校の同窓会による人々のネットワークも活用された。

　初期の組合員の中には幹部として旧来の村の有力者が含まれていたが，必ずしも村内の富裕層が中心となったわけではなかった。和村の産業組合は，村の中で中流の所得階層に属する相対的に若い世代が中心となって，設立されたのである。

　和村の産業組合は設立当初から地元によって期待されていただけでなく，その後の経営にも成功し，望まれ続けたものとなった事例であった。郵便貯金および全国的な貯蓄習慣の普及の際と同じように，産業組合は小学校の同窓会から地元神社の氏子連まで，様々な地元共同体を巻き込むことに成功した。新制度への社会参加を取り付けることこそが，地域における産業組合の安定に必要なことであったといえる。

　そして安定的な産業組合が一度形成されると，その地域では産業組合に協力した各種団体や地元の構成員に対して，少額金融や近代的貯蓄の機会といった様々な金融機会が提供された。和産業組合は組合員の資金需要に応え，当時の一般の民間銀行が取り扱わない，季節的で少額の貸付を行った。これにより，和村では養蚕業に関しても安定的な投資を行うことができるようになったと考えられる。個人少額貯蓄を集積して現場に資金として還元する，サービスの還流と拡大が，参加者の目に見える形で行われたのである。

　こうした産業組合による少額金融機会の拡大の動きは和村だけに限ったものではなく，開国以後の世界市場とのリンクに伴う市場の拡大と流動化に対応する形で，日本各地で起こったものだった。地域経済において家計経営レベルに対応した少額金融機会が求められる中，産業組合の全国的な普及は，地元の人々の自発的な社会参加の中で達成されていった。そしてこの運動の中で多くの場合，近代初期にはあくまで地方の裕福な層にのみ個人的に与えられていた金融機関からの信用力は，産業組合という組織に対しても付与されるように

なっていった。その結果産業組合は，地元の資金を地元で収集し地元で還流する，新たな大衆資金の流れを作り出すことに成功した。

　では，産業組合とは異なり，中央政府によって運用された郵便貯金は，その多額の大衆資金をどのように扱ったのか。第4章では，郵便貯金に集められた大衆資金を取り上げ，その地方還元の仕組みがどのように構築され運用されるにいたったのか，大蔵省預金部資金の制度設計とその実際の運用から具体的に検証した。

　大衆資金として20世紀初頭にその地位を確立し，その後も巨大化していく中で，郵便貯金についてはその資金を安定的に運用すること，および収集元である地域経済に何らかの還元を行うべきことが，当初から政府内で意識されていた。その認識を基礎として1909年には，郵便貯金の運用機関である大蔵省預金部が，資金の地方還元をその制度内に織り込むことになる。

　1914年には第一次世界大戦による経済危機に際して，預金部が救済資金供給を行い，これを機に預金部資金が地元産業に対する融資として地域に還元されるメカニズムが形成された。こうした展開は，地方自治体から中央への従来の危機伝達ルートを通して，天災ほどには被害の見えづらい地方経済の経済危機に関してもその影響と救済の必要性が伝達されえたことによって実現した。1914年の救済融資は，天災以外の経済的変動に対しても，預金部資金から救済資金が供給された前例となり，その後の不況時における低利融資の制度的端緒となった。

　このように戦間期以前に天災以外の危機，すなわち経済危機への救済資金の動員可能性が預金部制度に組み込まれたことは，第一次世界大戦後に日本経済の状況が変化し，農業における生産性上昇の鈍化や産業構造の変化とともに，長期不況の中で地域経済と社会の危機が深刻化した際，いっそう重要性をもつようになっていく。

　続く第II部における戦間期の分析に入る前に，補論では，1925年に着手された預金部改革が，預金部の運営と制度にどのような影響を及ぼすものであったのかを検証した。この改革は，利用方法が明文化されておらず国会などへの社会的情報公開義務も設定されていなかった大蔵省預金部資金について，第一

次世界大戦中からその直後にかけて政治的濫用が指摘されたことを踏まえて行われたものであった。

　結果からいえば，預金部改革によって預金部資金の運営はより透明化されることとなった。その運用は公表され，新たに設置されることになった有識者会議の一種であり預金部資金運用委員会と呼ばれる諮問委員会での監査を受けることになった。主に第一次世界大戦中の好景気とその後の戦後恐慌下で形成された不良債権の類は，この改革を経て，失敗であったと曲がりなりにも政府内でも承認され，処理手続きに入ることが確認された。

　もっとも，逆にいえばこうした改革の流れは，大戦景気以前に確立された預金部資金の安定運用および地方還元という二つの方針の重要性と正当性が，あらためて確認され堅持されるようになったことを意味している。預金部資金は財政資金ではなく，政府がその運用を委任されているだけの，保護されるべき大衆の少額貯蓄の集積である。それを地域経済や一般公共のために用いることは当然であり，不確実な投資どころか巨大私企業の救済に充てられることすらも，預金部資金の本義ではないとされた。そうした認識が，本格的な恐慌期に入る前のこの時期に，政府当局によっても主に国会議員と大金融機関から選定された委員たちによっても，確認されたのである。

　このように，大衆資金の運用ネットワークはそれぞれ産業組合と預金部資金という形で形成され，第一次世界大戦とその最中の好景気の中で，一定の連携を取ることを覚えながら発展してきた。しかしその後，日本経済は戦間期に入ると一転して長期不況の中に突入し，また産業と就業人口構造の変換に伴って，農村部から都市部へと社会政策の対象の比重も移っていった。もっとも，工業化の進む中で都市部の労働者人口は確かに増加していたが，それでもなお地方部には，それまでの地域経済の発展，農業生産性の向上に伴って多くの人口が存在していた。戦間期の産業構造の転換は，軽工業の発展によっても支えられていたこれらの農村部の経済に，大きな課題を突きつけるものとなったのである。

　疲弊し，危機に瀕していった地域経済の状況に，大衆資金に基づく金融システムはどのように対応していったのか。それを検証したのが，「分かち合う」

と題した第II部である。ここでは，人々が日々の生活のために蓄えてきた資金が，戦間期の経済困窮時には，単なる個人の自己資金としてのみではなく，分かち合われる形で生活を救うようになった，その実態を詳しく検討した。

　第5章では，大蔵省預金部資金という巨額の大衆資金と，産業組合という地域経済により密着した組織とが，どのように連携を組むにいたったのかを確認した。これは，日銀を頂点として一般の銀行などが構成した日本のいわゆる重層的金融構造とは異なる金融ネットワークの形成過程でもあった。

　1923年に設立された産業組合中央金庫は，草の根の非営利金融機関である産業組合と，政府機関である大蔵省預金部との間の金融的協力関係をスムーズなものにする上で，重要な結節点となった。というのも，大蔵省預金部は大規模な資金を扱うもののそれ自体は小規模な組織であり，地域現場に出先機関をもっているわけでもなかった。加えて制度的手続きも煩雑であったため，預金部は自力で現場への資金提供を迅速に行うことが困難だった。それに比べると，産業組合中央金庫は草の根の非営利金融機関である産業組合を束ねる中央組織であるというその性格上，相対的にきめ細かく迅速に，現場の組織である個別の産業組合に資金を供給する手段をもっていた。

　1927年の金融恐慌は当時の一般の金融の限界を日本経済に突きつけたが，それとほぼ同時期に起こった日本の養蚕・製糸業中枢地域への霜害の発生は，むしろ日本国内のもう一つの資金の源である大衆資金ネットワークを，「もう一つの金融システム」とも呼ぶべきいっそう確固とした体系たらしめる契機となった。

　この恐慌と災害への対応を起源として，郵便貯金と産業組合は，預金部資金の産業組合中央金庫への社会経済危機下における臨時供給の前例を作った。この前例によって，預金部から産業組合系統金融と呼ばれる金融ネットワークへの資金の流れはスムーズなものとなった。これら二つの非営利の，互いに大衆資金の集積機関である郵便貯金と産業組合が，中央組織同士で連携を取ることが可能になったことにより，大衆資金ネットワークは一般金融業界とはまた別の方向から，その後の農村の危機と呼ばれる時代への対応を模索することが可能になっていったのである。

　第6章ではこの預金部資金と産業組合の金融的連携の確立が，農産物価格や繭価格の下落のような産業構造の変化による不況に直面した地域経済の現場にとって，どのような役割を果たしたのかを，再び和村の事例を追うことで確認した。和産業組合の経営分析は，戦間期の不況期における農村地域で協同組合制度による少額金融機関の存在が果たした役割と影響を明らかにするものでもあった。

　和村の事例は，農村地域の現場で貯蓄を収集しそれを地元に還元する少額金融を行う産業組合が，全国的な大衆資金ネットワークと接続し，危機時・不況時にはその経路を介して外部からの金融支援も受けることを可能にしたことで，その地域経済と社会を決定的な窮乏から救いえたことを示した。またこの事例は，地元社会をよく糾合し，支持を得ている協同組合の存在は，地域社会に単に金融的支援を与えるにとどまらず，農業経営戦略の提示など，さらなる支援を提供するものになりえたことを示した。

　和村の場合は，長野県によく見られた養蚕業特化のモノカルチャー的農業経営を改め，果樹など他の換金作物に徐々に転換し多角化させるべしとの経営方針を，和産業組合そのものが打ち出した。和産業組合は新しい農家経営のブループリントを描くだけでなく，組合員に対してそのための技術指導や金融支援を行ったほか，組合として販路を開拓し商品のブランド化にまで乗り出し，成功していった。地元社会の支持を得て，優秀な人材を擁した協同組合は，それ自体が地域経済と地元社会の支援者ともリーダーともなりえたのである。

　このように地元によく機能し組合員に支援を提供する産業組合が存在すること，およびその背景に支援機関として大衆資金ネットワークが存在したことが，不況下での地域社会の苦境の緩和につながった。しかし，とすれば，こうした条件に欠けている地域では，どのような事態が起こったのであろうか。第7章ではそれを検証した。

　産業組合運動の盛んな長野県にあっても，1940年近くまで産業組合の存在しなかった地域は存在した。その一つである清内路村の事例は，近世的な習慣や制度を引き継いだ近代の共同体が，戦間期の長期不況や世界恐慌のような経済危機に瀕したとき，近世来の救済方法を駆使して住民の生活の安定を図ろう

と試みたことを我々に教えてくれる。実際，若衆を再編した青年会や，近世来の自治組織である区会は，共有林を基盤とした収入を資金源に，戦間期の人々の生活上の危機を乗り切るべく積極的に活動した。

　しかし同時に清内路村の事例は，そうした近世来の方法には金融的に限界があったことを示している。産業組合が存在せず，そのために外部の金融ネットワークとの円滑な接続にも欠いていたことは，産業組合をもつ村に比べて，緊急時における預金部資金供給のような政府からの救済策へのアクセスを，相対的に困難にするものだった。

　結果として清内路村は，餓死者こそ報告されていないものの，長野県内でも屈指の満洲移民排出村となっている。これは，村の社会経済的な基盤が，戦間期の不況を受けてその人口および社会を維持しきれなくなったことを表していると考えられる。大衆資金の地域内での形成と循環を果たせず，また全国的な金融ネットワークにも接続できないことは，国際的な市場経済と結びつき全国的な好不況に左右されて久しくなった地域経済とその社会にとって，より大きな不安定要素となったといえよう。

　以上で見てきた，戦前における「もう一つの金融システム」の構築とその展開を踏まえ，本書の最後の章となる第8章では，この大衆資金ネットワークがどのように戦後に引き継がれていったのか，その継続性と断絶性について簡単に概観した。

　前提としてあるのは，戦後の高度経済成長の下で，巨額の家計貯蓄が各種金融機関の中に蓄積されていったということである。近代以降，教育期間と地域の共同体の双方によって普及してきた貯蓄習慣は，戦後も日本経済の中に引き続き巨額の家計貯蓄を形成し，これが日本の高度経済成長を下支える投資資金の源となった。

　その中では，銀行など一般の民間金融機関における預金額の成長も目覚ましかったが，何より大衆資金ネットワークの成長率こそ著しかった。郵便貯金および協同組合系金融機関の預貯金の伸びは，地域密着という元々の立脚点を生かしていっそう著しく，預貯金に占めるシェアは民間銀行よりむしろこれら大衆資金ネットワークの中の資金の方が拡大していった。つまり，郵便貯金と協

同組合系金融機関における貯蓄は，戦前にも増して大きな経済的役割をもつに
いたったといえる。

　それでは戦後，より多くの大衆資金を集積した郵便貯金と協同組合は，どの
ような制度変更を受け，どのような経営を行ったのか。これらの制度には戦前
から継続した点と，戦中戦後に大きく変化した点がどちらも含まれている。

　近代に構築された郵便貯金と協同組合系統という二種類の大衆資金は，戦時
中にはその運用方針や，協同組合についていえば，非営利民主的組織としての
理念を一時的に否定され，どちらも戦争のための資金供給機関となることを余
儀なくされた。しかし，戦後にはこの二系統の金融機関はそれぞれ，政府に対
する資金供給機関ではなく，一般から集めたものを一般へ還元する，社会への
再分配機能を旨とする金融組織であることが再確認され，制度的に再建された。

　郵便貯金の場合，大蔵省預金部は GHQ からの指示の下，大蔵省資金運用部
と名称を変更した。この過程で，資金運用部が全額出資の形で融資すること
はたとえ協同組合系金融機関や特殊銀行を経由機関とする場合であっても不可能
になった。資金運用部はその資金を現場に供給するための，従来からの手足を
失ったのである。その代わりに資金運用部は，高度経済成長を社会基盤から支
えるインフラ投資などの大型プロジェクトに対して必要額の一部を融資してい
く方法を採用していった。これにより，政府機関による融資がもたらすシグナ
リング効果を発揮し，政策的投資に対して民間金融機関からの資金を誘導する
役目を担うようになった。

　他方で産業組合は，大半を占める農村部の組合のうちほとんどが農業協同組
合として再編された。戦後の産業構造と人口構造の変化の中で日本経済に占め
る農業の比重は低下していったが，農地改革の結果として全体的に小規模化し
た農家経営は，戦時中の農地荒廃への対応と農業機械化の流れから，投資資金
を必要としていた。これに対して必要な投資資金，また教育資金や住居資金を
供給する少額金融機関として，戦後の農業協同組合は戦前同様，地域経済のた
めの金融機関としての機能を果たすことになる。

　もっとも，農業以外への少額金融の展開は，農協の本旨にもとるとして，高
度経済成長期からすでに行政側から疑問視されており，農協はやがて預貸率を

下げていく。そのため，戦後の農業協同組合系金融機関の中に収集された大衆
資金の中からは，日銀のオペレーションや一般証券市場といった，通常の金融
システムへの協力を行う部分も出てきた。

　このように，戦前に形成された大衆資金ネットワークは，戦後の制度改編の
中で，二系統間の緊密な金融的連携を解消させられるという断絶を経験した。
しかしその一方，変化し成長していく日本経済の中で，互いにさらなる資金を
地域の人々の生活の中から集積し，それぞれの運用理念の下，金融的機能を果
たし続けたという点で連続性があった。その金融的な地位そのものは，総額の
成長とシェアの拡大という両面から見て，戦後日本経済の高度経済成長を支え
る基盤として，むしろ重要性を増していったといえる。

　高度経済成長期から低成長期，そして現在にかけての大衆資金の動きが，日
本経済にどのような役割を果たしたかについては，本書の研究対象とする範囲
を超えている。しかし，近代に形作られた大衆貯蓄による金融ネットワークの
理念と機能が，戦後社会の中にも大きく引き継がれ，それが現在まで金融機関
として機能し続けていることは確かな事実である。

　近代の日本経済の中では，一方で銀行による重層的金融システムと株式市場
が，大資本を動かし国際貿易における資金流通を担い，近代技術導入における
資金供給も含め，いわゆる工業化の目覚ましい分野のための金融を担った。し
かしそれと同じ時期に，近代日本には別個の金融システムが並行して形成され
ていた。それは個人による少額貯蓄を集めて形成された大衆資金を，地域の
人々の経済活動を支える少額の融資として還元し，資金として回していくシス
テムである。金融市場における大企業や銀行の活動の後背には常にこのシステ
ムがあり，そこでは人々が自らの資金を分かち合うことで，地域社会における
生活を支えていた。

　これらは目覚ましい発展や利益とは一見無縁に見えるためか，従来注目を浴
びてこなかった。しかし，目立ちはしないが最も地域に密着したこの金融シス
テムこそ，近代化に伴う市場変動や経済的リスクを緩和することを通じて，社
会の安定性を確保し，近代日本社会と経済の発展にきわめて重要な歴史的役割
を担ったと考えられるのである。人々から集まった少額の資金を人々に還流し

ていくこのシステムこそ，市場主義的な通常の金融システムに対する補完をな
すと同時に，それがもたらすリスクを軽減可能な，「もう一つの金融システム」
であったと結論することができよう。

2 「もう一つの金融システム」と現代日本経済

このような金融システムの存在は，地域経済に自前の資金によるマイクロク
レジットの機会を提供することで，近代日本に成長と安定をもたらしてきた。
もっとも，戦後の高度経済成長下の工業化によるキャッチアップとその後の低
成長時代を経て，大衆資金ネットワークを取り巻く社会経済的環境は大きく変
わった。そこで最後に，この金融システムの現代における位置について，短く
付言しておきたい。

21世紀現在の日本社会においては，この「もう一つの金融システム」を構
築する大衆資金ネットワークは，財政投融資にしても協同組合金融にしても，
その事業効率性をめぐって様々な批判と課題に直面している。そもそも高度経
済成長後の日本社会の少子高齢化と地方の過疎化はそれ自体が，地方経済の活
性化と地域社会の維持のために運用されてきた大衆資金ネットワークに，大き
な課題を突きつけた。この金融システムが長らく担ってきた地方部におけるマ
イクロクレジットの機能自体，農業への新規投資需要が低迷する中で勢いを
失っており，その結果，資金の一部が一般金融市場の補助に回るようになった
ことは既述の通りである。2008年には元農林水産省官僚が「こんなJAは要ら
ない」とする論説を発表するにいたった[1]。財政投融資に対する批判が日本経
済の低成長化に端を発したように，21世紀に入り農協改革が叫ばれているこ
とも，日本の地域経済そのものの沈滞と無縁ではない[2]。

一方で国際社会の中では，非営利組織でありながら金融業務や流通業務を地
域社会の中で担う民主的組織として，協同組合の再評価が進んでいる。Union
is Strength（団結は力なり）として，協同組合制度を新たに実践しようとする
途上国は多い。また，協同組合制度だけでなくグラミン銀行のようなNGOの

活動からも，非企業組織による金融機能，とりわけマイクロクレジットの機能
は，昨今あらためて注目を受けつつある。貧困や社会的不平等といった社会問
題を解決するにあたって，利益追求を基礎とする既存の企業組織は不向きな部
分を有するとして，金融分野においてもセーフティネットとなる社会的企業が
求められているのである[3]。

　日本における「もう一つの金融システム」は，協同組合だけでなく財政投融
資制度までが合わさった非営利目的の金融ネットワークとして，その社会的役割
を果たしてきた。戦前に確立されたこの大衆資金による金融システムの存在は，
戦後日本の所得再配分と格差拡大の抑制に貢献し，「一億総中流」と呼ばれる豊
かにして格差の少ない戦後日本社会を造り出す一翼を担った可能性さえある[4]。

　大衆資金ネットワークは長らく日本社会の中で，共同体の再生産部門の維持
そのものに主に関わってきた。それは金融システムでありながら，その投資先
の経済効率性や金融的利益を重視するのではなく，資金供給先の社会の安定と
再生産に強く関わってきた。再生産部門の機能とその安定を，経済史を含む経
済学の立場はしばしば所与のものとし，積極的な評価を与えないことがまま見
られる[5]。しかし，このシステムは財政や NGO による支援ともまた異なる貧
困対策として，格差の激しい途上国であった近代日本を支えてきたのではない
だろうか。少なくとも本書が見てきた事例は，この金融システムこそ，一般の
人々の日々の生業に安定をもたらし，時に新たなビジネスチャンスを摑む手助け
をし，危機の際には助けとなる資金を融通し，厳しい貧困を再配分で抑制する
という，近代日本社会の存立にとって枢要な機能を担ってきたことを示している。

　こうした中，現代の日本の協同組合組織側では，たとえば JA 内部では「こ
れまでの経済成長一辺倒の社会のあり方を問い直し……経済と社会のバランス
ある関係性の再構築」を目指すとして，協同組合制度の原則に，すなわち経営
体としての経済効率性の追求ではなく地域社会への社会的貢献に立ち戻ろうと
する理念の表出が見られる[6]。

　しかし他方，財政投融資に関する改革については政府内でも「財投は伝統的
には資源配分，所得再配分，景気調整という役割を持つが……資源配分，景気
調整を担うものと公式には説明されている。……公共投資，政策金融のいずれ

298

についても，地域格差の是正，中小企業や低所得者への配慮という形で所得再配分を行っている。それが副次的な効果にとどまるならばやむをえないが，主たる目的となっている場合は本来の役割を逸脱している」[7]という意見が出るなど，むしろ戦前来の財政投融資の事実上の主目的であった，格差是正・弱者救済の目標自体が見直されようとしつつあることには留意が必要であろう。

1930年代に日本の産業組合がその全国的な厳しい経済的苦境に立ち向かおうとした際に，しばしば掲げられたフレーズは「共存同栄」であった[8]。経済的に無力な個々人が，互いの信頼関係を基礎として共同体のための経済活動を行うこと，それこそが世界遺産ともなった協同組合制度の基本理念でもある[9]。それは人々の間に格差が拡大していくのを防ぎつつ，共同体が全体として栄えていくことを目標とするものであった。大衆資金とはそのように集められ，そのようにして使われ，そのようにして分かち合われていくものであった。

我々はあらためて，この「もう一つの金融システム」，大衆資金が作り出す金融ネットワークの役割と機能，そしてその重要性を，検証していく必要がある。人々の何でもない日常から集められ，近所の何気ない場所で使われ，分かち合われる，そうした資金の存在が，我々の生活を支え，そして時には救ってくれた。この事実を見つめなおしていくきっかけに，本書がなったならば幸いである。

注

序　章　個人少額貯蓄と日本の経済発展

（1）カレル・ヴァン・ウォルフレン『人間を幸福にしない日本というシステム』毎日新聞社，1994 年，59 頁。

（2）石井寛治『大系日本の歴史 12　開国と維新』小学館，1989 年，56 頁。

（3）中村尚史『地方からの産業革命——日本における企業勃興の原動力』名古屋大学出版会，2010 年，ii 頁。

（4）中村隆英『戦前期日本経済成長の分析』岩波書店，1971 年。

（5）石井寛治『日本経済史　第 2 版』東京大学出版会，1991 年，第 4 章。

（6）ムハマド・ユヌス，猪熊弘子訳『貧困のない世界を創る——ソーシャル・ビジネスと新しい資本主義』早川書房，2008 年（原著 2007 年）。

（7）グラミン銀行を含む 21 世紀の NGO による少額金融がしばしばその資金基盤を現場ではなく外国資本に得ていることが多いのに対し，協同組合運動の場合は基本的に現地の人間による出資に拠ってその資金が賄われているという特徴がある。そして，その経営が協同組合主義に基づき組合自身による民主的運営になっていることも，日本を含めた協同組合制による少額金融機関の特徴である。

（8）Amartya Sen, *Development as Freedom*, Alfred A. Knopf, 1999. こうした理論に基づき，1990 年から国連は一国の開発レベルを評価するにあたって，平均寿命や就学率・識字率といった教育レベルの概念を盛り込んだ HDI（人間開発指数）もまた使用するようになっている。また，協同組合制度が掲げる経営の民主制は，こうした評価基準の中ではしばしば政治的自由の指標の一つとしても数えられる。

（9）イエスタ・エスピン＝アンデルセン『福祉資本主義の三つの世界』ミネルヴァ書房，2001 年。

（10）カール・マルクス『資本論』第 1 巻，大月書店，1968 年（原著第 1 巻 1867 年）。Simon Kuznets "Economic Growth and Income Inequality", *American Economic Review*, 45 : 1, 1955. ロバート・ソロー，福岡正夫訳『成長理論』岩波書店，1971 年。トマ・ピケティ，山形浩生他訳『21 世紀の資本』みすず書房，2014 年，13-17 頁。

（11）もちろん郵便貯金・産業組合以外にも，地方銀行とりわけ貯蓄銀行の類には，一般人による個人少額貯蓄を多く扱っていた機関も多くある。しかしながら統計上，こうした個人少額貯蓄を取り扱っていた地方銀行だけを民間銀行の中から抽出することは困難である上に，それらの銀行には一般人による少額貯蓄だけでなく，しばしば高所得者である実業家や法人による大口の預金も多く集められていたと推測されるため，本書の主な分析対象からは除外した。

（12）寺西重郎『戦前期日本の金融システム』岩波書店，2011 年，4 頁。

(13) 杉山和雄「紡績会社の手形発行と市中銀行」山口和雄編『日本産業金融史研究　紡績金融編』東京大学出版会，1970年。石井寛治『近代日本金融史序説』東京大学出版会，1999年。

(14) 加藤俊彦『本邦銀行史論』東京大学出版会，1957年。

(15) 岡崎哲二・浜尾泰・星岳雄「戦前日本における資本市場の生成と発展──東京株式取引所への株式上場を中心として」『経済研究』（一橋大学）第56巻第1号（2005年），15-29頁。

(16) 鼠見誠良『日本信用機構の確立──日本銀行と金融市場』有斐閣，1991年。

(17) 志村嘉一『日本資本市場分析』東京大学出版会，1969年。

(18) 高橋亀吉『日本金融論』東洋経済出版部，1931年。

(19) 佐伯尚美『日本農業金融史論』御茶の水書房，1963年。斉藤仁「特殊銀行」渡辺佐平他編『現代日本産業発達史26巻　銀行』交詢社出版局，1966年。渋谷隆一『明治期日本特殊金融立法史』早稲田大学出版会，1977年。

(20) 伝田功「郵便貯金制度の歴史的意義──大蔵省預金部資金の形成過程」『研究紀要』（滋賀大学経済学部附属史料館）第5号（1972年）。金澤史男『近代日本地方財政史研究』日本経済評論社，2010年。神山恒雄『明治経済政策史の研究』塙書房，1995年。

(21) 澁谷隆一『庶民金融の展開と政策対応』日本図書センター，2001年。

第1章　農村在来経済の発展を支えたもの

（1）ジョセフ・E・スティグリッツ『世界に格差をバラ撒いたグローバリズムを正す』徳間書店，2006年，168頁。

（2）山田盛太郎『日本資本主義分析』岩波文庫，1977年，初版1934年。

（3）中村隆英『戦前期日本経済成長の分析』岩波書店，1971年。

（4）中村隆英『戦前期日本経済成長の分析』第一部「均衡成長──第一次大戦まで」。

（5）岡山県農会『岡山県の特殊作物と其の加工』1926年，188-189頁。1926年には「麦稈真田は南部地方に於て婦女子の副業として盛に製造せらる一箇年の産額二百万円以上を算し本県重要物産の一に属す」と称された。岡山県『岡山県案内写真帖』1926年。

（6）石井寛治『日本経済史　第2版』東京大学出版会，1991年，第4章。

（7）速水佑次郎『開発経済学』創文社，2000年，163頁。

（8）カレル・ヴァン・ウォルフレン『人間を幸福にしない日本というシステム』毎日新聞社，1994年，59頁。

（9）家計貯蓄率，GNP成長率はどちらも3年移動平均を用いた。ダミー変数は1900年までを0，1901年以降を1とし，1887年から1944年までの58年間を検定対象とした。変化が生じなかったという仮定，あるいは日清戦後恐慌の起きた1897年以降日露戦争期を含む1910年まで各年度別に，貯蓄性向の変化が起きたという仮定を立てて検討したところ，検定した14件とも，1900年に変化が生じたとした場合の決定係数を上回る検定結果は得られなかった。

第2章　郵便貯金の誕生

（1）速水佑次郎『開発経済学』創文社，2000年，163頁。

（2）江見康一他『長期経済統計5　貯蓄と通貨』東洋経済新報社，1988年。

（3）大内兵衛「郵便貯金における小市民性とその社会性の矛盾」『大内兵衛著作集』第 4 巻，岩波書店，1975 年（論文初出 1931 年）。

（4）寺西重郎「金融的発展の一側面——安全資産の利用可能性と銀行業の集中過程」南亮進他編『近代日本の経済発展』東洋経済新報社，1975 年。

（5）迎由理男『郵便貯金の発展とその諸要因』国際連合大学，1981 年。

（6）杉浦勢之「大衆的零細貯蓄機関としての郵便貯金の成立——日清戦後の郵便貯金の展開とその性格」『社会経済史学』第 52 巻第 4 号（1986 年）。同「日露戦後の郵便貯金の展開と貯蓄奨励政策」『社会経済史学』第 56 巻第 1 号（1990 年）。

（7）その他にも加藤俊彦「郵便貯金の発展——明治期より昭和初期まで」『専修大学商学研究年報』第 10 号（1985 年），伝田功「郵便貯金制度の歴史的意義——大蔵省預金部資金の形成過程」『研究紀要』（滋賀大学経済学部附属史料館）第 5 号（1972 年）などの研究が，本章の主な対象と同時期の郵便貯金の発展を論じている。

（8）「貯金預り規則」1874 年 8 月 31 日制定（『郵政百年史資料 1 巻　郵便貯金・為替　太政類典，公文録』吉川弘文館，1971 年，127 頁）。それ以前から駅逓寮内では貯金規則を実施していたが，一般への貯金制度の施行は 1875 年からだった。

（9）日本銀行の設立は 1882 年。1872 年の国立銀行条例の制定後，当初設立されたのは 4 行のみ。民間銀行設立のブームは 1876 年の条例改正後である。中村隆英『明治大正期の経済』東京大学出版会，1985 年，36 頁。神山恒雄『明治経済政策史の研究』塙書房，1995 年，14 頁。

（10）William Lewins, *A History of Banks for Savings in Great Britain and Ireland*, S. Low, son and Marston, London, 1866. 18 世紀中から，D・デフォーや J・ベンサムといった人々が，安定的な個人少額貯蓄収集機関の必要性を訴えていた。

（11）前島密『郵便創業談』通信協会，1936 年，144 頁。

（12）「貯金預り規則」1874 年（『郵政百年史資料 1 巻』127-128 頁）。

（13）イギリスでは対照的に，都市部の労働者階級を中心として郵便貯金は制度設立当初からかなりの成長を見せた。下村宏『貯蓄機関論』宝文館，1911 年。前島密は自ら人々に小銭を配り口座を開設させたこともあった。前島密「自叙伝」市野弥三郎編『鴻爪痕』前島弥，1920 年，123 頁。

（14）開始当時の利息は相対的に低位にあった。「郵便局へ……利足の事を御聞申ましたら利息は三分ト御答え……，夫にては利足が安いから預ける者は有ますまい……」「郵便貯金預りの効用（投書）」『東京日々新聞』1874 年 6 月 4 日（『郵政百年史資料 21 巻　新聞雑誌記事集』吉川弘文館，1971 年，25-26 頁）。

（15）1882 年に右大臣岩倉具視は以下のように述べている。「農商の財産名望ありて郷党隣里に顕はるる者は，大抵戸長若くは衛生委員ならざれば郵便取扱役なり」（多田好問編『岩倉公実記　下巻』1906 年，934 頁）。

（16）郵政省『郵政百年史資料 29 巻　郵政総合年表』吉川弘文館，1972 年，17-25 頁。

（17）杉浦「大衆的零細貯蓄機関としての郵便貯金の成立」523 頁。

（18）「郵便貯金条例を定む」1890 年（『郵政百年史資料 1 巻』47-48 頁）。

（19）杉浦「大衆的零細貯蓄機関としての郵便貯金の成立」524-525 頁。

(20) 地方名望家の定義は，山中永之佑『近代日本の地方制度と名望家』（弘文堂，1990 年）に準じ，「一定の地域の中で，豊かな財産，経済力を基礎として，家柄，英雄的行動，慈善的行為，指導力，活動力等々，何らかの理由によって地域の住民から信頼と支持をえており，そのことによって，地域住民の代表となることができる資質，能力を有し，また地域の行政にもたずさわることができる資質，能力と可能性を持つ事が期待されているという意味において，地域住民から高い尊敬をうける名誉と人望を持つ人々」の意味で用いる。

(21) 「貯金預り規則」1874 年。

(22) 天野為之「賭博的国民は外資輸入を語る可からず」『東洋経済新報』第 155 号（1900 年），392 頁。

(23) 神山恒雄『明治経済政策史の研究』塙書房，1995 年，第 3 章。

(24) 『銀行通信録』第 175 号（1900 年 6 月），926 頁。

(25) 大蔵大臣井上馨「貯蓄奨励に関する論達」，『東京経済雑誌』第 931 号（1898 年）掲載。

(26) 大蔵大臣松方正義「貯蓄奨励論」1900 年 4 月地方官会議速記録，『銀行通信録』第 175 号（1900 年 6 月）掲載，926 頁。

(27) 貯蓄の奨励は，正貨流出を抑え需要と流通貨幣量の減少により物価の上昇を抑制する，総合的な物価政策でもあった。「我が国民は……消費するを常習とす，其弊や……物価の騰昂……其原因一」内閣府「郵便貯金利子割合ヲ改正ス」『公文類聚』1898 年度版 25 巻。研究史上で消費制限説を掲げるものは，滝沢直七『稿本日本金融史論』（有斐閣書房，1912 年，603 頁），大島清『日本恐慌史論上』（東京大学出版会，1952 年，173 頁）などが挙げられる。

(28) 杉浦「大衆的零細貯蓄機関としての郵便貯金の成立」532 頁。

(29) 下村宏（逓信省貯金局長）『富と貯蓄』同文館，1911 年。

(30) 「貯蓄奨励のこと井上伯が唱導し……山本日本銀行総裁の如き……諸所に於て之を演説……其筋に於ても目下郵便貯金奨励法に就き講演中……」『銀行通信録』第 175 号（1900 年 6 月），926 頁。

(31) 神山『明治経済政策史の研究』145 頁。

(32) 逓信省『郵便貯金案内』1905 年，26 頁。

(33) 白井規矩稚『日本の金融機関——その生成と発展』森山書店，1939 年，142-143 頁。

(34) 青木大三郎（大阪電信郵便局長）『学童貯金談』1898 年，1 頁。

(35) 協和銀行行史編集室『本邦貯蓄銀行史』1969 年。浅井良夫「貯蓄銀行法の成立と独占的貯蓄制度の形成（上）」『経済研究』第 64 号（1979 年）。

(36) たとえば静岡県では 1885 年に発せられた。「世の中に飢饉ほど恐るべきものはあらず……町村各自能く其職業を勤め倹約を守り貯蓄の方法を講究し予め飢饉の手当を備ふべし……」「明治十八年六月二十七日論達」静岡県『現行静岡県令達類纂』1899 年度版 1 巻。

(37) 地方改良運動を俯瞰した研究には宮地正人『日露戦後政治史の研究——帝国主義形成期の都市と農村』（東京大学出版会，1973 年）がある。しばしば 1908 年の戊申詔書発布をもって地方改良運動の開始と見る。

(38) こうした国家による国民の価値観，日々の行動への働きかけと，民間団体の自発的な呼応という政策の進行は，アメリカの経験とは異なるようである。Sheldon Garon, *Molding Japanese Minds, the State in Everyday Life*, Princeton University Press, Princeton, 1998, p. xiv. また，貯

蓄奨励運動に関する先行研究としては，上述のガロンが主に戦間期以降を扱っているほか，民間の銀行と貯蓄組合の関係について詳しい岡田和喜『貯蓄奨励運動の史的展開──少額貯蓄非課税制度の源流』（同文舘出版，1996 年）がある。

(39) 1908 年 10 月地方長官会議内務大臣平田東助訓示要旨，大霞会編『内務省史』第 4 巻，1971 年（復刻版 1980 年），358 頁。

(40) 戦地での郵便貯金取扱実施や，戦後の賜金の多くが「行賞郵便貯金」として支給されたことで，統計上，日露戦中から戦後にかけて郵便貯金の軍人利用者とその貯金額は一時的に激増した。通信省郵便貯金局『郵便貯金局郵便貯金事務史　第一編』1910 年。

(41) 総務庁統計局『日本長期統計総覧　第 1 巻』日本統計協会，1987 年，表 2-18。梅村又次他『長期経済統計 2　労働力』東洋経済新報社，1988 年，第 1・5・10 表。

(42) 通信省郵便貯金局『郵便貯金局郵便貯金事務史　第一編』36 頁。

(43) 「貯蓄奨励に関する有楽会調査委員の意見」『銀行通信録』第 30 巻第 180 号（1900 年）。金利も「……貯金利子を引上ぐるときは普通の貯蓄銀行と競争をなすが如く非難するものあらんも今日の貯蓄銀行の利子は六分五厘位の平均……競争となるべきにあらず」と考えられた。

(44) 杉浦「大衆的零細貯蓄機関としての郵便貯金の成立」536 頁。郵便貯金を含む少額貯蓄の金利感応性が高まるのは，杉浦が「日露戦後の郵便貯金の展開と貯蓄奨励政策」（44 頁）で指摘したように 1910 年以降，すでに大衆化が達成されてからの時期であると考えられる。

(45) 通信省『郵便貯金案内』1905 年。以下本節の引用は特に明記しない限り同冊子 4-19 頁による。

(46) 郵政省『郵政百年史資料 29 巻』52-53 頁。

(47) 制度の起源はイギリスの郵便貯金で 1880 年に施行されたもの。青木『学童貯金談』14 頁。

(48) マイエット『農業保険論』日本書籍，1890 年。

(49) 都倉義一「如何にして預金を吸収すべきや（続）」『東洋経済新報』第 95 号（1898 年）。

(50) 「切手貯金実行の議」『東京経済雑誌』第 931 号（1898 年），1269-1270 頁。

(51) 『郵便貯金局郵便貯金事務史　第一編』103 頁。これを解決するため 1900 年 10 月には，先述のように切手貯金台紙は切手を印字したものを切手料金で販売する仕様に変更された。

(52) 杉浦「大衆的零細貯蓄機関としての郵便貯金の成立」520 頁。ただし杉浦は切手貯金による郵便貯金の拡大と少額化を，学生利用増加による攪乱的なものと評価しているが，「将来の貯蓄主体を政策的に育生するという重要な意義」を有し，「『社会下層民』を貯蓄主体として広汎に捕捉していく一連の政策展開の政策史上の一起点」であったとも評している。

(53) 『郵便貯金局郵便貯金事務史　第一編』103-104 頁。

(54) 郵政省『郵政百年史資料 29 巻』21 頁。なお，規約貯金制度自体は 1876 年以来「数人が合同し総代名義で預入の制」として，郵便貯金制度の初期から存在したが，1903 年に据置貯金，共同貯金などの制度を追加し「特別貯金」制度としてあらためて打ち出された。

(55) 共同貯金の口座数自体は 1904 年度末の時点で 197，1908 年時点で 1141 と少なく思われるが，この制度はそもそも複数人で利用するものであるので，実際の利用者数は最低でも数倍に上ったと考えられる。

(56) 横須賀海軍工廠『横須賀海軍工廠史　第四巻』横浜刑務所，1935 年，142-143 頁。

(57) 内務省『実験談　第二回地方改良事業講習会』1909 年か，102-103 頁。

(58) 「勤倹貯蓄を奨励するの議」『教育時論』第 541 号（1900 年），23 頁。

(59) 田井嘉藤次「小学校に於ける訓練的生活の系統」『教育時論』第 541 号（1900 年）。

(60) 大橋重省「社会化したる小学校」『斯民』第 1 編第 9 号（1906 年），10 頁。

(61) 中川清『日本の都市下層』勁草書房，1985 年，155 頁。

(62) 内務省『実験談』甲賀郡の事例 120 頁，源村の事例 110 頁。

(63) 原家文書，上水内郡役場『告諭第一号』1897 年。長野県立歴史館所蔵。

(64) 清水家文書『常盤村上一本木本区南部勤倹貯蓄組合書類』1909 年。長野県立歴史館所蔵。

(65) 清水家文書，末広社『神風講貯金件』1891 年。

(66) 長野県清内路村下区有文書，下清内路青年会『植林簿』1910 年。清内路村における近世
　　 期から近代への各種村内共同体の連続性と性質変化については，詳しくは田中光「近世から
　　 近代初期における共同体機能の変遷──青年会と区会に注目して」（吉田伸之編『山里清内
　　 路の社会構造』山川出版社，2018 年）を参照。以下，清内路村関係資料に関しては，現阿
　　 智村清内路の旧清内路中学校が保管。

(67) 下清内路青年会『基本財産簿』1923 年か。

(68) 下清内路村年寄『差上申一札之事』1811 年。下清内路青年会『規約書』1893 年。

(69) 下清内路青年会『青年会規則』1901 年。同『青年会規約』1912 年。

(70) 大川五兵衛・恩田万五郎『共同貯蓄集金簿』1906 年。松戸市立博物館所蔵。

(71) 原家文書『神徳講金受取帳』1904 年か。

(72) 東京府農会『東京府西多摩郡戸倉村農事調査　附村是』1907 年，102-103，132 頁。

(73) 内務省『実験談』110 頁。

(74) 村田宇一郎『地方改良之事例』中央報徳会，1926 年，95-96 頁。

(75) 三島町役場『明治四十二年原議書綴込』所収調査票。なお，三島関係史料の閲覧にあたっ
　　 ては逓信総合博物館，三島市郷土資料館，三島市立南小学校，東小学校にそれぞれお世話に
　　 なった。

(76) 三島町『三島町誌』1912 年，30 頁。

(77) 三島町立東小学校『開校八十年史』（手稿）1947 年か，699-702 頁。

(78) 戸数割税内訳から推計すると，三島では町内全体の所得の 40 ％近くを約 5 ％（10 等ま
　　 で）の家計で保有した。ジニ係数 0.55。三島町長は 9 等。三島町役場『明治三十二年原案綴
　　 込』所収「明治三十二年県税前半期戸数割等級表」より算定。

(79) 三島町役場「第 12 号議案」，『明治三十九年度原案綴込』所収。

(80) 逓信省内青木管督長宛三島三等郵便局局長渡辺壽太郎書簡草稿（1900 年 5 月 19 日），三
　　 島三等郵便局『貯金奨励書』所収。

(81) 逓信省郵便貯金局『郵便貯金局郵便貯金事務史　第一編』103 頁。

(82) 静岡県『静岡県統計書』1900 年度版。

(83) 東小学校『開校八十年史』295-298，411 頁。三島郵便局『切手貯金預簿』1900 年。

(84) 古宇小学校「家庭通告表」（1904 年）沼津市『沼津市史史料編近代 1』1997 年，762 頁。

(85) 三島郵便局『貯金ノ主趣』1887 年。

(86) 三島郵便局『貯蓄奨励書』所収。

(87) 三島郵便局『局内貯金規約書』1892年。
(88) 三島郵便局「工女積立金規定」，『貯蓄奨励書』所収。1899〜1900年頃作成か。
(89) 三島郵便局『三島町相続講組合関係』1917年。
(90) 「百万円の貯金　家名存続の為」『時事新報』第12214号（1917年8月12日）。
(91) 三島郵便局「規約貯金特別取扱認可申請書」（無記名），『貯蓄奨励書』所収。
(92) 『三島町誌』1頁。平凡社地方資料センター『日本歴史地名体系22　静岡県の地名』平凡社，2000年。
(93) 静岡県内の銀行金利は，資産銀行で定期・貯蓄預金金利が7.2％以上，長期預金金利が8.77％以上（1901年），駿東実業銀行で当座預金金利が4％未満（1908年）。三島町内でも銀行定期預金金利＞郵便貯金金利（5.04％）＞銀行当座預金金利であった可能性がある。駿河銀行『〈するが〉80年のあゆみ』1975年。静岡銀行『静岡銀行史』1993年。
(94) 三島町役場「甲庶第一九六号」，『明治四十二年原議書綴込』所収。
(95) 表2-7，資料番号430・431・427。番号は『明治四十二年原議書綴込』で振られたもの。
(96) 塚越翁太郎『無尽と貯蓄銀行』法律新聞社，1916年，17-20頁。近世期から，貯蓄を主目的として人々が無尽に参加することは珍しくなかった。
(97) ただし，近代的金融機関内に集積されたこれらの貯蓄が，事実上は近世期から家計内に存在していたのか，それとも近代に新たに生じたのか，別途検討を有する問題である。重要な論点ではあるが，本書ではその検討は行わない。
(98) Sheldon Garon, *Molding Japanese Minds, the State in Everyday Life.* 岡田和喜『貯蓄奨励運動の史的展開』。

第3章　産業組合の形成と発展

（1）杉原薫『アジア間貿易の形成と構造』ミネルヴァ書房，1996年，32-38頁。
（2）中村隆英『戦前期日本経済成長の分析』岩波書店，1971年，38頁。
（3）近年，経済理論の分野でも地域経済学のような，一地域単位あるいはより広域の単位における経済分析が重要視されてきている。産業革命の発祥地であったイングランド北部のイギリス一国経済全体の好調とは裏腹な不況や，EUのようなより広い単位の誕生は，国民経済の概念と分析枠組だけでは説明しきれない，地域レベルの分析の重要性を強く意識させるようになった（H・アームストロング，J・テイラー，佐々木公明訳『地域経済学と地域政策』改訂版，流通経済大学出版会，2005年，327-339頁）。とはいえこうした理論分析は，基本的には従来の経済学における国民経済の分析方法を地域単位に縮小したものであり，地域経済と地域社会の関係性や，その社会を構成する諸団体の働きにどのような経済的効果があるのかといった問題に直接答えるものではない。しかし実際には地域経済の展開は，地域経済学の分析自体が認めているように，その地域社会の在り方と不可分の関係をもつ。本章は総体として，地域経済の成長の実体をどのように捉えていくべきかを，一地域の事例の実証分析によって模索するものでもある。
（4）アメリカの生糸市場は絹織物産業の機械化・技術革新により1890年代頃から顕著に拡大し，その拡大していく需要の多くを日本生糸の輸入によって賄った。1912年には日本の生糸輸出額は世界の生糸生産額の4割を超え，これは当時のアメリカ生糸市場の7割を占めた。

上山和雄『日本近代蚕糸業の展開』日本経済評論社，2016 年，8-9 頁，55 頁。

（5） 1941 年時点でも，小作地に占める不在地主の所有地の割合は，東北部 6 県で 41 %，近畿 6 県で 28 %，本章が扱う長野県を含んだ養蚕地域（群馬・埼玉・山梨・長野・岐阜・愛知）で 37.5 % であった。森武麿『戦間期の日本農村社会――農民運動と産業組合』日本経済評論社，2005 年，38 頁。

（6） Mahabub Hossain, *Credit for Alleviation of Rural Poverty : The Grameen Bank in Bangladesh*, Int Food Policy Res Inst., 1988, p. 20.

（7） 黒崎卓・山形辰史『開発経済学――貧困削減へのアプローチ』日本評論社，2003 年，第 4 章，第 9 章。小島庸平・高橋和志「戦前日本の産業組合における信用審査の実態と開発途上国への含意――長野県小県郡和産業組合を事例として」『アジア経済』第 58 巻（2017 年 6 月），14 頁。

（8） 渋谷隆一編『明治期日本特殊金融立法史』早稲田大学出版部，1977 年。篠浦光『農村協同組合の展開過程』亜紀書房，1972 年。渋谷隆一『庶民金融の展開と政策対応』日本図書センター，2001 年。

（9） 農商務省「産業組合法案理由書」1899 年，第十一議会提出。帝国農会『中小農と産業組合』（1913 年）所収。

（10） 1908 年 10 月地方長官会議，内務大臣平田東助訓示要旨（大霞会編『内務省史』第 4 巻，1971 年，復刻 1980 年，358 頁）。

（11） 帝国農会『中小農と産業組合』44-69 頁。フリードリヒ・ヴィルヘルム・ライファイゼン，本位田祥男監修『信用組合』（原著 *Die Darlehnskassen-Vereine*, Neuwied, 1866），家の光協会，1971 年，1-3 頁。

（12） 篠浦光『農村協同組合の展開過程』13 頁。平田東助『産業組合法要義』1900 年，4-5 頁。渋谷隆一『庶民金融の展開と政策対応』162-164 頁。

（13） 帝国地方改良協会『地方之改良』1913 年，2-3 頁（内務省地方局編『地方改良関係資料集二』復刻版，芳文閣，1987 年）。

（14） 渋谷隆一編『明治期日本特殊金融立法史』435 頁。そもそも産業組合制度導入のきっかけは，平田東助，品川弥二郎のドイツ留学時代の見聞であった。双方共に内務官僚と農商務官僚を歴任している。奥谷松治『品川弥二郎伝』高陽書院，1940 年，264-276 頁。

（15） 井岡泰時「産業組合と部落改善運動に関する覚え書き――奈良県の事例から」「部落解放研究」第 159 号（2004 年），5 頁。

（16） この値は，産業組合の普及の程度を測る尺度として当時から使用されていた。

（17） 農商務省『産業組合要覧』各年度版，帝国農会『中小農と産業組合』38-41 頁，78 頁。

（18） 総務庁統計局『日本長期統計総覧』第 3 巻，日本統計協会，1988 年，表 11-12。郵政省『郵政百年史資料 30 巻　郵政統計資料；駅逓局統計書　郵政百年史資料総目次』吉川弘文館，1971 年，貯第 5 表。江見康一他『長期経済統計 5　貯蓄と通貨』東洋経済新報社，1988 年，第 4 表。

（19） 農商務省『産業組合要覧』各年度版。

（20） 長野県『長野県史通史編第七巻　近代一』1988 年，262-264 頁。

（21） 農商務省「訓令第四十三号」1906 年。中央から地方へはこうした訓令や吏員の出張講演

による産業組合設立の奨励が行われた。長野県内でもこれを受けて農会や県庁などが中央と連絡をとりつつ，各地で産業組合に関する講演や説明などの奨励活動を行った。長野県農業会『長野県産業組合史』1944 年，83-106 頁。

(22) 1895 年には信越線と改称。『長野県史通史編第七巻』337-338 頁。

(23) 中林真幸『近代資本主義の組織——製糸業の発展における取引の統治と生産の構造』東京大学出版会，2003 年，136，170，214 頁。

(24) 井川克彦『近代日本製糸業と繭生産』東京経済情報出版，1998 年，69 頁。

(25) 長野県「長野県に於ける農蚕業と時局の関係」，『公文編冊　大正三年　第三課　産業組合（時局救済ニ関スル書類）』(1914 年) 所収。

(26) 石井寛治『日本蚕糸業史分析』東京大学出版会，1974 年，206 頁。

(27) 『長野県史通史編第七巻』324 頁。

(28) 永続社「永続社申合規則」，長野県『公文編冊　諸会社定款』(1889 年) 所収。

(29) 逓信六十年史刊行会『逓信六十年史』1930 年。山口修監修『全国郵便局沿革録　明治編』日本郵趣出版，1980 年。

(30) 和村誌刊行会『和村誌現代編』1963 年，4-20，202-211 頁。

(31) 『和村誌現代編』63 頁，第二-一表，64 頁，第二-二表。

(32) 『和村誌現代編』66 頁。

(33) 『和村誌現代編』78 頁。

(34) この数値には水田に桑を植えた数値は反映されていない。

(35) 『和村誌現代編』81 頁。

(36) 和村産業組合『有限責任和信用販売購買組合事績書』(手稿) 1921 年。

(37) ジニ係数＝1 −（全世帯数に占める等級ごとの世帯数の相対度数×戸数割税総額に占める等級ごとの税額の累積相対度数）の総和×2 として推計した。戸数割税は本章で取り扱う時期のほとんどにおいて町村などで収入の大半を占めた重要な地方税であり，課税当局が支払不可能と認めたごく一部の世帯を除けば全世帯に納税義務があった。課税当局は村役場など現地の自治体であり，世帯等級と課税額は当局の見立てによって，他の審査機関を通さずに決定された。それゆえ戸数割税の賦課の際にはしばしば「収入については過当に，負債については過少に，そして負荷額は過大に，という課税当局による恣意性が働いた」ため，これを用いて村内の所得分布を推計すると，上位等級について所得が実際より過大に評価され，全体の不平等性が高く推定されている可能性がある。水本忠武『戸数割税の成立と展開』御茶の水書房，1998 年，258 頁。

(38) 南亮進『日本の経済発展と所得分布』岩波書店，1996 年，30，108 頁。

(39) 1891 年第二議会貴族院での内務大臣品川弥二郎演説より。帝国農会『中小農と産業組合』所収，1913 年。

(40) 和村信用組合「事業概要報告書」，『雑書類綴込』(1903〜16 年) 所収。

(41) 『和村誌現代編』64，165，168，170，172 頁。なお 1903 年当時，長野県では繭一貫目に 4 円 96 銭の価格がついた。

(42) 和村産業組合『有限責任和信用販売購買組合事績書』(手稿) 1921 年。

(43) 和青年会『和』第 1 号 (1906 年)，巻末会員名簿。

(44) 青年会の構成員は，15 歳から 40 歳までの和村の青年とされた。『和村誌現代編』249 頁。

(45) 『有限責任和信用販売購買組合事績書』（手稿）。

(46) 産業組合設立時点で，現役で役職付きは不在。設立後の就任者も多数。『和村誌現代編』31-32 頁，170 頁。

(47) 『有限責任和信用販売購買組合事績書』（手稿）。

(48) 『和村誌現代編』171 頁。

(49) 長野県小県郡和村共善社「明治二十一年後半季考課状」，晃照社「明治二十一年後半季考課状」，長野県『公文編冊　銀行考課状　農商務課　明治二十二年度』所収。

(50) 『和村誌現代編』168-169 頁。

(51) 平田東助『産業組合法要義』22 頁。

(52) 『和村誌現代編』172 頁。

(53) 和産業組合『事業報告書』各年度版。

(54) 『有限責任和信用販売購買組合事績書』（手稿）。

(55) 農商務省『優良産業組合事例』1920 年。篠浦光『農村協同組合の展開過程』37 頁。

(56) なお，和産業組合においては組合員への信用を行うにあたってその設立年度から毎年『信用程度表』が作成されており，その項目は「資産」「持分」「守約」「勤勉」という，組合員個人のハード情報とソフト情報の双方を同列の比重で評価するものだった。和産業組合の信用審査に関しては，前掲，小島庸平・高橋和志「戦前日本の産業組合における信用審査の実態と開発途上国への含意」が詳しい。

(57) 和産業組合『貸付金台帳』1907 年度，1909 年度版。

(58) 例外的とも言える長期の借入金は，長野農工銀行からの低利資金である。

(59) 産業組合中央会『第二次表彰産業組合』1911 年，108 頁。

(60) 産業組合中央会長野支部，宮尾武一編『長野県産業組合沿革史』共榮社，1927 年，51 頁。

(61) 『有限責任和信用販売購買組合事績書』（手稿）。『和村誌現代編』181 頁。

(62) 産業組合中央会『第二次表彰産業組合』1911 年，1-5，110 頁。

(63) 『長野県産業組合沿革史』2，17 頁。

(64) 和産業組合『信用程度表』各年度版。

(65) これらの信用評価を行ったのは毎年選任された 10 人程度の信用評定委員であり，和村の場合，各部落から選出された委員のうち約 7 割が，1906 年から 1919 年まで一貫して選任され続けるという，人的な信頼を背負っていた。小島庸平・高橋和志「戦前日本の産業組合における信用審査の実態と開発途上国への含意」23-24 頁。

(66) たとえば第 1 章でふれた愛知県余土村の事例（村長が主導し小学生を集金に動員した日曜貯蓄を元に産業組合を形成）など（村田宇一郎『地方改良之事例』中央報徳会，1926 年，95-96 頁）。こうした例は 20 世紀初頭の地方改良政策やそれ以降の政策過程で官民双方により行われた，様々な調査の中に多数記録されている。

第 4 章　郵便貯金の地方還元

（1）菊地勇夫『近世の飢饉』吉川弘文館，1997 年。吉田伸之『近世巨大都市の社会構造』東京大学出版会，1991 年。

（2）杉浦勢之「大衆的零細貯蓄機関としての郵便貯金の成立——日清戦後の郵便貯金の展開とその性格」『社会経済史学』第 52 巻第 4 号（1986 年）。

（3）石井寛治『近代日本金融史序説』東京大学出版会，1999 年。

（4）斉藤仁「特殊銀行」渡辺佐平他編『現代日本産業発達史 26 巻　銀行』交詢社出版局，1966 年。

（5）神山恒雄『明治経済政策史の研究』塙書房，1995 年。

（6）伝田功「郵便貯金制度の歴史的意義——大蔵省預金部資金の形成過程」『研究紀要』（滋賀大学経済学部附属史料館）第 5 号（1972 年）。同「大蔵省預金部の改革——政策金融の展開と機能」『彦根論叢』第 156 号（1972 年）。

（7）迎由理男「大蔵省預金部の成立とその意義」『日本史研究』149 号（1975 年）。同「1900年代における大蔵省預金部の機能と性格」『金融経済』177 号（1979 年）。渋谷隆一編『明治期日本特殊金融立法史』第 3 部第 2 章，早稲田大学出版会，1977 年。同「大蔵省預金部制度」

（8）金澤史男「預金部地方資金と地方財政（一）——1920〜30 年代における国と地方の財政金融関係」『社会科学研究』第 37 巻第 3 号（1985 年）。同「預金部地方資金と地方財政（二）」『社会科学研究』第 37 巻第 6 号（1986 年）。同『近代日本地方財政史研究』日本経済評論社，2010 年。

（9）1885 年の制度創設と同時に，大蔵省内に国債局から分離して「預金局」という預金部資金を取り扱う部局が設立されたが，この部局は 1893 年に官庁事務統廃合の結果廃止された。預金局廃止後は主計局がこれを扱い，1897 年以後は理財局が取り扱った。大蔵省理財局資金課『大蔵省預金部史——草創時代ヨリ昭和十六年ニ至ル』初版 1941 年謄写版，1964 年再版，6 頁。

（10）1885 年 10 月 15 日「大蔵省官庁積立金預ケ入期限ヲ弛フルノ由ヲ稟告ス」『公文類聚』第九編・第二十一巻，1885 年。

（11）「貯金事務大蔵省直接取扱ノ分モ農商務省ニ於テ協議処分セント請フ聴サス」『公文類聚』第九編・第二十一巻，1885 年。

（12）中央備荒貯儲金自体はその後支出されていき，徐々に減少し消滅した。1899 年以降は備荒儲蓄制度に代わって制定された罹災救助基金が，預金部によって管理されることになっている。

（13）郵便貯金の発祥元であるイギリスでは，郵便貯金はすべて国債に回され，いつ払戻請求があるともわからない不安定な資金を用いることに対する不安からも，財政資金として利用することは忌避された。William Lewins, *A History of Banks for Savings in Great Britain and Ireland, including a full account of the origin and programs of Mr. Gladstone's financial measures for post office banks, Government Annuities and Government insurance*, S. Low, son and Marston, London, 1866.

（14）杉浦「大衆的零細貯蓄機関としての郵便貯金の成立」。

（15）神山『明治経済政策史の研究』135-138 頁。

（16）『大蔵省預金部史』2 頁。

（17）迎「1900 年代における大蔵省預金部の機能と性格」34 頁。農林中央金庫調査部『農林中

央金庫50年の歩み』1973年，4-5頁。

(18)『大蔵省預金部史』128頁。

(19) 逓信・大蔵・内務大臣合同通牒「秘第一二三号の一」1909年5月，日本勧業銀行『低利資金ニ関スル命令通達書綴』所収。

(20) 逓信・大蔵・内務次官合同通牒「秘第一二三号の二」1909年5月。

(21)『大蔵省預金部史』130頁。そのため先行研究でも，預金部改革以前の地方資金の流れを正確に捉えることは困難であると評されるにいたっている。金澤『近代日本地方財政史研究』109-110頁。

(22)『大蔵省預金部史』136頁。1911年には福島県に，鮫川堰水利組合負債整理援助資金として特別資金の融資が行われているが，これは地方自治体を通じて鮫川水利組合に行われた普通資金による融資の償還失敗分を補塡するためのものだった。このように普通資金枠で預金部資金が供給される対象とされていたものに対しては，特別資金が供給される可能性が初めから開かれていたことは注目される。もっともこれは45万円の融資（勧銀経由）であり，全国を対象としない比較的小規模なものである。

(23) 預金部資金は地方振興のためだけでなく全国的な経済政策資金としても利用されており，帝国鉄道，製鉄所などにもしばしば資金供給を行った。

(24) 大蔵省『明治大正財政史』第13巻，1939年，824，850頁。1910年の風水害復旧資金供給の際，当初預金部はこれを勧銀経由で供給する方針だったが，地方債引受も行われ，以後預金部から地方自治体への直接融資も通例化した。

(25) 逓信省為替貯金局『最近郵便貯金ノ減退ニ関スル参考資料』1914年。もっとも，減少は金額ベースであり利用者数の面では増加を維持していた。

(26) 金澤「預金部地方資金と地方財政（一）」220頁。

(27) 大蔵次官通牒「秘第二六二号」1914年9月19日。

(28)『時事新報』1914年8月4〜18日。

(29) 日本銀行『日本銀行百年史』第2巻，1983年，329-331頁。同『日本銀行百年史』資料編，1986年，44頁。

(30)『銀行通信録』第348号，1914年10月20日。

(31)『東洋経済新報』第679号，1914年8月25日。

(32) 群馬県農工銀行取締役，山保毛織社長。1904年衆議院議員当選（政友会）。上田正明他編『日本人名大辞典』講談社，2001年。

(33)「第三十四回帝国議会衆議院議事速記録」第三号・第四号『官報　号外』1914年9月7日，8日。

(34) 勧銀・興銀共に預金部の引受条件は年利7％，期限10年，内支払据置期間2年。大蔵省『明治大正財政史』第13巻，950頁。『大蔵省預金部史』162頁。

(35) 日本銀行『日本銀行百年史』第2巻，1983年，331頁。日銀が買い入れた国債は500万円分。

(36)「時局に伴ふ農家及製糸家救済案之件」1914年8月7日，長野県『公文編冊　大正三年第三課　産業組合（時局救済ニ関スル書類）』所収。以降，本節の資料は特に言及がない限りこの簿冊所収文書。

(37) 小県郡「甲第九四六号」（長野県内務部長宛）1914 年 8 月 8 日。

(38) 小県郡「甲第九四七号」（長野県内務部長宛）1914 年 8 月 8 日。

(39) 長野県『公文編冊　大正三年　第三課　産業組合（時局救済ニ関スル書類）』の簿冊には，題名不明の様々な報告書が綴り込まれている。

(40) 「時局に伴ふ農家及製糸家救済案之件」1914 年 8 月 7 日。

(41) 報告書内には正確な日付が記載されていないが，報告内に書かれた「蚕糸会」は，8 月 10 日に開催された大日本蚕糸会の臨時大会であると考えられ，書類作成者はこれに翌日参加予定としているため，報告書の作成日は 1914 年 8 月 9 日であると推測される。またその記載から，各機関と長野県の折衝は書類が作成されたその当日に行われていたものと判断できる。

(42) 「……本省の趣旨は低利資金が本年度はなき為め，産業組合耕地整理其他組合資金に廻はさせるのが希望らしいから，其内本省より何とか之れに関して交渉があると思ふとの事に有之。又一般農家の資金に対しては，銀行は受け身であるから本省から何か交渉でもあれば之に対しては何とか心配も致さんとの事に，更に低利資金の成否を問ひたるは只大蔵省から廻してくれば勧銀は如何様にもすべけれど或は六ヶ敷からん……」長野県職員作成の報告書（1914 年 8 月 9 日作成か）。

(43) 長野県職員作成の報告書（1914 年 8 月 9 日作成か）。

(44) 長野県「秘　長野県に於ける農蚕業と時局の関係」作成日不明。すでに日銀による救済が行われている旨の記述があるため，1914 年 8 月 11 日以降作成か。

(45) 長野県「秘　農家救済資金」県庁作成の稟請書か。

(46) 井川克彦『近代日本製糸業と繭生産』東京経済情報出版，1998 年，69 頁。

(47) 長野県「秘　農家救済資金」県庁作成の稟請書か。

(48) 長野県「農甲発第一三六号　時局に伴ふ農家経済救済に関する件」1914 年 8 月 22 日。

(49) 小県郡「乙第六九〇〇号」1914 年 9 月 3 日。

(50) 長野県「農甲発第一四四号」1914 年 9 月 8 日。

(51) 長野県「時局に伴ふ農家救済資金貸付額決定の件」1914 年 10 月 13 日。

(52) 羽二重，生糸（繭を含む），燐寸，莫大小，麻真田，経木真田，鯣，絹手巾，白木綿，花筵，麦稈真田，陶磁器，硝子及同製品，薄荷，紐釦，魚油及鯨油，タオル，玩具，昆布，刷子，竹製品，寒天，綿縮，椎茸，包装箱用材，木蠟，漆器，貝柱，綿フランネル，琥珀織，菓子油，石鹸の 32 種。

(53) 長野県「農甲発第一五三号」1914 年 10 月 1 日。

(54) 「二十人以上の農業者又は工業者申合せ連帯責任を以て信用を申出でたるときは其の信用確実なるものに限り五箇年以内に於て定期償還の方法に依り無抵当貸付を為す」。法律第八十三号「農工銀行法」第六条四，1896 年 4 月 20 日。10 月 14 日の長野県の通牒にも「該資金は曩に及通牒置候通り産業組合以外の個人及団体は土地建物工場等の不動産を抵当として貸付を受くべきものに有之候条此点篤にご注意相成度申添候」とあり，預金部資金の融資条件がそれ以前の融資とは異なることが注意喚起されている。

(55) 日本勧業銀行「貸付手続」長野農工銀行作成写し，1914 年 10 月 13 日。

(56) 長野県「長野県時局救済産業維持資金供給に関する件」1914 年 10 月 14 日。

(57) 大蔵省（大蔵次官浜口雄幸から長野県知事力石雄一郎宛）「往第八五五六号」1914 年 11

月 3 日。

(58) 長野県は肥料代への適応を求めて，大蔵省へ陳情の伺を作成するにいたっている。「今回重要輸出品の製造業者に対し救済資金貸付けの義に関し御通牒の次第も有之候に付，直に農工銀行及同管理局と熟議を遂げ候処，繭の生産業者の救済は其範囲極めて狭小なる御方針……曩に借入たる桑園の肥料代の如きは調達の由なきは勿論明年の施肥買入れに支障を来たすの悲境……御配慮」を願う，という書類が知事から大蔵次官に宛てられたが，条件が緩和されることはなかった。11 月 3 日の「往第八五五六号」はこの伺の返答であると推察される。

(59) 大蔵次官通牒「秘第二六二号」1914 年 9 月 19 日。

(60) なお，1908 年時点で「生糸は本邦輸出品中の第一位を占むる重要物産にして，信州生糸の産額は実に全国の三分の一に当」たっていた。大日本蚕糸会長野支会『信州乃蚕糸業』1908 年，1 頁。

(61) 長野県「時局救済資金」(1915 年 1 月 15 日作成か)。

(62) 農商務省農務局『繭倉庫ニ関スル調査』1924 年。1914 年分は第一次大戦開戦以前時点，設立年不詳の倉庫 4 施設については第一次世界大戦前に設立されたものと仮定しており，1924 年以前に廃業された倉庫については含まれないため，過去の数値は過小評価の可能性がある。なお 1924 年時点の保管能力は 779 石。

(63) 和産業組合『大正四年度仕訳日記帳』1915 年。なお，第 3 章でも確認したように，和産業組合は通常時では，外部資金を借り入れる際には 1〜2 月に借り入れたものを 7〜8 月に返済していた。

(64) 和産業組合『大正三年度仕訳日記帳』1914 年。和産業組合『貸借対照表』(月別) 1914〜15 年。

(65) 和産業組合『有限責任和信用販売購買組合事績書』(手稿) 1921 年。

(66) 石井寛治『近代日本金融史序説』東京大学出版会，1999 年。

補　論　大蔵省預金部改革

(1) たとえば『大阪時事新報』「遂に暴露された預金部資金運用真相」(1925 年 2 月 4 日) では，「多年政界財界の伏魔殿と目されていた預金部資金融通の真相は三日衆議院預金法案特別委員会に於ける西村丹治郎氏の質問に依って遂に白日の下に暴露された……」として「預金部運用資金中事業資金一億八千五百四十万円海外事業資金一億五千二百万円の内訳」を公開している。

(2) 伝田功「郵便貯金制度の歴史的意義──大蔵省預金部資金の形成過程」『研究紀要』(滋賀大学経済学部附属史料館) 第 5 号，1972 年。同「大蔵省預金部の改革──政策金融の展開と機能」『彦根論叢』第 156 号，1972 年。金澤史男「預金部地方資金と地方財政 (一)──1920〜30 年代における国と地方の財政金融関係」『社会科学研究』第 37 巻第 3 号 (1985 年)。同「預金部地方資金と地方財政 (二)」『社会科学研究』第 37 巻第 6 号 (1986 年)，『近代日本地方財政史研究』日本経済史評論社，2010 年。

(3) 加瀬和俊『戦前日本の失業対策──救済型公共土木事業の史的分析』日本経済評論社，1998 年。「巨資を擁する大蔵省預金部──時節柄重要性を増す」『中外商業新報』(1934 年 5

月 25 日）。

（ 4 ）太政官「預金規則ヲ制定シ及ヒ各官庁ノ積立金ハ大蔵省預金局ヘ預ケ入レシム」『公文類聚』
　　　第九編・第二十一巻，1885 年 5 月 30 日。

（ 5 ）当初は国債局から分離した預金局がこの運用業務に当たったが，1893 年に廃止された後
　　　は主計局が扱い，1897 年以降には理財局が取り扱った。第 4 章注 9 参照。

（ 6 ）『大蔵省預金部史』2 頁。

（ 7 ）迎「1900 年代における大蔵省預金部の機能と性格」34 頁。農林中央金庫調査部『農林中
　　　央金庫五〇年の歩み』（1973 年）4-5 頁。

（ 8 ）『大蔵省預金部史』128 頁。

（ 9 ）逓信・大蔵・内務大臣合同通牒「秘第一二三号の一」1909 年 5 月，日本勧業銀行『低利
　　　資金ニ関スル命令通達書綴』所収。

（10）『明治大正財政史』第 13 巻，850 頁。

（11）『明治大正財政史』第 13 巻，824 頁。ただし，1927 年まで地方債引受によって普通資金が
　　　供給されることはなかった。明治・大正期を通じて，地方債引受はあくまで特別資金の枠で
　　　行われるものとみなされていたことになる。

（12）『大蔵省預金部史』137 頁。

（13）（作成者不明，大蔵省関係者か）「利権的資金と大正十四年の預金部改革」1932 年か，深
　　　井功（1925 年当時衆議院議員）『昭和十一年度　経済更生・負債整理外　雑書類綴』所収。

（14）憲政会本部『憲政公論』1927 年，臨時号，21 頁。

（15）「今議会を通過した経済関係法の説明（中）──金融税制」『東京朝日新聞』1925 年 3 月 31
　　　日，4 面。

（16）第 8 回の開催期日（1926 年 3 月 29 日）は議事録からでなく大蔵省『昭和財政史』第 12
　　　巻，93 頁による。現時点で確認できる限り，預金部資金運用委員会の議事録は東京大学経
　　　済学部図書館および社会科学研究所図書館，そして国立公文書館アジア歴史資料センターに
　　　それぞれ一定量所蔵されているが，初期のものに関しては，なぜか第 8 回のものが欠落して
　　　いる。

（17）この初期委員のうち，志村源太郎，志立鉄次郎はすでに 1924 年に，石橋湛山や若槻礼次
　　　郎と共に経済攻究会の一員として預金部改造案を発表している。この委員会の委員に選出さ
　　　れる以前から，預金部資金の運用に関心があり，それに関する知識もある程度有していたと
　　　推測される。大蔵省昭和財政史編集室『昭和財政史』12 巻，1962 年，11 頁。

（18）選挙区は岐阜であり，出身地域について揃えようという意図は感じられない。

（19）大蔵省預金部『預金部資金運用委員会（第一回会議）議事録』1925 年，7 頁。「預金部資
　　　金運用委員会議事規則案」第六条から。原案通り議案可決。

（20）『預金部資金運用委員会（第一回会議）議事録』4-5 頁。

（21）『預金部資金運用委員会（第一回会議）議事録』6-7 頁。

（22）なお阪谷芳郎議員（1863〜1941）は 1923 年の貴族院予算委員会においてすでに預金部改
　　　革を要求していたが，その経歴は
　　　　　1884 年　東京大学文学部政治学理財学科卒業後，大蔵省入省
　　　　　1897 年　大蔵省主計局長

1903 年　大蔵次官

1906〜8 年　大蔵大臣（第一次西園寺内閣）

1912〜14 年　東京市長

1917 年〜　貴族院議員（死去まで在任）

というものであり，預金部資金の地方還元制度が開始された 1909 年には大蔵省に在籍していなかったため，本委員会開催時には地方資金運用に関する具体的情報は有していなかったものと推測される。『昭和財政史』12 巻，10 頁。また，現存する預金部資金運用委員会関連資料のうち委員会議事資料を含む東京大学社会科学研究所所蔵のものは，阪谷氏の旧蔵文書である。

(23)「秘密の戸を開き預金部の改善　痛烈な質問が出た　きのふ第一回運用委員会」『東京朝日新聞』1925 年 5 月 6 日。

(24)『預金部資金運用委員会（第一回会議）議事録』22 頁。

(25)『預金部資金運用委員会（第一回会議）議事録』23 頁。

(26)『預金部資金運用委員会（第一回会議）議事録』24 頁。

(27)『預金部資金運用委員会（第一回会議）議事録』27 頁。

(28)『預金部資金運用委員会（第一回会議）議事録』28 頁。なお，波佐見・鷲ノ巣鉱山に興銀経由で事業資金を融資したのは 1905 年で，同鉱山の経営はその後悪化したものの，預金部資金による貸付そのものは借換による期限延長などを行った上で 1921 年には償還が完了している（『大蔵省預金部史』182 頁）。海外事業資金については，漢冶萍公司に対する預金部の資金貸付は興銀経由で 1907 年に開始された。預金部の海外事業資金の嚆矢は 1904 年に京釜鉄道株式会社鉄道債券を預金部資金引受とした例と考えられるが，漢冶萍公司については預金部資金投入以前から横浜正金銀行と日本興業銀行が組んで 1903 年から資金援助を行っていたことから，この会議上ではこのような認識となっていたと考えられる（『大蔵省預金部史』193，195 頁）。

(29)『預金部資金運用委員会（第一回会議）議事録』36-37 頁。

(30)『預金部資金運用委員会（第一回会議）議事録』37-38 頁。

(31)『預金部資金運用委員会（第一回会議）議事録』56-57 頁。

(32)『預金部資金運用委員会（第一回会議）議事録』57 頁。

(33)『預金部資金運用委員会（第一回会議）議事録』76 頁。

(34)『昭和財政史』43 頁。

第 5 章　恐慌・災害救済融資の拡大へ

（1）杉浦勢之「大衆的零細貯蓄機関としての郵便貯金の成立——日清戦後の郵便貯金の展開とその性格」『社会経済史学』第 52 巻第 4 号（1986 年）。通信省郵便貯金局『郵便貯金局郵便貯金事務史　第一編』1910 年。

（2）大蔵省理財局資金課『大蔵省預金部史——草創時代ヨリ昭和十六年ニ至ル』初版 1941 年謄写版，1964 年再版，2 頁。

（3）中村隆英『戦前期日本経済成長の分析』岩波書店，1971 年。

（4）金澤史男「預金部地方資金と地方財政（一）——1920〜30 年代における国と地方の財政金

融関係」『社会科学研究』第 37 巻第 3 号（1985 年）。同「預金部地方資金と地方財政（二）」
『社会科学研究』第 37 巻第 6 号（1986 年）。同『近代日本地方財政史研究』日本経済史評論
社，2010 年。

（5）たとえば伝田功「郵便貯金制度の歴史的意義——大蔵省預金部資金の形成過程」『研究紀
　　要』（滋賀大学経済学部附属史料館）第 5 号（1972 年）。同「大蔵省預金部の改革——政策
　　金融の展開と機能」『彦根論叢』第 156 号（1972 年）。

（6）預金部預金法（1925 年 3 月 30 日，法律第 25 号）をはじめ，大蔵省預金部特別会計規則
　　（1925 年 4 月 1 日，勅令第 54 号），預金部資金運用規則（1925 年 4 月 1 日，勅令第 55 号）。

（7）山田幸太郎『大蔵省預金部論』1925 年。中津海知方『預金部秘史』1928 年。

（8）大蔵省預金局『預金部資金運用委員会（第一回会議）議事録』1925 年 5 月 5 日。

（9）斉藤仁「特殊銀行」，渡辺佐平他編『現代日本産業発達史 26 巻　銀行』交詢社出版局，
　　1966 年所収。産業組合の全国レベルおよび県レベルでの連携，すなわちその系統化に関し
　　ては，預金部資金制度の整備と同じく戦間期に至るまでにその大枠が形成されていた。協同
　　組合系統金融のネットワークの構築に関しては，次章であらためて検討する。

（10）なお先行研究では，産業組合中央金庫を中央組織とする産業組合の系統金融は，地域差は
　　あれ 1930 年代後半までには全国的に系統化が進み，政策的低利資金を供給する機能を果た
　　していたという評価がなされている。また，その全国的な系統化の起点は 1920 年代と指摘
　　されている。しかし，その形成過程についてはあまり研究が蓄積されていない。大門正克
　　「戦前日本における系統産業組合金融の歴史的役割——階層・地域間調節・国債消化」『エコ
　　ノミア』第 57 巻第 1 号（2006 年 5 月）。

（11）『大蔵省預金部史』317 頁。

（12）『東京朝日新聞』1927 年 5 月 13 日夕刊二面。

（13）『信濃毎日新聞』1927 年 5 月 13 日夕刊一面。

（14）「再発芽が不順調」『信濃毎日新聞』1927 年 5 月 20 日。「大霜害郡市別調査——総額百二
　　十一万九千円」『信濃毎日新聞』1927 年 5 月 21 日。

（15）「霜害哀話　坊さんを頼んで蚕種の埋葬——吊ひ酒であきらめた真嶋村本道組合」『信濃毎
　　日新聞』1927 年 5 月 18 日。

（16）白井規矩稚『日本の金融機関——その生成と発展』森山書店，1939 年，267 頁。

（17）なお 1927 年の普通銀行による貸付金利（不動産担保）の平均は上半期 10.4 %，下半期
　　10.6 % であり，預金部本体からの貸付ではなく同じく不動産を担保に取る農工銀行貸付の
　　平均 8.9 %，日本勧業銀行の 8.4 % と比べても高い水準にあった。日本勧業銀行調査課『金
　　融経済統計』1939 年，50 頁。

（18）『信濃毎日新聞』1927 年 5 月 13 日夕刊一面。

（19）「低資五百万円の貸し下げ陳情」『信濃毎日新聞』1927 年 5 月 18 日。

（20）長野県庁文書，農商課『昭和二年度果樹霜害低資貸付関係』所収，長野県庁袴田技手「農
　　甲発第一五九号　農作物の霜害対応策に関する件」1927 年 5 月 13 日作成・14 日施行，郡
　　市・町村農会長，自治体長宛の善後策・調査に関する通達草案。長野県立農事試験場「凍害
　　調査報告の件」長野県庁宛，1927 年 5 月 14 日。長野県立農事試験場「甲第四〇号」各市郡
　　農会長宛，1927 年 5 月 16 日。なお本書が利用した長野県庁文書は，すべて長野県立歴史館

所蔵。

(21) 長野県庁文書，農商課『昭和二年度果樹霜害低資貸付関係』所収，宮沢主任「果樹霜害に関する件報告」農林・大蔵・内務大臣宛，1927 年 5 月 16 日作成・18 日施行。

(22) 「霜害対策を叫んでけふ研究大会　全県よりの出席者実に一千二百余名——満堂命懸けで善後策を講ず」「論議愈日々熱す霜害研究大会——更に養蚕業大会に移り決議案及陳情書を作成す」『信濃毎日新聞』1927 年 5 月 20 日。

(23) 「知事を会長に霜害委員会——善後策研究に決る」『信濃毎日新聞』1927 年 5 月 20 日。

(24) 『信濃毎日新聞』1927 年 5 月 13 日〜6 月 1 日。

(25) 「霜害で家屋税の納入延期を希望——先づ更級から出県陳情」『信濃毎日新聞』1927 年 5 月 18 日。

(26) 『信濃毎日新聞』1927 年 5 月 27 日。

(27) 「大霜害郡市別調査——総額百二十一万九千円」『信濃毎日新聞』1927 年 5 月 21 日。

(28) 「融通額は二，三百万円程度か」『信濃毎日新聞』1927 年 5 月 21 日。

(29) 「霜害地の急場を救ふ信連の貸出し始まる——中央金庫の応援を得てけふから日歩二銭一厘で融通」『信濃毎日新聞』1927 年 5 月 22 日。「急場の金」は，借り入れた運転資金（肥料代・蚕種代等）の返済資金，新規運転資金（すでに存在する稚蚕の育成のための桑購入費用［県内の被害軽微地域または県外から］，追加肥料代等），生活費用（食料等）というように，内訳は不明だが農家の経営状態によって様々な需要を指していた。なお，長野県では米作地が相対的に少なく，農家であっても食料としての米を購入することは地域にもよるが一般的に行われていた。

(30) 養蚕家の多い地域では，産業組合からの組合員の資金借入のピークは 2〜3 月だった。本書第 3 章参照。

(31) 「霜害地の急場を救ふ信連の貸出し始まる——中央金庫の応援を得てけふから日歩二銭一厘で融通」『信濃毎日新聞』1927 年 5 月 22 日一面。なおここに見える長野県信連の深井会長とは和産業組合長深井功である。

(32) 1914 年の預金部による救済融資に関しては，本書第 4 章を参照。

(33) 『預金部資金運用委員会（第十六回会議）議事録』1927 年 7 月 13 日。

(34) 直近では 1924 年・1926 年にも，相対的に小規模だが預金部から霜害救済資金が支出された。1924 年の救済融資については，預金部改革以前のため運用委員会がなく，議事録がない。1926 年の霜害救済融資は第十回預金部資金運用委員会において可決されている。

(35) 『預金部資金運用委員会（第十六回会議）議事録』16 頁。

(36) 『預金部資金運用委員会（第十六回会議）議事録』4 頁。

(37) 『預金部資金運用委員会（第十六回会議）議事録』11 頁。

(38) 『預金部資金運用委員会（第十六回会議）議事録』。利率は預金部引受利率 4.8 ％ で，勧銀・農工銀・中央金庫からの貸付利率は 5.4 ％ 以内とされた。なお参考までに他県への資金割当を挙げておくと，福島県 13 万円，栃木県 5 万円，群馬県 143 万円，東京府 25 万円，山梨県 8 万円，岐阜県 67 万円，岡山県 42 万円である。

(39) 農林中央金庫『産業組合中央金庫史』1944 年，142 頁。大蔵省理財局資金課『大蔵省預金部史——草創時代ヨリ昭和十六年ニ至ル』（初版 1941 年謄写版，1964 年再版）414，423-

432 頁。なお，この霜害救済資金のうち 260 万円分が中央金庫を経由した。

(40) 植田欣次『日本不動産金融史——都市農工銀行の歴史的意義』学術出版会，2011 年，第 3 章・第 4 章。

(41) 「無産者へもどしどし霜害の救済資金——貸付方法もぐんとお手軽に——政府へ申請を急ぐ」『信濃毎日新聞』1927 年 5 月 17 日。

(42) 本書第 3 章。産業組合中央会長野支会『長野県産業組合沿革誌』1927 年。

(43) 長野県庁文書，農商課『昭和二年度果樹霜害低資貸付関係』所収，「果樹霜害低利資金貸付金第一案の通決定相成可然哉」1927 年 8 月 2 日。

(44) 長野県庁文書，農商課『昭和二年度果樹霜害低資貸付関係』所収，「昭和二年霜害低利資金借入案」1927 年 8 月 4 日。

(45) 長野県庁文書，農商課『昭和二年度果樹霜害低資貸付関係』所収，作成月日不明。

(46) 本書第 4 章参照。

(47) 本書第 3 章，第 4 章参照。

(48) 産業組合中央会長野支会の設立は 1906 年。全国農業協同組合中央会『産業組合中央会史』1988 年，29 頁。和産業組合は初期加盟組合の一つだった。「大日本産業組合中央会長野支会役員及会員名簿」(1906 年か)，和産業組合『明治三十六年三月創立　雑書類綴込』所収。以下，作成者が和産業組合である資料はすべて JA 信州うえだ和店所蔵。

(49) 産業組合中央会『第二次表彰産業組合』1911 年。

(50) 「桑はあれども蝿蛆が恐しい——上田地方蚕種家」『信濃毎日新聞』1927 年 5 月 17 日。

(51) 「小県収繭予想——約三割減か」『信濃毎日新聞』1927 年 5 月 18 日。

(52) 「小県では害虫集中」『信濃毎日新聞』1927 年 5 月 21 日。

(53) 「小県郡農総会」『信濃毎日新聞』1927 年 5 月 21 日。

(54) 「小県各産組の凍害資金三十万円内外」『信濃毎日新聞』1927 年 5 月 21 日。

(55) 長野県庁文書（作成月日不明），農商課『昭和二年度果樹霜害低資貸付関係』所収。

(56) 和村誌編集委員会『和村誌現代編』1963 年，172 頁。

(57) 有限責任和信用販売購買組合『第二十五年度事業報告書』1927 年度版。

(58) 有限責任和信用販売購買組合『第二十五年度事業報告書』1927 年度版。なお組合の借入金の通常の金利は 6 ％，最高利率は 8.4 ％だった。

(59) 和産業組合の帳簿を見ると，組合による貸付のほとんどは団体単位でなく個人宛に行われていたことがわかる。残念ながら 1927 年度の帳簿は現存しないが，他の年度に預金部系統資金を借り入れた際にも，組合は個人宛に貸し付けている。この年度も個々の組合員，すなわち個別世帯へ貸し付けられたと考えられる。

(60) 富民協会『日本農業年鑑』(1933 年度版) 1932 年，143 頁。

(61) 清内路村『清内路村誌　下巻』1982 年，240 頁。清内路村の事例に関しては本書第 7 章で詳述する。

(62) 清内路村役場「農第一五四号　霜害救済資金貸付額に関する件」1927 年 8 月 7 日，清内路郵便局所蔵文書や 17-2-8。以下，清内路郵便局資料は長野県阿智村清内路郵便局が所蔵。

(63) 清内路村役場「協議事項」1927 年 8 月作成か，清内路郵便局所蔵文書や 17-2-9。

(64) 森謙二『山作りの里——その民俗と歴史』新葉社，1989 年，17-25 頁。

(65) 原厘三・野村藤二ほか12名「金円借用証書（霜害対策資金）」1927年8月27日，下清内路市場共同貯蓄組合「貯蓄組合規約」1928年1月，清内路郵便局所蔵文書や17-2-10，下清内路市場貯金組合『組合規約貯金台帳』所収。「市場」は下清内路区内の地名であり，これが「組合」の名となったと考えられる。
(66) 清内路村役場「失業救済臨時対策低利資金貸付に関する1月12日村会決議事項」1931年1月12日か，清内路郵便局所蔵文書や17-2-30。資金割当人数は結局予定より増やされたが申込数はそれをさらに上回っており，村会で申込者が絞り込まれたと考えられる。
(67) 斉藤仁「特殊銀行」，渡辺佐平他編『現代日本産業発達史26巻　銀行』所収。
(68) 植田欣次『日本不動産金融史』第3章・第4章。
(69) 大門正克「戦前日本における系統産業組合金融の歴史的役割――階層・地域間調節・国債消化」。篠浦光『農村協同組合の展開過程』亜紀書房，1972年，75頁。
(70) 浅井良夫「独占確立期の金融構造」石井寛治他『近代日本経済史を学ぶ　下』有斐閣，1977年，114頁。
(71) 『大蔵省預金部史』423-438頁。
(72) 浅井良夫「独占確立期の金融構造」117頁。吉野俊彦『我国金融制度の研究』実業之日本社，1952年，398-401頁。
(73) 「霜！　霜！　霜！」『信濃毎日新聞』投書，1927年5月14日。

第6章　セーフティネットとしての産業組合
（1）中村隆英『戦前期日本経済成長の分析』岩波書店，1971年。
（2）上山和雄『日本近代蚕糸業の展開』日本経済評論社，2016年，290頁，第5章。
（3）小林信介『人々はなぜ満州へ渡ったのか――長野県の社会運動と移民』世界思想社，2015年，188頁。
（4）ムハマド・ユヌス，猪熊弘子訳『貧困のない世界を創る――ソーシャル・ビジネスと新しい資本主義』早川書房，2008年（原著2007年），55頁。OECD，連合総合生活開発研究所訳『社会的企業の主流化――「新しい公共」の担い手として』明石書店，2010年，109頁。ジャック・モロー，石塚秀雄他訳『社会的経済とはなにか――新自由主義を超えるもの』日本経済評論社，1996年（原著1994年），57頁。
（5）浅井良夫「独占確立期の金融構造」105-122頁，伊藤正直「金解禁と昭和恐慌」150-151頁，牛山敬二「昭和農業恐慌」176-177頁，いずれも石井寛治他『近代日本経済史を学ぶ下』有斐閣，1977年所収。
（6）森武麿『戦間期の日本農村社会――農民運動と産業組合』日本経済評論社，2005年。
（7）加瀬和俊「1920年代における産業組合普及の意義とその限界」『土地制度史学』第68号（1975年），52-72頁。浅井良夫「独占確立期の金融構造」。
（8）佐伯尚美『日本農業金融史論』御茶の水書房，1963年，212頁。
（9）大門正克「戦前日本における系統産業組合金融の歴史的役割――階層・地域間調節・国債消化」『エコノミア』第57巻第1号（2006年），27頁。
(10)森武麿『戦間期の日本農村社会』。
(11)森武麿『戦間期の日本農村社会』。

(12)　和村誌刊行会『和村誌現代編』1963 年，78 頁。

(13)　東深井区（松尾砂）『歴史は語る――東深井区誌』1975 年，90 頁。東深井区は和村の中の一部落，執筆者の松尾砂氏は明治中期の生まれ。

(14)　東深井区（松尾砂）『歴史は語る――東深井区誌』43 頁。

(15)　和産業組合『貸付金台帳　明治四十年度（第五期）』1907 年。同『貸付金台帳　明治四十二年度』1909 年（JA 信州うえだ東御支所和店所蔵）。

(16)　本書第 3 章，図 3-2，表 3-5。

(17)　森武麿『戦間期の日本農村社会――農民運動と産業組合』31 頁。

(18)　全国農業協同組合中央会『産業組合中央会史』1988 年，27-28 頁。

(19)　産業組合中央会『第二次表彰産業組合』1911 年，110 頁。

(20)　本書第 3 章参照。

(21)　和産業組合「当座預金取引申込書」（第十九銀行宛，1903 年 4 月 4 日），和産業組合『雑書類綴込』所収。

(22)　なお設立当初の和産業組合の組合幹部は監事 3 名を含めて 9 名。彼らの 1901 年度における戸数割等級については表 3-1 を参照。

(23)　「借用金証書」（株式会社第十九銀行宛，1903 年 2 月 24 日），和産業組合『雑書類綴込』所収。銀行側のフォーマットではなく手書きであり，作成者は連帯借用人である深井功，福島万兵衛，富岡寿吉，関利之助，土屋和作の 5 名と考えられる。

(24)　「借用金証書」株式会社第十九銀行宛，1904 年 3 月 11 日，和産業組合『雑書類綴込』所収。戸数割等級は，土屋和作が 15 等（組合幹部中最下位 2 人のうち一人，ただし村長経験者），富岡寿吉も 15 等（当時現役村会議員）。

(25)　『和村誌現代編』171 頁。

(26)　もっとも，1901 年度の和村の戸数割等級は 30 等級に区分されていたが，組合長個人の等級は 3 等とかなり高いものとはいえ，理事の中には 15 等と村内でも中層と思われる所得階層の者も含まれている。ただし，戸数割等級 15 等で理事をしている土屋と富岡はそれぞれ 1903 年の段階で，前者はその前年度まで和村村長を務めており，後者は現役の村会議員である。所得ではない部分からの信用力があったと考えられる。

(27)　「約束手形」（株式会社伊藤商会宛，1904 年 3 月 11 日），和産業組合『雑書類綴込』所収。深井・田中・関の 3 人の連名。

(28)　「連帯借用金証書」（株式会社小諸銀行宛，1905 年 2 月 13 日），和産業組合『雑書類綴込』所収。深井・福島・田中・富岡・関・土屋の連名。

(29)　「借用金証書」（株式会社小諸銀行宛，1905 年 4 月 14 日），和産業組合『雑書類綴込』所収。深井・福島・田中・関の連名。

(30)　産業組合中央会長野支会『長野県産業組合沿革誌』1927 年，1 頁。

(31)　1905 年 1 月 21・22 日「長野市県会議事院内に於て長野県北信産業組合連合会協議会を開かれ組合長深井功出席す」和産業組合『事業報告書綴』1905 年度版（JA 信州うえだ東御支所和店所蔵）。なお北信産業組合連合会は南佐久・北佐久・小県・更級・埴科・上高井・下高井・上水内・下水内・長野市の産業組合によって組織された。

(32)　「大日本産業組合中央会長野支会会則案」；大日本産業組合中央会長野支会「協議事項」

1906 年度，和産業組合『雑書類綴込』所収。

(33) 郡部会会長には小県郡長の武井一郎が就任した。

(34) 『長野県産業組合沿革誌』27 頁。

(35) 『産業組合』1908 年 5 月，92-93 頁。

(36) 長野農工銀行「通知書」1908 年 4 月 11 日，和産業組合『雑書類綴込』所収。

(37) 「貸借金契約証書正式謄本」1908 年 4 月 16 日，和産業組合『雑書類綴込』所収。用紙は
長野県地方裁判所管内公証人役場のもの。

(38) 和産業組合『事業報告書綴』1909 年度版。

(39) 『産業組合』1908 年 5 月，1，35 頁。

(40) 『第二次表彰産業組合』。

(41) 和産業組合『事業報告書綴』1910 年度版。

(42) 深井功「履歴書」1941 年 5 月，和産業組合『(雑書類綴，表題無)』所収（JA 信州うえだ
東御支所和店所蔵）。

(43) 本書第 4 章参照。

(44) 『和村誌現代編』66，81 頁。

(45) なおこの際，産業組合長に対して特別積立金から 800 円の慰労金が出ている。

(46) 和産業組合『事業報告書綴』1921 年度版。なお自作農資金とは，1920 年代以降活発に
なった，小作農家の自作農化や自作農の維持のために供給された，主に土地取得のための資
金である。

(47) 和産業組合『事業報告書綴』1921 年度版。

(48) 和産業組合『事業報告書綴』1919 年度版。

(49) 和産業組合『事業報告書綴』1921 年度版。

(50) 「霜害地の急場を救ふ信連の貸出し始まる――中央金庫の応援を得てけふから日歩二銭一
厘で融通」『信濃毎日新聞』1927 年 5 月 22 日一面。

(51) 大門正克「戦前日本における系統産業組合金融の歴史的役割」。

(52) 富民協会『日本農業年鑑』1932 年，143 頁。

(53) 『預金部資金運用委員会（第十六回会議）議事録』1927 年 7 月（東京大学経済学部図書館
所蔵）。

(54) 和産業組合『事業報告書綴』1927 年度版。

(55) 和産業組合『事業報告書綴』1928 年度版。

(56) 長野県『長野県史通史編第九巻　近代三』1990 年，198-199 頁。

(57) 和産業組合『事業報告書綴』1929 年度版。

(58) たとえば 1931 年に預金部から全国に供給された「失業救済農山漁村臨時対策低利資金」
は，養蚕村の場合，桑畑の開墾・改植などの用途のためでなければ貸し付けられなかった。
清内路村役場「失業救済臨時対策低利資金貸付に関する一月十二日村会決議事項」1931 年 1
月 12 日か（清内路旧郵便局所蔵，や 17-2-30）。

(59) 和産業組合『事業報告書綴』1936 年度版。

(60) 「経済更生資金貸出要項」手稿（深井功氏によるものか），1936 年か。深井（功）『和組合
書類』1936-1937 年度版（深井家所蔵）。打ち消し線は原文ママ。

（61）深井功「有限責任和信用組合設立趣旨」『和村誌現代編』168-169 頁。

（62）680 円は役員賞与とされた。

（63）和産業組合『事業報告書綴』1928 年度版。

（64）和産業組合『事業報告書綴』1921 年度版。

（65）和産業組合『事業報告書綴』1926 年度版。

（66）深井功「有限責任和信用組合設立趣旨」『和村誌現代編』168 頁。

（67）和産業組合『事業報告書綴』1914 年度版。「四月五日　御即位記念事業の一たる菓子胡桃苗木を組合員一般に配布植付せり」。

（68）産業組合中央会長野支会『長野県の産業組合──附視察めぐり』1935 年，193-196 頁。

（69）『新愛知』1934 年 10 月 24 日。

（70）長野県『長野県史通史編第九巻　近代三』1990 年，144-145 頁。

（71）和産業組合『事業報告書綴』1933 年度版。

（72）農商務省農務局『地方副業主任者会議要録』1925 年。

（73）和村で栽培が開始された胡桃の品種は西洋胡桃の系統であり，従来生えていた伝統的な品種ではない，完全に新規の作物である。

（74）和産業組合『事業報告書綴』1928 年度版。

（75）郡市農会・町村産業組合・町村農会・長野県購買販売組合連合会上田支所「守れ！　協同」1932 年 10 月，深井（功）『雑書類綴込』1933-1935 年度版所収（深井家所蔵）。

（76）春蠶生産量・金額は 7 月末時点での調査数値。ただし胡桃は苗販売でも 45128 本，2708 円を売り上げた。和村役場『産業組合統計報告』1935 年度版（東御市教育委員会所蔵）。

（77）和村菓子胡桃苗木生産組合（和村役場内）「信濃胡桃苗木案内」1932 年 10 月，深井（功）『雑書類綴込』1933-1935 年度版所収。

（78）大門正克「戦前日本における系統産業組合金融の歴史的役割」。加瀬和俊「1920 年代における産業組合普及の意義とその限界」。

第 7 章　産業組合不在の影響

（1）浅井良夫「独占確立期の金融構造」，伊藤正直「金解禁と昭和恐慌」150-151 頁，牛山敬二「昭和農業恐慌」176-177 頁，いずれも石井寛治他『近代日本経済史を学ぶ　下』有斐閣，1977 年所収。

（2）山田昭次編『近代民衆の記録 6　満州移民』（新人物往来社，1978 年），野添憲治『海を渡った開拓農民』（日本放送出版協会，1978 年）など。

（3）満州移民史研究会『日本帝国主義下の満州移民』龍渓書舎，1976 年。高橋泰隆『昭和戦前期の農村と満州移民』1，吉川弘文館，1997 年。玉真之介『総力戦体制下の満洲農業移民』吉川弘文館，2016 年。

（4）小林信介『人びとはなぜ満州へわたったのか──長野県の社会運動と移民』世界思想社，2015 年，188 頁。

（5）長野県開拓自興会満州開拓史刊行会編『長野県満州開拓史』1984 年。

（6）蘭信三『「満州移民」の歴史社会学』行路社，1994 年，105-117 頁。

（7）蘭信三『「満州移民」の歴史社会学』83-87 頁。

322

（8）若衆からの青年会への継承関係，村の下の自治組織である区会の存続などにその連続性が顕著に表れている。詳しくは田中光「近代から近代初期における共同体機能の変遷——青年会と区会に注目して」吉田伸之編『山里清内路の社会構造』（山川出版社，2018年）。

（9）清内路村『清内路村誌　下巻』1982年，9-10頁。

（10）下清内路仮区会『報告書』1918年1月18日，清内路下区有文書14-42。

（11）仮区会『大正五年一月改　下清内路規約』1916年，清内路下区有文書14-42。

（12）以下の統計データは，清内路村『昭和八年四月調長野県下伊那郡清内路村勢一覧』（1933年，清内路郵便局所蔵文書じ2-11-5-9）による。

（13）清内路村『清内路村誌　下巻』294頁。

（14）長野県職業課『長野県産業労働事情』1938年。

（15）『預金部資金運用委員会（第十六回会議）議事録』1927年7月13日。

（16）清内路郵便局所蔵文書，や17所収。

（17）森謙二『出作りの里——その民俗と歴史』新葉社，1989年，17-22頁。

（18）清内路郵便局所蔵文書，や17所収「協議事項」，1927年8月作成か。

（19）清内路村土佐屋文書，清内路村『清内路村誌　上巻』1982年，432頁。

（20）菊地勇夫『近世の飢饉』吉川弘文館，1997年。吉田伸之『近世巨大都市の社会構造』東京大学出版会，1991年。

（21）加瀬和俊『戦前日本の失業対策——救済型公共土木事業の史的分析』日本経済評論社，1998年。勧銀などの関連金融機関を通さず，自治体に直接貸付を行ったのは1931年のこの預金部資金供給の大きな特徴であるが，産業組合を含め金融機関を通さなかったことによる限界は，先行研究においても指摘されるところである。

（22）清内路郵便局所蔵文書，や17-2-30，清内路村役場「失業救済臨時対策低利資金貸付に関する一月十二日村会決議事項」1931年1月12日か。なお，この1931年の失業救済対策低利資金に関しては，先行研究として加瀬和俊『戦前日本の失業対策』がある。

（23）清内路郵便局所蔵文書，や17所収，野村藤二・原常五郎ほか計13人団体「借用証書」（清内路村長宛）1931年5月15日。

（24）村会の当初の決定から等級ごとの一人あたり割当額の基準が変更されているのは，その後実際に資金を供給するにあたって数値の修正が行われたためと考えられる。

（25）日本勧業銀行は戦間期に全国各地の農工銀行を吸収合併していった。長野農工銀行の合併は1930年であり，これにともない清内路村の救済融資の負債も日本勧業銀行に引き継がれたものと考えられる。日本勧業銀行『日本勧業銀行七十年史』1967年，25頁。

（26）清内路郵便局所蔵文書，じ2-11-9。

（27）大蔵省預金部『昭和八年九月調預金部地方資金融通条件一覧表』1934年，22頁。

（28）清内路郵便局所蔵文書，じ2-11-12。

（29）清内路郵便局所蔵文書，じ2-11-11。

（30）なお，それまでの市場や第一番と表記された地縁団体である組合と，農家小組合とは，下区が作成した『政府払下米貸付帳』を見る限り，構成員を同じくする同一の集団である。組合内で組長と小組合長を別に立てることで，同じ地縁団体に二つの意味合いをもたせたものであったことがわかる。下清内路区会『政府払下米貸付帳　第一回分』1932年5月，下清

内路区会『政府払下米貸付帳　第二回分』1932 年 9 月，下区区有文書 22-27。

(31) 清内路郵便局所蔵文書，じ 2-11-22。史料の文章中，金額・俵数・人名・第○番組の数字に関しては手書きであり，欄外に「十六俵の内玄米四俵渡し」とのメモがある。

(32) 下清内路区会『政府払下米貸付帳　第一回分』1932 年 5 月，下区区有文書 22-27。

(33) 最終的には 1938 年に「経済更生特別助成村」の指定を受けた。清内路村『清内路村誌下巻』1982 年，99-100 頁。

(34) 平賀明彦『戦前日本農業政策史の研究　1920-1945』日本経済評論社，2003 年，157-159 頁。

(35) 長野県「桑園改善の施設に就て」1934 年 9 月。なおこのビラは清内路郵便局所蔵文書じ 2-11 内に複数枚含まれている。

(36) 長野県「桑園改善の施設に就て」1934 年 9 月。

(37) 長野県「桑園改善の施設に就て」1934 年 9 月。

(38) 下伊那郡養蚕業組合清内路村長桜井宗十郎『昭和九年度下伊那郡養蚕業組合清内路支部経費収支決算書』1934 年，清内路郵便局所蔵文書，じ 2-11-5-3。

(39) 下清内路共栄養蚕実行組合『昭和九年六月　役職員組合員名簿』1934 年，清内路郵便局所蔵文書，じ 2-11-5-27。

(40) 『事業別精算書』1934〜36 年，清内路郵便局所蔵文書，じ 2-11-5-26。

(41) 下伊那郡の連合会に会費を支払っているところから，遅くとも 1935 年には正式に傘下に入っていることが判明する。下伊那郡養蚕業組合長福島喜男『昭和十年度下伊那郡養蚕業組合経費収支更正予算書』1936 年，清内路郵便局所蔵文書，じ 2-11-5-23。

(42) 下伊那郡養蚕業組合清内路村長桜井宗十郎『昭和九年度下伊那郡養蚕業組合清内路支部経費収支決算書』1934 年，清内路郵便局所蔵文書，じ 2-11-5-3。下伊那郡養蚕業組合清内路村長桜井宗十郎『昭和十一年度下伊那郡養蚕業組合清内路支部収支予算表』1936 年，清内路郵便局所蔵文書，じ 2-11-5-4。

(43) 清内路村『昭和八年度下伊那郡清内路村特別税戸数割賦課額表』1933 年，下区区有文書 3-98-23。

(44) 南亮進『日本の経済発展と所得分布』岩波書店，1996 年，108，141 頁。

(45) なお，第 6 章において扱った，古くからの優良産業組合を擁した和村では，1931 年時点で一戸平均所得約 190 円，1932 年で約 53 円でありジニ係数はより高く，村内の不平等度は清内路村より高かった。村民の所得から見た困窮度合いに関しては，彼我の差はほとんど存在していなかったこと，あるいは和村の方が困難な状況にあったことが推測される。和村役場「県税戸数割賦課額等級表」各年度版。

(46) 保証責任清内路信用販売購買利用組合『出納元帳』1939 年度版，下区区有文書 14-17。

(47) 『議案第四六号　長野県下伊那郡清内路村経済更正特別助成施設費』1938 年 9 月，清内路郵便局所蔵文書，じ 2-2-16-2。

(48) 本島和人「『清内路村報』──村報と満州移民の時代」『飯田市歴史研究所年報 12』2014 年。

(49) 『議案第四六号　長野県下伊那郡清内路村経済更正特別助成施設費』清内路郵便局所蔵文書，じ 2-2-16-2。

(50) 清内路郵便局所蔵文書，き 27-27。

(51) 下清内路区会「満洲農業移民奨励助成規定」1937 年 4 月 1 日，清内路郵便局所蔵文書，き 27-26。

(52) 清内路村『清内路村誌　下巻』1982 年，131-133 頁，64 頁。

(53) 逓信省「貯蓄戦に参加致しませう」1938 年，逓信省『愛国貯金通帳袋』（清内路郵便局所蔵文書，き 32-31 所収）。

(54) 松下胤実（清内路村長）「職第七七号　労務動員協議会開催通知の件」1940 年 4 月 13 日，清内路郵便局所蔵文書，き 32-31。

(55) 清内路村『清内路村報』1939 年 8 月 10 日。

(56) 清内路村『清内路村誌　下巻』1982 年，131-133 頁，64 頁。

(57) 蘭信三『「満州移民」の歴史社会学』105-106 頁。

第 8 章　戦後日本へ

（1）戦後の日本経済を概観するにあたっても，本章は経済史の立場から歴史学的分析を試みるが，戦後史に関しては，いまだ歴史学の立場からの個別分野の研究の蓄積は，そう多くはない。これは資料公開の制約の問題もあるが，日本において現代史と呼ばれるカテゴリー，すなわち第二次世界大戦後の戦後史そのものの研究が，いまだ歴史分析の対象ではないとしてこれまでのところあまり降盛してこなかったという要因もある。

しかし 21 世紀に入り，戦後日本経済に関する考察はすでに，現状分析の枠組みにとどまらずその前後の流れを見据えた歴史的分析が行われるべき段階に来ているといえる。現に，本章が主な対象とする農村部の研究においても，経済史研究者の手によって，戦後の文書資料を用いて高度経済成長期に関する歴史的分析を行う試みは始められている（西田美昭・加瀬和俊編著『高度経済成長期の農業問題——戦後自作農体制への挑戦と帰結』日本経済評論社，2000 年）。また，インタビューなどの現状分析の方法を取り入れ，オーラルヒストリーなど新たな歴史分析のための視角を模索する試みもある（青木宏之「オーラルヒストリーによる労働研究への貢献——希望学釜石製鐵所調査を中心に」『社会政策』第 4 巻第 1 号，2012 年）。本章もまた，こうした試みに続くことを期するものである。

（2）経済企画庁『年次経済報告』1956 年。

（3）1946 年の実質 GNP は 1934 年から 1936 年の平均値に対して 69 ％（アンドリュー・ゴードン，森谷文昭訳『日本の 200 年』みすず書房，2013 年，521 頁）。1939 年の実質国民総支出に対して 1946 年の同値は 52 ％（総務庁統計局『日本長期統計総覧　第 3 巻』1988 年，表 13-10）。

（4）中村隆英『戦後日本経済——成長と循環』筑摩書房，1968 年，第二章，第三章。

（5）寺西重郎『日本の経済システム』岩波書店，2003 年，200-202 頁。

（6）杉浦勢之「戦後復興期の銀行・証券——『メインバンク制』の形成をめぐって」橋本寿朗編『日本企業システムの戦後史』東京大学出版会，1996 年。

（7）寺西重郎『戦前期日本の金融システム』岩波書店，2011 年，4 頁。手塚正夫編『日本の金融 100 年』金融財政事情研究会，1968 年，197 頁。日本銀行調査局『わが国の金融制度』1962 年，44 頁。

（8）伊藤真利子「高度成長期郵便貯金の発展とその要因——郵便貯金増強メカニズムの形成を

めぐって」『郵政資料館研究紀要』創刊号（2010 年），49 頁。

（9）郵政省『郵政百年史』吉川弘文館，1971 年，879-888 頁。

（10）Sheldon Garon, *Beyond Our Means : Why America Spends while the World Saves*, Princeton University Press, 2012, pp. 276-281.

（11）郵政省『郵政百年史』765，878 頁。吉川卓治『「子ども銀行」の社会史──学校と貯金の近現代』世織書房，2016 年，第 6 章。

（12）伊藤真利子「高度成長期郵便貯金の発展とその要因」52 頁。

（13）伊藤真利子「高度成長期郵便貯金の地域的展開──戦後『郵貯増強メカニズム』の形成──神奈川県の事例を中心として」『郵政資料館研究紀要』第 8 号（2017 年），32-36, 38-39 頁。

（14）郵政省『郵政百年史』880-881 頁。

（15）浅井良夫「独占確立期の金融構造」石井寛治他『近代日本経済史を学ぶ　下』有斐閣，1977 年。

（16）傳田功「資金運用部論」『彦根論叢』第 240 巻（1986 年）。柳ヶ瀬孝三「占領下日本財政の「合理化」過程と財政投融資──戦後日本の財政投融資制度の形成過程（1）」『経済論叢』（京都大学）第 108 巻第 1 号（1971 年 7 月）。柳ヶ瀬孝三「開銀・輸銀・資金運用部制度の形成の事情とその役割──戦後日本の財政投融資制度の形成過程（2）」『経済論叢』（京都大学）第 108 巻第 2 号（1971 年 8 月）。山田博文「国債消化構造の比較分析──国債消化における戦前・戦後の日銀信用と資金運用部（預金部）資金」『証券経済』第 153 号（1985 年）。竹原憲雄「昭和 30 年代高度成長下の資金運用部」『商経論叢』（大阪学院大学）第 7 巻第 1 号（1981 年）。

（17）加瀬和俊『戦前日本の失業対策──救済型公共土木事業の史的分析』日本経済評論社，1998 年。

（18）山田博文「国債消化構造の比較分析」。

（19）大蔵省理財局『秘　資金運用部制度概説』1955 年，78 頁。

（20）農林中央金庫『農林中央金庫 50 年の歩み』1973 年，86 頁。

（21）柳ヶ瀬孝三「占領下日本財政の「合理化」過程と財政投融資」43 頁。

（22）なお敗戦に伴い，預金部は保有有価証券・貸付金などに評価損を生じ，これに対して積立金を充当したのに加え 36 億円を一般会計から補塡し，さらに第二封鎖郵便貯金の 3 割を切り捨てるという事態となった。大蔵省理財局『秘　資金運用部制度概説』79 頁。

（23）食料品配給公団，油糧配給公団，肥料配給公団，飼料配給公団，食料配給公団の 5 つ。

（24）大蔵省財政史室編『昭和財政史──終戦から講和まで』10 巻（国庫制度国庫収支・物価・給与・資金運用部資金），1980 年，813-820 頁。

（25）全国銀行協会連合会「最近の財政金融情勢に関する意見書」（ドッジ宛）1950 年 10 月 23 日。

　　　最近必要とされている産業資金は……特需の発生等の影響を受け，……増加運転資金と経済再建のために必要なる合理化資金等真に已むを得ざる……かかる已むを得ざる資金需要の旺盛なる状勢下にあって，一方政府資金の揚超著しく，見返資金，預金部資金等当然再放出さるべき蓄積資金の放出円滑を欠き……。

　(3)大蔵省預金部について

　預金部資金についてみるとき，米国における郵便貯金の全国銀行預金に対する比率は概ね2％程度にすぎないが我国においては20％から時により40％にまで及んだことがあり，最近においても15〜16％台を示して居り，このときは，国民所得の相当部分が預金部に蓄積されていることを意味している。従ってこれが民間に効率的に放出されぬ限り経済循環が著しく阻害されることは明らかである……

(26) J・ドッジ「預金部資金の運用について」1950年11月21日，大蔵省理財局『秘　資金運用部制度概説』92-94頁所収。

(27) 大蔵省理財局『秘　資金運用部制度概説』82頁。

(28) 大蔵省理財局『秘　資金運用部制度概説』123-124頁。

(29) (2)に該当する法人は日本国有鉄道，日本開発銀行，住宅金融公庫，国民金融公庫など，(4)に該当するのは帝都高速度交通営団など。また1952年7月31日の改正（法律第283号）により，電源開発株式会社に対する貸付も追加された。なお海外運用については1965年以降，海外経済協力基金への資金運用部からの資金供給の可能性が新たに開かれた。大蔵省理財局資金課『財政投融資関係覚書集』1967年，52頁。

(30) 経済企画庁経済研究所『財政投融資改革への提言』1997年，8頁。

(31) 大蔵省理財局『秘　資金運用部制度概説』134頁。

(32) 大蔵省理財局資金課『財政投融資関係覚書集』1967年，180-182頁。

(33) 大蔵省理財局資金課『財政投融資関係覚書集』59頁。

(34) 大蔵省理財局資金課『財政投融資関係覚書集』26-33頁。

(35) 大蔵省理財局資金課『財政投融資関係覚書集』42-51，46頁。通商産業省石炭局から大蔵省理財局宛「産炭地振興事業団の業務について」1965年3月11日，同上50頁所収。

(36) 大蔵省理財局資金課『財政投融資関係覚書集』64-68頁。

(37) 大蔵省理財局資金課『財政投融資関係覚書集』87-119頁。

(38) 大蔵省理財局資金課『財政投融資関係覚書集』221-226頁。

(39) 大蔵省理財局資金課『財政投融資関係覚書集』78-82頁。

(40) 大蔵省理財局資金課『財政投融資関係覚書集』234-276頁。

(41) 財務省理財局財政投融資総括課『財政投融資リポート2010』2010年。山田博文「国債消化構造の比較分析」。

(42) 大蔵省理財局資金課『財政投融資関係覚書集』123-149頁。

(43) 大蔵省理財局資金課『財政投融資関係覚書集』151，167-168，169-175頁。

(44) 農林中央金庫調査部『農林中央金庫50年の歩み』1973年，110頁。その後も地主制復活を防止するために小作制度や農地に関する法的制約が課された結果，戦後日本経済からは大規模な農地経営を行う経営体が生じる制度的可能性自体が払拭されていたといえるだろう。

(45) 渡久地朝明『戦後期における農業生産構造の計量分析』農林統計協会，1997年，i頁。

(46) 大原縞一郎『化学繊維工業論』東京大学出版会，1961年，23-25頁。上山和雄『日本近代蚕糸業の展開』日本経済評論社，2016年，終章。

(47) 中村隆英『戦後日本経済』215-217頁。

(48) 農林中央金庫調査部『農林中央金庫50年の歩み』66-68頁。

(49) 農林中央金庫調査部『農林中央金庫 50 年の歩み』77 頁。
(50) 農林中央金庫調査部『農林中央金庫 50 年の歩み』93-94 頁。
(51) 農林中央金庫調査部『農林中央金庫 50 年の歩み』111 頁。
(52) 農林中央金庫調査部『農林中央金庫 50 年の歩み』106-111 頁。
(53) 農林中央金庫調査部『農林中央金庫 50 年の歩み』116, 134 頁。
(54) 農林中央金庫調査部『農林中央金庫 50 年の歩み』129 頁。
(55) 農林中央金庫調査部『農林中央金庫 50 年の歩み』129-130 頁。
(56) 農林中央金庫調査部『農林中央金庫 50 年の歩み』131 頁。
(57) 農林中央金庫調査部『農林中央金庫 50 年の歩み』147 頁。
(58) 農林中央金庫調査部『農林中央金庫 50 年の歩み』147-149 頁。
(59) 大蔵省理財局資金課『財政投融資関係覚書集』183-184 頁。農林漁業関係だけでなく，1962 年からは「商工組合中央金庫の災害融資についての覚書」を出し，商工組合中央金庫が「国民金融公庫及び中小企業金融公庫と同様の低利融資の措置を講ずることを容易ならしめる」ことも確認された（『財政投融資関係覚書集』71 頁）。
(60) 農林中央金庫調査部『農林中央金庫 50 年の歩み』178 頁。
(61) 農林中央金庫調査部『農林中央金庫 50 年の歩み』184-193 頁。
(62) 両角和夫「農協の地域金融と組織運営」両角和夫編『農協再編と改革の課題』家の光協会，1998 年，214 頁。
(63) 農林中央金庫調査部『農林中央金庫 50 年の歩み』182-183 頁。
(64) 伊藤真利子「安定成長期の郵便貯金——郵便貯金増強メカニズムの変化とその要因」『郵政資料館研究紀要』第 2 号（2011 年），75 頁。
(65) 『週刊東洋経済』1981 年 8 月 8 日号，55 頁。
(66) 後藤新一『郵貯民営論——郵貯・銀行論争史』有斐閣，1987 年，144-145 頁。
(67) 後藤新一『郵貯民営論』146-147 頁。
(68) 宮脇淳『財政投融資の改革』東洋経済新報社，1995 年，10-15 頁。
(69) 両角和夫編『農協再編と改革の課題』家の光協会，1998 年，10-11 頁。
(70) 両角和夫「農協の地域金融と組織運営」217-218 頁。三輪昌男「農協と地域金融」『農林金融』第 43 巻第 8 号（1990 年），27 頁。
(71) 中川聰七郎『農政改革の課題——農業，農村活性化への道』農林統計協会，1997 年，4 頁。
(72) 財務省理財局財政投融資総括課『財政投融資リポート 2010』「地域における JA 共済の役割——東日本大震災から 1 年を迎えて」『農業協同組合新聞』2012 年 3 月 22 日，http://www.jacom.or.jp/tokusyu/2012/tokusyu120322-16467.php

終 章 近代化の淵源としてのもう一つの金融システム

（1） 山下一仁「こんな JA は要らない」『WEDGE』2008 年 9 月号，20-23 頁。
（2） 柳在相『JA イノベーションへの挑戦——非営利組織のイノベーション』白桃書房，2009 年。
（3） デイム・ポーリーン・グリーン（国際協同組合同盟会長），「社会と将来における協同組合の役割」家の光協会編『協同組合の役割と未来——共に生きる社会を目指して』家の光協会，

2011 年, 4-6 頁。OECD『社会的企業の主流化──「新しい公共」の担い手として』明石書店, 2010 年, 109 頁。黒崎卓・山形辰史『開発経済学──貧困削減へのアプローチ』日本評論社, 2003 年。

（4）榊原英資『資本主義を超えた日本』東洋経済新報社, 1990 年。

（5）なお, こうした大衆資金の社会的・経済的重要性について関心を抱いてこなかったのは, 日本経済史に限った話ではない。郵便貯金制度にしても協同組合金融制度にしても日本が起源でないことからもわかるように, 他の国々, とりわけ先進国の経済においては, 同様の大規模な個人少額貯蓄が非営利金融機関の中に集積されていることがままある。にもかかわらず, 各国においてこれらの大衆資金を扱う金融機関が, 金融史研究の中心になっていることはほとんどない。たとえばドイツの事例は以下を参照。Jeremy Edwards and Sheilagh Ogilvie, "Universal banks and German industrialization : a reappraisal", in *Economic History Review*, 69 : 3, 1996, p. 431. 協同組合の扱いについては以下を参照。Philip B. Whyman, "Co-operative principles and the evolution of the 'dismal science' : The historical interaction between co-operative and mainstream economics", *Business History*, 54 : 6, 2012, p. 833

（6）全国農業協同組合中央会「協同組合が日本を変える──協同組合の現場からの報告」家の光協会編『協同組合の役割と未来──共に生きる社会を目指して』家の光協会, 2011 年, 65 頁。

（7）経済企画庁経済研究所編『財政投融資改革への提言』7 頁。

（8）産業組合中央会長野支会『第三十一回全国産業組合大会記念』1935 年。

（9）Johannes Hansen, *Genossenschaftliches Unternehmertum : Aufgabe der Raiffeisengenossenschaften in der modernen Volkswirtschaft*, Neuwied : Raiffeisendruckerei GmbH, 1976, p. 16. なお, 協同組合思想とその実践がドイツの申請によりユネスコの無形文化遺産に登録されたのは 2016 年。

参考文献

1 一次文献

1）長野県立歴史館所蔵資料
清水家文書，末広社『神風講貯金件』1891 年
清水家文書『常盤村上一本木本区南部勤倹貯蓄組合書類』1909 年
原家文書，上水内郡役場『告諭第一号』1897 年
原家文書『神徳講金受取帳』1904 年か
長野県『公文編冊　銀行考課状　農商務課　明治二十二年度』1889 年
長野県『公文編冊　諸会社定款』1889 年
長野県『公文編冊　大正三年　第三課　産業組合（時局救済ニ関スル書類）』1914 年
長野県農商課『昭和二年度果樹霜害低資貸付関係』1927 年

2）長野県和村関係資料
①和産業組合資料（現 JA 信州うえだ和店が保管）
和信用組合『雑書類綴込』1903-1916 年
和産業組合『借入金台帳』1906-1911 年
和産業組合『貸付金台帳　明治四拾年度（第五期）』1907 年
和産業組合『貸付金台帳　明治四拾弐年度』1909 年
和産業組合『第五期出納帳』1907 年
和産業組合『『第五期出納内訳帳』1907 年
和産業組合『大正三年度仕訳日記帳』1914 年
和産業組合『貸借対照表』（月別）1914-1915 年
和産業組合『大正四年度仕訳日記帳』1915 年
和産業組合『団体貯金台帳 大正八年度』1919 年
和産業組合『有限責任和信用販売購買組合事績書』（手稿）1921 年
和産業組合『事業報告書』各年度版
和産業組合『信用程度表』各年度版
和産業組合『（雑書類綴，表題無）』

②和村行政関係資料（東御市教育委員会管理の下，現東御市北御牧庁舎に保管）
和青年会『和』第 1 号，1906 年
和村役場『議事録 自明治三十三年至明治三十四年』1900-1901 年
和村役場『産業組合統計報告』1935 年度版

和村役場「県税戸数割賦課額等級表」各年度版（各年度版『議事録』内所収）

③深井功文書（東御市が東御市北御牧庁舎で委託保管）
深井功編『昭和十一年度　経済更生・負債整理外　雑書類綴』1936 年
深井功編『和組合書類』1936-1937 年度版
深井功編『雑書類綴込』1933-1935 年度版

3）長野県清内路村関係資料
①清内路村下区有文書（現阿智村清内路の旧清内路中学校に保管）
下清内路村年寄『差上申一札之事』1811 年
下清内路青年会『規約書』1893 年
下清内路青年会『青年会規則』1901 年
下清内路青年会『植林簿』1910 年
下清内路青年会『青年会規約』1912 年
下清内路仮区会『報告書』1918 年 1 月 18 日，清内路下区有文書 14-42
下清内路青年会『基本財産簿』1923 年か
下清内路仮区会『大正五年一月改　下清内路規約』1916 年，清内路下区有文書 14-42
下清内路区会『政府払下米貸付帳　第一回分』1932 年 5 月，下清内路区会『政府払下米貸付
　　帳　第二回分』1932 年 9 月，清内路下区有文書 22-27
清内路村『昭和八年度下伊那郡清内路村特別税戸数割賦課額表』1933 年，清内路下区区有文
　　書 3-98-23
保証責任清内路信用販売購買利用組合『出納元帳』1939 年度版，清内路下区区有文書 14-17

②清内路郵便局所蔵文書（旧清内路郵便局舎内に保管）
清内路村『昭和八年四月調長野県下伊那郡清内路村勢一覧』1933 年，清内路郵便局所蔵文書
　　じ 2-11-5-9
日本勧業銀行松本支店「農第一六六号」1932 年 6 月 8 日，清内路郵便局所蔵文書じ 2-11-9
桜井宗十郎（下伊那郡養蚕業組合清内路村長）『昭和九年度下伊那郡養蚕業組合清内路支部経
　　費収支決算書』1934 年，清内路郵便局所蔵文書じ 2-11-5-3
清内路村『清内路村報』1939 年 8 月 10 日，清内路郵便局所蔵文書き 3 所収
清内路村会「議案一一号……」1937 年 2 月 28 日，清内路郵便局所蔵文書き 27-27
清内路村農会「第一回払下米……」1932 年 6 月 8 日，清内路郵便局所蔵文書じ 2-11-12
清内路村農会「農会第一二七号」1932 年 6 月 20 日，清内路郵便局所蔵文書じ 2-11-11
清内路村役場「農第一五四号　霜害救済資金貸付額に関する件」1927 年 8 月 7 日，清内路郵
　　便局所蔵文書や 17-2-8
清内路村役場「協議事項」1927 年 8 月作成か，清内路郵便局所蔵文書や 17-2-9
清内路村役場「失業救済臨時対策低利資金貸付に関する 1 月 12 日村会決議事項」1931 年 1 月
　　12 日か，清内路郵便局所蔵文書や 17-2-30
清内路村役場『議案第四六号　長野県下伊那郡清内路村経済更正特別助成施設費』（1938 年 9

月）清内路郵便局所蔵文書じ 2-2-16-2

桜井宗十郎（下伊那郡養蚕業組合清内路村長）『昭和十一年度下伊那郡養蚕業組合清内路支部収支予算表』1936 年，清内路郵便局所蔵文書じ 2-11-5-4

下清内路共栄養蚕実行組合『昭和九年六月　役職員組合員名簿』1934 年，清内路郵便局所蔵文書じ 2-11-5-27

下清内路市場貯金組合『組合規約貯金台帳』1927-1928 年，清内路郵便局所蔵文書や 17-2-10

下清内路区会「満州農業移民奨励助成規定」1937 年 4 月 1 日，清内路郵便局所蔵文書き 27-26

逓信省「貯蓄戦に参加致しませう」1938 年，逓信省『愛国貯金通帳袋』，清内路郵便局所蔵文書き 7-6

長野県「桑園改善の施設に就て」1934 年 9 月，清内路郵便局所蔵文書じ 2-11 所収

野村藤二・原常五郎ほか計 13 人団体「借用証書」（清内路村長宛）1931 年 5 月 15 日，清内路郵便局所蔵文書や 17 所収

原常五郎（第一番組長）・野村藤二（農家小組合長）「借用証書」1932 年 5 月 20 日，清内路郵便局所蔵文書じ 2-11-22

福島喜男（下伊那郡養蚕業組合長）『昭和十年度下伊那郡養蚕業組合経費収支更正予算書』1936 年，清内路郵便局所蔵文書じ 2-11-5-23

松下胤実（清内路村長）「職第七七号　労務動員協議会開催通知の件」1940 年 4 月 13 日，清内路郵便局所蔵文書き 32-31 所収

清内路村内養蚕組合作成か『事業別精算書』1934-1936 年，清内路郵便局所蔵文書じ 2-11-5-26

4) 逓信総合博物館所蔵

青木大三郎（大阪電信郵便局長）『学童貯金談』1898 年

逓信省『郵便貯金案内』1905 年

三島郵便局『貯金ノ主趣』1887 年

三島郵便局『局内貯金規約書』1892 年

三島郵便局『切手貯金預簿』1900 年

三島三等郵便局『貯金奨励書』1899-1904 年か

三島郵便局『三島町相続講組合関係』1917 年

5) 三島市郷土資料館所蔵

三島町役場『明治三十二年原案綴込』1899 年度

三島町役場『明治三十九年度原案綴込』1906 年度

三島町役場『明治四十二年原議書綴込』1909 年度

三島町『三島町誌』1912 年

6) その他各地域資料

大川五兵衛・恩田万五郎『共同貯蓄集金簿』1906 年（松戸市立博物館所蔵）

静岡県『現行静岡県令達類纂』1899 年度版 1 巻（静岡県立図書館所蔵）

日本勧業銀行『低利資金ニ関スル命令通達書綴』（みずほ銀行所蔵）
三島市立東小学校『開校八十年史』（手稿）1947年か（三島市立東小学校所蔵）

7）新聞・雑誌資料

「遂に暴露された預金部資金運用真相」『大阪時事新報』（1925年2月4日）
『官報　号外』1914年9月7日，8日
「勤倹貯蓄を奨励するの議」『教育時論』第541号（1900年）
田井嘉藤次「小学校に於ける訓練的生活の系統」『教育時論』第541号（1900年）
『銀行通信録』第175号（1900年6月）
「貯蓄奨励に関する有楽会調査委員の意見」『銀行通信録』第30巻180号（1900年）
『銀行通信録』第348号（1914年10月20日）
憲政会本部『憲政公論』臨時号，1927年
『公文類聚』1885年度版，第9編，第21巻
内閣府「郵便貯金利子割合ヲ改正ス」『公文類聚』1898年度版，第25巻
『産業組合』1908年5月
『時事新報』1914年8月4日〜18日
「百万円の貯金　家名存続の為」『時事新報』第12214号（1917年8月12日）
『信濃毎日新聞』1927年5月13日
「霜！霜！霜！」（投書）『信濃毎日新聞』1927年5月14日
「桑はあれども蠅蛆が恐しい――上田地方蚕種家」『信濃毎日新聞』1927年5月17日
「無産者へもどしどし霜害の救済資金――貸付方法もぐんとお手軽に――政府へ申請を急ぐ」
　　『信濃毎日新聞』1927年5月17日
「霜害哀話　坊さんを頼んで蚕種の埋葬――吊ひ酒であきらめた真嶋村本道組合」『信濃毎日新
　　聞』1927年5月18日
「霜害で家屋税の納入延期を希望――先づ更級から出県陳情」『信濃毎日新聞』1927年5月18
　　日
「小県収繭予想――約三割減か」『信濃毎日新聞』1927年5月18日
「再発芽が不順調」『信濃毎日新聞』1927年5月20日
「大霜害郡市別調査――総額百二十一万九千円」『信濃毎日新聞』1927年5月21日
「融通額は二，三百万円程度か」「大霜害郡市別調査――総額百二十一万九千円」『信濃毎日新
　　聞』1927年5月21日
「小県では害虫集中」『信濃毎日新聞』1927年5月21日
「小県郡農総会」『信濃毎日新聞』1927年5月21日
「小県各産組の凍害資金三十万円内外」『信濃毎日新聞』1927年5月21日
「霜害地の急場を救ふ信連の貸出し始まる――中央金庫の応援を得てけふから日歩二銭一厘で
　　融通」『信濃毎日新聞』1927年5月22日
『信濃毎日新聞』1927年5月27日
大橋重省「社会化したる小学校」『斯民』第一編第9号（1906年）
『週刊東洋経済』1981年8月8日号

『新愛知』1934 年 10 月 24 日

「巨資を擁する大蔵省預金部——時節柄重要性を増す」『中外商業新報』1934 年 5 月 25 日

「今議会を通過した経済関係法の説明（中）——金融税制」『東京朝日新聞』1925 年 3 月 31 日

「秘密の戸を開き預金部の改善　痛烈な質問が出た　きのふ第一回運用委員会」『東京朝日新
　　聞』1925 年 5 月 6 日

『東京朝日新聞』1927 年 5 月 13 日

大蔵大臣井上馨「貯蓄奨励に関する論達」『東京経済雑誌』第 931 号（1898 年）

都倉義一「如何にして預金を吸収すべきや（続）」『東洋経済新報』第 95 号（1898 年）

天野為之「賭博的国民は外資輸入を語る可からず」『東洋経済新報』第 155 号（1900 年）

『東洋経済新報』第 679 号，1914 年 8 月 25 日

「地域における JA 共済の役割——東日本大震災から 1 年を迎えて」『農業協同組合新聞』2012
　　年 3 月 22 日，http://www.jacom.or.jp/tokusyu/2012/tokusyu120322-16467.php

山下一仁「こんな JA は要らない」『WEDGE』2008 年 9 月

8）統計資料

大川一司他『長期経済統計 1　国民所得』東洋経済新報社，1974 年

梅村又次他『長期経済統計 2　労働力』東洋経済新報社，1988 年

江見康一他『長期経済統計 5　貯蓄と通貨』東洋経済新報社，1988 年

江見康一他『長期経済統計 7　財政支出』東洋経済新報社，1966 年

総務庁統計局『日本長期統計総覧　第 1 巻』日本統計協会，1987 年

総務庁統計局『日本長期統計総覧　第 3 巻』日本統計協会，1988 年

大蔵省『銀行営業報告』『銀行及担保附社債信託事業報告』各年度版

静岡県『静岡県統計書』各年度版

逓信省『為替貯金局統計年報』各年度版

日本勧業銀行調査課『金融経済統計』1939 年

農商務省『産業組合要覧』各年度版

郵政省『郵政百年史資料』各巻，吉川弘文館，1971 年

経済企画庁『経済白書』2000 年度版

内閣府経済社会総合研究所「国民経済計算確報」http://www.stat.go.jp/data/chouki/03.htm（2017
　　年 9 月 22 日 accessed）

2　二次文献

Garon, Sheldon, *Molding Japanese Minds, the State in Everyday Life*, Princeton University Press,
　　Princeton, 1998

Garon, Sheldon, *Beyond Our Means : Why America Spends while the World Saves*, Princeton University
　　Press, 2012

Hossain, Mahabub, *Credit for Alleviation of Rural Poverty : The Grameen Bank in Bangladesh*, Int Food

Policy Res Inst. 1988

Kuznets, Simon "Economic Growth and Income Inequality", American Economic Review, 45：1, 1955

Lewins, William, *A History of Banks for Savings in Great Britain and Ireland*, S. Low, son and Marston, London, 1866.

OECD，連合総合生活開発研究所訳『社会的企業の主流化——「新しい公共」の担い手として』明石書店，2010 年

Sen, Amartya, *Development as Freedom*, Alfred A. Knopf, 1999

青木宏之「オーラルヒストリーによる労働研究への貢献——希望学釜石製鐵所調査を中心に」『社会政策』第 4 巻第 1 号，2012 年

浅井良夫「独占確立期の金融構造」石井寛治他『近代日本経済史を学ぶ　下』有斐閣，1977 年

浅井良夫「貯蓄銀行法の成立と独占的貯蓄制度の形成（上）」『経済研究』第 64 号（1979 年）

アームストロング，H, J・テイラー，佐々木公明訳『地域経済学と地域政策』改訂版，流通経済大学出版会，2005 年

蘭信三『「満州移民」の歴史社会学』行路社，1994 年

井岡泰時「産業組合と部落改善運動に関する覚え書き——奈良県の事例から」『部落解放研究』第 159 号（2004 年）

井川克彦『近代日本製糸業と繭生産』東京経済情報出版，1998 年

石井寛治『日本蚕糸業史分析』東京大学出版会，1974 年

石井寛治『日本経済史　第 2 版』東京大学出版会，1991 年

石井寛治『近代日本金融史序説』東京大学出版会，1999 年

伊藤正直「金解禁と昭和恐慌」石井寛治他『近代日本経済史を学ぶ　下』有斐閣，1977 年

伊藤真利子「高度成長期郵便貯金の発展とその要因——郵便貯金増強メカニズムの形成をめぐって」『郵政資料館研究紀要』創刊号（2010 年）

伊藤真利子「安定成長期の郵便貯金——郵便貯金増強メカニズムの変化とその要因」『郵政資料館研究紀要』第 2 号（2011 年）

伊藤真利子「高度成長期郵便貯金の地域的展開——戦後『郵貯増強メカニズム』の形成——神奈川県の事例を中心として」『郵政資料館研究紀要』第 8 号（2017 年）

ヴァン・ウォルフレン，カレル『人間を幸福にしない日本というシステム』毎日新聞社，1994 年

植田欣次『日本不動産金融史——都市農工銀行の歴史的意義』学術出版会，2011 年

上田正明他編『日本人名大辞典』講談社，2001 年

上山和雄『日本近代蚕糸業の展開』日本経済評論社，2016 年

牛山敬二「昭和農業恐慌」石井寛治他『近代日本経済史を学ぶ　下』所収，有斐閣，1977 年

エスピン＝アンデルセン，イエスタ，岡沢憲芙・宮本太郎監訳『福祉資本主義の三つの世界——比較福祉国家の理論と動態』ミネルヴァ書房，2001 年

大内兵衛「郵便貯金における小市民性とその社会性の矛盾」『大内兵衛著作集』第 4 巻，岩波書店，1975 年，論文初出 1931 年

大門正克「戦前日本における系統産業組合金融の歴史的役割——階層・地域間調節・国債消

化」『エコノミア』第 57 巻第 1 号（2006 年 5 月）

大蔵省『明治大正財政史』第 13 巻，1939 年

大蔵省『昭和財政史』第 12 巻，1962 年

大蔵省『昭和財政史——終戦から講和まで』10 巻（国庫制度国庫収支・物価・給与・資金運用部資金）1980 年

大蔵省理財局『秘　資金運用部制度概説』1955 年

大蔵省理財局資金課『大蔵省預金部史——草創時代ヨリ昭和十六年ニ至ル』初版 1941 年謄写版，1964 年再版

大蔵省理財局資金課『財政投融資関係覚書集』1967 年

大蔵省預金部『預金部資金運用委員会（第一回会議）議事録』1925 年

大蔵省預金局『預金部資金運用委員会（第十六回会議）議事録』1927 年 7 月 13 日

大蔵省預金部『昭和八年九月調預金部地方資金融通条件一覧表』1934 年

大島清『日本恐慌史論上』東京大学出版会，1952 年

大原縞一郎『化学繊維工業論』東京大学出版会，1961 年

岡崎哲二・浜尾泰・星岳雄「戦前日本における資本市場の生成と発展——東京株式取引所への株式上場を中心として」『経済研究』（一橋大学）第 56 巻第 1 号（2005 年），15-29 頁

岡田和喜『貯蓄奨励運動の史的展開——少額貯蓄非課税制度の源流』同文館出版，1996 年

岡山県『岡山県案内写真帖』1926 年

岡山県農会『岡山県の特殊作物と其の加工』1926 年

奥谷松治『品川弥二郎伝』高陽書院，1940 年

加瀬和俊「1920 年代における産業組合普及の意義とその限界」『土地制度史学』第 68 号（1975 年）

加瀬和俊『戦前日本の失業対策——救済型公共土木事業の史的分析』日本経済評論社，1998 年

加藤俊彦『本邦銀行史論』東京大学出版会，1957 年

加藤俊彦「郵便貯金の発展——明治期より昭和初期まで」『専修大学商学研究年報』第 10 号（1985 年）

金澤史男「預金部地方資金と地方財政（一）——1920〜30 年代における国と地方の財政金融関係」『社会科学研究』37 巻 3 号（1985 年）

金澤史男「預金部地方資金と地方財政（二）」『社会科学研究』37 巻 6 号（1986 年）

金澤史男『近代日本地方財政史研究』日本経済評論社，2010 年

和村誌刊行会『和村誌現代編』1963 年

神山恒雄『明治経済政策史の研究』塙書房，1995 年

菊地勇夫『近世の飢饉』吉川弘文館，1997 年

協和銀行行史編集室『本邦貯蓄銀行史』1969 年

グリーン，デイム・ポーリーン（国際協同組合同盟会長）「社会と将来における協同組合の役割」家の光協会編『協同組合の役割と未来——共に生きる社会を目指して』家の光協会，2011 年

黒崎卓・山形辰史『開発経済学——貧困削減へのアプローチ』日本評論社，2003 年

経済企画庁『年次経済報告』1956 年

経済企画庁経済研究所『財政投融資改革への提言』1997 年

小島庸平・高橋和志「戦前日本の産業組合における信用審査の実態と開発途上国への含意──長野県小県郡和産業組合を事例として」『アジア経済』第 58 巻（2017 年 6 月）

後藤新一『郵貯民営論──郵貯・銀行論争史』有斐閣，1987 年

ゴードン，アンドリュー，森谷文昭訳『日本の 200 年』みすず書房，2013 年

小林信介『人々はなぜ満州へ渡ったのか──長野県の社会運動と移民』世界思想社，2015 年

斉藤仁「特殊銀行」渡辺佐平他編『現代日本産業発達史 26 巻　銀行』交詢社出版局，1966 年

財務省理財局財政投融資総括課『財政投融資リポート 2010』（2010 年）

佐伯尚美『日本農業金融史論』お茶の水書房，1963 年

榊原英資『資本主義を超えた日本』東洋経済新報社，1990 年

産業組合中央会『第二次表彰産業組合』1911 年

産業組合中央会長野支部，宮尾武一編『長野県産業組合沿革史』共榮社，1927 年

産業組合中央会長野支会『長野県の産業組合──附視察めぐり』1935 年

静岡銀行『静岡銀行史』1993 年

篠浦光『農村協同組合の展開過程』亜紀書房，1972 年

渋谷隆一編『明治期日本特殊金融立法史』早稲田大学出版会，1977 年

渋谷隆一『庶民金融の展開と政策対応』日本図書センター，2001 年

志村嘉一『日本資本市場分析』東京大学出版会，1969 年

下村宏（遞信省貯金局長）『富と貯蓄』同文館，1911 年

下村宏（遞信省貯金局長）『貯蓄機関論』宝文館，1911 年

白井規矩稚『日本の金融機関──その生成と発展』森山書店，1939 年

杉浦勢之「大衆的零細貯蓄機関としての郵便貯金の成立──日清戦後の郵便貯金の展開とその性格」『社会経済史学』第 52 巻第 4 号（1986 年）

杉浦勢之「日露戦後の郵便貯金の展開と貯蓄奨励政策」『社会経済史学』第 56 巻第 1 号（1990 年）

杉浦勢之「戦後復興期の銀行・証券──『メインバンク制』の形成をめぐって」橋本寿朗編『日本企業システムの戦後史』東京大学出版会，1996 年

杉原薫『アジア間貿易の形成と構造』ミネルヴァ書房，1996 年

杉山和雄「紡績会社の手形発行と市中銀行」山口和雄編『日本産業金融史研究　紡績金融編』東京大学出版会，1970 年

スティグリッツ，ジョセフ・E『世界に格差をバラ撒いたグローバリズムを正す』徳間書店，2006 年

駿河銀行『〈するが〉80 年のあゆみ』1975 年

ソロー，ロバート，福岡正夫訳『成長理論』岩波書店，1971 年

清内路村『清内路村誌　上巻』1982 年

清内路村『清内路村誌　下巻』1982 年

全国農業協同組合中央会『産業組合中央会史』1988 年

全国農業協同組合中央会「協同組合が日本を変える──協同組合の現場からの報告」家の光協

会編『協同組合の役割と未来──共に生きる社会を目指して』家の光協会，2011 年

大霞会編『内務省史　第四巻』1971 年，復刻版 1980 年

高橋亀吉『日本金融論』東洋経済出版部，1931 年

高橋泰隆『昭和戦前期の農村と満州移民 1』吉川弘文館，1997 年

滝沢直七『稿本日本金融史論』有斐閣書房，1912 年

竹原憲雄「昭和 30 年代高度成長下の資金運用部」『商経論叢』（大阪学院大学）第 7 巻第 1 号
　　（1981 年）

多田好問編『岩倉公実記　下巻』1906 年

田中光「近世から近代初期における共同体機能の変遷──青年会と区会に注目して」吉田伸之
　　編『山里清内路の社会構造』山川出版社，2018 年

田中洋子「ドイツの農村における協同組合銀行と GLS 共同体銀行」『農業と経済』第 81 号第
　　1 巻，2015 年

玉真之介『総力戦体制下の満洲農業移民』吉川弘文館，2016 年

塚越翁太郎『無尽と貯蓄銀行』法律新聞社，1916 年

靎見誠良『日本信用機構の確立──日本銀行と金融市場』有斐閣，1991 年

帝国地方改良協会『地方之改良』1913 年（内務省地方局編『地方改良関係資料集二』復刻版，
　　芳文閣，1987 年）

帝国農会『中小農と産業組合』1913 年

逓信省『郵便為替貯金事業概要　第 19 回明治 42 年度』1909 年

逓信省為替貯金局『最近郵便貯金ノ減退ニ関スル参考資料』1914 年

逓信省郵便貯金局『郵便貯金局郵便貯金事務史　第一編』1910 年

逓信六十年史刊行会『逓信六十年史』1930 年

手塚正夫編『日本の金融 100 年』金融財政事情研究会，1968 年

寺西重郎「金融的発展の一側面──安全資産の利用可能性と銀行業の集中過程」南亮進他編
　　『近代日本の経済発展』東洋経済新報社，1975 年

寺西重郎『日本の経済システム』岩波書店，2003 年

寺西重郎『戦前期日本の金融システム』岩波書店，2011 年

伝田功「郵便貯金制度の歴史的意義──大蔵省預金部資金の形成過程」『研究紀要』（滋賀大学
　　経済学部附属史料館）第 5 号（1972 年）

伝田功「大蔵省預金部の改革──政策金融の展開と機能」『彦根論叢』第 156 号（1972 年）

伝田功「資金運用部論」『彦根論叢』第 240 号（1986 年）

渡久地朝明『戦後期における農業生産構造の計量分析』農林統計協会，1997 年

内務省『実験談　第二回地方改良事業講習会』1909 年か

東京府農会『東京府西多摩郡戸倉村農事調査　附村是』1907 年

中川清『日本の都市下層』勁草書房，1985 年

中川聰七郎『農政改革の課題──農業，農村活性化への道』農林統計協会，1997 年

中津海知方『預金部秘史』1928 年

長野県『長野県史通史編第七巻　近代一』1988 年

長野県『長野県史通史編第九巻　近代三』1990 年

338

長野県開拓自興会満州開拓史刊行会編『長野県満州開拓史』1984年

長野県職業課『長野県産業労働事情』1938年

長野県農会『長野県産業組合史』1944年

中林真幸『近代資本主義の組織——製糸業の発展における取引の統治と生産の構造』東京大学出版会，2003年

中村隆英『戦後日本経済——成長と循環』筑摩書房，1968年

中村隆英『戦前期日本経済成長の分析』岩波書店，1971年

中村隆英『明治大正期の経済』東京大学出版会，1985年

中村尚史『地方からの産業革命——日本における企業勃興の原動力』名古屋大学出版会，2010年

西田美昭・加瀬和俊編著『高度経済成長期の農業問題——戦後自作農体制への挑戦と帰結』日本経済評論社，2000年

日本勧業銀行『日本勧業銀行七十年史』1967年

日本銀行『日本銀行百年史』第2巻，1983年

日本銀行『日本銀行百年史』資料編，1986年

日本銀行調査局『わが国の金融制度』1962年

沼津市『沼津市史史料編近代1』1997年

農商務省『優良産業組合事例』1920年

農商務省農務局『繭倉庫ニ関スル調査』1924年

農商務省農務局『地方副業主任者会議要録』1925年

農林中央金庫調査部『農林中央金庫50年の歩み』1973年

ノース，ダグラス，竹下公視訳『制度・制度変化・経済成果』晃洋書房，1994年

野添憲治『海を渡った開拓農民』日本放送出版協会，1978年

速水佑次郎『開発経済学』創文社，2000年

東深井区（松尾砂）『歴史は語る——東深井区誌』1975年

ピケティ，トマ，山形浩生他訳『21世紀の資本』みすず書房，2014年

平賀明彦『戦前日本農業政策史の研究』2003年

平田東助『産業組合法要義』1900年

富民協会『日本農業年鑑』1932年

平凡社地方資料センター『日本歴史地名体系22　静岡県の地名』平凡社，2000年

マイエット，パウル『農業保険論』日本書籍，1890年。

前島密「自叙伝」市野弥三郎編『鴻爪痕』1920年

前島密『郵便創業談』通信協会，1936年

マルクス，カール『資本論』第1巻，大月書店，1968年（原著第1巻1867年）

満州移民史研究会『日本帝国主義下の満州移民』龍渓書舎，1976年

水本忠武『戸数割税の成立と展開』御茶の水書房，1998年

南亮進『日本の経済発展と所得分布』岩波書店，1996年

宮地正人『日露戦後政治史の研究——帝国主義形成期の都市と農村』東京大学出版会，1973年

三輪昌男「農協と地域金融」『農林金融』第 43 巻第 8 号（1990 年）

迎由理男「大蔵省預金部の成立とその意義」『日本史研究』149 号（1975 年）

迎由理男「1900 年代における大蔵省預金部の機能と性格」『金融経済』177 号（1979 年）

迎由理男『郵便貯金の発展とその諸要因』国際連合大学，1981 年

村田宇一郎『地方改良之事例』中央報徳会，1926 年

本島和人「『清内路村報』──村報と満州移民の時代」『飯田市歴史研究所年報 12』2014 年

森謙二『出作りの里──その民俗と歴史』新葉社，1989 年

森武麿『戦間期の日本農村社会──農民運動と産業組合』日本経済評論社，2005 年

モロー，ジャック，石塚秀雄他訳『社会的経済とはなにか──新自由主義を超えるもの』日本
　　経済評論社，1996 年（原著 1994 年）

両角和夫「農協の地域金融と組織運営」両角和夫編『農協再編と改革の課題』家の光協会，
　　1998 年

両角和夫「農協の地域金融と組織運営」『農林金融』第 43 巻第 8 号（1990 年）

柳ヶ瀬孝三「占領下日本財政の「合理化」過程と財政投融資──戦後日本の財政投融資制度の
　　形成過程（1）」『経済論叢』（京都大学）第 108 巻第 1 号（1971 年 7 月）

柳ヶ瀬孝三「開銀・輸銀・資金運用部制度の形成の事情とその役割──戦後日本の財政投融資
　　制度の形成過程（2）」『経済論叢』（京都大学）第 108 巻第 2 号（1971 年 8 月）

山口修監修『全国郵便局沿革録 明治編』日本郵趣出版，1980 年

山田幸太郎『大蔵省預金部論』1925 年

山田昭次編『近代民衆の記録 6 満州移民』新人物往来社，1978 年

山田博文「国債消化構造の比較分析──国債消化における戦前・戦後の日銀信用と資金運用部
　　（預金部）資金」『証券経済』第 153 号（1985 年）

山田盛太郎『日本資本主義分析』岩波文庫，1977 年，初版 1934 年

山中永之佑『近代日本の地方制度と名望家』弘文堂，1990 年

郵政省『郵政百年史』吉川弘文館，1971 年

郵政省『郵政百年史資料 1 巻 郵便貯金・為替 太政類典，公文録』吉川弘文館，1971 年

郵政省『郵政百年史資料 21 巻 新聞雑誌記事集』吉川弘文館，1971 年

郵政省『郵政百年史資料 29 巻 郵政総合年表』吉川弘文館，1972 年

ユヌス，ムハマド，猪熊弘子訳『貧困のない世界を創る──ソーシャル・ビジネスと新しい資
　　本主義』早川書房，2008 年（原著 2007 年）

横須賀海軍工廠『横須賀海軍工廠史 第四巻』横浜刑務所，1935 年

吉川卓治『「子ども銀行」の社会史──学校と貯金の近現代』世織書房，2016 年

吉田伸之『近世巨大都市の社会構造』東京大学出版会，1991 年

吉野俊彦『我国金融制度の研究』実業之日本社，1952 年

ライファイゼン，フリードリヒ・ヴィルヘルム『信用組合』（原著 *Die Darlehnskassen-Vereine*,
　　Neuwied, 1866）本位田祥男監修，家の光協会，1971 年

柳在相『JA イノベーションへの挑戦──非営利組織のイノベーション』白桃書房，2009 年

あとがき

　博物館や美術館の中でなく，初めて現地で未整理の古文書を見たのは，学部生の頃だった。長野県の飯田市には，東京からは電車より高速バスの方が早く着く。そこからさらに車で山道を進む。曲がりくねった山道を越えて清内路村の中に入ると，道はいっそう狭くなる。神社脇にある，近世からの下区の文書が代々保管されている集会所まで辿り着くのは，まずそれだけで一苦労だった。吉田伸之先生による資料調査の実践的集中講義の一環として清内路を初めて訪れて以来，気づけば調査隊の一員として地元の方と宴席を共にさせていただくことも，古い文字資料を追うだけでなく現地での現在のお話を聞かせていただく機会も増えた。

　「古い文書を探している」と突然連絡してきた東京の大学院生を迎え入れてくださった JA 和店では，そのルーツである和産業組合の創設者のご子孫のお宅も紹介してくださった。農協の方の車に乗せていただき，ゆるやかな丘陵の上の林檎や葡萄の果樹畑の脇を通りすぎていくと，大きな松の緑が鮮やかな深井家に行き着いた。研究者だと名乗る，所縁もない部外者に，深井家の方々は気前よく座敷を使わせてくださったうえ，お家で採れた野菜や果物をふんだんに使った料理をご馳走してくださった。

　深井家にしても JA 和店にしても，鉄道駅が近くにあるとはいえ，車がなければ移動はそう容易ではない。道路の整備も自動車の普及も進んでいなかった時代に，そこから世界市場や都市部の需要を見込んで作物をつくり，情報を仕入れに長野や東京に向かうことは，今の我々の出張や情報収集よりはるかに困難だっただろう。しかし，地元のためにそれを行い続けた人々がいた。地域に残らずにより繁栄した都市部に出る，そうした選択肢も個人としては可能だっただろう。しかし現実には，近代日本においては多くの人々が地域社会に残り，その郷里を発展させることをこそ願ってきたのだった。

　「その融資で生産性は上がったのか？」「その経営体が地域にあることで，地域経済の振興になったと言えるのか？」本研究を進めるなかで，こうした質問を受けることは多かった。

　そもそも大衆資金が日本経済において果たしてきた役割は，「最も生産効率のよい分野，あるいは最先端の分野に投資されることで経済成長をリードする」といったところにはない。それは大銀行や株式市場といった金融システムに支えられた大企業の役割であった。むしろ大衆資金による金融システムは，「相対的に効率性は低いかもしれないが，広く社会の安定と発展に必要な経済的基盤をつくりだし，維持する」ためのものとして機能してきた。それは生産や投資における効率性を重視するよりも，その地域を，その家計をまずは生き延びさせ，できることならば発展させようという，現場の共同体の再生産に重きを置くものだったといえる。そして，その裾野の広い安定的社会の維持こそが，日本における地方の発展を支えてきた。

　我々は長らく，大衆資金そのものとその運用を看過し，過小評価してきたのではないだろうか。これほど大きな資金，大きな金融システムが，日本に限らず国際的にもこれまで注目をあまり受けることなく，研究蓄積も少ない状況は，今こそ見直されるべきだろう。

　もっとも，日本国内では近年批判を受けることの多いこれらの大衆資金ネットワークであるが，こうした論調は必ずしも世界共通ではない。日本と同様に長い歴史をもち，そして大規模な協同組合金融組織をもつドイツでは，現在でも協同組合銀行が総資産・融資額を伸ばし続けており，預金高でも大きく民間銀行を凌ぐ。さらに近年，新しい形の協同組合銀行の発展も見られ，民間銀行以上に評価されている。たとえば GLS 銀行（直訳すると「融資と寄付のための共同体銀行」，1974 年設立）は，「社会的かつエコロジーな金融活動を行う」ことを理念として掲げた協同組合系金融機関で，非営利目的の金融機関でありながら 2010 年から 6 年連続，ドイツ国内で「今年の銀行」に選ばれた。融資先を「エコロジーな農業，再生可能エネルギー，住宅，社会福祉・社会的ネットワーク，教育」に限定したこの銀行は，金融商品の先見性とイノベーション力を評価されて，2013 年に『フィナンシャル・タイムズ』紙と国際金融協会に

よる「ヨーロッパにおける持続可能な銀行」賞を与えられたほか，2016年には民間大銀行であるドイツ銀行を抑えて顧客満足度第1位の銀行に選ばれている。昨今の欧州において協同組合銀行は，むしろ最先端の社会形成を支える金融システムとして認識されているといえよう。

「金というものは人々のためにあり，銀行はそのためのサービスを行う存在である。銀行業務は，社会的に意義あるもののために行われるべきであり，それによって人々の生活の基盤を支え，改善することが銀行の目的である」とするこの協同組合銀行の経営方針には，「共存同栄」を掲げてきた日本における大衆資金ネットワークと共通する，社会的基盤としての金融という理念を見ることができるように思う。21世紀の今こそ，あらためて大衆資金ネットワークのその力と役割に目を向ける時なのではないだろうか。

本研究の遂行にあたって，数多くの方々や機関にお世話になった。

JA信州うえだ和店の方々，東御市教育委員会の堀田雄二氏には，和産業組合と和村に関する資料の閲覧にあたってひとかたならぬご支援をいただいた。また，深井家資料の閲覧にあたっては，突然現れた外部の人間を快く招き入れてくださった深井御夫妻に心から感謝したい。かつて和産業組合長深井功自身が生き，組合経営を行っていたその場で資料を拝見させていただけたことは，とりわけ特別な体験だった。

旧清内路村の方々にも調査にあたってお世話になった。郵便局の原御夫妻をはじめとする方々に，資料を拝見させていただくだけでなく現在の清内路での生活のあり方についてもお話をうかがえたことは大変勉強になった。大蔵省預金部に関しては，若山太良氏の紹介で，元理財局の山本潤生氏にお話を聞かせていただいた。

国立公文書館，静岡県立中央図書館，逓信博物館，長野県立歴史館，沼津市明治史料館，広島郷土資料館，広島県立図書館，松戸市立博物館，三島市郷土資料館，三島市東小学校・南小学校などにもお世話になった。東京大学経済学部図書館および総合図書館，社会科学研究所図書館，神戸大学社会科学系図書館にも，何度もお手数をおかけした。

　研究会などでご意見をいただいた方々にも御礼申し上げる。「清内路　歴史と文化」研究会のメンバーにはとりわけ，長年お世話になってきた。特に小島庸平氏，千葉拓真氏には，和村関係調査で継続して大変お世話になっている。また，和村の資料には加瀬和俊先生のご紹介がなければ辿り着けなかった。旧勧銀資料の閲覧にあたっては，植田欣次先生に大変お世話になった。石井寛治先生，橘川武郎先生には研究会等で，斎藤修先生，武田晴人先生，谷本雅之先生にはゼミをはじめとする様々なところで多くのご意見をいただいた。

　吉田伸之先生，鈴木淳先生には，文字通り史料の読み方すら覚束なかった頃から，文字および文字以外の部分の史料の見方，史料調査の方法まで，手厚くご指導いただいた。中村尚史先生には長年にわたり辛抱強く見守っていただき，岡崎哲二先生には指導教官として諸々お手数をおかけしてきた。皆様に感謝したい。

　なお，本書は2018年度の科学研究費補助金研究成果公開促進費「学術図書」の助成を受けて刊行されるものである。出版にあたって，名古屋大学出版会の三木信吾氏，山口真幸氏には，本書の構成案から本文の細かな修正に至るまで，数多くのご助言をいただいた。御礼申し上げる。

　また，ここまで様々な面で支えてきてくれた両親に，心よりの感謝を。

　皆様に教えていただいたこと，議論してきたことをしっかりと形にできたのか，甚だ心許なくはあるが，今はひとまずこれを成果として世に示したい。

　2018 年 11 月

著　　者

初出一覧

本書を構成する章のいくつかは，以前に公表した論文の中にその原型をもつ。
本書の執筆にあたっては書き換えや追記など大幅に修正を行ったが，以下，
章別に関連論文の初出を記す。

第 1 章　博士論文（東京大学大学院経済学研究科）「近代日本における大衆資金の形
　　　　成と運用──その金融ネットワークと地域経済」序章（2013 年）

第 2 章　「20 世紀初頭における郵便貯金と大衆貯蓄行動──静岡県三島町の事例を中
　　　　心に」『歴史と経済』第 214 号（2012 年 1 月）16-31 頁

第 3 章　「近代日本の地域経済発展と産業組合──長野県小県郡和村の事例」『経営史
　　　　学』第 46 巻第 4 号（2012 年 3 月）3-22 頁

第 4 章　「大蔵省預金部資金の地方還元機能──1914 年緊急救済融資と長野県」『社
　　　　会経済史学』第 78 巻 1 号（2012 年 5 月）119-141 頁

補　論　書き下ろし

第 5 章　「戦間期における大蔵省預金部地方資金制度の展開──1927 年長野県におけ
　　　　る霜害救済融資の事例から」『社会経済史学』第 79 巻第 3 号（2013 年 11
　　　　月）49-68 頁

第 6 章　「長期不況に対抗する協同組合の経営戦略──戦間期日本長野県和村の産業
　　　　組合の事例から」『経営史学』第 52 巻第 2 号（2017 年 9 月）3-28 頁（2018
　　　　年度経営史学会奨励賞受賞）

第 7 章　「大恐慌期と清内路村」『清内路　歴史と文化』第 4 号（2013 年 3 月）29-38
　　　　頁，「戦前の長期不況と満州移民計画」『清内路　歴史と文化』第 6 号（2015
　　　　年 12 月）72-83 頁

第 8 章　書き下ろし

図表一覧

索　引

《著者紹介》

た　なか　　　ひかる
田中　　光

1983 年生まれ
2013 年　東京大学大学院経済学研究科博士課程修了
日本学術振興会特別研究員，東京大学大学院経済学
研究科特任助教などをへて，
現　　在　神戸大学大学院経済学研究科講師

もう一つの金融システム

2018 年 12 月 20 日　初版第 1 刷発行

定価はカバーに
表示しています

著　者　田　中　　　光

発行者　金　山　弥　平

発行所　一般財団法人 名古屋大学出版会
〒 464-0814　名古屋市千種区不老町 1 名古屋大学構内
電話(052)781-5027 / FAX(052)781-0697

ⓒ Hikaru TANAKA, 2018　　　　　　　Printed in Japan
印刷・製本 亜細亜印刷㈱　　　　ISBN978-4-8158-0932-4
乱丁・落丁はお取替えいたします。

中村尚史著
地方からの産業革命
―日本における企業勃興の原動力―

A5・400 頁
本体 5,600 円

谷本雅之著
日本における在来的経済発展と織物業
―市場形成と家族経済―

A5・492 頁
本体 6,500 円

中西　聡著
海の富豪の資本主義
―北前船と日本の産業化―

A5・526 頁
本体 7,600 円

鈴木恒夫・小早川洋一・和田一夫著
企業家ネットワークの形成と展開
―データベースからみた近代日本の地域経済―

菊・448 頁
本体 6,600 円

高島正憲著
経済成長の日本史
―古代から近世の超長期 GDP 推計 730-1874―

A5・348 頁
本体 5,400 円

伊藤正直著
戦後日本の対外金融
―360 円レートの成立と終焉―

A5・424 頁
本体 6,600 円

宝剣久俊著
産業化する中国農業
―食料問題からアグリビジネスへ―

A5・276 頁
本体 5,800 円

柳澤　悠著
現代インド経済
―発展の淵源・軌跡・展望―

A5・426 頁
本体 5,500 円

中西　聡編
経済社会の歴史
―生活からの経済史入門―

A5・348 頁
本体 2,700 円